BVT

Die Hanse, der von Kaufleuten im 14. Jahrhundert gegründete und in den Wirren des Dreißigjährigen Krieges untergegangene norddeutsche Städtebund, umfaßte bisweilen zweihundert Städte. Anderthalb Jahrhunderte später nahmen Hamburg, Bremen und Lübeck den Begriff »Hansestadt« in ihren Namen auf und somit auch die Pflege der hansischen Traditionen. Matthias Wegner begibt sich auf die Suche nach dem Mythos der Hanseaten. Er erzählt in seiner kurzweiligen wie nachdenklichen Weise von hanseatischen Menschen, ihren Schicksalen bis in dieses Jahrhundert hinein. Und er geht der Frage nach, ob es überhaupt eine in Lebensform, Kultur und Architektur typische hanseatische Welt gab und gibt.

Matthias Wegner, Hanseat von Geburt und aus Sympathie, wurde 1937 geboren und studierte Literatur- und Kunstgeschichte. Nach vielen Jahren als Verleger ist er jetzt freier Publizist.

Matthias Wegner

Hanseaten

Von stolzen Bürgern und schönen Legenden

Berliner Taschenbuch Verlag

Für Christiane und Konstantin

Dezember 2001
2. Auflage Juni 2002
BvT Berliner Taschenbuch Verlags GmbH, Berlin,
ein Unternehmen der Verlagsgruppe Random House GmbH

Umschlaggestaltung: Nina Rothfos und Patrick Gabler, Hamburg,
unter Verwendung des Gemäldes »Abendgesellschaft bei Baron Voght«
aus dem Altonaer Museum in Hamburg – Norddeutsches Landesmuseum
Reproduktionen von RSK, Dessau
Gesetzt von Ditta Ahmadi, Berlin
Druck und Bindung: Elsnerdruck, Berlin
Printed in Germany · ISBN 3-442-76013-5

Es ist ein altes Lübecker Senatorsohnsvorurteil von mir,
ein hochmütiger Hanseateninstinkt, mit dem ich mich,
glaub' ich, schon manchmal komisch gemacht habe,
daß im Vergleich mit uns eigentlich alles Übrige minder-
wertig ist.

Thomas Mann

Städte leben von ihren Mythen
mehr als von ihren Wirklichkeiten

Wolf Jobst Siedler

Jeder hat seine Heimat. Sie ist geträumt, unbeständig,
sie hat die einzigartige Form des Mangels.

Yasmina Reza

Inhalt

I. **Zwischen Nord und Süd**

Vom Blickwinkel des Autors

Der Norden war immer oben. Wann immer der Geographie-Lehrer in unserem Münchner Klassenzimmer die brüchige, leinene Deutschlandkarte an einem bedenklich schwankenden, fast an die Decke reichenden Holzständer befestigte, sie entrollte, um dann mit seinem langen, hölzernen Stab vor unseren gelangweilten Augen darauf herumzufahren, störte ich mich daran. Schließlich lag unser München mehr als fünfhundert Meter höher als die Nord- und Ostseeküste, und überdies fühlten »wir da oben« uns »denen da unten« unendlich überlegen. Dort oben – dort unten – zu leben, mußte der sibirischen Verbannung gleichkommen. Als eine von mir sehr verehrte Mitschülerin eines Tages heulend berichtete, daß ihr Vater nach Hamburg versetzt werde, sie also im nächsten Schuljahr dorthin übersiedeln müsse, bemitleideten wir sie sehr.

Freilich, auf mich traf dieser für uns alle ganz und gar selbstverständliche München-Patriotismus nur mit einer Einschränkung zu, denn ich war im September 1937 am Hamburger »Leinpfad« als Sohn eines hamburgischen Vaters geboren worden. Im Alter von zwei Jahren, bei Ausbruch des Krieges, hatte es mich mit Mutter und Schwester an den Rand von München verschlagen, wo ich die nächsten zwanzig Jahre bleiben sollte. Mein Vater mußte zum zweiten Mal in einen Krieg ziehen. Danach hatte er als eingefleischter »Hanseat«, dessen Familienbande sich über Hamburg, Bremen und Lübeck verzweigten, sein Leben in Hamburg wieder aufgenommen.

Wann immer er uns nun besuchte und vom Norden erzählte, vermochte mich nichts daran zu fesseln: weder das flache Nord- und Ostsee-Land, dessen Weite er den Hügeln und Bergen unserer Umgebung vorzog, noch gar die befremdlich nüchternen Weihnachtsbräuche (er ließ nur weiße Kerzen und Silberlametta gelten – für uns mußte ein Weihnachtsbaum rote Kerzen, Lebkuchen, Rauschgoldengel und Goldlametta tragen, ganz zu schweigen von dem malerischen Klimbim vom Münchner Christkindlmarkt). Wir zerrten ihn durch Dorfkirchen und Klöster von der Wies bis nach Berchtesgaden, durch die Märchenschlösser des Bayernkönigs Ludwig II., zeigten ihm am Ostufer des Starnberger Sees ehrfürchtig dessen Sterbestelle, führten ihm stolzgeschwellt unsere Skikünste vor, verblüfften ihn mit bayrischen Gutturallauten und wanderten mit ihm auf Bergspitzen, das Land der Bayern mit glühender Seele suchend.

München mauserte sich allmählich zur »heimlichen Hauptstadt« der alten Bundesrepublik. Anders als in anderen Städten hatte man die Verschandelung seines alten Stadtbildes durch Neubauten in Grenzen halten können. Gewiß: die politischen Verhältnisse in München und Bayern waren – es entging uns nicht, aber es störte uns auch nicht – konservativ, restaurativ, zuweilen auch aggressiv gegenüber allem Fremden. Der Fortschritt schien anderswo, nördlich von München, zu Hause. München war auch damals längst wieder die Stadt der brachialen, nicht unter strenger Kühle verborgenen Widersprüche, zwischen Heidnischem und Christlichem, Sinnenlust und Arbeitswut, ein Schmelztiegel unterschiedlichster Strömungen und »Zuagroaster«, eine außerordentlich lebendige Mixtur aus Bodenständigkeit, hemdsärmeliger Opposition und den neuen Einflüssen der ausländischen Besucher, allen voran die von uns bewunderten Amerikaner.

Nach dem Ende der Hitler-Jahre, deren politische Bedrückung wir dank der vorsichtigen, aber eindeutigen Anti-Haltung unserer Mutter zu verdrängen rasch gelernt hatten, war München bald wieder eine aufregende Drehscheibe der Kultur geworden: hier lebten viele Schriftsteller, blühte sowohl das klassische wie das neue, vornehmlich aus Frankreich und den angelsächsischen Ländern importierte Theater, hier gab es eine reichhaltige Musik- und Malerei-Kultur, hier gab es eine »Süddeutsche Zeitung«, die dank ihres Chefredakteurs Werner Friedmann regionale und lokale Interessen, geistiges Weltniveau und Toleranz auf eine bis heute nicht übertroffene, ebenso amüsante wie seriöse Weise zu verbinden wußte. Unmittelbar nach dem Kriege hatte es die von amerikanischen und jungen deutschen Journalisten redigierte »Neue Zeitung« gegeben – ihre Lektüre markierte die erste, unvergeßliche Begegnung mit einer neuen Zeit und einem neuen München, dessen grobschlächtige Nazis nun wie vom Erdboden verschlungen zu sein schienen.

Als ich viele Jahre später Karl Wolfskehls Essay »Das unsterbliche München« las, den der 1933 außer Landes gejagte Dichter wenige Jahre vor der nationalsozialistischen Machtübernahme geschrieben hatte, verstand ich nur allzu gut, was er mit den Worten gemeint hatte: »Die einzelnen Persönlichkeiten, die einzelnen Gruppen, die Ideen, die Methoden: alles fand hier in irgendeiner Weise oder irgendeiner Epoche und Phase seines Werdens eine entscheidende Einwirkung. War München nicht die Geburtsstätte geistiger Bewegungen, so wurden die anderswo entstandenen Keime hier zum Blühen gebracht oder kamen als mehr oder weniger absurder Most hier zum Gären, ihr besonderer Lebensduft entwickelte sich hier, schuf und belebte die Atmosphäre, die München zauberisch umgab; die unnachahmlichen Lebensmöglichkeiten erzeugten für Jugend und Geist eben ›München‹, jene begrifflich so schwer zu umfassende und dennoch unserem Gefühl so deutliche, so vertraute Einheit von Werden und Verschwenden, von ewiger Gegenwart, zweckloser Schönheit, Hingabe und Rausch: noch einmal gesagt, vom Jungsein.«

Was mir damals einen bis heute sehr gegenwärtigen Eindruck machte, war die münchnerische Verbindung von Volks- und Hochkultur, die Erfahrung, daß sich in dieser Stadt aufsässiges, die Obrigkeit attackierendes Bauerntheater und »klassisches« Theater auf wundervolle Weise ergänzten. Ähnlich verhielt es sich mit der Volksmusik, die trotz oder gerade wegen ihres in Jahrhunderten gewachsenen, alles andere als stereotypen Traditionalismus eine provokante Freude am eigenwilligen, respektlosen Umgang mit eingefahrenen Verhaltensmustern verströmte. Das Festhalten an Trachten und Ritualen hat in Bayern die Entfesselung einer kritischen Phantasie nie wirklich behindert – Katholizismus und Aufsässigkeit, strenge Geistes-Disziplin und künstlerische Höchstleistungen (der Bayrische Rundfunk erschien uns mit seiner behaglichen Mischung aus lockerem Humor und intellektuellem Anspruch als deren Gralshüter) verbanden sich für mich mit einer stimulierenden Leichtigkeit und ansteckenden Freizügigkeit. Daß Ludwig Thoma unter Pseudonymen antisemitische und reaktionäre Hetzschriften initiiert hatte, konnten wir später, als die Einzelheiten darüber zum Vorschein kamen, nicht glauben.

Inzwischen reiste ich in den Ferien notgedrungen nach Hamburg, wo mich mein Vater rastlos mit norddeutscher Lebensart und der gesitteten Zurückhaltung sorgfältig gekleideter Familienangehöriger und Freunde bekannt machte. Er versuchte, mir von seinem unantastbaren »hanseatischen« Überlegenheitsgefühl etwas abzugeben, führte mich zu seinen zahllosen Verwandten in Bremen oder Lübeck, schleppte uns durch Backsteinkirchen, die ich im Gegensatz zu den farbenfrohen Barock- und Rokoko-Kirchen Bayerns als düster und unheimlich empfand. Die wohlige Wärme und befreiende Lustigkeit unseres bayrischen Zuhauses suchten wir hier vergeblich. Thomas Mann hatte ja auch seine Erzählung »Gladius Dei« nicht mit den Worten »Lübeck leuchtete«, sondern »München leuchtete« eröffnet – es war für die Stadt wie ein Ritterschlag.

Wie anders die Bewohner seiner neuen Heimatstadt München mit Kritik umzugehen wußten, hat Thomas Mann, der junge Redakteur des »Simplicissimus«, nur zu sehr zu schätzen gewußt. Nach der Enge und Wohlanständigkeit der heimatlichen Hansestadt schien ihm das vergnügte und kunstsinnige »Isar-Florenz«, damals auf dem Höhepunkt seiner Attraktion für die Musen und ihre Töchter und Söhne, wie ein heilsamer Brunnen. München leuchtete eben. Erst bei seinem umjubelten Besuch von 1953 in Hamburg werden anläßlich einer Lesung aus »Felix Krull« in der Musikhalle dann etwas liebenswürdigere Worte über die alte Heimat fallen, und diesmal ist es keine fiktive Figur, sondern der Autor selbst, der sich vernehmen läßt: »Im Alter atme ich noch einmal die Luft der Heimat, hanseatische Luft – nicht gerade die Lübecks – es muß ja nicht unbedingt Lübeck sein, Hamburg tut es auch.« Besonders zwei der von Thomas Mann beifällig genannten Gastgeber hatten übrigens dazu beigetragen, ihm den Aufenthalt zu verschönen: sowohl im Hause des Kultursenators Biermann-Ratjen, meinem Schwiegervater, wie auch bei Christian Wegner, meinem Vater, machte er einen ausführlichen Hausbesuch. Dabei spielte auch ein Gespräch über ein alle drei Herren sehr faszinierendes Buch einer »Hanseatin« aus Bremen eine Rolle – aber davon später.

Mein Horizont weitete sich jedoch allmählich. Reisen und Ferien in Frankreich, England oder Italien führten zu einer allmählichen Relativierung der bayrischen Glückseligkeit. Schön war es auch anderswo. Irgendwie wuchsen Lust und Neugierde, in eine andere Lebenswelt zu wechseln – und sei es die des Nordens –, allmählich doch. Anfang der sechziger Jahre war es schließlich soweit: Die Schalmeienklänge meines Vaters hatten ihre Wirkung getan. Ich zog nach Hamburg. Ich bin dort geblieben. Ich lebe seither unter echten und vermeintlichen »Hanseaten«. Die norddeutsche, zurückhaltendere Lebensart wurde zunehmend auch die meine. Ich habe den Norden lieben gelernt. Die »kühlen« Küstenstädte machen es den Neuankömmlingen gewiß weniger leicht, sich zu akklimatisieren, als die »Stadt mit Herz« im Süden. Aber wer einmal hier Tritt gefaßt hat, weiß ihre Vorzüge zu schätzen.

Es sei mir eine kurze Abschweifung in die Lebensgeschichte meines Vaters erlaubt. Ohne sein patriotisches Werben, ohne seinen unbekümmerten »Hanseatenstolz«, vor allem aber ohne seinen oft bewiesenen Mut in bedrohlichen Lebenslagen hätte ich für das »Hanseatische« wohl niemals Neugierde entwickelt. So schulde ich ihm an dieser Stelle ein freundliches Gedenken. Max Christian Wegner, am 9. September 1893 in Hamburg geboren, bei seinem aus Bremen stammenden Onkel Anton Kippenberg zum Verleger ausgebildet, war als Freiwilliger im Ersten Weltkrieg Fliegeroffizier. Bei einem Luftduell im offenen Flugzeug wurde er verwundet. Bei Beginn des Zweiten Weltkrieges wurde er wieder als Offizier einberufen. Ein »kameradschaftliches Beisammensein« mit anderen Offizieren im belgischen Lille im April 1944 nutzte mein Vater dazu, deutlich seine Ablehnung des Hitler-Regimes auszusprechen, was ihm einen Prozeß wegen »Wehrkraftzersetzung« einbrachte (ein Delikt, das oft mit dem Tod bestraft wurde). Die Strafe fiel – dank eines ihm erkennbar gewogenen Kriegsgerichtsrats – milde aus: vier Jahre Gefängnis. Nach einem halben Jahr hinter Gittern wurde er, des militärischen Rangs entkleidet, als »Kanonenfutter« an die Ostfront geschickt. In Königsberg angekommen, entfernte er sich von der Truppe und schlug sich, ständig in Gefahr, entdeckt und liquidiert zu werden, zu Fuß nach Hamburg durch, wo er sich im Keller seines Hauses so lange verbarg, bis der Krieg vorüber war. Dank seiner blendenden Englischkenntnisse – er hatte nach seiner Leipziger Zeit einige Jahre im Ausland gelebt – wurde er der britischen Besatzung nun ein gesuchter Vermittler und stieg mit ihrer Hilfe und eigenem Elan bald zum erfolgreichen Unternehmer auf. Hamburg war damals noch eine Stadt vieler Buchverlage, und mein Vater stand mit viel »hanseatischem« Selbstbewußtsein in ihrer Mitte, genoß den Norden und seine Menschen und wob aus vollem Herzen mit am Mythos der »Hanseaten«.

Hamburg hat sich in den letzten Jahrzehnten zur zumindest landschaftlich schönsten deutschen Großstadt entwickelt, seine für eine Großstadt ungewöhnlich weitläufigen Park- und Grünanlagen, seine malerischen Wasserstraßen, seine aufpolierten Gründerzeit-Fassaden, seine großzügige Weite sind ein Fest fürs Auge – und das zu allen Jahreszeiten. In Lübecks geraden, engen Straßen zu flanieren, durch seine behaglichen Kaufmannshäuser zu streifen oder das in Deutschland unvergleichliche Holstentor zu bestaunen ist (wieder) ein Hochgenuß. Bremens spätmittelalterliche Innenstadt, umgeben von grünenden, blühenden Wallanlagen und gesäumt vom breiten Weserstrom, ist nach dem Wiederaufbau erneut zu einer Perle des deutschen Nordens geworden. Hinter den Städten des Südens brauchen sich diese drei Städte nicht zu verstecken.

Die Kluft zwischen bayrischer und norddeutscher Lebensart, die zu überwinden mir einst so schwer gefallen war, löst keine Ängste mehr aus. Ohnehin haben sich ja die Unterschiede zwischen Nord und Süd in den letzten Jahrzehnten mit einer Geschwindigkeit abgeschliffen, die unsere Großeltern noch in Erschrecken versetzt hätte. Die Stadtbilder mit ihren inzwischen fast identischen Einkaufszentren, ihren austauschbaren Restaurant- und Café-Szenen, nicht zuletzt dem immer mehr angeglichenen kulturellen Angebot haben ihre Unverwechselbarkeit eingebüßt – und das nicht nur zu ihrem Vorteil. Deutschland ist klein geworden seit jenen Jugendjahren, da es zwischen München und Hamburg noch nicht einmal eine durchgängige Autobahn gab. München ist auch nicht mehr »Deutschlands heimliche Hauptstadt«. Eine neue Generation hat gelernt, daß Mobilität und Weltoffenheit beglückender und befreiender sein können als heimatselige Bodenhaftung. Auch der Lokalpatriotismus ist zahmer geworden, tobt sich allenfalls in den Fußballstadien noch ekstatisch aus. Das einst so ferne Ziel einer europäischen Integration ist greifbar nahe – wie viele Jahre haben wir nur davon geträumt, jetzt, beim Erwachen, befällt uns mitunter die Angst vor der eigenen Courage.

Um so anachronistischer muß eine Frage wie die nach Voraussetzungen und Lebensformen der »Hanseaten« erscheinen. Der deutsche Mikrokosmos ist nur ein kleiner Punkt auf der globalen Landkarte – wozu da noch das Nachdenken über regionale Abstufungen oder gar Gegensätze?

Und doch ist die Beschäftigung mit – soweit es sie denn gibt – den kleinen und großen Unterschieden in Mentalität, Vorlieben und Tugenden, Tarnungen oder Täuschungen, sind die feinen Widersprüche zwischen dem Verhalten bayrischer und mecklenburgischer, thüringischer und schwäbischer Landsleute in bestimmten Situationen noch immer eine lockende Herausforderung an unsere Beobachtungskräfte. Unter unserer gesamtdeutschen, erst recht unserer europäischen Identität, unserem bewußten und unbewußten Verhalten verbergen sich historisch gewachsene Schattierungen, die wir – teils mit Stolz, teils mit (Selbst-)Kritik – gerne hervorheben. Gerade in Zeiten (hoffentlich!) völkerverbindender Globalisierung ist das Nachdenken über die kleinen Unterschiede zwischen dem deutschen Süden und dem deutschen Norden kein Anachronismus. Und erst recht empfiehlt es sich, eigene unausgesprochene Vorurteile (wer ist schon ganz frei davon?) zuweilen gründlich zu überprüfen.

Mein Blick auf die Welt der »Hanseaten« ist der eines geborenen, aber zeitweilig exterritorialen Nordlichts. Nach 35 Jahren »da oben« fühle ich mich aber längst als Teil dieses »Hanseatischen«. Wo es um Kritik daran geht, bin ich nicht weniger als andere gemeint.

Meine in zwanzig Jahren unter Bayern distanzierten, aber nach mehr als dreißig Jahren unter »Hanseaten« dann doch noch skeptisch-patriotisch getönten Vorstellungen des Begriffs bedurften spätestens seit jener Zeit einer kritischen Überprüfung, da mir ein kritischer Freund anläßlich eines Geburtstages den Stempel des »Hanseaten« aufdrückte. Der das tat, war ein Mann mit ausgewiesenem Scharfblick, einer, der es wissen mußte, weil er selbst einige Jahre unter »Hanseaten« gelebt hat: Marcel Reich-Ranicki.

Aber wer ist überhaupt ein »Hanseat«, wer eine »Hanseatin«? Von »den« Hamburgern oder »den« Lübeckern oder »den« Bremern (der

Hamburgerin, der Lübeckerin, der Bremerin) zu sprechen, ist so absurd wie die irrwitzige, jede historische, geographische und psychologische Erfahrung auf den Kopf stellende Gewißheit, es gebe »die« Juden, »die« Kurden oder »die« Frauen. Sind auch »die Hanseaten« nicht nur ein über Gebühr strapaziertes Klischee? Anders gefragt: Gibt es sie überhaupt, diese »Hanseaten«?

Die bewußten oder unbewußten Vorurteile in unseren Köpfen, die zum Vorschein kommen, wenn wir einen Mitbürger als einen »typischen Hanseaten« bezeichnen, sind zahlreich. Franz Josef Strauß mag auf den ersten Blick als ein »typischer« Bayer, Helmut Schmidt als ein »typischer« »Hanseat« gelten – bei näherer Beschäftigung lösen sich solche Zuordnungen in viele Widersprüche auf. Dabei könnte sich wohl niemand den ersten als »Hanseaten«, den anderen als Bayern vorstellen. Wir glauben »instinktiv« zu wissen, was einen »Hanseaten« von einem Bayern unterscheidet, auch wenn wir nicht gleich an das satirische, durch die Redaktionstätigkeit beim »Simplicissimus« beeinflußte und wahrlich köstliche Bayern-Zerrbild Thomas Manns in den »Buddenbrooks« denken. Ist der zögerliche und in die Krankheit verliebte Hans Castorp, sind all die Buddenbrooks und Kistenmakers, die Hageströms, der Makler Gosch, der zwielichtige Hamburger Bendix Grünlich, sind Thomas oder Heinrich Mann wirklich »typische« »Hanseaten«? Die einschlägigen Insignien des »Hanseatentums« – »kühl« und »kunstfeindlich«, »sachlich«, »weltoffen«, »zurückhaltend«, »zuverlässig« oder »gelassen« – sind schnell dahingesagt und sagen doch so gut wie nichts. Und wer zu den »Hanseaten« gezählt werden will oder muß – darüber bestehen nicht zuletzt unter den »Hanseaten« selbst höchst gegensätzliche Ansichten. Bedarf es nicht erst der exponierten Teilhabe an politischer oder wirtschaftlicher Macht, einer herausgehobenen Stellung oder gar des Reichtums, vielleicht auch irgendeiner Verbindung zum Nautischen, um aus den Bewohnern und Bewohnerinnen der Hansestädte »Hanseaten« und »Hanseatinnen« zu machen?

Seitdem ich unter »Hanseaten« wohne, mit einer Hamburgerin verheiratet bin und einen »waschechten« Hamburger zum Sohn habe, bin ich nach allen Seiten hin von einer Familie umgeben, die ihre Zugehörigkeit zum »Hanseatentum« nicht in Zweifel ziehen lassen möchte. Um so mehr aber entziehen sich die Kriterien des »Hanseati-

Dome sind für die Ewigkeit gedacht. Doch den im 13. Jahrhundert als Backsteinbasilika erbauten, später erweiterten Dom zu Hamburg sollte ein anderes, seltsames Schicksal erwarten: Er wurde in den Jahren 1804 bis 1807 abgebrochen, da er wegen Baufälligkeit zu hohe Kosten verursachte, und zu seinem Unglück auch noch dem Bremer Bischof unterstand. Schon damals erwies sich die »hanseatische« Einheit als trügerisch.

schen« seither meiner Gewißheit. Es sei denn, ich machte es mir leicht und gäbe mich mit der bloß geographischen Definition zufrieden, die da heißt: »Hanseaten« sind eben die Bewohner »hanseatischer« Städte. Diese Definition erscheint auf den ersten Blick treffend. Sie erweist sich jedoch bei näherem Hinsehen als fragwürdig. Je länger man über »das« Hanseatische und seine Wurzeln nachdenkt, um so mehr verschwimmen seine Konturen, gerät man in ein Meer von Widersprüchen.

Wo in den Geschichtsbüchern von den »Hanseaten« die Rede ist, dominieren die von den tatsächlichen oder vermeintlichen »Hanseaten« selbst kreierten Formeln von der historischen Sonderrolle souveräner und freier Kaufmannsrepubliken. Als der deutsche Diplomat und Journalist baltischer Herkunft Julius Wilhelm Albert von Eckardt in den siebziger Jahren des 19. Jahrhunderts nach Hamburg kam, um hier die Chefredaktion des »Hamburgischen Correspondenten« zu übernehmen, registrierte er überall »den Geschäftseifer« und die »Arbeitssolidität«, welche die reichen Kaufleute auf ihre Söhne stets weitervererben würden. Das entsprach in idealer Weise dem Bild, das die Hamburger selbst gerne von sich zeichnen. »Geschäfte zu machen, gute natürlich, ist die große Leidenschaft der Hanseaten. Es ist – wenn man ihn schon guten Gewissens mit einer Kunst in Verbindung bringen will – die einzige Kunst, die er hinlänglich beherrscht und mit Hingabe zu pflegen bereit ist«, meint Kurt Grobecker in einem launigen Büchlein, das »Hanseatische Lebensregeln« kommentiert und »zur Nachahmung empfiehlt«. Darin finden wir sie alle, die bekannten Laster und Tugenden der »Pfeffersäcke«, Seeleute und Versicherungsmakler, vor allem auch die der »Hanseatinnen«. Auch diese haben wir ja sogleich vor Augen. Fast immer sind sie so blond wie die blonde Inge in Thomas Manns Erzählung von Tonio Kröger, dem skrupulösen und isolierten Künstler inmitten der hanseatischen Bürgerwelt. Theodor Fontane läßt in seinem Roman »Frau Jenny Treibel« den Gatten das altbewährte »Hanseatinnen«-Klischee genüßlich darlegen, Hamburgerinnen seien »alle so zweifelsohne, haben innerlich alle so was ungewöhnlich Gewaschenes und bezeugen in allem, was sie tun und nicht tun, die Richtigkeit der Lehre vom Einfluß der guten Kinderstube. Man hat sich ihrer nie zu schämen und ihrem zwar bestrittenen, aber im stillen immer gehegten Herzenswunsche, für eine Engländerin gehalten zu werden, diesem Ideal kommen sie meistens sehr nah.« Wenige Zeilen weiter werden Treibels Schwelgereien dann noch an dessen hamburgischer Schwiegertochter Helene exemplifiziert, die »mit Dank gegen Gott, andererseits aber auch gegen Hamburg« erfüllt ist, weil ihre Tochter Lizzi eine Erziehung erfahren hat, »wie sie eben nur die Hamburger Tradition geben konnte«.

Ich möchte mich mit diesem Buch auf eine Spurensuche begeben und herauszufinden versuchen, wie es sich mit dem »Hanseatischen« verhält. Was ist dran an diesem Mythos, den die »Hanseaten« selbst pflegen und den andere verstärken, wenn man ihn an seiner Geschichte und an einigen Protagonisten mißt. Ich stütze mich überwiegend auf Lesefrüchte, auf Material, das vornehmlich aus Gesamt-

und Einzeldarstellungen zur »hanseatischen« Geschichte, aus (auto-) biographischen Quellen und Zeitschriften-Aufsätzen besteht. Dichter, die sich mit den »Hanseaten« gründlicher eingelassen haben, sollen diese Spurensuche erleichtern. Mein Buch will sich nicht mit wissenschaftlichen Federn schmücken und auch kein Geschichtsbuch sein – es will von »hanseatischen« Menschen, ihren Schicksalen, ihren Beweggründen erzählen und einem seltsam unscharfen Mythos nachspüren.

Als der Hamburger Arzt Johann Jakob Rambach zu Beginn des 18. Jahrhunderts seine Vaterstadt und ihre Bewohner(innen) in einem bemerkenswerten Buch porträtierte, meinte er einleitend: »So gestehe ich, daß ich selbst den Plan meines Buches nicht ganz billige, ... manche werden mir auch den Vorwurf machen, daß ich zuweilen zu weitläufig gewesen bin und Dinge mit hereingezogen habe, die teils bekannte sind, teils zu Hamburg keinen unmittelbaren Bezug haben. Ich finde diesen Vorwurf nicht ungerecht.« Vielleicht wird man mir ähnliche Vorwürfe machen können. Ich will mich jedoch bemühen, nicht so weit zu gehen wie Rambach, der über die Leute aus Hamburg meinte: »Man findet bei sehr vielen so viel Widersprechendes, daß man sie vielleicht am besten schildern würde, wenn man von ihnen sagte, sie hätten gar keinen Karakter.«

II. **Navigare necesse est**

Vom Städte- und Männerbund der Hanse

»›Hanseaten‹ – die vermeintlichen Erben der alten Hanse – gelten als weltoffen, urban, nüchtern und zuverlässig, aristokratisch reserviert und steif, den Sinn eher auf den Kommerz als auf das Kulturelle gerichtet«, meint Rainer Postel, einer der Autoren des Katalogs zur Hamburger Ausstellung »Die Hanse. Lebenswirklichkeit und Mythos«, die im Jahr 1989 Besucherströme in das Museum für Hamburgische Geschichte lockte und einen umfassenden Einblick in den Stand der Forschung vermittelte. Die Ausstellung und ihre beiden voluminösen Katalogbände dokumentieren die bisher umfassendste Arbeit zu diesem Thema und führen den Leser umsichtig und auf anschauliche Weise in die verborgensten Winkel und Ecken der Hansezeit. Was die Hanse einst war, wann und wo sie ihre höchste Entfaltung erreichte und wann ihr Niedergang begann – wir haben es einmal in der Schule gelernt und das meiste bald wieder vergessen. Abgesehen von einigen spannenden Seeräuber-Legenden ist diese Geschichte, anders als manche Königs- und Fürstendramen, nicht unbedingt aus dem Stoff, aus dem die jugendlichen Träume sind, denn es geht vor allem um europäische Stadt- und Wirtschaftsgeschichte, also um Geld. Die Zeit der Hanse ist von Historikern oft rekonstruiert, von Erzählern liebevoll ausgemalt und von patriotischen Chronisten bewundernd – zuweilen auch mit nationalistischen Untertönen – heroisch überhöht worden. Aber was wäre die Forschung ohne stets neue, offene Fragen, und so weist auch Volker Henn im Hamburger Katalog darauf hin, daß sich »das Phänomen ›Hanse‹ dem erkennenden Zugriff des Historikers immer wieder entzieht ... Die Hanse hat nicht nur die Zeitgenossen ... über ihr Wesen und ihre Rechtsnatur im unklaren gelassen, sie hat auch den Nachlebenden manches Rätsel aufgegeben.«

Die Hanse und ihre Schiffe: stolze Zeichen einer geschäftigen Kaufmannswelt.

Die Rätsel beginnen bereits mit der Frage: Was war die Hanse? Das Wort – Jakob Grimm hat es dem deutschen Germanistentag von 1847 in Lübeck handschriftlich bestätigt – kommt aus dem Gotischen und bedeutet Schar oder Gemeinschaft. Im Mittelalter meinte man damit Gemeinschaften von Kaufleuten. »›Hanse‹ bezeichnet daneben die Abgabe, die man für die Zugehörigkeit zu einer solchen Gemeinschaft bezahlen mußte, oder auch deren gemeinsames Recht. So wird das Wort ›Hanse‹ für viele ›Hansen‹ verwendet; spezielle Aufschlüsse über das Wesen ›der deutschen Hanse‹ ergeben sich jedoch nicht«

(Henn). Gemeinhin versteht man unter der Hanse jenen norddeutschen Städtebund, dessen Kaufleute gemeinsamen Niederlassungen im europäischen Ausland verpflichtet waren, ohne sich freilich politisch und wirtschaftlich enger aneinander zu binden. Die Zahl solcher Hansestädte schwankt in der Forschung zwischen mindestens siebzig und äußerstenfalls zweihundert. Nicht nur Städte wie Lübeck, Hamburg oder Bremen, Danzig, Rostock oder Wismar, die man häufig nennt, wenn von der Hanse gesprochen wird, sondern auch Köln und Berlin (ein schöner Gedanke: »Haupt- und Hansestadt Berlin«), Braunschweig und Greifswald, Königsberg und Breslau, Wisby und Reval, Krakau und Stockholm zählten zeitweilig dazu sowie der Deutsche Orden als einziges nichtstädtisches Mitglied. Die Hauptschlagader der Hanse bildete die Achse Nowgorod–Reval–Riga–Wisby–Danzig–Stralsund–Lübeck–Hamburg–Brügge–London. Beschlüsse wurden grundsätzlich mit Stimmenmehrheit und ohne Berufungsmöglichkeit auf den sogenannten Tagfahrten, den Zusammenkünften der Hansepartner, gefaßt.

Unklar ist, wann und wo die Hanse ihren Anfang genommen hat. Sie ist nicht an einem Tag und an einem Ort entstanden, sondern hat sich gewissermaßen schleichend entwickelt. »Urkundlich werden die Kaufleute der *hansa Alman(ie)* erstmals 1282 erwähnt, doch ist an dieser Stelle nicht die Hanse in ihrer Gesamtheit, sondern lediglich die Londoner Kontorgemeinschaft gemeint. Ein über die einzelne Kontorgemeinschaft hinausgehendes Zusammengehörigkeitsbewußtsein der niederdeutschen Kaufleute im Ausland wird quellenmäßig erst um die Mitte des 14. Jahrhunderts sichtbar, zuerst vermutlich in Norwegen, wo König Magnus Eriksson 1343 den wendischen Städten und allen Kaufleuten *de hansa Theutonicorum* Handels- und Zollfreiheiten verbrieft, und wenige Jahre später im Westen: Als 1351 ein englischer Kaufmann, der angeblich an der Plünderung eines Greifswalder Schiffes im Zwin beteiligt gewesen war, auf massiven Druck der deutschen Kaufleute in Sluis gerichtlich verurteilt und hingerichtet wird, reagiert der englische König mit Arrestbefehlen gegen die Waren der hansischen Kaufleute in England« (Henn).

Seit dem 15. Jahrhundert hatte sich für die großen Hanse-Niederlassungen in London, Nowgorod, Bergen und Brügge die Bezeichnung »Kontor« (eine Eindeutschung des französischen Comptoir)

Auch ein Bürgermeister war in Lübeck nicht immer seines Lebens sicher, zumal wenn er sich glücklos als Feldherr versuchte. Johann Wittenborg bezahlte für die Niederlage der Hanse gegen Dänemark – vielleicht auch für seine Schulden – mit dem Leben.

durchgesetzt – ein Begriff, mit dem der selbstbewußte »hanseatische« Kaufmann noch heute gerne das Wort »Büro« vermeidet. Mehr als vierhundert Jahre lang hat die Hanse, ohne daß die Mitglieder sich untereinander durch feste Verträge gebunden hätten, Politik und Wirtschaft im Nord- und Ostseeraum entscheidend geprägt, »weil die hansischen Kaufleute dank der Überlegenheit ihrer Koggen und der entwickelteren Handelstechniken lange Zeit allein in der Lage waren, den für alle Beteiligten lebenswichtigen und gewinnbringenden Warenaustausch zwischen dem rohstoffreichern Osten und dem gewerblich hochentwickelten Westen zu bewältigen« (Henn). Natürlich schloß die gegenseitige Abhängigkeit schwere innere Konflikte nicht aus, wo immer es um Handelswege und strategisch wichtige Positionen ging. Des öfteren mußte die Hanse zum Waffengang aufrufen, um sich gegen unliebsame deutsche und europäische Konkurrenz zur Wehr zu setzen. Dann hatten die Partnerstädte Kriegsmaterial und Schiffe zur Verfügung zu stellen und sogar die Ratsherren höchstselbst zur Waffe zu greifen. In solch schwierigen Zeiten hatten

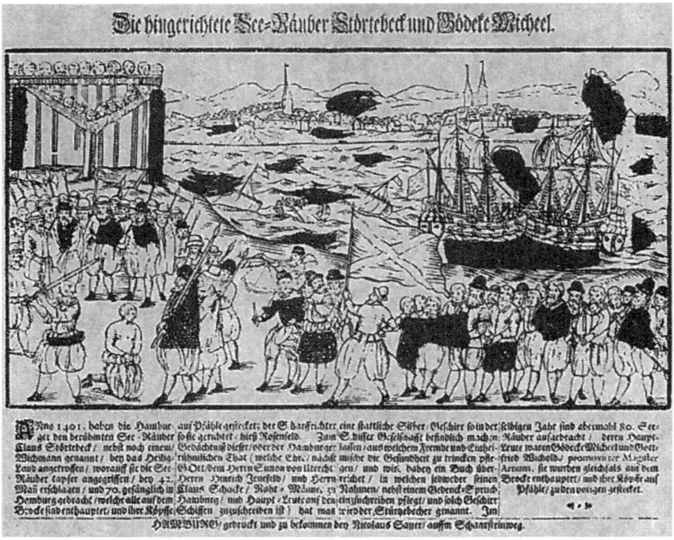

Die hingerichtete See-Räuber Störtebeck und Gödeke Micheel.

Anno 1401. haben die Hamburger den berühmten See-Räuber Claus Störtebeck / nebst noch einem / Wichmann genannt / bey das Heilig-Land angetroffen / worauff sie die See-Räuber tapfer angegriffen / bey 42. Mañ erschlagen / und 70. gefänglich in Hemburg gebracht / welche alle auf dem Brocke sind enthauptet / und ihre Köpffe auf Pfähle gestecket; der Scharfrichter eine stattliche Silber-Geschirr so in der ... hieß Rosenfeld. Zum Gedächtnüß dieser / oder der Hamburger rühmlichen That (welche Ehre / nächst GOtt / dem Herrn Simon von Utrecht / Herrn Henrich Jenefeld / und Herrn Klaus Schacke / Raht-Männe, zu Hamburg / und Haupt-Leute auf den Schiffen zuzuschreiben ist) hat man ... lassen / aus welchem Fremde und Einheimische die Gesundheit zu trincken pflegen / und wird dabey ein Buch überreichet / in welchen jedweder seinen Nahmen / nebst einem Gedenck-Spruch einzuschreiben pflegt / und solch Geschirr wird der Stürtzebecher genannt. Im selbigen Jahr sind abermahl 80. See-Räuber aufgebracht / deren Haupt-Leute waren Gödecke Michael und Gottfried Wichold / promovirter Magister Artium, sie wurden gleichfals auf dem Brocke enthauptet / und ihre Köpffe auf Pfähle / zu den vorigen gestecket.

HAMBURG / gedruckt und zu bekommen bey Nicolaus Sauer / auffm Schaarsteinweg.

Einst versetzte er die Hamburger Küste in Furcht und Schrecken, jetzt folgte die Rache der Kaufleute: Der Scharfrichter hat schon das Schwert erhoben, wenige Augenblicke später wird der Kopf Klaus Störtebekers ebenso auf einem Pfahl stecken wie der seines raublustigen Kollegen Gödeke Michels. Für öffentliche Enthauptungen entwickelten die Hamburger ein beachtliches Interesse.

sie erst recht Tatkraft, Mut, aber auch Besonnenheit und Kompetenz unter Beweis zu stellen. Versagten sie, waren die Folgen fürchterlich. So hatte der Lübecker Bürgermeister Johann Wittenborg 1362 den Oberbefehl über die hansische Flotte übernommen, wozu sich Bürgermeister nicht immer eignen, und diese im April des Jahres nach dem Sund geführt, um Helsingborg zu belagern. Die Belagerung war erfolglos, und der Kriegszug endete mit der Niederlage der Kaufleute gegen den dänischen König Waldemar Atterdag. Nach der Rückkehr nach Lübeck wurde Wittenborg abgesetzt und hingerichtet, sein Name aus der Ratslinie gestrichen. Die genauen Umstände seiner Verurteilung sind bis heute nicht endgültig aufgeklärt worden.

Dreißig Jahre später wurden die Küstenstädte an der Nordsee von den Vitalienbrüdern heimgesucht, unheimlichen und raublustigen

Seeräubern, die von den Mecklenburgern angeheuert worden waren und später für die friesischen Häuptlinge Kapernfahrten und Raubzüge unternahmen. In ihren Reihen fanden *omnes malefici, omnes profugi, sive proscripti* (alle Übeltäter, alle Flüchtlinge und Verbannten) Arbeit und Brot, bis das letzte Aufgebot auf grausige Weise ins Jenseits befördert wurde: »Die Köpfe ließ man auf Pfähle stecken und an die See setzen, daß sie ihren Gesellen verlorene Schildwacht hielten«, berichtete ein Mann der Kirche zufrieden. Zwischen Hamburg, Verden, Marienhafe und Oldenburg werden Erinnerungen an Störtebeker (»Sturzbecher« nannte man ihn, weil er den Inhalt eines Bechers in einem Sturz hinunterzuspülen pflegte) bewahrt und Gegenstände gezeigt, die an ihn oder Gödeke Michels erinnern. Die Hamburger Autoren Willi Bredel und Hans Leip haben im 20. Jahrhundert viel dazu beigetragen, die schaurige Abenteuergeschichte von den »Vitalienbrüdern« und den »Likedelern« zur schönen Legende vom Kampf um Gerechtigkeit und Freiheit zu stilisieren.

In erster Linie ging es den »Freibeutern der Meere« freilich um das Geld der hansischen Kaufleute. Daß sich diese in ihren Gepflogenheiten von ihren räuberischen Feinden nicht ganz so deutlich unterschieden, wie sie es bis heute wahrhaben wollen, darauf gibt Thomas Mann im Zusammenhang mit seinem Romanhelden Hans Castorp einen Hinweis, dessen »Hanseatentum« sich nicht mehr »nach Art seiner Urväter im höheren Seeräubertum« zeige. Hamburgs einstiger Kunsthallen-Direktor Alfred Lichtwark räumte Störtebeker sogar einen ganz besonderen Rang ein: »Man kann nicht oft genug wiederholen, daß der populärste Mann in Hamburg durch ein halbes Jahrtausend ein Seeräuber und Erzfeind der Stadt war. Sein Name ist wohl der einzige, den das Volk aus seiner ganzen langen Geschichte behalten hat.«

Einmal zur Hanse zu gehören bedeutete für die einzelnen Städte nicht, immer zur Hanse zu gehören. Henn führt dazu aus: »Ungehorsame Mitglieder im eigenen Lager versuchte man, durch Ermahnungen und durch gutes Zureden für die eigene Sache ›zurückzugewinnen‹. Das äußerste Mittel war die ›Verhansung‹, d.h. der Ausschluß vom Mitgenuß der Privilegien. Dieses Schicksal scheint aber seit 1284 zur Hanse gehörige Bremer Kaufleute schon 1285 getroffen zu haben, nachdem sie sich, um die eigenen Handelsbeziehungen mit Bergen nicht zu gefährden, geweigert hatten, sich an der Blockade gegen Norwegen zu beteiligen.« Als englische Schiffe 1449 die wendisch-preußische Flotte kaperten, kam es, wie Stuart Jenks in seinem Beitrag zum Hamburger Hansekatalog schreibt, zu erheblichen Zwistigkeiten zwischen Lübeck und London, an deren Ende ein Verbot der Handelsbeziehungen stand. »Die Radikalität der Lübecker Englandpolitik hatte ... zur Folge, daß Lübeck innerhalb der Hanse zunehmend isoliert wurde.« Mit anderen Worten hieß das: Gemeinschaft ist gut, Eigennutz ist besser. Niemals, das machen die Hanseforscher immer wieder deutlich, durften die wohlklingenden Abstimmungen unter den Partnerstädten die eigenen Kassen schmälern. Dieses kaufmännische Eigeninteresse sollte die Hansestädte bei der Gründung des Deutschen Reiches 1870 noch in erhebliche Konflikte stürzen.

Rainer Postel gibt dazu ein Beispiel aus dem 15. Jahrhundert: »Der direkte Islandhandel Hamburgs und Bremens seit dem letzten Viertel des 15. Jahrhunderts verstieß gegen das Stapelprivileg des Bergener Kontors. Weder der Widerstand Lübecks und der übrigen Hansestädte noch das Verbot, das die Hamburger Bürger aus Sorge um die eigene Getreideversorgung 1483 dagegen erwirkten, noch die verbissene Konkurrenz und die heftigen Zusammenstöße mit englischen Kaufleuten konnten verhindern, daß dieser Islandhandel an Umfang und Bedeutung weiter wuchs.« Stade, die Hamburg gegenüberliegende, einst sehr viel mächtigere Stadt nahe der Elbmündung, hat damals mit einzelgängerischen England-Beziehungen und der Aufnahme der englischen »Merchant adventurers« seine Hansepartner so verärgert, daß Lübeck 1601 die »Verhansung« Stades durchsetzte. Die Engländer brachten vor allem Tuche nach Deutschland und führten dagegen Getreide und Flachs aus. Hamburg und Danzig, die gegen den Alleingang Stades protestierten, erreichten, daß Kaiser Rudolf II. im August 1597 die »Merchant adventurers« des Landes verwies. Königin Elisabeth I. schloß daraufhin kurzerhand das Londoner Hansekontor, eine der wichtigsten Drehscheiben des Handels zwischen England und den norddeutschen Küstenländern, und die Hanse stellte den Handel mit England ein. Erst achtzehn Jahre später hat London den »Stalhof« der Hanse zurückgegeben – nachdem die »Merchant adventurers« sich längst wieder in Stade niedergelassen

»Die Hoffnung von Lübeck«, um 1600 eines der mächtigen Kriegsschiffe der alten Hansestadt, konnte aus 84 Kanonen auf die Gegner des Kaufmannsbundes feuern.

hatten. Wenig später bot Hamburg den Engländern bessere Handelsbedingungen und stellte die Partnerstadt Stade bald wirtschaftlich ein für allemal in den Schatten.

Der endgültige Verfall der Hanse wurde aber nicht nur durch solche Ereignisse besiegelt, sondern durch die Entdeckung Amerikas, die die Verlagerung des Welthandels in Richtung Westen auslöste. Vor allem der Ostseeraum verlor dadurch an marktbeherrschendem Einfluß, und das schwächte erst einmal Lübeck, das eigentliche Haupt der Hanse. Hamburg und Bremen, seine »hanseatischen« Rivalen, überholten die Stadt an der Trave bald.

Die Hanse war ein Städte- und ein Männerbund, eine Vereinigung von Geschäftsleuten, die mittels Börse und Gesangbuch Macht ausübten. Sie prägten das Erscheinungsbild ihrer Städte mit den hohen Kirchtürmen, repräsentativen Bürgerpalästen und windschiefen Bürgerhäusern in engen Gassen, in denen die hygienischen Zustände so schlecht waren, daß es jahrhundertelang wahrlich zum Himmel stank. »Navigare necesse est, vivere non necesse est (Schiffahrt ist notwendig, zu leben nicht) lautet der alte Seefahrer-Spruch über dem Portal des Hauses »Seefahrt« in Bremen. Der Bund der Hansekaufleute war zutiefst patriarchalisch. Mochte das einfache Volk auch von den höheren Genüssen ausgeschlossen sein, sie jedenfalls wußten zu leben, sie waren der Adel der Stadt, wenn sie sich ihr Vermögen und ihren Stand im Unterschied zu diesem auch immer wieder neu sichern mußten. Seinen Reichtum stellte der Kaufmannsadel um so stolzer in würdevollen Gewändern zur Schau, aus Italien bezog er die kostbarsten Seidenstoffe und aus Frankreich die edelsten Weine. Wie denn überhaupt der Tuch- und Weinhandel, vor allem der zwischen Lübeck und dem Ostseeraum, ein Herzstück des Handels war. Frauen wirkten in dieser Welt allenfalls als dienstbare Geister im Hintergrund – zu Hause. Auch von dieser Regel gab es Ausnahmen, wie der Hanseforscher Klaus Militzer herausgefunden hat: »Die Lübecker Kauffrau Adelheid von Bremen hat in ihren beiden Testamenten von 1358 und 1363 beispielsweise festhalten lassen, daß sie ohne Vormund gelebt und gewirtschaftet und im übrigen ihren Mann mit Geld versorgt habe. Adelheid von Bremen ist eine solche Kauffrau gewesen, die ihrem Mann überlegen war.«

Über die geschäftige Handelslust wachte die Kirche, deren gewaltige Kathedralen und Klosteranlagen neben Maria vor allem den Schutzheiligen der Kaufleute, der Fischer und der Seefahrer geweiht waren. All die backsteinernen Marien-, Petri- und Nikolaikirchen mit ihren wertvollen und prächtigen Gräbern der einflußreichen Patrizierfamilien waren aber nicht nur zum Beten da, sondern dienten zugleich als Orte bürgerlicher Versammlungen und ratsherrlicher Zusammenkünfte. Von besonderer Prächtigkeit waren die Dome zu Lübeck, Hamburg und Bremen, Königsberg, Reval und Hildesheim. Die Lübecker Marienkirche gilt als Vorbild vieler hansischer Dome, etwa denen von Lüneburg, Wismar, Rostock oder Stralsund. Ein Ausdruck der Frömmigkeit der mittelalterlichen Hansewelt waren die »geistlichen Bruderschaften, in denen Bürger und Kleriker, Berufs- und andere Gruppierungen sich unter dem Patronat bestimmter Heiliger zu gemeinschaftlichem Gottesdienst vereinigten, auch zur gemeinsamen Grableite verstorbener Mitglieder, der Ausrichtung von Seelenmessen und zu gemeinschaftlicher Fürsorgetätigkeit. Diese

Bruderschaften erlebten im 15. Jahrhundert einen regen Gründungsboom, so daß es um 1500 in Bremen und Lüneburg je etwa dreißig, in Lübeck über siebzig, in Hamburg zeitweilig über hundert davon gab. Sie wurden dabei aber auch zu Zentren bürgerlicher Geselligkeit, in denen die ursprünglichen geistlichen Anliegen verflachten«, merkt Rainer Postel an.

Wie eng Kirche und Kommerz in den Hansestädten verbunden waren, symbolisiert die neo-gotische Hamburger Nikolaikirche aus dem letzten Drittel des 19. Jahrhunderts: Wohl einmalig in Deutschland ist die Zweckbestimmung der sich mittelalterlich gebenden Kellergewölbe der Kirche, die von Anfang an als Warenlager für Kaufleute (Wein!) vorgesehen waren, wodurch die – weitgehend von der Hamburger Bevölkerung aufgebrachten – Baukosten reduziert werden sollten. Wichtiger als die Funktion war der fromme oder schöne Schein – wir werden diese hansische Lust an der Repräsentation noch oft antreffen –, aber über allem stand der ökonomische Nutzen. Zu trauriger Berühmtheit brachte es der Hamburger Dom, eine 1248 fertiggestellte Backsteinbasilika, die – teils wegen Zerwürfnissen mit dem in Bremen residierenden Bischof (im Jahr 845 war das Erzbistum Hamburg mit dem von Bremen vereinigt worden), teils wegen zu hoher Unterhaltskosten – zunehmend verfiel und in den Jahren 1804 bis 1807 schließlich abgebrochen wurde, um der »Gelehrtenschule des Johanneums« Platz zu machen. Die Bevölkerung Hamburgs und die Presse sollen der Vernichtung gleichgültig gegenüber gestanden haben.

Eine Gruppe spielt in der Geschichte der eigentlichen Hansezeit noch eine auffällig geringe Rolle: die Juden. In den Hafenstädten von Ost- und Nordsee traten sie während des Mittelalters nur selten in Erscheinung. Seit dem 12. Jahrhundert waren sie, soweit nicht zur Konversion bereit, drastischen Verfolgungen ausgesetzt, wurden in Ghettos abgedrängt und vom Handel der Hanse durch rechtliche Beschränkungen ausgeschlossen. Sehr viel später sollten sie sich als nachhaltige Beförderer des Gemeinwohls, wenn nicht als Retter erweisen.

Um die Wende vom 15. zum 16. Jahrhundert zeichnete sich bereits der Niedergang der durch vielerlei Eigeninteressen geschwächten Hanse ab, aber erst der Dreißigjährige Krieg brachte ihr das endgültige Ende. »Als Gustav Adolf 1630 in Pommern landete«, schreibt der Historiker und langjährige Leiter des Instituts für Städtegeschichte, Heinz Stoob, in seinem Grundlagenwerk über die Hanse, »entschieden sich die Hansen für begünstigende Neutralität; einzig Magdeburg ergriff offen Partei, erlitt aber infolgedessen 1631 die schlimmste Zerstörung seiner ganzen Geschichte. Der hansische Verbund mußte diesmal ohnmächtig zusehen. Er hatte bereits 1629 angesichts der Unmöglichkeit, inmitten des Krieges gemeine Tagfahrten abzuhalten, Lübeck, Hamburg und Bremen beauftragt, die hansischen Interessen wahrzunehmen. Damit war die nachhansische, die *hanseatische* Geschichte eingeleitet ... Dennoch versammelten sich im Juli 1669 in Lübeck zum letzten Hansetag noch neun Glieder, Danzig, Rostock von der Ostseeküste, Braunschweig und Hildesheim aus dem einstigen sächsischen Quartier, Osnabrück aus Westfalen und Köln aus dem Rheinland sowie die drei ›Hanseaten‹ Bremen – Hamburg – Lübeck ... Ergebnisse gab es nicht, der letzte Rezeß besiegelte im Grunde das Ende.« Die Hanse könne doch »nicht mehr beißen«, meinte ein englischer Staatsmann über den gealterten Bund, denn die Zähne seien ihm inzwischen ausgefallen. Der Welthandel bewegte sich längst nicht mehr in der beschaulichen Abgeschlossenheit des Nord- und Ostseeraums, sondern über den Atlantik nach Übersee. Die Privilegien der Hansestädte waren wertlos geworden. »Die traurigen Verhältnisse, welche zu ihrem Ende führten, bestehen heute nicht mehr«, meinte Theodor Lindner 1901 in einem Rückblick auf die Geschichte der Hanse, »wohl aber leben in unserem Volke noch die Eigenschaften, die sie gründeten.« Gerade das nationalistische Deutschland liebte es, sich mit den Insignien der hansischen Vergangenheit zu schmücken, und feierte die hansischen Kaufleute, als wären sie gewissermaßen deutsche Wikinger gewesen.

Die Notwendigkeit der genauen Unterscheidung zwischen dem Hansischen und dem »Hanseatischen« – und damit die Einengung des Begriffs »Hanseaten« auf die Bewohner dieser drei Städte – ist in der Wissenschaft unbestritten. In der Öffentlichkeit hat sie sich nie ganz durchgesetzt. Hansisches und »Hanseatisches« gelten noch oft als Synonyme. Dabei ist die Suche nach dem »Hansischen« nur noch eine Suche nach der verlorenen Zeit. »Je weiter die Hanse zurücklag, desto magischer erschien ihre Nachwirkung. Erst nach ihrem Untergang begann«, wie Percy Ernst Schramm gesagt hat, das »neue Kapitel in der Geschichte der drei übriggebliebenen und wieder zusammengetretenen Städte: das hanseatische.« Die drei Handelsstädte des Nordens haben noch ein letztes Mal beim Nimweger Friedenskongreß von 1678/79 versucht, »pro communi Hansae teutonicae interesse et commodo« zu wirken, »doch wird man das, wie im Grunde alle dem großen Kriege folgenden Bemühungen, als reines Nachleuchten anzusehen haben. Die Hanse war tot. Ihre Tradition aber wurde nun von den drei ›Hanseaten‹ übernommen, die in einem Vertrag von 1716 ihre Rechte und Pflichten festgelegt hatten. Ihnen ist es zu verdanken, daß sich Hansestolz und Hansemythos nicht in Archiven und Geschichtsbüchern verlor«. Anderthalb Jahrhunderte nach dem Ende der Hanse nahmen Hamburg, Bremen und Lübeck, deren traditionell enge Verbindungen in einer Art Trutzbund weiterlebten, den Begriff »Hansestadt« in ihre Staats- und Stadtnamen auf. Auch wenn seither mit Rostock, Wismar, Stralsund wieder einige Mitglieder aus dem Bund von einst in unser Bewußtsein zurückgekehrt sind, sehen wir doch einzig in Hamburg, Bremen und Lübeck und ihren Bewohnern die Erben jenes Städte- und Kaufmannsbundes, den wir mit den »Hanseaten« verbinden.

Fürs erste können also einfach alle Bewohner(innen) Hamburgs, Bremens und Lübecks als rechtmäßige »Hanseaten« gelten, obwohl diese Freizügigkeit weder von den Betroffenen selbst noch von denen, die über sie urteilen, immer geteilt wird. »Weltoffen, urban, nüchtern und zuverlässig, aristokratisch-reserviert und steif, den Sinn eher auf den Kommerz als auf das Kulturelle gerichtet«, das gilt sowenig für jede(n) Hamburger(in), Lübecker(in) oder Bremer(in) wie für diejenigen, die sich als die »eigentlichen Hanseaten« empfinden, die Ausweitung des Begriffs auf alle gebürtigen oder gar eingemeindeten Stadtbürger(innen) gern sehen. Wenn wir von »Hanseaten« sprechen, unterliegen wir zumeist – bewußt oder unbewußt – jener Einschränkung auf den mächtigen Kaufmannsstand, die allem »Hanseatischen« einen respektgebietenden Nimbus verleiht. Dazu haben Kaufleute, die den »Hanseaten«-Begriff und ebenso das Prädikat vom »königlichen Kaufmann« gern wie einen Adelstitel für sich reklamieren, jahrhundertelang beigetragen. »Der Kaufmann wird in einem Handelsstaat stets der erste, am meisten geachtete und vorherrschende

Stand bleiben«, schrieb Heinrich Christian Zietz in seiner liebenswürdigen Bestandsaufnahme »Aussichten der Freien Hansestadt Lübeck und ihren Umgebungen aus dem Jahr 1822«, »durch seine tätige Hand fließen dem Allgemeinen die ernährenden Säfte zu, die sich wieder in die Adern der Gesellschaft verbreiten.« Wer nicht zu den Kaufleuten gehörte, mußte (Rechts-)Gelehrter sein, um den »hanseatischen« Ehrentitel beanspruchen zu können, was offenbart, daß die rein geographische Verwendung des Titels »Hanseaten« auch nicht weiterführt, denn »die niederen Stände«, so Heinrich Christian Zietz, »liefern größtenteils nur dunkle Schattenzüge zu diesem Bilde«. »Hanseat« war und ist weniger eine genaue und transparente Definition als vielmehr ein von den »Hanseaten« selbstgewählter oder ihnen zugewiesener Ehren- und Adelstitel. Auf die damit verbundene Unschärfe des Begriffs werden wir wiederholt stoßen.

Auch die Dichter sind sich alles andere als einig, wenn es darum geht, »Hanseatisches« frei von den gängigen Klischees auf den Begriff zu bringen. Was auf den ersten Blick so einfach zu sein scheint, erweist sich als ein Knäuel von Widersprüchen. Wer oder was entscheidet, wer zu den »Hanseaten« gehört? Wo liegt die Meßlatte des »Hanseatischen«? »Bei aller Simplizität hat er es hinter den Ohren«, beschreibt Thomas Mann den »Zauberberg«-Besucher Hans Castorp, fügt aber sogleich hinzu: »... und ich möchte sagen: das, *was* er hinter den Ohren hat, ist sein Hanseatentum – denn zur Abwechslung und ausredeweise ist er aus Hamburg –, sein Hanseatentum, sage ich, das sich nicht mehr nach Art seiner Urväter im höheren Seeräubertum, sondern anders, stiller und geistiger bewährt: in einer Lust am Abenteuer im Seelischen und Gedanklichen, die den schlichten Jungen ins Kosmische und Metaphysische trägt.«

Wie anders dagegen stellen sich dem Wahlhamburger Siegfried Lenz die Koordinaten des »Hanseatentums« dar: »eine flügellose Vernunft«, »blonde Korrektheit« (?), »schöne Reserve« schreibt er den Hamburgern und Hamburgerinnen – es könnte für Bremer und Lübecker ebenso gelten – zu und fügt noch an: »Ist das Hamburgische ein besonders einprägsamer Schutzanstrich, der von keinem Regen abgewaschen werden kann?« Eine Lehrerin habe einmal »gegenüber französischen Pädagogen« behauptet, »das Hamburgische, das sei die Kunst, die Welt am Lieferanteneingang zu empfangen und ihr das Gefühl zu geben, dies sei die größte Auszeichnung, die man hier zu vergeben hat«. Die kühne Metapher mag richtig sein, schließlich verläßt den kundigen Beobachter aber doch der Mut, und seine resignativen Schlußworte: »Je länger man auf Leute in Hamburg blickt, desto mehr verwirrt sich alles« können, was niemand überraschen wird, ebensogut auf die Leute von Lübeck und Bremen, auf Menschen aller ehemaligen Hansestädte, ja auf die Menschen des ganzen Erdballs zutreffen, denn wie stets erweisen sich auch hier alle noch so sensiblen und vorsichtigen Etiketten menschlicher Gemeinschaften eben doch als höchst fragwürdige Klischees.

Der Historiker Gerhard Ahrens weist in einem Aufsatz »Die Hanseaten und der Reichsgedanke seit dem frühen 19. Jahrhundert« im »Bremischen Jahrbuch« von 1989 zu Recht darauf hin, daß »die drei Städte, die bis heute die Bezeichnung ›Hansestadt‹ im Stadt- bzw. Staatstitel führen, ... nur äußerlich drei gleiche Schwestern (sind). Viele Gemeinsamkeiten verbinden die drei Städte, aber ebenso viele Merkmale unterscheiden sie voneinander.« Der Begriff des »Hanseatischen« erweist sich auch, wie wir noch sehen werden, bei der bloßen Einengung auf das Geographisch-Historische als problematisch.

Unverwechselbar Lübeck: das Holstentor in einer Radierung von Edvard Munch.

III. **Nutz und Frommen**

Von Idealismus und Bürgerstolz

»Geh in die Schweiz und dann nach Hamburg, um zu wissen, was Freiheit für Leute macht; und dann an die Höfe, um zu sehen, wie Sklaverei den Menschen verschnitzelt, bis er so klein wird, daß er kriechen kann!« meinte Christian Friedrich Daniel Schubart, der unerschrockene Journalist, Organist und Musikschriftsteller aus dem schwäbischen Obersontheim, den sein schwäbischer Herzog 1773 um seiner eigenen Autorität willen gedemütigt und des Landes verwiesen hatte. Vier Jahre später hatte er ihn wieder auf württembergischen Boden gelockt, überrumpelt, verhaftet und für mehr als ein Jahrzehnt auf die Festung Hohenasperg verbannt. Von solcherlei Herrscherwillkür blieb verschont, wer als freier Bürger Hamburgs, Bremens oder Lübecks selbstverantwortlich seinen Geschäften nachging. Das konnte auf Dauer nicht ohne Einfluß auf den Stolz und das Selbstbewußtsein der »Hanseaten« bleiben. Wer das volle Bürgerrecht genoß und sich obendrein den kirchlichen Lehren Martin Luthers verpflichtet fühlte – die katholische Minderheit hatte es sehr viel schwerer –, war weitgehend Herr seiner Entschlüsse. Allerdings war dieser Grad der Freiheit an Besitz und Einkünfte gebunden. In Hamburg, das nach langjähriger wirtschaftlicher Abhängigkeit vom Nachbarn Dänemark 1768 durch den Vertrag von Gottorp wirklich eine freie Reichsstadt geworden war, wurde sehr genau zwischen dem großen und dem kleinen Bürgerrecht unterschieden, und nur wer dank seiner ökonomischen Verhältnisse imstande war, das große Bürgerrecht zu erwerben, verfügte über die uneingeschränkte Handels- und Gewerbefreiheit, durfte in den Senat, die Bürgerschaft und andere Ämter gewählt werden – und das waren nur wenige.

Die vermögenden Großkaufleute gaben in den Hansestädten den Ton an. Sie sorgten umsichtig für einträgliche Versippung und ge-

Lübeck um 1800: eine Frömmigkeit und Wohlstand verkündende Silhouette. »Daß in Lübeck nicht alles so ist, wie es sein sollte, sieht man schon von weitem, wenn man die Kirchtürme erblickt, von denen kein einziger den Kopf gerade in die Höhe streckt und die vielmehr alle das lebhafteste Verlangen ausdrücken, sich endlich einmal schlafen zu legen«, beschrieb Adelbert von Baudissin 1869 seinen Eindruck.

schäftliche Verflechtungen. Sie sicherten aus eigener Verfügungsgewalt die Macht ihres Standes und ihrer Klasse, grenzten sich in Rang und Habitus gegen die kleinen Kaufleute, die »Krämer«, ab und betrachteten sich mit einigem Recht als Herrscher ihrer Stadt. Auf gleicher Höhe standen nur noch die Juristen, denn auch die Advokatur wurde ja als ein freies und selbständiges Gewerbe angesehen. Großkaufleute und Juristen beanspruchten also die Rolle der »eigentlichen Hanseaten« für sich. Sie hatten ihren Städten durch weitläufigen Fernhandel – zuerst im Verbund der Hanse, später nur noch ihren eigenen partikularistischen Strategien folgend – zu Macht und Ansehen verholfen. So empfanden sie sich als souveräner »Bürgeradel«, keiner absolutistischen, feudalen Willkür unterworfen. Hamburgs, Lübecks und Bremens Bindung an das Heilige Römische Reich Deutscher Nation stand weitgehend nur auf dem Papier, das Regionale war wichtiger als das Nationale, die eigene Stadt wichtiger als das Land vor den Stadtmauern. Schließlich war man sich selbst der Nächste und wollte es bleiben. Bis zum Aufkommen nationaler Emphase war es noch lange hin. Sie zu entfachen, bedurfte es des Kaisers Napoleon.

Hamburg, das sich nach dem Dreißigjährigen Krieg gegen Dänen, französische Kaperer und den Lüneburger Nachbarn wehren mußte und 1713 von seinen 70000 Bürgern 11000 durch das Wüten der Pest in seinen Mauern einbüßte, hatte sich zu Beginn des 18. Jahrhunderts eine neue Verfassung, einen neuen »Rezeß« gegeben, der dem Rat der Stadt und der »Erbgesessenen Bürgerschaft« die Macht im Staate überantwortete. »Erbgesessene« mußten ein frei verfügbares Vermögen von mindestens tausend Reichstalern und schuldenfreien Grundbesitz vorweisen können, dafür durften sie über die Verfassung und die vom Rat der Stadt erlassenen Gesetze wachen: wer genügend Geld besaß, hatte die Verfassungsmacht.

In Lübeck, schon 1226 durch einen kaiserlichen Freibrief Friedrichs II. freie Reichstadt geworden, gab es seit Beginn des 13. Jahrhunderts einen Rat, der die Bürgerschaft nach außen vertrat und praktisch die Gewalt in der Stadt auf sich vereinte. »Das Ziel war nie politische Herrschaft, sondern stets nur, dies aber in voller Bedeutung, kommerzielles Primat«, beschrieb Lübecks einstiger Bürgermeister Ferdinand Fehling das Regierungssystem. Die ehemalige Führungsmetropole der Hanse – im 17. Jahrhundert waren in ihren Mauern zwanzig Hansetage abgehalten worden, und ein Lübecker Syndikus hatte die Hansestädte auf anderen Zusammenkünften vertreten – hatte ihre Vormachtstellung eingebüßt und war in zunehmendem Maße hinter Hamburg zurückgetreten, obwohl Hamburgs Wirtschaftsgüter in Richtung Osten und Ostsee weiterhin über die Stadt an der Trave verschickt wurden. Die Lübecker Kaufleute hatten sich vor allem auf den Getreide-, Gewürz- und Weinhandel zwischen West und Ost konzentriert, hatten darüber aber an geistiger Frische und Ausstrahlung verloren. Am Beginn des 18. Jahrhunderts und der Aufklärung, die den drei »hanseatischen« Städten einen nachhaltigen Schub sowohl an wirtschaftlicher wie an kultureller Belebung bringen sollte, war Lübeck in seinen Handelsprioritäten, ebenso aber auch in seinem lutherischen Dogmatismus so sehr erstarrt, daß die Stadt zunehmend Gefahr lief, ihren Rang als eine der führenden Handelsstädte an der deutschen Ostseeküste einzubüßen.

Bremen vor 1700: wohlanständige Hochburg des norddeutschen Calvinismus.

Bremen, das schon lange vor seinem Beitritt zur Hanse durch intensiven Handel mit Fischen, Getreide und Bier vor allem mit Skandinavien zu erheblichem Reichtum gekommen war, konnte seine Bedeutung dagegen während der Hansezeit noch erheblich steigern. Anders als Hamburg und Lübeck, wo die Lehren Luthers den Ton angaben, war Bremen im 16. Jahrhundert wegen der Nähe zu Holland unter den Einfluß Zwinglis und vor allem Calvins geraten. An der Schwelle zum 17. Jahrhundert hatte sich in der Stadt ein streng orthodoxer reformierter Glaube gefestigt. Durch den Rückgang der Handelsbeziehungen nach dem Niedergang der Hanse und die neuen Zollgrenzen nahmen jetzt Armut und Not in der Stadt so bedrohlich zu, daß auch hier von einer geistig-kulturellen Atmosphäre, abgesehen von der strengen Dominanz der Kirche, lange keine Rede sein konnte. Nach dem Ende des Dreißigjährigen Krieges war im Westfälischen Frieden das einstige Erzbistum Bremen zum säkularisierten Herzogtum unter schwedischer Herrschaft geworden, aber die Stadt war wie Lübeck und Hamburg zur freien Reichsstadt mit Sitz und Stimme im deutschen Reichstag geworden. Als solche hatte sie der Kaiser schon 1646 ausgerufen.

In der zweiten Hälfte des 17. Jahrhunderts verschlechterten sich die Lebens- und Handelsbedingungen zusehends, und der weiterhin dominierende Seehandel behinderte die Auswirkungen der industriellen Revolution. Zudem war die Stadt den ständigen Attacken der skandinavischen Großmacht ausgesetzt, was sich erst nach Schwedens Niederlage im Nordischen Krieg änderte.

Die Strömungen der europäischen Aufklärung setzten sich in Bremen nur sehr viel langsamer durch als in den »hanseatischen« Schwe-

Stadt Hamburg in der Elbe Auen um 1700. Die Zeit der Hanse war da bereits Vergangenheit, und die neue, die »hanseatische« Geschichte hatte begonnen, in der Hamburg die Führungsrolle übernehmen sollte.

sterstädten, mit denen die Stadt durch Handelsbeziehungen eng verflochten war. Erst mit dem amerikanischen Unabhängigkeitskrieg am Ende des 18. Jahrhunderts wuchs ihre Wirtschaftskraft zu neuer Blüte – nun endlich wurde auch die Handelsstadt an der Weser vom kritischen, das kaufmännische Denken immer mehr relativierenden Geist der neuen Zeit eingeholt. Hamburg hatte 1558 die erste deutsche Börse an einem öffentlichen Platz nahe seinem damaligen Rathaus errichtet. Waren die Hamburger, aber auch fremde Kaufleute einst unter freiem Himmel zusammengekommen, so trafen sie sich nun in einem nach dem Vorbild von Antwerpen aufgeführten stattlichen Renaissancebau direkt an einem vielbefahrenen Fleet. Wenig später hatte eine Flüchtlingswelle niederländischer Kaufmannsfamilien nach den Unruhen im katholischen Spanien und dem Aufstand der niederländischen Provinzen die heimische Textilindustrie beflügelt. Nicht weniger als 32 von insgesamt 42 führenden Hamburger Handelshäusern waren damals in niederländischem Besitz, und noch heute ist der Familienname Amsinck einer der vornehmsten in Hamburg.

Am 4. Dezember 1841 nahmen Tausende von Hamburger Bürgern – unter die sich auch einige Damen gemischt haben – Abschied von der Alten Börse. Wenig später wird unter heftigem Glockengeläut die neue Börse bezogen.

Hamburg hat im 18. Jahrhundert unbestritten die Führungsrolle unter den drei »hanseatischen« Städten übernommen. Thomas Mann läßt seinen Hans Castorp seine Luft einmal so genießen: »Die Atmosphäre der großen Meerstadt, diese feuchte Atmosphäre aus Welt-Krämertum und Wohlleben, die seiner Väter Lebensluft gewesen war, er atmete sie mit tiefem Einverständnis, mit Selbstverständlichkeit und gutem Behagen« – nur liegt Hamburg mitnichten am Meer. Seine Wirtschaftsader nach außen wie nach innen ist die Elbe. Dank ihrer wuchs die Wirtschaft sprunghaft an, beherrschte der Handel das Leben. Christlob Mylius, ein Vetter Lessings, der 1753 Hamburg einen Besuch abstattete, empörte sich über Hamburgs brutalen Merkantilismus: »Da hört man von nichts als Geld, Warencourant und Banco, leichtem und schwerem Gelde und tausend Kleinigkeiten; auch unter den vielen Doktoren und Licenciaten, welche meistens von Herzen unwissend sind. Was noch ja etwas von Universitäten an Verstande mitbringt, das frißt und säuft sich hier doch alles dumm. Weiber, Gärten, Schmäuse und Familienzeremonien sind der Gelehrten wie der

Kaufleute meiste Beschäftigung.« Ein halbes Jahrhundert später, 1801, beschreibt ein gewisser Garlieb Merkel, Journalist und Sekretär des dänischen Finanz- und Außenministers Graf Schimmelmann in Kopenhagen, Hamburg folgendermaßen: »Die Hauptzüge im Charakter der Hamburger waren also Tätigkeit im Erwerben, Gefühl ihres Wertes und Wohlseyns, Bewußtseins ihrer Rechte, Anhänglichkeit an das Hergebrachte, bei dem sich ihre Väter wohl befanden, und Liebe zum sinnlichen Genuß.« Er brandmarkt »Gewinnsucht, Geldstolz, breiten Reichsstädtischem Philistersinn und Schlemmerei«, gesteht aber, daß »mir dieses Völkchen mit seinen prononcirten Menschlichkeiten« gefällt, wenn er auch »nicht lange bei demselben leben möchte«.

In Hamburg hat »die Macht fast allein beim Kaufmannstand gelegen, der sich sehr scharf von den übrigen Einwohnern, Schutz-Verwandten oder von den in Ämtern und Bruderschaften organisierten Handwerkern unterschied. Vornehmlich aus dem Kreis der Kaufmannsgesellschaften erfolgte die Neuwahl zu den wichtigsten Ratsämtern oder bürgerlichen Kollegien. Die chronologischen Amtsfolgen aller Hamburger Bürgermeister, Oberalten, Ratsherren und Kämmereibürger zeigen denn auch die weitgehende Personalunion.« So verlockend der Titel einer »Freien und Hansestadt« auch klingen mochte: Die Vorzüge der Freiheit blieben denen vorbehalten, die über ausreichenden Besitz und Einfluß verfügten. Ängstlich wachten sie über ihre Privilegien. Stets wußten sie zu verhindern, »daß auch die aller Unvermögendsten, oder sonst notorie in ihre Handtierung Verdorbenen und über ihr Vermögen in Schulden vertieften, in Kellern oder auf Kammern Wohnenden, der Stadt nicht Contribuierenden, wo nicht gar von Allmosen Lebenden« an ihre Fleischtöpfe und in ihre Wohnquartiere drängten.

Das Zeitalter der Aufklärung brachte der prosperierenden Handelsstadt Hamburg die Befreiung von der bloßen Geldmentalität seiner »Hanseaten«. Das 18. Jahrhundert schenkte der Stadt eine üppige kulturelle Blüte. Hamburg zog plötzlich Künstler und Intellektuelle, die in Deutschland zur ersten Elite gehörten, in seine Mauern. Das merkantile Einerlei und der nüchterne Materialismus wichen einem neuen, nicht nur das Materielle verändernden Flair. Das anfänglich aus London, seit der Jahrhundertmitte verstärkt aus Frankreich nach

Hamburg drängende emanzipatorische, die in konfessionellen Spannungen erstarrten Kirchen zurückdrängende Denken ergriff diese Stadt früher und radikaler als Bremen und Lübeck. Nicht über sämtliche Klassenschranken hinweg, aber doch auf dem immer breiter werdenden Fundament eines selbstbewußten Bürgertums öffnete sich Hamburg den Aufklärungsideen aus dem europäischen Westen. Da Besitz und Stand, Handels- und »Weltbürgertum« der Kaufleute sich mit den neuen, bahnbrechenden Naturrechtslehren auf das schönste im Einklang befanden, da die fürsten- und potentatenfreie Hansestadt in politischer Hinsicht ihrer Zeit weit voraus war, konnten sich unter dem wohlgefälligen Beifall der herrschenden Kaufmanns- und Juristenkreise Säkularisierung und Rationalisierung, bürgerliche Zufriedenheitsideale und wissenschaftliche Empirie in der Stadt leichter verbreiten als anderswo, auch wenn sie freilich wie alle anderen deutschen Städte den Aufklärungsmetropolen des europäischen Auslands weit hinterherhinkte. Vor allem gegenüber England, das durch seine frühe Industrialisierung längst zu sozialen Reformen genötigt war und das die führenden Köpfe in der Philosophie und in den Naturwissenschaften stellte, mußte auch das aufgeklärte Hamburg vergleichsweise provinziell erscheinen.

Heute erscheint uns die zweite Hälfte des 18. Jahrhunderts als Hamburgs »goldene« Zeit. Erwerbssinn und Wissensdrang, Wirtschaft und Kultur kommen sich für einige Jahrzehnte näher. Nun endlich wird aus den arbeitsamen »Hanseaten« an der Elbe – und das war wahrlich neuartig – eine aufgeschlossene Gemeinschaft von Kaufleuten, Künstlern und Lesern, die sich nach Kontorschluß zusammenfindet, um in geselligem Rahmen über die Welt und ihre Zusammenhänge nachzudenken. In Fürstenhäusern mögen derlei dem Adel vorbehaltene geistvolle Gesprächsrunden nichts Ungewöhnliches gewesen sein. Nun aber entdeckt auch die Elite der Freien und Hansestädte, wie befruchtend es für eine Gesellschaft sein kann, über den merkantilen Tellerrand hinaus gelegentlich in geistige, aber nicht eben fromme Gefilde vorzustoßen und auch den Künstler als einen Gleichen unter Gleichen gelten zu lassen. Hamburg erweitert seinen Toleranz-Spielraum, auf den es schon immer so stolz sein zu dürfen meinte, erheblich. Freilich wird das Mißtrauen der Kaufleute gegen Künstler und Intellektuelle nie ganz verschwinden, aber nun geht ein

Wind der Befreiung durch die Stadt und ihre bürgerliche Schicht. Die in äußerst kümmerlichen Lebensverhältnissen hart um ihre Existenz kämpfende Unterschicht bleibt davon jedoch ausgespart.

Zu den Bürgern gehörten im 18. und 19. Jahrhundert nur jene, die das Bürgerrecht besaßen, das sie entweder geerbt oder gekauft hatten. Trotz aller befreienden Gedanken ändern sich auch in den Jahrzehnten der Aufklärung die gesellschaftlichen Bedingungen in den Hansestädten nicht: Die bürgerliche Oberschicht füllt die Rolle aus, die anderswo dem Adel zukommt, und herrscht über die übrigen Stadtbewohner, die das Bürgerrecht nicht besitzen. »Bürgerlich« und »demokratisch«, das hieß in den »hanseatischen« Städten zugleich: klassenbewußt und autokratisch.

Das neue Lebensgefühl verdanken die Hamburger Bürgerinnen und Bürger nicht zuletzt einem Poeten, dessen überaus umfangreiches Werk uns heute oft Anlaß zu Heiterkeit bieten mag, dessen Bedeutung für und Nachwirkung auf die »Hanseaten» jedoch beträchtlich war: Barthold Heinrich Brockes. Im Rahmen eines von ihm mitgegründeten Freundeskreises hatte der Jurist und reimfreudige »Feierabendpoet« 1715 die »Teutsch-übende Gesellschaft« gegründet, in der Fragen der deutschen Sprache und Literatur erörtert und die – freilich noch unerreichbaren – englischen und französischen Vorbilder nachgeahmt werden sollten. Da Bücher eine schwer zugängliche und vor allem kostspielige Sache waren – erst am Ende des Jahrhunderts wird der Schwiegersohn von Matthias Claudius, Friedrich Perthes, Deutschlands erste wirkliche Sortimentsbuchhandlung in Hamburg eröffnen –, schloß man sich zu politischen Zirkeln und Lesegesellschaften zusammen, wo man über neue Ereignisse des europäischen, vor allem aber des deutschen Geisteslebens disputierte. Bis heute hat die Gründung der »Patriotischen Gesellschaft« ihre Spuren in der Stadt hinterlassen. Bis heute sind die Anregungen und Aktivitäten, die von dieser – zumindest ihren Absichten nach! – uneigennützigen Bürger-Gesellschaft ausgehen, repräsentativer Bestandteil von Hamburgs Identität. Daß das stolze, auf ehrenwerte Weise bis heute lebendig gebliebene Hamburger Erbe des 18. Jahrhunderts heute vor allem bei jüngeren Menschen an Beachtung verloren hat, liegt keineswegs an den noch immer äußerst segensreichen Aktivitäten der »Patriotischen Gesellschaft«, sondern an dem fragwürdigen Beige-

Barthold Heinrich Brockes, der höchst erfolgreiche Wanderer zwischen Kunst und Kommerz , war Hamburgs erster Dichter und der einzige, der es zu einem Senatorenamt brachte. Im Bestreben, »Nutz und Frommen« seiner Vaterstadt und die von Gott so vortrefflich eingerichtete Welt zu besingen, schuf er unermüdlich detailverliebte Naturbeobachtungen – freilich bereitete er mit seinen Versen auch den Boden für eine Erneuerung der deutschen Sprache und Literatur.

schmack, den alles »Patriotische« nach seiner späteren Vereinnahmung durch weniger humane Geister und deutschen Größenwahn erhalten hat.

Barthold Heinrich Brockes war ein ebenso würdevoller wie lebenskluger Wanderer zwischen den Welten. Allerdings hat er mit seinem unermüdlichen, uns heute allzu betulich-naiv erscheinendem Bemühen, Realität und Phantasie, Kaufmannsgeist und Kunst, Weltliches und Göttliches oder, anders gesagt, »Nutz und Frommen« zu versöhnen, die Ideen der bürgerlichen Aufklärung auch bis zur Parodie verzerrt. Das schmälert seine Verdienste nicht, schon gar nicht die Verdienste um die damals überall entstehenden Lesegesellschaften. Rund vierhundert solcher später noch oft imitierten Zirkel fanden sich in diesem Jahrhundert zusammen und wirkten der schon damals als peinlich empfundenen Charakterisierung Hamburgs als Stadt der geistlosen »Pfeffersäcke« entgegen. Wie es in derartigen Zirkeln zuging oder zugehen sollte, hat der pflichteifrige Jurist und Stadtpolitiker Brockes – er war der einzige Poet Hamburgs, der es je zu einem Senatsamt gebracht hat und wird es wohl für immer bleiben – pedantisch festgelegt: »Eine jede Familie bringt eine zugerichtete Schüssel, eine Bouteille Wein und ein Buch mit. Derjenige, bei dem sie sich versammeln, gibt nichts als Tee, Kaffee, das Tischgerät und Gläser, aber kein Essen. Hierdurch wird alle Beschwerlichkeit der Hausfrau abgenommen.« Man sieht, Brockes war auch ein ganz praktischer Mensch. »Sobald das Teetrinken vorbei, lieset einer aus ihrer Mitte eine viertel Stunde. Hat die Gesellschaft Lust, ihre Gedanken darüber ergehen zu lassen, so ist solches erlaubt. Nach Verlauf einer halben Stunde lieset ein anderer, was ihm gefällt, und so weiter. Von den Frauenzimmern bringt jede ihre Handarbeit mit sich, welche sie unter währendem Lesen verrichten, wofern sie nicht selbst zu lesen Lust haben.«

Der Dichter Brockes gibt sich selbst bei den Zusammenkünften höchst bescheiden und versichert in einem seiner unzähligen Gedichte, die er später unter dem Titel »Irdisches Vergnügen in Gott« in vielen Bänden versammelt hat, die Dichtkunst sei ihm, was nicht zugetroffen haben dürfte, nur »Gespielin meiner Nebenstunden« gewesen, und endet zaghaft mit den Zeilen:

»Zu eitel ist das Lob
Uns drohen in der Nachwelt Feinde,
Die finden unsre Größe klein.
Den jetzt an Liedern reichen Zeiten
Empfehl ich meine Kleinigkeiten:
Sie wollen nicht unsterblich sein.«

In einem anderen Vers verrät Brockes allerdings, daß es sich mit seinem Selbstwertgefühl als Poet doch etwas anders verhält:

»Freund, sterb ich einst, so wird ein Bösewicht,
Der itzt noch schweigt, mir keinen Nachruf gönnen,
Und über mich und meinen Wert erkennen.
Es mag geschehn! Den Schnarcher fürcht ich nicht.
Aus Demut nur will ich ihn dir nicht nennen.
Sein Tadel ehrt, mehr als ein Lobgedicht.«

Und wie ein verfrühter Hilferuf an das »Literarische Quartett« unserer Tage klingen seine Worte:

»Oft wird das beste Buch durch andere begraben!
Ein Buch, das leben soll, muß seinen Schutzgeist haben!«

Brockes wurde 1680 in Hamburg geboren, besuchte dort das Johanneum, studierte in Halle Jura, reiste dann ausgiebig in Europa umher – wobei er sich voller Abscheu über den Absolutismus am Versailler Hof Ludwigs XIV. äußerte –, bevor er sich in Hamburg niederließ und hier seine literarischen Aktivitäten entfaltete. 1735 nahm er das Amt eines Statthalters in dem damals zu Hamburg gehörenden Ritzebüttel – Hamburgs Fuß in der Tür zur Nordsee, heute ein Teil Cuxhavens – an der Elbmündung an, kehrte nach sechs Jahren wieder nach Hamburg zurück, wo er sich fortan als Ratsherr eines geradezu aristokratischen Lebensstils erfreute und unentwegt Gesellschaften und Konzerte besuchte. Sein die Handelsmetropole freilich anfangs noch verstörender, wenngleich durchaus sittsamer Lebenswandel und seine unermüdliche Schreib- und Poetisierlust fanden nicht überall Gefallen: »Doch habe ich nochmals bemerkt, daß nach der Beschaffenheit des Zustands unserer Stadt dergleichen nicht ohne Gefahr sei und man auf solche Weise an einem Ort, wo ein jeder auf das Commercium bedacht, anstatt Ehren einzulegen, den Namen eines Müßiggängers gar leicht davontragen kann.« Das hat sich übrigens bis heute nicht geändert.

Einen anschaulichen Eindruck von den Beschwerlichkeiten des Reisens zu seiner Zeit hat Brockes uns in einem langen Gedicht vermittelt, das von »einigen Umständen bei einer gefährlichen Wasserfahrt von Ritzebüttel nach Hamburg« erzählt:

Als der Dichter Brockes in Ritzebüttel bei Cuxhaven das Schiff bestieg, ahnte er allerdings noch nicht, welchen Gefahren er ausgesetzt sein würde, bevor er wohlbehalten in den Hamburger Hafen einlief.

»Früh, als annoch der reine Mond sein Silber-Horn im Osten wies,
Noch eh Aurorens sanftes Licht den Rosen-Schimmer sehen ließ,
Betraten wir bereits die Yacht, worauf, als einem Wasser-Wagen,
Des reichen Elbstroms breiter Rücken, uns nach Cuxhafen hergetragen.
Um wiederum zurückzukehren. Die roten Flagg' und Wimpel spielten,
Und walleten in kühler Luft, weil sie des Südwinds Hauchen fühlten.
Wir grüßten das verlassne Land mit unserm donnernden Geschütze;
Wir sahen auch gar bald darauf vom Schlosse, das uns dankt, die Blitze,
Und hörten der Kanonen Knall. Gleich zog man alle Segel auf,
Die eingetretne strenge Fluth befordert unsren schnellen Lauf,
Die güldne Sonne brach hervor, es glänzte die bestrahlte Fluth,
Luft, Himmel, Meer und Erde lachte, erquickt durch ihre Segensglut.
Inzwischen sah man hin und wieder sich, aus dem Wasser Dueft erheben,
Und sie, eh man es sich versah, im Firmament als Wolken schweben,
Der Sonne Glanz und Licht verdunkeln. Der Südwind stärkte sich, und blies
So heftig, daß uns seine Wut, statt segeln nur lavieren ließ.
Die Elbe widerstund uns auch. Wir mussten dann die Segeln brassen,
Und, wider Willen, unsre Anker, nicht weit von Glückstadt fallen lassen.
Dies war geschehn, doch unvorsichtig. Der Schiffer hat uns auf

eine Sandbank hingesetzt. Wir wußten nicht, daß dies geschehn,
Bis daß, nach mehr verlaufnem Wasser, wir einen Stoß am Steuer spürten;
Dabei bemerkten, daß die Schiffer sich draußen ungewöhnlich rührten;
Auch sahen, daß sie die Chaloupe mit vier Matrosen ausgeschickt,
Damit, durch einen andren Anker, wir von der Sandbank abgerückt
Und abgezogen werden mögten. Allein, es war des Windes Blasen
So heftig, und die Schar der Wellen fing an, so fürchterlich zu rasen,
Daß dieses Boot nicht nur, den Vorsatz zu enden, nicht im Stande wär...«

»Schwarze Regenwolken« und »eine dicke Flut, daß keiner oben bleiben konnte«, lassen die Lage der Reisenden höchst gefährlich erscheinen, aber ein rettendes Boot vermag schließlich, das Schiff von der Sandbank wegzuziehen, auf die es gelaufen war.

»Kaum hatten wir dies hinter uns, da fiel ein schrecklicher Orkan,
Mit solcher wütenden Gewalt, uns und das Schiff von hinten an,
Daß er die Segel fast zerriß; die Flut fing gräulich an zu schäumen
Und, in getürmte Wellenberge, zu schwellen und sich aufzubäumen,
Wobei, als wie ein Wolkenbruch, ein ungestümer Regen fiel.
Nunmehr war unser schwaches Schiff der Wellen und der Stürme Spiel,
Es wankete die Wasseerwelt in einem wallenden Gewühl ...«

In rasendem Tempo gleitet das Schiff elbaufwärts in Richtung Hamburg, bis es endlich »bei Schulau, Wittenbergen und Blankenes' vorbeigerissen« wird, »so schnell als wie ein Pfeil vom Bogen«. Doch die bedrohliche Lage wird noch unangenehmer.

»Bei Neumühlen, Altona und Hamburg lagen viele Schiffe,
Durch welche wir passieren mussten. Es überdachte jedermann,
Wie schwer dies würd', im Dunklen halten.
Denn wenn wir eines nur berührt, würd unser Schiff sogleich zerspalten,
Zertrümmern und zerscheitern müssen. Allein, es war kein andrer Rat.«

Nach offenbar mehr als halsbrecherischer Fahrt durch den damals von einer unüberschaubaren Vielfalt von Masten und Segeln, Barkassen und Schiffen vollgepferchten Hamburger Hafen (der sich dagegen heute wie eine Totenstadt ausnimmt) hat das Schiff seine Passagiere dann schließlich doch noch ans sichere Ufer gebracht. Für den aufgeklärten, aber durchaus gottesfrommen Poeten Brockes ist diese Rettung aus Abenteuer und Gefahr natürlich ein höheres Zeichen des Himmels, und so schließt er denn, wie stets in seinen gottesfürchtigen Gedichten, auch dieses Erlebnispoem mit den erleichterten Worten:

»Ob, für die Huld, die wir verspürt, da uns der Schöpfer wunderbar,
Im Dunklen selbst, durch Sturm und Fluth, und durch so mancherlei Gefahr,
Beschirmet in den Port geführt,
Nun nicht dem Herrn der Wind' und Wellen Lob, Ehre, Preis und Dank gebührt,
Daran wird ja wohl niemand zweifeln, am wenigsten die wir erhalten,
Und wovon keiner nicht einmal die Mittel der Erhaltung weiß.
Dir sei denn, Herr, für Deinen Schutz und für Dein Väterliches Walten
Lob, Ehre, Ruhm, und Dank, und Preis!«

Brockes besang in nimmermüder Fabulierlust und mit akribischem Beobachtungsfleiß die Schönheit des irdischen Lebens. Die Natur war ihm stetiger Anlaß, Gott für seine Schöpfung zu loben und zu danken. Kaum einen Tag ließ er verstreichen, an dem er dieser selbstauferlegten Verpflichtung nicht nachkam. Sie bewog ihn zu manchen erhabenen und vergnüglichen Naturbeobachtungen, denen aber stets die »hanseatisch«-nüchterne Belehrung folgte. In einem langen Gedicht über die Ameise, in dem kaum eine Einzelheit ihres segensreichen Wirkens unerwähnt bleibt, heißt es am Schluß: »Du scheinst, wie sehr mir auch vor der Vergleichung graut, uns zum belehrenden Exempel vorgestellt. Die Ameise ist der Mensch, der Garten ist die Welt.«

In der Seele des ordentlichen und pflichtbewußten »hanseatischen« Ratsherrn fochten die beruflichen Anforderungen des Tages und die Sehnsucht nach ihrer poetischen Verwertung und Verklärung manch bittere Kämpfe aus. Er war ein Hamburger Kaufmannssohn und ein korrekter Jurist, besaß also jene beiden Grundvoraussetzungen, um in Hamburgs führender Bürgerschicht einen Platz einzunehmen. Da er ein beträchtliches Vermögen geerbt hatte, konnte er es sich zuletzt leisten, als dilettierender, aber gründlich belesener Bürgerpoet ein angenehmes und geselliges Leben zu führen. Gerne ließ er sich vom Rat der Stadt als gelegentlicher Gesandter an fremde Königs- und Fürstenhäuser schicken, bevorzugte jedoch das beschauliche Leben als freier Mensch des Geistes. Daß seine poetischen Fähigkeiten begrenzt waren und er manchen Gedanken zugunsten des Reimes ins Beliebige verwässerte, schmälert seinen Rang als Dichter. Und dennoch verkörperte dieser 67 Jahre alt gewordene Sohn Hamburgs einen »hanseatischen« Bürger-Aristokraten, dem seine Stadt und die deutsche Literatur viel verdanken: Den Bürgern war er einer der Ihren, ein begüterter Würdenträger, der sie zu gemeinsamer Eroberung musischer Welten anregte und sich unermüdlich um das Gemeinwohl sorgte, den Literaten schlug er eine stabile Brücke von der erstarrten und leblosen deutschen Dichtung seiner Zeit zu den formalen Neuerungen fremder Literaturen.

Brockes sollten in Deutschland genialere Dichter folgen; daß aber der Literatur allmählich ein gewichtiger Platz im gesellschaftlichen Leben der alten Kaufmannsstadt Hamburg eingeräumt werden mußte, war im wesentlichen ihm zu verdanken. So wurde er ein Steigbügelhalter für größere und revolutionärere Talente, und die hatte die Stadt der »Pfeffersäcke« nötig. Typisch für die auf Hamburger Boden gedeihende Literatur sind jedoch seine Rücksichtnahmen auf die Grenzen bürgerlicher Verträglichkeit. Die Dichtkunst in den Hansestädten konnte und kann stets nur dann mit ausreichender Wirkung rechnen, wenn sie diese Grenzen nicht überschreitet.

Der überzeugte, an Leibniz und dessen Theodizee geschulte Aufklärer Brockes schilderte die Schönheit und vor allem die Zweckmäßigkeit der von Gott nur dem Menschen zuliebe erschaffenen Welt mit solchem Eifer und solcher Inbrunst, daß ihm Friedrich Schiller in einer spöttischen Xenie einmal die Worte in den Mund legte:

»Welche Verehrung verdient der Weltenschöpfer, der gnädig,
Als er den Korkbaum schuf, gleich auch den Stöpsel erfand.«

Von Brockes' Anstrengungen, Dichtung und Realität, Gottesglaube und Rationalismus zur Übereinstimmung zu bringen – eine Bemühung, die die Kirche eher mit Mißtrauen und Ablehnung verfolgte –, blieb nicht einmal ein Besuch bei seinem Arzt und engen Freund Carpser ausgenommen. Noch unter den höllischen Qualen, die das Ziehen eines kranken Zahns verursacht, dachte er an Gottes fürsorgliche Fügung, ein solches Wunder der Natur wie einen Zahn überhaupt erfunden zu haben.

»Um größre Schmerzen zu vermeiden,
Entschloß ich mich, daß mir ein Zahn,
Der mir bishero wehgetan,
Würd ausgebrochen, zu erleiden …
Ich nahm mir vor, die strenge Pein,
Ohn alles Zucken, sonder Schrein,
Beherzt und standhaft auszustehen.
Er brach; ich hielte fest, noch fester doch der Zahn.
Er knackt, ich wiche nicht. Doch endlich war mein Muth
Noch eher als der Zahn gebrochen.
Es riß ein gräßliches Gekrach,
Wodurch des ganzen Hauptes Knochen
Zu spalten schien, ein kurz, doch kläglich Ach
Mir aus der Brust. Die freudig wilde Pein,
Der bittre Schmerz, durchdrang so Fleisch als Bein,
Dies splittert, jenes riß, jedoch, zu meinem leide,
Kein einziges ganz entzwei;
Der Sehnen Festigkeit band sie noch alle beide.
Den fast gelösten Zahn ergriff der Arzt auf's neu',
Und ich vor Unmut Mut. Er wählt aus zweien Bösen
Das kleinste, und fing an, das Zahnfleisch abzulösen.
Ob ich nun gleich die scharfen Schmerzen fühlte,
Wie er mir dazumal in frischen Wunden wühlte,
Wie er das Fleisch zerschnitt, so wirkete jedoch
Der noch weit größre Schmerz, den, wie es so gekracht,
Der Bruch mir kurz vorher gemacht …
Allein, mit welcher Lust nahm ich, bei aller Pein,
Den Ursprung meiner Qual, den nunmehr losen Zahn
Aus Carpsers blutgen Händen an!«

Dann folgt eine äußerst langwierige Beschreibung des göttlichen Wunders und zuletzt auch eine nachhaltige philosophisch-religiöse Erkenntnis:

»Je mehr ich nun auf unsre Zähne merke,
Je mehr find ich in ihnen Wunderwerke.
Daß unsre vordren Zähn im Munde

Die dünnsten, scharf und schneidend sein:
Das hat vermutlich dies zum Grunde,
Und gibt es selbst in Augenschein:
Damit die Speisen desto besser,
Ja gleichsam als mit einem Messer,
Dadurch geschnitten werden können.
Bewundernd sah ich auch die anderen Spitzen,
Die nahe bei den ersten sitzen,
Und die wir Hundezähne nennen.
Durch diese wird, was zäh, ereilet,
Zerdrückt, zermalmet und zerteilet ...«

Solcherart Realismus – Siegfried Lenz würde von »flügelloser Vernunft« sprechen – verfehlte seine Wirkung bei den Hamburgern nicht. Dieser Dichter konnte sich der Anerkennung gerade auch der »hanseatischen« Kaufleute immer sicher sein. Sogar in die Musikgeschichte fand er Eingang dank Philipp Telemann, Georg Friedrich Händel und Johann Sebastian Bach, die Teile seines Oratoriums »Der für die Sünden der Welt gemarterte und sterbende Jesus« vertonten. Er sprach diesen großen Musikern aus der Seele, wenn er sich ihre Sorgen zu eigen machte und emphatisch ausrief:

»So kömmt die Elbe mir,
Vornehmlich auch in unsrer Stadt Canälen,
Als Blut in Adren für. Denn wie der Adern Saft
Dem Körper Nahrung, Wachstum, Kraft,
Gesundheit, Leben bringt; so wird die Handelsschaft
(Als unsrer Stadt und unsrer Börse Seelen)
Kraft, Nahrung, Wachstum, Geist und Leben,
Durch ihr Geblüt, durch ihren Strom, gegeben.
O reicher Gott, der Du in diesem Fluß,
Der durch Dein Wort allein bald gehn, bald kommen muß,
Dein Hamburg segnest, nährest, tränlest,
Und uns so mancher Füll aus Deiner Fülle schenkest;
Erhalt uns diese Segenquelle!
Laß ihre Tief auf keiner Stelle
Sich mindern oder gar versiegen!«

Brockes gelang eine »reiche Heyrath«, und er wurde zwölffacher Familienvater. Eifrig warb er für eine modernere Erziehung und lebte zufrieden im »festen Vertrauen zu meinen geliebten Mitbürgern und angenehmen Mit-Bürgerinnen, daß sie meinen Rath nicht in den Wind schlagen, sondern aufs Wenigste ihn wohl überlegen werden. Ich bin auch in dieser meiner Hoffnung um so viel mehr bestärket, wenn ich bedencke, daß die ersten seit kurzem (welches ich ihnen zur Ehre nachschreibe) zwey grobe Laster, nämlich das unmäßige Saufen und Spielen, fast gänzlich unter die Füße gebracht … Wollte GOTT, daß wir bald von mehren so sagen könnten, welches keiner so sehr, als ein aufrichtiger Patriot von Hertzen wünschet.« Zu seinen Wünschen gehörte auch eine eigene Bibliothek für Frauen, zu der es aber mit dem Aufstieg der Lesegesellschaften, die ja ausdrücklich Frauen mit einbezogen, nicht mehr kam.

Hamburg hat viele seiner großen Dichter schnell vergessen. Im Eichenpark an der Außenalster erinnert allerdings seit 1897 ein in Bronze gegossenes Denkmal an Friedrich von Hagedorn, der mit seinen bukolisch-heiteren Versen die eher nüchternen Ansprüche seiner Mitbürger in der ersten Hälfte des 18. Jahrhunderts galant und vergnügt befriedigte und sich nicht nur gerne in Kaffeehäusern aufhielt, sondern sich überhaupt vornehmlich mit dem beschäftigte, »was mir schön, angenehm und betrachtungswürdig ist«.

Zu den zeitgenössischen, kaum weniger patriotisch empfindenden Dichtern jener Jahre gehörte auch ein jüngerer Freund und Kollege Brockes', der anakreontische Lyriker Friedrich von Hagedorn. Als Sproß einer altadligen, aber im Gegensatz zu der von Brockes keineswegs begüterten Familie 1708 in Hamburg geboren – sein Vater war dänischer »Konferenzrat« in Kopenhagen –, nahm er das Leben etwas leichter, und diese Leichtigkeit des Seins kam seinen oft gutgelaunten, heiter-bukolischen Gedichten sehr zustatten. In ihnen ist die spätbarocke Umständlichkeit, die noch Brockes Gedichte beschwert, überwunden, finden sich bereits sprachliche und lyrische Feinheiten, die auf die nachfolgende Generation der Klassiker verweisen. »Die Alte«, eines seiner kurzen Gedichte, in denen er sich über das spießbürgerliche Abwehren jedweder neuer Einflüsse lustig macht, wurde sogar von Mozart vertont. Von den Fabeln La Fontaines und den antiken Vorbildern Horaz und Anakreon beflügelt, suchte er den knappen Ausdruck, die vergnügte epikureische Pointe. Eine Hamburger Gesellschaft, die sich »Orden des guten Geschmacks« nannte, erwählte ihn zu ihrem »Kanzler«, und Goethe bat einmal einen Freund ausdrücklich um eine Handschrift des Dichters. Auch Hagedorn, der nur 45 Jahre alt wurde – er starb 1754 an Gicht und Wassersucht –, betrachtete die Dichtung als wohlige »Gespielin meiner Nebenstunden«.

Hagedorn hatte das Hamburger Gymnasium besucht, an der Universität Jena mit wenig Behagen Jura studiert, war danach Pivatsekretär eines dänischen Gesandten in London geworden, bevor er schließlich als Sekretär einer englischen Handelsgesellschaft in Hamburg ein ausreichendes Einkommen fand. So war auch er ein überall gerngesehener »Bürgerpoet«, der es mit niemandem verdarb und das »hanseatische« Selbstbewußtsein mit seinen respektvollen Verbeugungen vor den Kaufleuten formvollendet und galant bediente. »Meine müßigen Stunden genießen der Freiheit, mich in den Wissenschaften nur mit dem zu beschäftigen, was mir schön, angenehm und betrachtungswürdig ist.« Das entsprach dem »hanseatischen« Umgang mit der Welt des Geistes. So holte er sich Anregungen für seine amüsanten Fabeln und Gedichte auch gerne in geselligen Zirkeln, besonders gerne im Dreyerschen Kaffeehaus am Neß und im Dresserschen Kaffeehaus an der Zollernbrücke. Dort pflegte er mit dem

Wundarzt Carpser, der schon Freund Brockes um einen Zahn erleichtert hatte, oder dem Juristen Wilckens und dem lutherischen Geistlichen Zimmermann einen lebendigen Gedankenaustausch. Oft und gerne hat Hagedorn auch die Schönheiten seiner Vaterstadt besungen, etwa in dem schwärmerischen Gedicht »Die Alster«:

»Befördrer vieler Lustbarkeiten,
Du angenehmer Alster-Fluß!
Du mehrest Hamburgs Seltenheiten
Und ihren fröhlichen Genuß…
Der Elbe Schiffahrt macht uns reicher;
Die Alster lehrt gesellig sein!
Durch jene füllen sich die Speicher;
Auf dieser schmackt der fremde Wein…«

Man sieht: Hamburgs literarische Anfänge speisen sich im 18. Jahrhundert vor allem aus der Bewunderung von Handel und Wandel, aus Bürger- und Kaufmannsstolz. Das bremste ihre Aufschwünge in alles Spekulative und hielt sie gewissermaßen auf dem Boden der ökonomischen Tatsachen fest. Die von Siegfried Lenz diagnostizierte »flügellose Vernunft« gehörte, bei aller Fabulierlust, dabei zu den hervorstechenden Merkmalen. Vereinfacht ließe sich sagen: »Hanseatische« Literatur ist nie ohne ihren anfangs harmoniesüchigen, erst später zunehmend auch kritischen Bezug zu den Kontorbüchern zu verstehen – ein Spezifikum, das in späterer Zeit Hamburger Dichter und gesellschaftliche Außenseiter wie Hans Henny Jahnn noch einmal förmlich zur Weißglut bringen sollte.

»Hamburg ist nicht der Tempel der Musen, es ist ihre Herberge, und die Grazien *wohnen* dort nicht, sie *logieren*. In einem Staat, wo alle, die nicht Kaufleute sind, Krämer sind, würden die edleren Künste und Wissenschaften nie ein Zuhause finden. Dieser Staat wird große Seelen gebären, nie aber sie bilden können.« Das stellte am Ende des 18. Jahrhunderts der dänische Schriftsteller Jens Immanuel Baggesen fest. Nach diesem zumindest für seine Epoche zutreffenden Verdikt differenzierte er seine Beobachtungen freilich mit den Worten: »Der Handel besitzt in Hinblick auf die Wissenschaften eine gewisse Schwerkraft, die ebensosehr anzieht wie abstößt. Dem Gesetz dieser

Die in der zweiten Hälfte des 18. Jahrhunderts in Hamburg überall hervorsprießenden Lesegesellschaften verliehen der vorher so musenfeindlichen Kaufmannsstadt ein gewisses geistiges Flair. Aber was wäre die gesellige Beschäftigung mit Literatur ohne die Damenwelt gewesen – insbesondere Klopstock wußte ein Lied davon zu singen. Johann Heinrich Tischbein d. Ä. hat den literaturbegeisterten Damen mit dem Gemälde »Die Vorlesung oder das Bild der Teone« ein bezauberndes Denkmal gesetzt.

Bewegung zufolge ist Hamburg der Sammelplatz der Gelehrten Europas und sozusagen das allgemeine Wirtshaus der Musen geworden. Von dieser Seite gesehen, ist es nach Rom und Paris vielleicht die interessanteste Stadt in Europa.« Es mag dahingestellt bleiben, ob solches Lob angemessen war, aber immerhin berechtigte das Hamburg des 18. Jahrhunderts trotz all seiner bürgerlichen Bodenhaftung zunehmend zu den schönsten Hoffnungen. Überall ging es aufwärts. Die Wirtschaft »boomte«, im Hafen ankerten in- und auswärtige Schiffe dicht gedrängt. »Welchen Eindruck dieses seltsame ... Schauspiel auf uns machte, ist unbeschreiblich. Mit staunendem Entzücken fuhren wir in das tosende Chaos hinein, wie eine fremde Feenwelt umschlossen uns rings die ungeheuren Seepaläste. Hier wurde gezimmert, dort gerudert, dort klommen Matrosen an den Masten hinan, hier schwebten andere an Tauwerken zwischen Himmel und Wasser, und ein dumpfes Getöse von tausend Stimmen in hunderterlei Sprachen tönte darein«, so staunte Joseph von Eichendorff über das emsige Getriebe Hamburgs im Jahre 1805.

Wilhelm von Humboldt, Leiter des Kultur- und Unterrichtswesens im preußischen Innenministerium und 1814/15 Vertreter Preußens auf dem Wiener Kongreß, war Hamburg bei einer Reise durch Norddeutschland »eigentlich nicht reich« erschienen. Das nahe Lübeck galt als sehr viel wohlhabender. Aber »die Lebensart ist auf einem hohen Ton, wie in den größeren Hauptstädten gestimmt. Man ißt immer erst zwischen 3–½5 Uhr, abends gehen im Winter die Spielgesellschaften erst nach der Kömödie an, man setzt sich etwa um 11 Uhr erst zu Tisch und kommt vor 1 Uhr nicht zu Bett. Der Luxus im Essen und Trinken ist sehr groß, im Ameublement und Equipagen scheint er geringer ... In den Häusern, die ich sah, Sievekings, Reimarus, Voght usf. ist der Ton so gut, als er nur irgend sein kann, und doch im Ganzen mehr bürgerlich als vornehm.« Zumindest nach außen zeigt sich die »hanseatische« Welt, zeigen sich zumindest ihre »besseren Kreise« als ebenso gesittet wie gesellig. Ein zweites Gesicht dieser Welt trug freilich andere Züge: »Die Sittenverderbnis soll ziemlich groß sein. Öffentliche Häuser, einige gemeine ausgenommen, gibt es gar nicht. Dagegen sind die Dienstmädchen fast durchaus liederlich und die Zahl der unehelichen Kinder unglaublich groß.« Dem gestrengen Wissenschaftler aus Berlin war auch das nicht entgangen.

Das 18. Jahrhundert in Hamburg hat viele ausgelassene Festlichkeiten gesehen. Bereits das Jahrhundert zuvor hatte aufwendige Feuerwerke über der Alster erlebt. Dann betrachteten die Ratsmitglieder, die Gesandten und andere Persönlichkeiten von Rang das Spektakel von den Häusern am Jungfernstieg aus, und den Fluß säumten zu

Als »Befördrer vieler Lustbarkeiten« hatte Friedrich von Hagedorn den »angenehmen Alsterfluß« besungen. Seit Beginn des 17. Jahrhunderts teilte der Stadtwall die Binnen- von der Außenalster, wo nun gesellige Hamburger und Hamburgerinnen sich bei Bootsausflügen vergnügten, bei denen auch für die Alsterschwäne einiges abfiel.

beiden Seiten die Bürger aller Schichten. Schaulust gehörte zu den hervorstechenden Eigenschaften einer durch das zuweilen äußerst feuchte Klima auf den Schutz geschlossener Räume angewiesenen Bevölkerung. Dieser Sehnsucht nach Unterhaltung durch Staunen und Gaffen kamen nicht zuletzt die öffentlichen Hinrichtungen nach. In einer um 1790 erschienenen Spottschrift heißt es: »Drei Dinge sind festlich: das Vogelschießen, das Grün der Waisenkinder und – Hängen und Köpfen.« Öffentliche Hinrichtungen fanden unter großer Anteilnahme der Bevölkerung – viele verbrachten schon die Nacht zuvor unter freiem Himmel, um sich das schaurige Morden nicht entgehen zu lassen – im Stadtteil Sankt Georg statt, wohin die verurteilten Delinquenten geführt wurden, um hier ihr letztes Stündlein zu verleben. »Zur Stärkung wurde dem Verurteilten«, so hat es Ernst Finder in einem 1930 erschienenen Buch »Hamburgisches Bürgertum in der Vergangenheit« beschrieben, »von der ehrwürdigen Meisterin an der Spitze der ihr untergebenen Jungfrauen des Konvents in der Steinstraße mit einem aufrichtigen ›Helf Gott!‹ ein Trunk Wein gereicht.

Gern benutzten kleine Leute, Handwerker und Tagelöhner, besonders bei schönem Wetter, die Gelegenheit, einen ›guten‹ Montag als Feiertag einzulegen und ihrer Arbeit fernzubleiben.« In Hamburg weilenden Fremden fiel aber besonders auf, daß auch vornehme Leute Gefallen daran fanden, das grausame Geschehen mit eigenen Augen zu verfolgen. »Dem entsetzlichen Schauspiel einer öffentlichen Hinrichtung wohnten nicht nur Erwachsene bei, auch Kinder ließ man daran teilnehmen, um ihnen Abscheu vor dem Verbrechen einzuflößen.« Erst in der Mitte des 19. Jahrhunderts wurden derlei öffentliche Spektakel abgeschafft, bei denen dem Todeskandidaten ein Blutbeil als Beweisstück auf die Brust geheftet und er vor den Augen von Tausenden von Menschen enthauptet wurde. Der grausige Vorgang – das beweisen die Hamburger Verbrecherstatistiken – dürfte nicht zur Abschreckung beigetragen haben, befriedigte aber das Verlangen der eben nicht immer nur sittsamen und fleißigen Hamburger nach gelegentlichen Sensationen. Dagegen nahm sich die bevorzugte öffentliche Bestrafung der Lübecker geradezu freundlich aus: Auf dem »Kaak«, einer (in neuerer Zeit wiedererrichteten) Badestein-Laube am Rand des Marktes, wurden betrügerische Verkäufer und »störendes Gesindel« öffentlich der Beschimpfung freigegeben – das dürfte seine abschreckende Wirkung eher erreicht haben.

IV. Patriotismus und Lokalismus

Von guten Worten und Taten

Immer wieder stoßen wir bei unseren vorsichtigen Blicken hinter den »hanseatischen« Vorhang des 18. Jahrhunderts auf die »Patrioten«. Der Begriff liefert heute nicht nur deswegen Anlaß zu Mißverständnissen, weil er nach den Exzessen des deutschen Nationalismus im 19. und erst recht im 20. Jahrhundert einen fatalen Beigeschmack angenommen hat. Im Hamburg des 18. Jahrhunderts galt als Patriot nicht nur derjenige, der sich für die nationalen Belange einsetzte. Das Wort beinhaltete noch eine besondere moralisch-soziale Qualität, die ihm längst abhanden gekommen ist. In seiner umfassenden Sozialgeschichte der Aufklärung in Hamburg und Altona hat Franklin Kopitzsch das Entstehen und Wirken zahlreicher patriotisch-gemeinnütziger Gesellschaften untersucht. Deren Mitglieder verband, nach einer Definition des Hamburger Gymnasialprofessors Johann Moritz Gericke von 1782, »derjenige starke innere Trieb, der das Beste des Staates zum Augenmerk hat und seine Wohlfahrt auf alle mögliche Art zu befördern sucht«. Die »untrennbar mit der Aufklärung verknüpfte ... soziale Verpflichtung zum gemeinnützigen Wirken durch kritisches Denken, offene Diskussion und praktisches Handeln mit dem Ziel, den Mitmenschen und sich selbst zu besseren, weil zu vernünftigeren und humaneren Lebensverhältnissen zu verhelfen, Vorurteile zu bekämpfen, Mißbräuche zu verhindern und Not und Elend zu lindern«, war gewiß keine »hanseatische« Erfindung. Doch gerade in ihrem Einflußbereich gingen Bürgersinn und aufklärerische Ideale eine besonders fruchtbare Verbindung ein, deren Spuren noch heute in Hamburg, Bremen oder Lübeck anzutreffen sind.

»Die patriotisch-gemeinnützigen Gesellschaften gehören in den historischen Zusammenhang der Emanzipationsbewegungen des 18. Jahrhunderts, denn in ihnen organisierten sich Menschen, die konkreten politischen, sozialen, ökonomischen und erzieherischen Aufgaben nicht mehr allein den bis dahin ausschließlich zuständigen staatlichen und kirchlichen Institutionen überlassen wollten, sondern nach Mitwirkung und Mitverantwortung strebten, ganz überwiegend nicht in Opposition zu den bestehenden Einrichtungen, sondern in der Hoffnung auf die Reformbereitschaft und Reformfähigkeit ihrer jeweiligen Obrigkeiten, Regenten und Beamten«, schreibt Kopitzsch. Regenten, das waren unter »hanseatischen« Verhältnissen die (begüterten) Bürger selbst, und so waren es auch die zur Obrigkeit gehörenden Bürger, die Senatoren, Ratsherren und einflußreichen Kaufleute, die diese Gesellschaften maßgeblich prägten, meist sogar gründeten.

Von all diesen Vereinigungen jener Zeit verdient die »Patriotische Gesellschaft von 1765«, die sich als »Hamburgische Gesellschaft zur Beförderung der Künste und nützlichen Gewerbe« verstand, die meiste Beachtung. Als ihren frühen Initiator kann man Barthold Heinrich Brockes bezeichnen, auch wenn die Gründung erst nach seinem Tode erfolgte. Aber auch die nun entstehenden Freimaurerlogen – in Hamburg wurde 1737 die erste deutsche Freimaurerloge gegründet –, die überall aus dem Boden sprießenden literarischen Gesellschaften und viele andere Vereinigungen jener Zeit waren aus dem »hanseatischen« Leben bald nicht mehr wegzudenken. Gerade ihre auf die Stärkung des Gemeinwohls zielenden und nicht zuletzt den Toleranzgedanken popularisierenden Botschaften und Maßnahmen trugen entscheidend dazu bei, daß das 18. Jahrhundert in den Nachfolgestädten der alten Hanse einen weit über den alten Kaufmannsgeist hinaus wirkenden Glanz erhielt. Aufklärung und »hanseatisches« Bürgerbewußtsein ergänzten sich auf das glücklichste. Hamburg und seine »Patriotische Gesellschaft« leisteten dabei Schrittmacherdienste.

Das calvinistische Bremen folgte erst mit einiger Verspätung nach. Die 1776 gegründete »Physikalische Gesellschaft« des Astronomen Wilhelm Olbers, die dem erwachenden Interesse der Bürger an wissenschaftlicher Forschung Rechnung trug, war die Vorläuferin der »Gesellschaft Museum«, die 1783 endlich auch in Bremen für ein reges Miteinander der kulturell interessierten Bürger sorgen sollte – gegen lang anhaltenden Widerstand des Rats. Zwar hatte sich in Bremen schon 1748 einmal eine »Deutsche Gesellschaft« formiert, die den Gedankenaustausch über Fragen der Geschichte und der Poesie pflegen wollte, aber sie stieß auf eine so ablehnende Haltung der bestimmenden Kaufleute, daß sich der anfängliche Elan bald im Sande verlor. Noch der Vater des Arztes Arnold Wienholt, einer der wegbereitenden Begründer der Gesellschaft, hatte eine »so liederliche Sache wie das Romanlesen« verabscheut. Der zeitgenössische Beobachter und Jurist Ludwig Georg Eduard Beurmann, ein geborener Bremer, hat die Vorbehalte der bremischen Kaufleute noch 1836 schlicht so beschrieben: »Die Ästhetik des Bremer Kaufmanns besteht in einer großen Tabaksnase und in einem feinen Weingeschmack, zur Weinprobe, Literatur aber und Poesie gehören nicht zu den Kolonialwaren.« Das noch sehr viel konservativere Lübeck zog erst im Jahr der Französischen Revolution mit einer »Literarischen Gesellschaft« nach, aus der sich wenig später, nach dem Vorbild der »Patriotischen Gesellschaft« in Hamburg (die ihre Entstehung ja auch literarischem Interesse verdankte), die »Gesellschaft zur Beförderung gemeinnütziger Tätigkeit« entwickelte, eine Organisation, die der Stadt dann entscheidende soziale und kulturelle Impulse verlieh. Hinzu kamen aber in allen »hanseatischen« Städten vielerlei wohltätige Vereinigungen, die soziale Einrichtungen unterhielten, nicht zuletzt die wegen der gewaltigen Kluft zwischen Arm und Reich dringend benötigten Armenanstalten.

Man gewinnt den Eindruck, daß sich die begüterten »hanseatischen« Kaufleute im 18. Jahrhundert zum ersten Mal ihrer sozialen und auch ihrer kulturellen Verantwortung gegenüber ihren Mitbürgern wirklich bewußt werden. Was an anderen Orten noch immer den Königen oder Fürsten vorbehalten war – die Sorge um das Wohlergehen der weniger Bemittelten, die Pflege von Wissenschaft und Kultur –, nahm die Kaufmannschaft nun mit viel Engagement und philanthropischer Energie selbst in die Hand. Wer immer sich heute als bewußter und dem Gemeinwohl verpflichteter »hanseatischer Patriot« empfindet, steht in der Tradition der »hanseatischen« Kaufleute des 18. Jahrhunderts und ihrer zum Teil bis heute wirkenden Initiativen. Die damals begründete Tradition, den ökonomischen Erfolg nicht nur als Selbstzweck zu verstehen, und andere, auch weniger Bevorzugte, an dessen Segnungen teilhaben zu lassen, steht am Beginn eines bis heute ruhmreichen Kapitels »hanseatischer« Identität. In

Johann Caspar Voght: ein »Hanseat« vom Scheitel bis zur Sohle.

diesem Punkt einen gemessenen Patriotismus zu empfinden, besteht aller Anlaß.

Eine herausragende Persönlichkeit, die dieses ehrenvolle Kapitel »hanseatischen« Verantwortungsbewußtseins für das Gemeinwohl repräsentiert, war der Kaufmann Caspar Voght. Da ein Fragment seiner höchst anschaulich geschriebenen Lebensgeschichte überliefert ist, wissen wir von ihm mehr als von allen anderen seiner kaufmännischen Zeitgenossen. Was er seiner Stadt hinterlassen, worüber er in seinen Briefen, in seiner Lebensbeichte und in vielen Abhandlungen berichtet hat – das verbindet sich zu einem Idealbild »hanseatischen« Wirkens, wie es schöner und vorbildhafter kaum seinesgleichen hat. Seinen ererbten, aber auch durch einige geschickte Geschäftsabschlüsse erheblich vermehrten Reichtum hat er wie kein anderer »hanseatischer« Kaufmann des Jahrhunderts in den Dienst des kulturellen und wissenschaftlichen Fortschritts und der fürsorglichen Unterstützung der Allgemeinheit gestellt und durch sein Beispiel zur Nachahmung aufgefordert. Er hat zudem unermüdlich versucht, seine Bildung, seine Humanität und seine Fähigkeit, andere mit sich zu reißen, zu vervollkommnen, zugleich aber heiter und gesellig sein Leben mit Inbrunst ausgekostet. Die Maßstäbe, die er den »Hanseaten« setzte, machen bis heute einen erheblichen Teil des »Hanseaten«-Mythos aus.

Auch Caspar Voght hat unter Defiziten gelitten, die er mit selbstkritischer Schärfe diagnostizierte. »Alle Erfindungsgabe war mir versagt«, bekennt er in seinen sonst so vergnügten Lebenserinnerungen gleich zu Beginn, »sowie die Gabe der Dichtung« ... – für einen »hanseatischen« Handelsherrn ein verblüffendes Eingeständnis. »Bis zu meinem jetzigen 87sten Jahre habe ich weder eine Fabel noch eine Erzählung erfinden, noch einen Vers machen können, so innig mich auch alles Schöngedachte und -gesagte ergriff und sich meinem Gedächtnis einprägte.« Auch habe zu seinen Fehlern »ein Grad des Leichtsinns« gehört, »von dem man sich schwerlich einen Begriff machen kann. Bei allem, was ich wollte, und ich wollte viel, übersah ich alle Schwierigkeiten; kam unbesonnen und vergeßlich in häufige Verlegenheiten, aus denen ich mich meistens nicht ohne Gewandtheit herauszog. Was meinen Lehrern am meisten zu thun machte, war eine unbezwingliche Heftigkeit; das einzige, worüber ich mich erinnere bestraft zu sein; aber Liebe war in meinem Herzen.« Das sind Töne, wie sie in den Memoiren »hanseatischer« Kaufleute sonst nicht anzutreffen sind. Voghts fand den einen oder anderen respektgebietenden Nachfolger, dessen Verdienste um das Gemeinwohl vergleichbar sein mögen, aber ohne Voghts Wirken und Vorbild, die den Hamburgern – und erst recht den Nicht-Hamburgern – nur merkwürdig schwach im Bewußtsein sind, läßt sich der »hanseatische« Mythos nur unzureichend beschreiben.

Als Sohn »sehr reicher Eltern«, die in Hamm »den schönsten Garten um Hamburg« besaßen, wurde Voght 1752 in Hamburg geboren. Der Vater war Senator und hatte elf Kinder. Schon als Kind hatte Caspar Voght seine Begeisterung für Kunst und Wissenschaft in sich entdeckt. Anfangs hatte er keine Freunde, dafür eine Schwester und diverse Vettern, von denen er verächtlich meinte, sie seien »ungehobelte, gemeine Burschen« gewesen, »mit denen ich nie hatte sympathisieren können, und die mir … ein Greuel waren«. Im Alter von zehn Jahren glaubt er sich zum ersten Mal verliebt (das wird sich in seinem Leben noch häufig wiederholen, ohne daß Voght allerdings eine Ehe eingeht). Die Angebetete ist zwei Jahre älter. Sie erscheint ihm »unbeschreiblich schön, spielte etwas Klavier und sang wohl auch ein Liedchen von Uz, der erste Dichter, der damals auftauchte … ich erklärte ihr meine Liebe an einem schönen Abende, da der Mond auf den Wellen des Baches zitterte, der den Wald umkränzte. Ich erinnere mich noch aller Ausdrücke gar wohl, wodurch ich ihr meine Liebe erklärte; ihr blaues Auge blickte freundlich auf mich; wir küßten einander und schwuren uns ewige Liebe.« Aber dann macht eine Krankheit dem kindlichen Glück ein jähes Ende. Anderthalb Jahre muß Voght das Bett hüten, »da gerade die Blattern der schlimmsten Art bei uns wüteten … die Folgen dieser Krankheit wirkten mächtig auf mein Leben … Neben meinem Krankenzimmer lag in einer Stube, aufgehäuft und bestäubt, eine Bibliothek, die mein Vater von seinem Bruder in London geerbt hatte. Es waren wohl dreihundert Bände.« Das Kind, von Hauslehrern notdürftig unterrichtet und bald in vielen Sprachen zu Hause, verschlingt die Werke des Horaz, die Fabeln Gellerts, die Texte Luthers und Paul Gerhardts, liest alle historischen und geographischen Bücher, deren er habhaft werden kann – und träumt sich in ein sehr anderes Leben als das seines Vaters hinein, ein Leben, das sich mit der Realität, so wie sie nun einmal ist, nicht zufriedengibt.

Als der Knabe die Krankheit schließlich überstanden hat, übernimmt er auf Wunsch des Vaters die ersten »seelenlosen commerzialischen Arbeiten« für dessen Handelskontor. »Aber ein glücklicher Zufall entwickelte alle meine Kräfte aufs neue und ward der Anfang einer neuen Periode meines Lebens.« Mein Vater hatte »einen jungen Sieveking, den Sohn eines wohlhabenden Tuchhändlers (später einer der bedeutendsten Bürger, dessen Namen Hamburg noch mit Ehrfurcht nennt), aufgenommen. Er mochte einige Jahre älter sein als ich; durch ihn ging mir eine neue Welt auf. Mit angeborenem Scharfsinn hatte er sich früh den Wissenschaften, der Sprachkunde und mit Enthusiasmus der damals neu auflebenden Literatur hingegeben. Er war auch mit einem anderen reichen Erben, mit dem jungen Hudtwalker, nachherigem Senator in Hamburg, innigst vertraut. Beide hatten ihre

Voghts Freund und Partner Georg Heinrich Sieveking trug viel zum Erblühen der »Hanseaten«-Republik Hamburg in den Jahrzehnten der Aufklärung bei. Das Buch, das er in der Hand hält, hat er gewiß auch gelesen.

Prosa nach Lessings Muster gebildet und in der lyrischen und idyllischen Gattung treffliche Sachen geliefert, aber ihre Reden blieben ein Geheimnis der Freimaurerlogen und ihre Gedichte nur ihren Freunden.« Die drei Kaufmannssöhne schließen einen engen Freundschaftsbund, der ihr Leben lang anhalten und ihnen noch verschiedentlich zum Wohle ausschlagen sollte. Sie lesen »den wie vom Himmel her erscheinenden Klopstock«, den Voght später auch persönlich kennenlernen und dem er zuweilen als Vorleser dienen wird. »Noch empfinde ich die hohe Freude, die mich erfüllte, wenn ich mit meinen beiden Freunden mich vor Sonnenaufgang aus dem Hause stahl und am hohen Elbufer, auf dem Rasen hingestreckt, oder am friedlichen Ufer der Alster den hehren Aufgang belauschte; sie mir ihre Ideen und Loblieder, ich ihnen meine Hymnen in nicht verächtlicher Prosa vorlas, und wir, durch Naturgenuß und Prosa beglückt, um 8 Uhr an unsere mechanischen Arbeiten gingen.«

Der Vater beginnt allmählich, sich über die für einen Hamburger Kaufmann fremdartigen Anwandlungen seines Sohnes Sorgen zu machen. Er schickt ihn zuerst, ganz nach der bis heute üblichen hanseatischen Kaufmannsweise, »von einem Handelsfreund zum anderen«. Dann will er ihn »über Holland und England geradezu nach Oporto schicken«. Doch »ein unbezwingliches, mehr auf ihrer Liebe zu mir als aus einer andern denkbaren Ursache entstandenes Vorurteil meiner Mutter bezwang den festen Willen meines Vaters. Nicht gar lange vorher hatte das Erdbeben zu Lissabon ihren Brüdern das Leben und meinem Vater einen großen Teil seines Vermögens gekostet ... In wichtigen Dingen erhalten die von ihren Männern geliebten Frauen stets ihren Willen, wenn ihnen nur Zeit dazu gelassen wird.«

Als ein Londoner Geschäftsfreund des Vaters Hamburg bereist, besucht der inzwischen neunzehnjährige Caspar Voght unter dessen Führung Hamburgs Gefängnisse, denn zu den ehrenamtlichen Pflichten des alten Voght gehört auch die Gefängnisfürsorge. »Ich kann nicht sagen, wie mich das ergriff, was für Ansichten das in mir erregte, wie ich mir den Schwur abnahm, in meinen späteren Jahren die Muße, welche Berufsgeschäfte mir lassen würden, so gemeinnützig als möglich zu machen.« Schließlich aber reist er über Hannover und Osnabrück nach Amsterdam, wenig später geht es weiter nach Rotterdam und London. Dort sieht er sich in den Kontoren der Geschäftspartner seines Vaters um, »aber viele Stunden des Tages verwandte ich daran, den jetzigen Zustand der Literatur in England kennenzulernen. Viele Abendstunden widmete ich dem Theater.« Dagegen war der »Cirkel« der »nur kaufmännischen Bekanntschaften eng und ernst«.

Von London aus zieht der angehende Handelsherr weiter nach Paris, wo er »täglich die verschiedenen Theater« besucht. Man lädt ihn bald in die elegantesten Häuser ein, in denen er schnell feststellt, daß »die Ehemänner und eine große Zahl junger Leute vom Stande öffentlich mit unglaublichem Luxus eine Klasse von Frauen (unterhielten), wie sie vielleicht in Athen, aber seitdem nirgends als in Paris möglich waren. Von den Prinzen von Geblüt an bis zu den Reichen unter dem vornehmen Adel, Financiers und reisenden Engländern, setzten sie ihre höchste Eitelkeit darin, diese Frauen, zu denen auch die ausgezeichneten Schauspielerinnen und Tänzerinnen gehörten, welche in ihren Salons einen etwas leichteren Ton mit der strengeren Grazie der guten Gesellschaft auf eine ganz eigene Art zu vereinigen wußten, auf die glänzendste Weise zu unterhalten.« Obgleich er sich nur als »zwanzigjährigen, unbedeutenden Jüngling« empfindet, wird er in den feinsten Kreisen empfangen – und das verdankte er den Frauen: »... dem von der Welt noch unverdorbenen Jüngling ward von mancher liebenswürdigen Frau gütige Nachsicht, ... ihnen zu gefallen ... ward nach und nach das Streben meines ganzen Wesens.« Voght rühmt sich des Umgangs mit Madame de Staël und Madame Recamier, die er bewunderte und aufsuchte, wann immer es möglich war. Da er freimütig des öfteren auf seine Eitelkeit zu sprechen kommt – sie ist »bei mir ein Charakterzug geworden und noch nicht ganz verlöscht« –, sollte man, was seine Bekanntschaften auf dem internationalen Parkett betrifft, nicht jeden Hinweis auf die Goldwaage legen.

Paris und sein glanzvoller Hof scheinen Voght aber bald mehr Gewissensbisse als Zufriedenheit beschert zu haben. »Hanseatische Kaufleute« waren wenig geeignet, den Glanz der Festlichkeiten am Hofe eines Ludwigs XV. zu vermehren (ein späterer Hamburger in Paris, Karl Lagerfeld, hätte das vermutlich besser vermocht), und als wackerer Norddeutscher empfindet Voght die »Conversation mit den Männern unter den Bankiers« bald als unbefriedigend: »... leicht und gefällig bewegte sich alles um mich herum; meiner damaligen Stimmung nach zu leicht.« Er spürt, daß er in »eine Welt (geraten ist), die meine Sittlichkeit nicht eben befördert haben würde«, er beklagt die »Leere« in diesem geistreichen und unterhaltenden Leben, »deren ich mich in meinen besseren Augenblicken schämte«. Man sollte indes vorsichtig mit solchen Urteilen umgehen, entsprachen sie doch allzu deutlich den bekannten, unendlich oft variierten germanischen Abwehrmustern gegen das »leichtsinnige« Paris.

Voght hat danach noch einige französische Handelsstädte – allen voran Bordeaux – besucht, zu denen die Firma seines Vaters enge Beziehungen unterhielt, dann zog er weiter nach Spanien, wo er durch die Bilder von Velázquez, Murillo, aber auch Raffaels und van Dycks im Escorial kennenlernt, »was die klassische Malerei ist«. Mehr als diese aber dürfte ihn »das kochende Feuer in den Busen der Andalusierinnen« in Bann geschlagen haben, denn auch hier widmet Voght den Damen eingehendere Beschreibungen. Von Madrid aus geht es in die Schweiz, wo Voght Voltaire »mit den tief eingedrückten Mephistozügen« antrifft. »Im Schlafrock, mit einer sonderbar geformten rotsamtenen Mütze saß er auf seiner Chaiselongue, die er nur selten verließ. Über seinem Kopf hingen die Porträts von Katharina und Friedrich. Mit hohler, gebrochener Stimme sagte er den Fremden, die ihm vorgestellt wurden, viel Witziges und Angenehmes über ihre Nation und ihre Literatur.«

Voght zieht noch eine Zeitlang von einem italienischen Hof zum nächsten, erhält in Rom eine Audienz beim Papst, bewundert die Italienerinnen und verliebt sich glühend in eine umschwärmte Witwe. »Was ist Liebe, wenn es das nicht war, was ich für sie fühlte, ... es giebt Augenblicke, wo die Seelen sich einander verschmelzen.« Aber schließlich rufen ihn die drängenden Appelle seines Vaters wieder zurück nach Hamburg, auf die Bühne seines künftigen Wirkens.

Voghts literarische Ambitionen, sein Ehrgeiz, sich durch Schreiben und Erzählen von den »Pfeffersäcken« abzugrenzen, mögen ihn unter seinesgleichen hervorheben – seine Ausbildung und seine frühen Reiseerfahrungen unterscheiden ihn noch nicht von seinen Kaufmannsfreunden, für die ja eine möglichst mehrjährige Handelserfahrung in England, Frankreich und Spanien unverzichtbar war. Wer in der väterlichen Firma etwas erreichen wollte, mußte einiges von der Welt gesehen und ferne Länder bereist haben, weniger der Kultur oder gar der weiblichen Reize wegen, sondern weil er solide Kenntnisse von Sprachen, Handelspartnern und Geschäftspraktiken erwerben sollte. Percy Ernst Schramm, vom Stolz des Dazugehörenden geschwellter Autor einer geradezu beängstigend detaillierten, zweibändigen Familien-Chronik, spricht vom notwendigen »Pygmäengang«, den außerhalb Hamburgs ehrenvoll zu bestehen der »hanseatische Kaufmann« gezwungen war. »Das Tor zur Welt« verpflichtete.

Voght schmückt in seinem Lebensbericht seine Lehr- und Wanderjahre zu einer Reise in die Welt der Bildung und der aristokratischen Lebenskunst aus und kommt nur am Rande und dann zumeist abschätzig auf das Geschäftliche zu sprechen. Dabei dürfte er auch das Entstehen schöner Legenden im Sinn gehabt haben. Ein kaufmännischer Taugenichts, zu dem sich Voght wiederholt stilisierte, war er bei aller Ausgabefreudigkeit und allem Leichtsinn gewiß nicht. Die selbstgewählte Pose des über den schnöden Handelsfragen stehenden Aristokraten wirft jedoch zum ersten Mal ein Licht auf den häufig zu beobachtenden Komplex gerade außerordentlich erfolgreicher und polyglotter »hanseatischer« Kaufleute aus Hamburg, Bremen oder Lübeck gegenüber allem »Geistigen«. Man findet bis heute viele Belege dafür, daß der »hanseatische« Kaufmann seinesgleichen für die Krone der Schöpfung hält und die Kunst allenfalls als dekoratives Beiwerk gelten läßt, doch beobachtet man ebensooft, daß diesem Überlegenheitsgefühl eine große und von Unbehagen nicht freie Bewunderung für Kunst und Kultur zur Seite steht. Um diese gewissermaßen »unter Kontrolle« zu bringen, wird sie zuweilen gerne finanziert – und damit domestiziert.

Ein spanischer Beobachter Hamburgs mit Namen Santo Domingo entrüstete sich 1838 einmal darüber, daß es in Hamburger Kaufmannsfamilien zum guten Ton gehöre, gelegentlich Künstler einzuladen, einzig und allein, damit die Töchter des Hauses, »die selbst der göttlichen Lyra Apolls zarte Töne zu entlocken wissen und die alsdann – das Regiment im Hause führend – die hyper-ästhetischen Dichterjünglinge mit großer Sehnsucht erwarten, um ihr Urteil über die eben vollendeten Kunstwerke zu vernehmen«. Und während mancher »Mittagessen«, ausschweifenden und geselligen Mahlzeiten zwischen fünf Uhr nachmittags und elf Uhr abends, habe die Kunst oft nur den Auftrag, mit ein wenig Würze die Gleichförmigkeit zu vertreiben: »Ist irgendein unglücklicher Sänger, ein bemitleidenswerter Schauspieler in der Gesellschaft – tant mieux! – so hat man desto größere Muße noch zum Essen und Trinken, und die armen, bedauernswerten Künstler müssen pro patria, das heißt für ihre Einladung, singen und deklamieren, daß ihnen angst und bange wird.« Das dürfte eher karikierend gemeint gewesen sein, aber wie oft lassen sich noch bis heute Anlässe für dergleichen sarkastische Verweise in »hanseatischen« Kaufmannshäusern an Elbe, Weser und Trave beobachten …

Als Voght endlich wieder heimatlichen Boden betritt, erscheint ihm alles in Hamburg »fremd und äußerst unschmackhaft«. »Mechanisch, fast ohne Gedanken, ohne alles Interesse« sei er seiner Arbeit in der »Handlung« seines Vaters nachgegangen, an der ihn dieser nun beteiligte. »Ich habe nie den Gedanken ausstehen können, die kostbare Lebenszeit zur Vermehrung des Vermögens zu verwenden. Meiner geistigen Unabhängigkeit war … jedes Geschäft zuwider, das meine Thätigkeit beschränken konnte.« Daran hat sich der unverheiratete und kinderlose Voght denn auch immer gehalten. Zunächst versucht er noch eine Zeitlang, das im Ausland erlernte freizügige Leben fortzuführen. Er leitet »Subskriptionsbälle und Maskeraden«, stiftet bald einen Leseverein, richtet ein eigenes Theater ein und steht mit den Schauspielern sogar verschiedentlich selbst mit auf der Bühne. Und natürlich ist er bald wieder unsterblich verliebt, denn »es fehlte an schönen jungen Frauen nicht, die dem jungen Mann Vertraulichkeiten über die Bedürfnisse ihres Herzens und der eisigen Kälte ihrer Männer machten«. Minna Brandes heißt die sechzehnjährige Angebetete diesmal, und der Hinweis darf nicht fehlen, daß sie sich, was die Liebe zur Kunst anging, »weit über ihrem Stand und ihrer Familie« befand. Die Sache dauerte »wohl einige Jahre«. Es sei ihm erst im nachhinein begreiflich geworden, warum er weder dieses Mädchen noch überhaupt habe heiraten wollen: »Der blasierte Mann sieht in der Zuneigung junger Mädchen um so weniger Schmeichelhaftes, weil er vieles davon auf die Rechnung des calcul's schreiben muß.« Sofern Voght wirklich dieser Meinung war, blitzt hier das chronische Mißtrauen eines »hanseatischen« Kaufmanns hervor, nicht die Gefühlswelt eines leidenschaftlichen Verehrers der Kunst.

Als 1781 der Vater stirbt, bedeutet Caspar Voght dieser Tod »das Ende meiner sorglosen Jugend … Mir, der ich Geldgeschäfte auf den Tod haßte und nicht verstand, mir ward die große Pflicht, das in der Handlung befindliche große Vermögen meiner Mutter zu administrieren, … dazu kam ein Trieb der Eitelkeit, dessen ich mir bisher nicht bewußt geworden war. Ich wollte der Börse, die mir gar wenig zutraute, beweisen, daß ich mit einem geringeren Kapital größere Geschäfte glänzend durchzuführen im Stande sei.« Zuerst scheint dieser Plan nur sehr eingeschränkt aufgegangen zu sein. Doch als Frankreich unter der Revolution erbebt und seinen Getreidebedarf nicht selbst befriedigen kann, geht es mit den Geschäften und mit dem Reichtum im Hause Voght noch einmal stürmisch aufwärts. Mit seinem Freund und Partner Georg Heinrich Sieveking führte er das Handelshaus »Voght und Sieveking« zur höchsten Blüte. Beide übertrafen sich aber auch gegenseitig in Geselligkeit und Wohltätigkeit. Sievekings Landsitz in Neumühlen war ein ebenso häufig von Besuchern aus Kultur und Geistesleben frequentierter Tummelplatz in Hamburgs goldenen Jahren des reichen Bürgertums.

Am Ende des Jahrhunderts, als »die in Frankreich aufgehende Morgenröte der Freiheit das Herz aller Edlen in Deutschland entzückt«, zählt Voghts Überseehandelsfirma dreihundert Mitarbeiter. Voght wird nebenher noch für drei Jahre Direktor der Bank seiner Vaterstadt, bis er sich 1797 von seinen Geschäftsanteilen trennt. Er sei »mit einem mäßigen Vermögen zufrieden« gewesen, behauptet er in seinen Erinnerungen. In Wahrheit hatte er vom Kaufmannsberuf, gegen den er immer Skrupel gehegt hatte, endgültig genug.

Nun verfügte er endlich über genügend Zeit und Kräfte für die zwei großen planerischen Hinterlassenschaften seines Lebens: sein Landgut und die Armenfürsorge. Im Jahre 1785 hatten einige Bauernhöfe am Elbufer, durch dessen hügeliges Gelände sich das kleine Flüßchen Flottbek in Richtung Elbe schlängelte, zum Verkauf gestanden. Voght, der schon seit seinen Kindertagen im Garten von Hamm das Landleben geliebt hatte, griff zu. Zuerst dachte er dabei nur an ein behagliches Refugium, aber kaum im Besitz des Grundstücks, gestaltet er es nach neuesten wissenschaftlichen und – vor allem – ästheti-

Innenansicht der Alten Börse um 1823 – großzügiger Rahmen für weltumspannende Transaktionen und kleine Geschäfte.

schen Gesichtspunkten zu einer »ornamented farm« nach englischem Vorbild um und erweitert es durch stetige Zukäufe bis zum Ende des Jahrhunderts Schritt für Schritt. Unter seiner umsichtigen, neueste Ökologie-, Agrar- und Botanikforschungen berücksichtigenden Anleitung entwickelt sich das Areal zu einem Landschafts- und Arbeitsparadies, wie die Umgebung Hamburgs noch nie eines gesehen hatte.

Kurz nach dem Erwerb des Geländes war Voght nach England gereist und hatte gründlich die dortigen Land- und Herrensitze studiert. Er hat dem Hügelgelände über der Elbe einen Charakter gegeben, dessen Reste bis heute an das englische Vorbild erinnern und stilbildend wirkten bei der Übertragung angelsächsischer Gartenkunst nach Hamburg. Voghts Beispiel eiferten viele begüterte Hamburger Bauherren nach; hier hat Hamburgs gelegentliche Nähe zu englischen Vorbildern ihren Anfang genommen. Allerdings lag die Hinwendung zu England in allen Fragen der Lebensführung bis hin zur Einrichtung gewissermaßen in der Luft der Aufklärungsepoche. »Englische Mobilien sind durchgängig in Lübeck Mode«, hatte der Historiker in königlich-hannoverschen Diensten, Thomas Nugent, schon 1766, gut zwanzig Jahre vor Voghts Erwerb von Flottbek, festgehalten, »die mehrsten Häuser, die ich gesehen habe, sind mit Londoner Tischen, Schränken und Stühlen von Mahagony Holz aufgeputzt.« Und Johann Jakob Rambach schalt seine Hamburger Zeitgenossen mit den Worten: »Jedem Kunstprodukte diente der Beiname englisch zur sicheren Empfehlung!«

Voghts ging es keineswegs nur um den Ausbau eines malerischen Ortes für großbürgerliches Wohlleben im englischen Feudalstil, sondern um die harmonische Verbindung von Kaufmannsfleiß und den sozialen Utopien der Epoche, von modernster Wissenschaft und kultivierter Ästhetik. Geselligkeit und harte Arbeit sollten eine in Hamburg bis dahin nicht dagewesene Symbiose eingehen und die Ideen der Aufklärung, Rousseaus und Pestalozzis (den Voght während seiner großen Europa-Reise einige Tage lang in der Schweiz besucht hatte) mit der natürlichen Beschaffenheit vor Hamburgs Toren auf eine neue Weise verschmelzen lassen. Bevor Voghts Nachfolger sein kühnes Reich aus Phantasie, Arbeit und Geist später zweckentfremdeten, schließlich mehr und mehr zerstörten (die letzten Reste der durch Häuser und Straßen zersiedelten landwirtschaftlichen Besitz-

Im »Quellenthal«, Voghts nach englischem Vorbild errichtete »ornamented farm«, entstand ein Landwirtschafts- und Naturparadies, das im 18. Jahrhundert in Hamburg nicht seinesgleichen hatte und – in Rudimenten – bis heute von einstiger »Hanseaten«-Herrlichkeit erzählt.

tümer sind noch in einem von der Stadt sorgfältig gepflegten Park zu besichtigen, der allerdings nur Bruchteile des einstigen Besitzes einnimmt), wurden hier aufwendige agronomische und botanische Forschungen und Experimente durchgeführt, wurden etwa dreißig Schüler im Acker-, Obst- und Gemüsebau unterrichtet und in Gewächshäusern exotische Pflanzen gezüchtet. Nützlichkeit und Schönheit, aber auch sozialer Friede in höchster Vollendung – das war das Ziel des Gutes Flottbek, für das Caspar Voght alles Geld auszugeben bereit war, das ihm sein einträglicher Überseehandel einbrachte.

Auf seinen Reisen durch England und Schottland hatte Voght in Edinburgh James Booth, den Sohn des Besitzers einer der größten schottischen Baumschulen, kennengelernt. Der Kaufmann erkannte in Booth den exzellenten Gärtner und bewog ihn, mit Frau und Kindern nach Flottbek zu ziehen. Booth wurde der entscheidende Gestalter der »ornamented farm« an der Flottbek, entwarf malerische Landschaften, legte künstliche Wasserfälle und Teiche an, errichtete für

Voght auch eine Baumschule, die er nach dessen Tod in eigenem Besitz weiterführte. Ihm war der Anbau exotischer Baumsorten zu verdanken, vor allem des aus China eingeführten Ginkgobaums, der noch heute auf Voghts einstigem Besitz zu finden ist und im 20. Jahrhundert den Hamburger Dichter Hans Leip zu einer seiner schönsten Erzählungen gleichen Titels angeregt hat. John Richmond Booth, der zweite Sohn von James Booth, hat später der Baumschule des Vaters zu weltweitem Ruf verholfen und einer der vielen von ihm gezüchteten Rosen den Namen »Caspar Voght« gegeben.

Der »hanseatische« Kaufmann als aufgeklärter Weltengestalter, der reiche Bürger als verantwortlich fühlender Wohltäter und »Landesherr«, ein nach allen Spielregeln der Kunst blühender Landwirtschaftsbetrieb als Insel der Seligen: Capar Voghts Ehrgeiz griff weit über die Normen damaliger bürgerlicher oder »hanseatischer« Selbstverwirklichungsideale hinaus. Er ließ Wälder und Grünflächen anlegen, Spazier- und Arbeitswege durch sie hindurchziehen, schuf malerische Ruheorte mit Bänken und Seen, Statuen und Tempelchen. Nicht die ökonomische Nutzung bestimmte in erster Linie die gewaltigen Investitionen in die Natur, auch nicht das Wohlbefinden des Finanziers, sondern die Sehnsucht, einen in und um Hamburg einzigartigen ökologischen, sozialen und kulturellen Mikrokosmos zu schaffen, in dem sich die eklatanten Gegensätze der Großstadt, alles Elend der ärmeren Schichten, alles kultur- und verantwortungslose Wirtschaften in die eigene Tasche in einer Art natürlichem Laboratorium aufheben sollten. »Herzensfrömmigkeit, Hilfsbereitschaft und Liebe« gelten Voght und seinen Freunden als höchste »hanseatische« Tugenden. Ihren Reichtum sehen sie als Verpflichtung gegenüber der Allgemeinheit, trotz ihrer streng patriarchalischen Lebensführung beziehen sie sogar das »Gesinde« in ihr familiäres Leben mit ein.

Voght hat sich in zahlreichen Schriften, vor allem in seinem erst vor einigen Jahren gedruckten Aufsatz »Flotbeck in ästhetischer Sicht« über seine Pläne und den Grad ihrer Realisierungen geäußert. Er hat sich darin als erstaunlich kompetenter Gestalter und botanisch-agrarwissenschaftlicher Experte wie als empfindsamer Denker erwiesen. »Flotbecks Charakter ist heitere Ruhe und frohe Gemüthlichkeit«, darin mochte ein gut Teil Verklärung liegen, aber es bedarf der Erläuterung, in welchem Sinne das 18. Jahrhundert den Begriff »Gemüt« verstand. Im Gegensatz zum 18. Jahrhundert, so sagt Charlotte Schoell-Glass in ihrem Nachwort zur Erstveröffentlichung von Voghts Projektbeschreibung im Jahre 1990 (allzu lange hatte man ihm wenig Beachtung geschenkt), »als die seelischen und geistigen, aber auch die intellektuellen Kräfte umfassend gedacht wurden, begann man etwa seit 1800, Gemüt als ein von den geistigen und intellektuellen Fähigkeiten geschiedenes, eigenständiges Vermögen der Menschen zu begreifen. Es beschränkte sich nun auf das Gefühl und Empfinden, und in diesem Sinne wird es von Voght in seiner Gartenbeschreibung verwendet«. Es ging Voght darum, »durch das Zusammenfassen vieler gleichzeitiger Eindrücke endlich eine *Idee* oder ein *Gefühl* hervorzubringen, welches dem lebendigen Gemählde Sinn und Seele gibt« (Voght hat die hier kursiv gesetzten Wörter in seinem Manuskript ausdrücklich unterstrichen). »Alles in Flotbeck ist in einem Geiste gedacht, ein Ganzes«, hatte ein Zeitzeuge 1792 festgestellt, aber auch hinzugefügt, »der Geist Flotbecks ist *au fond* Kaufmannsgeist.« Das liest sich heute wie eine ungerechtfertigte Vereinfachung, denn alle anderen Landsitze begüterter »hanseatischer« Kaufleute unterschieden sich durch den Verzicht auf wissenschaftliche Forschung und soziale Einrichtungen grundlegend von Voghts ganz unkaufmännisch idealisierter Bukolik.

Voght hatte auf seinen Reisen besonders die englischen Herrensitze studiert und sich mit Begeisterung in die Schriften des englischen Dichters Shenstone versenkt, der auf seinem Landsitz Leasowes im Westen von London das Konzept einer »ornamented farm« als »work in progress« realisiert und es eingehend beschrieben hatte. Am Gebaren der Hamburger Kaufmannsfreunde hatte ihn besonders gestört, daß »alle die Wirthschaft wie ihre eigene ansehen« und ihre Landsitze nur ihrer eigenen Familie, nicht aber einem alle Schichten berücksichtigenden Ganzen zudächten. Was den »hanseatischen« Kaufleuten oberstes Gebot war, nämlich sich um das eigene Wohl und das der nahen Verwandten zu sorgen, erschien ihm – der ja keine eigene Familie besaß – verächtlich. *Seine* Familie, dazu sollten auch all jene gehören, die auf seinem Mustergut lebten und arbeiteten. »Hier und in einer anderen ähnlichen Reihe von kleinen Häuschen wohnen außer dem Schmidt und dem Rademacher etwa 25 Familien, deren Männer, Weiber, Kinder und wohl 80 an der Zahl stete Beschäftigung bey der Landwirthschaft finden, die keine unverheiratete Knechte hält, und deren Intensität es möglich macht, bei einem Areal von 250 Tonnen, 3–3000 Thaler jährlich an Tag- und Dienstlohn zu verwenden. Das gemüthliche Ansehn dieser Menschen, wenn sie an Sonn- und Feiertagen wohlgekleidet vor ihren Häusern sitzen und ihre Kinder um sie herum spielen, gibt eine treffliche Staffierung dieser holländischen Ansicht ab. Einige von diesen Leuten sind mit dem Besitzer alt geworden, die mehrsten hat er zur Taufe, zur Trauung, und manche schon zu Grabe geführt ... Einigen von ihnen hatte die Natur Anlagen nicht versagt, die ausgebildet, einen höheren Beruf hätten erfüllen können.«

Voght hat für die Arbeiterkinder seiner Musterfarm auch eine eigene Dorfschule eingerichtet, deren Lehrer Bockendahl zum »Segen für das Häuflein der Kinder« geworden sein muß. »Wenig kommt es darauf an, ob Sie diese oder jene Methode des Unterrichts wählen, da kommt doch alles auf den Lehrer an«, schrieb Voght einmal an seine geliebte Briefpartnerin Magdalena Pauli. Der damalige Landesherr von Schleswig und Holstein, auf dessen Boden sich das vor den Toren Hamburgs liegende Flottbek befand, war der dänische König Frederik VI., und dieser dankte denn auch Voght in einem Brief für seine pädagogischen Verdienste mit wohlgesetzten Worten: »... geben Wir Dir wegen der bey dieser Angelegenheit zur Beförderung des Schulwesens an den Tag gelegten gemeinnützigen Gesinnung Unser allerhöchstes Wohlgefallen zu erkennen. Wir bleiben Dir übrigens in Königlichen Gnaden gewogen.«

Voghts anschauliche Beschreibungen seines Besitzes, seiner Vorstellungen und Erfahrungen entbehren nicht eines gewissen literarischen Reizes. Aber der Kaufmann und der Realist haben den Dichter in ihm immer wieder zur Räson gerufen. Voght wollte nicht als literarischer Dilettant, sondern als Unternehmer mit philosophischem Anspruch ernst genommen werden. Von jeher habe er »immer Widerwillen dagegen gehabt, als Schriftsteller zu erscheinen ... Nicht Worte wollte ich, sondern That.« Um so mehr war er auf seine wirtschaftlichen Erfolge, besonders auch sein Geschick an der Börse stolz: »Als ich nach Hamburg zurückkam, fand ich mich um eine Million reicher.« Schon 1776 hatte sein Handelshaus einen intensiven Warenaustausch mit Nordamerika aufgenommen, und Voght hatte sich gerühmt, als erster Hamburger Kaufmann Tabak aus Baltimore eingeführt zu haben. Diese Amerika-Geschäfte warfen hohe Gewinne ab, die zum Hamburger Wirtschaftsaufschwung in der zweiten Jahrhunderthälfte erheblich beitrugen. Allerdings ging es mit seinen Einnahmen oft so schnell hinauf, wie es wieder bergab ging. Einmal hatte er, »als der schnelle Fall der Colonialprodukte allenthalben Bankerotte verursachte«, nach langer Abwesenheit von seinem Kontor »dort eine fürchterliche Unordnung, mir verschwiegene Verluste, Entwendungen, welche ein Systhem von Lügen mir verborgen hatte«, vorgefunden und förmlich über Nacht die Hälfte seines Vermögens eingebüßt. In solchen Situationen aber zeigte sich der reiche, gewiß auch oft leichtsinnige Hasardeur als Meister: Er reduzierte seine Ausgaben

Das von Johann August Arens erbaute Landhaus Voght inmitten »heiterer Ruhe und froher Gemütlichkeit« gehört zu Hamburgs schönsten Bauten des 18. Jahrhunderts.

»auf ein Sechstel der bisherigen« und freute sich »darüber, daß es mich nicht schmerzte«.

Bis 1797 hatte er sich vornehmlich nahe dem Flottbeker Besitz in seinem Haus in Neumühlen aufgehalten. Sein erstes Flottbeker Wohnhaus war ein altes Bauernhaus, das aber 1793 durch einen Brand vernichtet wurde. Nun war endlich das geräumige Landhaus auf dem Terrain seiner »ornamented farm« vollendet, das er sich von dem Hamburger Baumeister Johann August Arens (den Goethe später nach Weimar holte) hatte erbauen lassen. Dieses Haus – eines der wenigen aus dem 18. Jahrhundert, die Hamburg heute noch besitzt – unterscheidet sich von anderen prunkvollen Landsitzen entlang der Elbe durch seine luftige Behaglichkeit und nicht zuletzt auch durch seine relative Bescheidenheit. Nach Süden und Osten hin mit einem zweigeschossigen, umlaufenden Balkon und schlanken Holzsäulen und -gittern versehen, erscheint es wie ein Sommersitz aus den amerikanischen Südstaaten, aber – weil von heimatlich »hanseatischer« Zurückhaltung – sehr viel zierlicher und bescheidener. Korrespondierend dazu stehen gegenüber die niedrigen, aber malerischen, reetgedeckten »Instenhäuser« mit kleinen Wohnungen für die Landarbeiter. »Glückliche Tagelöhnerfamilien saßen am Sonntag vor den freundlichen Wohnungen, die ich ihnen erbaut hatte«, schrieb Voght mit selbstgefälligem Stolz und wohl auch nicht unbedingt in Übereinstimmung mit den Bewohnern, aber immerhin sind die Häuschen schon wegen ihrer Lage bis heute begehrte Wohnquartiere.

In der herrschaftlichen Voght-Villa dagegen war alles großzügig, und es ging häufig hoch her: Im großen, mit hohen Fenstern versehenen Kaminsaal war die »hanseatische« Welt zu Gast, erschienen prominente Besucher, nicht wenige davon bekannte Geistesgrößen ihrer Zeit, wurde parliert, musiziert und getanzt. Im Festsaal und den anliegenden Räumen wurde gelesen, diskutiert und getafelt, auf der oberen Etage warteten mehr als zwanzig Fremdenzimmer auf Gäste aus aller Herren Länder. Sein Haus als »Mittelpunkt der Versammlungen dieser Gesellschaft«, das schwebte Voght vor, und obgleich es in den Häusern anderer prominenter Kaufleute, bei den Familien Sieveking (wo des öfteren siebzig bis achtzig Gäste geladen waren und Friedrich Klopstock in jedem seiner Hamburger Jahre Geburtstag feierte) oder Hudtwalker etwa, vielleicht ebenso lustig zuging, konnte sich Voght wohl einer ganz besonderen Nähe zu großen Namen rühmen. Auf seinen wiederholten Kur-Reisen nach Karlsbad pflegte er mit dem Badegast Goethe zu parlieren, der sich zu Voght einmal notierte: »Schöne Kenntnisse in literarischen Dingen ... hinter einer etwas rauhen bürgerlichen Schale.« Knapper und treffender hat wohl niemand den literarischen Kaufmann und kaufmännischen Literaten gekennzeichnet. Übrigens haben Goethe und Voght später auch Briefe gewechselt, ohne daß freilich Goethes Interesse für das Voghtsche Anwesen in Flottbek zu einem Hamburg-Besuch geführt hätte. »Mit Baron Voght von Hamburg von den Armenanstalten in Hamburg und ökonomischen Einrichtungen in Flottbek, Mist von Hamburger per Schiff nach Flottbek. Mit Voght über höhere Ansichten, woraus sich das Einzelne herleitet«, hat Goethe einmal über eine Begegnung festgehalten, aber für einen Besuch der Hansestadt waren das dann doch zu wenig Gründe.

Voght hat nicht nur in Flottbek seine Spuren hinterlassen. Er hat auch noch auf einem anderen Gebiet seiner Stadt nachhaltig gedient, ja seine detailliert ausgearbeiteten Vorschläge für eine »Verbesserung des Armenwesens« haben ihm sogar einen Ruf des österreichischen Kaisers nach Wien eingebracht, wo er seine Hamburger Erfahrungen und seine Pläne zur Verbesserung der sozialen Lage aller notleidenden Schichten vortragen sollte. Die Früchte dieser Unternehmung waren »eine Speise- und Armenanstalt, die ich in Wien zurückließ«, und eine verbesserte »Armenordnung«. Einen kaiserlichen Orden habe er ausgeschlagen, schreibt Voght in seinen Memoiren, »mein unwiderstehlicher Trieb zur Unabhängigkeit lehnte sich gegen das, wenn auch leise Band auf, welches mich an irgendeine Regierung zu fesseln schien.« Königliche oder kaiserliche Auszeichnungen zurückzuweisen war hanseatische Tradition, die Würde eines Reichsfreiherrn (damals bestand das römische Reich noch) hat er aber doch angenommen. Er habe sie nicht ausschlagen wollen, weil sie ihn ja zu nichts verpflichtet habe. So durfte sich der Kaufmann aus Hamburg, was seiner Eitelkeit nicht wenig geschmeichelt haben dürfte, von nun an Baron nennen. »Der Menschenfreund würde über diese Standeserhöhung trauern, wenn er nicht fest überzeugt sein könnte, daß der Freiherr von Voght immer der verehrungswürdige freie Reichsbürger Caspar Voght für die Hamburger bleiben werde«, verteidigte eine

Hamburger Zeitung die unter hanseatischen Kaufleuten nicht gern gesehene Annahme des Adelstitels. In Bremen war es seit 1806 sogar verboten, fremde Titel, Ehrungen und Erhebungen in den Adelsstand anzunehmen.

Voghts segensreiche Aktivitäten hatten sich inzwischen bis Berlin herumgesprochen, und so ließ sich auch der preußische König von seinen Projekten berichten. Nach seiner Rückkehr aus Berlin habe die von ihm gemeinsam mit dem Gymnasialprofessor Johann Georg Büsch und dem Juristen Johann Arnold Günther 1788 begründete Hamburger Armenanstalt – allerdings verfügte Hamburg schon seit dem 17. Jahrhundert über ein Waisenhaus, einen Pesthof und ein Armenhaus – »im höchsten Flor gestanden«, hat Voght berichtet und sich schließlich eingebildet, »daß nämlich durch Erziehung der Erwachsenen, durch zeitig angebotene zweckmäßige Hilfe jede Art der Verarmung verhindert war, die Bettelei aufgehört hatte und dem Pauperismus, diesem Krebsübel des Staates, ein Ende gemacht war.« Das dürfte wohl eine Illusion gewesen sein. In seinem Bemühen, viele Familien mit Arbeit, Lohn und patriarchaischen Wohltaten zu versorgen, stand Voght aber nicht mehr allein. 1793 hatte beispielsweise der Jurist Johann Daniel Lawaetz einen stattlichen Teil des Areals an den Elbhängen erworben und darauf verschiedene Fabriken und Werkstätten errichten lassen. Lawaetz hatte schon 1811 eine »Patriotische Gesellschaft« für das Gebiet Schleswig-Holstein gegründet, die sich für die »Beförderung der Geistesbildung, Veredelung des Herzens und der Liebe zur Sittlichkeit, Ermunterung des Gewerbefleißes, Erhebung der so tief gesunkenen bürgerlichen Gewerbe« einsetzen sollte. Ein »munteres Arbeitstal« hat er seine Neumühlener Besitzungen genannt, auf denen eine Tabak-, eine Stärkemehl-, eine Segeltuch-, eine Wolltaft- sowie eine Leinenfabrik etwa tausend Arbeiter beschäftigten. Aber das war nur ein Tropfen auf den heißen Stein. »Ich mag das Verhältnis unserer Armen zu der ganzen Zahl der Einwohner nicht ausdrücken«, bekannte 1786 Johann Georg Büsch, denn Hamburg blieb für Tausende von Bewohnern ein von Elend und Massenarbeitslosigkeit schwer heimgesuchtes Armenhaus. Dem Reichtum der Stadtelite stand ein Heer von Ausgegrenzten gegenüber, von deren erbärmlichen Lebensbedingungen Johann Jakob Rambach, der Hamburger Arzt, anschaulich berichtet hat.

Es sollte allerdings nicht mehr lange dauern, bis sich Elend und Not des Krieges über Hamburg ergossen: 1806 nahmen die Napoleonischen Truppen Hamburg ein und veränderten es für einige Jahre gewaltsam, und 1814, auf dem Rückzug aus Rußland, verfolgt von der russischen Armee, besetzten sie es ein zweites Mal. Auch das paradiesische Flottbek wurde vorübergehend ein brodelnder Kampfplatz: »Die Franzosen zündeten die Landhäuser meiner Freunde und Verwandten an, die Russen brannten von ihrer Seite«, schrieb Voght in einem äußerst bedrückten Brief an seine Freundin Magdalena Pauli, »einmal kam würklich Feuer aus dem Schornstein des Landhauses – schreyend stürzten die Bewohner mir entgegen – Gottlob! es ward gelöscht. In einer spätern Nacht ward ich geweckt: Biesterfelds und Koopmanns Häuser, meine nächsten Nachbarn, brannten. In wenig Minuten lag das große Bauernwesen der ersten in Asche. Schon flogen die Brände auf meine Strohdächer, Gott gab, daß der Wind sich wandte – wir blieben gerettet. Noch kürzlich ist die Hälften von Blankenesen abgebrandt. Indem ich dieses schreibe, brennt ein Haus in Nienstedten.« Doch das Anwesen überstand schließlich die Verheerungen der Belagerung, und sogar die anfangs stark beeinträchtigten Geschäfte gingen bald wieder besser, denn Voghts Firma »verkaufte viel und teuer«.

Vogh blieb ein aufgeklärter Wohltäter in guten wie in schlechten Zeiten. Er gab sein Geld ebensogern für die Schönheiten des Lebens wie für gute Taten, und wenn ihm das selbst schmeichelte und ihn zum Schwärmen über seine guten Absichten verleitete, so hat es doch auch seiner Vaterstadt – und dem Ansehen der »hanseatischen« Kaufleute – sehr genützt. Gewiß stand er damals mit seinen Vorstellungen nicht allein. Die Anstrengungen der aufgeklärten Kaufmannsrepublik und einiger ihrer vermögenderen Bürger, die sozialen Ungleichheiten zumindest zu mildern, waren ja von erheblichem »patriotischen« Elan getragen. Aber Voghts grenzenlos erscheinender Optimismus und seine vorgelebte Identität von Denken und Handeln markierten eine seltene Übereinstimmung von Idee und selbstgeschaffener Wirklichkeit.

Betrachtet man das Voghtsche Haus heute, am Ende des 20. Jahrhunderts, so läßt sich nur mit Wehmut an seine festlichen Glanzzeiten zurückdenken: An der Nordseite ist das Haus durch einen unproportionierten Anbau entstellt, umgeben von ungepflegten Grünflächen und gelegentlich hier parkenden Autos. Man denkt an die Zeilen Adalbert von Chamissos:

»Die Höhe, wo vorzeiten die Burg der Riesen stand;
Sie selbst ist nun verfallen, die Stätte wüst und leer;
Und fragst du nach den Riesen, du findest sie nicht mehr.«

Voght konnte sein Flottbeker Landgut am Ende seines Lebens nicht mehr erhalten, da ihm das Geld aus den Händen geflossen war. Er mußte sein Paradies 1828, elf Jahre vor seinem Tod, an seinen mehr als vierzig Jahre jüngeren guten Bekannten, den inzwischen sehr viel liquideren Kaufmann und Hamburger Bausenator Martin Johann Jenisch verkaufen. Der ließ sich in den Jahren 1831 bis 1834 im Parkteil des Mustergutes nach Plänen Karl Friedrich Schinkels und Franz Gustav Forsmanns ein ganz andersartiges Gebäude errichten, ein schloßartiges Landhaus für sich und seine Familie, das bereits eine neue Epoche, ein neues Jahrhundert und vor allem ein erheblich gesteigertes Repräsentationsbedürfnis der »hanseatischen« Kaufleute dokumentierte. Mit dem neuen Jahrhundert wuchsen an den schönsten Plätzen Hamburgs überall neue Kaufmannspaläste in den Himmel. Die dagegen vergleichsweise bescheidene Welt des Johann Caspar Voght, sein messianischer Glaube an die Kraft der Aufklärung und ihrer sozialen Veränderungen waren da bereits Geschichte.

V. Hilfreich, edel und fromm

Von Künstlern und Kaufleuten

»O glücklich, wer, von Gott und seiner Pflicht gelehrt,
Des Herzens Beyfall nur, nicht äußern Glanz begehrt,
In dessen edler Brust nur die Begierden wachen,
Der Bürger Wohl zu baun, den Staat beglückt zu machen! ...
Er wird, zum Geiz zu fromm, zu weise zum Verschwenden,
Auch da noch Patriot, die edle Kunst verstehn
Durch seinen Schatz das Glück der Bürger zu erhöhn,
Das Glück der Redlichen, die arm in Hütten wohnen,
Wird Weisen Ruh verleihn, und ein Genie belohnen.
Der Funken des Genies, der fast erstickt verschwand,
Wird angebracht, flammt auf, und brennt fürs Vaterland ...

O Hamburg, Stadt des Glücks! was kann dein Lob noch heben?
Der Ruhm, daß auch in dir noch Patrioten leben.
Sie sind erwacht, und wohl, wohl jedem Menschenfreund,
Der sich mit ihrem Muth zum Heil des Volks vereint,
Für beßrer Weisheit Ruhm, für Fleiß und Handlung wachet,
Des Landmanns Hütte schmückt, den Künstler glücklich machet.«

Die Träume der Aufklärung erscheinen uns heute wie ein verführerisch glitzernder Katalog aus dem Warenhaus der Utopien. Edel, hilfreich und gut sollte die bürgerliche Welt sein, und endlich sollte auch die Kunst zu ihrem Recht kommen. Da im täglichen Umgang mit Geld und Geschäften, mit Konkurrenten und Abhängigen derlei Tugenden wenig Erfolg gebracht haben dürften, wurden sie nun von den einflußreicheren Bürgern in den Rang eines Katechismus erhoben. Die Emanzipation nahm den kirchlichen Institutionen zunehmend die sozialen und erzieherischen Aufgaben aus der Hand. Die

Die von Brockes initiierte »Patriotische Gesellschaft« hinterließ in Hamburgs Stadt- und Kulturgeschichte viele tiefe Spuren, und oft war ihr Handeln von heilsamer Wirkung.

neu entstehenden patriotisch-gemeinnützigen Vereinigungen, bürgerlichen Clubs und, nicht zuletzt, die Freimaurerlogen spiegelten den deutlichen gesellschaftlichen Wandel seit der Mitte des Jahrhunderts. Die Freimaurerei hatte Hamburg als erste deutsche Stadt von England übernommen. Dort hatten die »Lodges« (Gilden) Menschen aus allen Schichten der Bevölkerung aufgenommen und waren für Toleranz (gerade auch den Juden gegenüber) und Menschenliebe eingetreten.

In Johann Joachim Eschenburgs emphatischer Hymne vom Neujahrstag 1766 auf die Gründung der »Patriotischen Gesellschaft« werden sie alle aufgezählt, die schönen Tugenden des Bürgers, wie die freien, nicht durch Fürstenherrschaft entmündigten Städte ihn benötigten und ersehnten, nämlich Tüchtigkeit, Selbstlosigkeit, Edelmut, Fleiß, Frömmigkeit und Weisheit. Mochte dieser Idealtyp des rechtschaffenen Patrioten auch anderenorts nicht weniger ersehnt werden, für die freien Hansestädte bedeutete er das Fundament, auf das allein sich das Gemeinwesen stützen mußte und durfte, und so ist es nur folgerichtig, daß der Begriff des »Hanseatischen« sich bis heute vor allem und gerne auf dieses Ideal stützt. »Hanseatisches« und Emanzipatorisches, Patriotisches und Bürgerliches waren ein und dieselbe Seite ein und derselben Münze – zumindest in der utopischen Verklärung.

»Patriotismus erstreckt sich weniger auf den Staat als auf die Stadt und verdient daher eher den Namen Lokalismus«, schrieb Johann Jakob Rambach, dessen detailliertem, aber äußerst pointiertem »Versuch einer physischen und medizinischen Beschreibung von Hamburg« wir verblüffend stimmige Charakteristika der Hamburger verdanken. »Von jedem Bürger wurde vorausgesetzt, daß er der Stadt nach seinen Kräften diente – sei es als Bürgerwache, in einem Kirchenamte, in der Verwaltung einer Stiftung, sei es in den bürgerlichen Kolloquien oder Deputationen. Auf diese Weise wurden nicht nur diejenigen herausgesiebt, die für den Senat oder sonstige Posten von Wichtigkeit in Betracht kamen, sondern die Stadt kam auf diese Weise auch darum herum, eine Bürokratie hochzuziehen. Nur in der mittleren von der unteren Region der Verwaltung und in einzelnen Spezialposten waren Berufsbeamte eingestellt.« Diese Beschreibung Percy Ernst Schramms galt für Hamburg, Bremen und Lübeck gleichermaßen. Während also in den Staaten die ganze Verwaltung durch die Bürokratie geleitet wurde und den Untertanen nicht einmal eine beratende Stimme zustand, regierten sich die Hanseaten nicht nur selbst, sondern verwalteten auch alles selbst. Aus solchen Vorteilen speiste sich ein Patriotismus, der trotz aller Klassenunterschiede auch die unteren Schichten zu Patrioten werden ließ. »Jeder Tüchtige hatte ja die Möglichkeit, nach oben zu gelangen, und patriarchalische Lenkung war noch eine Selbstverständlichkeit.«

»Der reichsstädtische ›Patriotismus‹ beruhte noch auf dem mittelalterlichen Gedanken des ›gemeinen Nutzens‹, in den monarchisch, d.h. mehr oder minder absolutistisch regierten Teilen Deutschlands befand der Fürst über Wohl und Wehe. Sollten die Reichsstädte gedeihen, mußte einer für den anderen stehen, da keine Hilfe von oben zu erwarten war; in den Gebieten der Fürsten kam man dagegen dazu, ›etatistisch‹ zu denken, d.h. dem Staat die Fürsorge für das allgemeine Beste zu überlassen ... Der Patriotismus alter Art hatte etwas Vernünftlerisches, womöglich Hausbackenes. Aber er hat sehr viel Nützliches geleistet, vielen praktischen Neuerungen die Bahn geebnet und viel zur Hebung des allgemeinen Wohlstandes und der Kultur beigetragen. Das aber vermochte er nur, weil er von einer Gesinnung der Gemeinnützigkeit, von dem Willen, Gutes zu tun, gelenkt war«, schreibt (der selbst mitunter peinlich radikal-patriotische Historiker) Percy Ernst Schramm in »Neun Generationen«, seiner Chronik einer Hamburger Bürgerfamilie. Die Gleichsetzung von »Patriotismus« und »Nationalgefühl« sei »erst eine Folge der Franzosenzeit« gewesen. In einem fiktiven Gespräch eines Bremer Kaufmanns aus dieser Zeit hört sich das so an: »Wir sind freie Reichsstädter und große Kaufleute und brauchen daher viel Geld und müssen noch Geld sparen. Ein Kaufmann der freien Reichsstadt arbeitet immer mehr, um immer mehr zu verdienen, und je mehr er verdient, je mehr muß er arbeiten, weil er auf diese Weise das Geld nicht verzehrt, sondern es hingibt, um immer mehr Hände zu beschäftigen und immer mehr Hungrige satt zu machen ... Hier wendet sich der Staat an seine freien Bürger, und der freie Bürger gibt gern und willig, bewilligt auch gern.« Schöner und einfacher ließ sich das Credo der »hanseatischen« Kaufleute nicht überhöhen: Viel Geld müsse jeder von ihnen verdienen, nicht um seiner selbst, sondern um der Gemeinschaft willen. So erhielt das Geld die Bedeutung eines Schlüssels zum Himmel der Gerechtigkeit und Mitmenschlichkeit – die sehr andersartigen Lehren eines Karl Marx lagen noch in weiter Ferne.

Hamburg stand mit der Gründung seiner »Patriotischen Gesellschaft« nicht allein. Es war in aller Welt die Zeit der patriotischen Bürgervereinigungen gekommen. »Rund sechzig entstanden im Heiligen Römischen Reich und in der Schweiz in den Jahrzehnten von 1760 bis 1820«, schreibt Franklin Kopitzsch. In Lübeck hatten gelehrte und gesellige Vereinigungen schon zu Beginn des Jahrhunderts Vorformen der erst 23 Jahre später von dem Prediger Ludwig Suhl, dem Syndikus des Domkapitels Christian Adolph Overbeck, den Rechtsgelehrten Daniel Friedrich Hasentien, Matthias Eberhard Kröger und dem Kaufmann Johann Nonnen gegründeten »Literarischen Gesellschaft« entwickelt, nach der dann nach dem Hamburger Vorbild 1791 bis 1793 die (bis heute sehr aktive!) »Gesellschaft zur Beförderung gemeinnütziger Thätigkeit« entstand, und auch Bremens »Physikalische Gesellschaft« hatte sich nach 1770 dem Hamburger Vorbild angenähert.

Zu verdanken war die neue Keimzelle des »hanseatischen« Gemeinsinns in Hamburg auch dem rührigen Gymnasialprofessor Hermann Samuel Reimarus, der es verstand, in kürzester Zeit die einflußreichsten Köpfe der Stadt auf vielen Gebieten von Kommerz und Kultur um sich zu scharen. Sein regelmäßiger »Theetisch« war ein Zentrum deutscher Aufklärung, hier wurde über Pressefreiheit und Toleranz ebenso vehement debattiert wie über Literatur, Wissenschaft und Kunst. Auch der verdienstvolle und kluge Adolph Freiherr von Knigge blieb seinetwegen einige Monate des Jahres 1790 in Hamburg. Er genoß die Teilnahme am großen »Freiheitsfest«, das der Kaufmann und großzügige Anhänger der Aufklärung, Georg Heinrich Sieveking, im Garten seines Hauses gab, und fand sich im übrigen besonders gerne im Haus von Sophie Reimarus ein. Karl August Böttiger, der Gymnasialdirektor und spitzzüngige Beobachter aus Weimar, widmete dem Leben und Treiben im Hause Reimarus ein eigenes Kapitel in seinem Reisetagebuch und spricht darin vom »Licht und Mittelpunkt des geistigen Hamburg«.

Schon zwischen 1724 und 1726 hatte die Zeitschrift »Der Patriot« mit ihrer nach englischem Vorbild verkündeten »Botschaft der Tugend« und Brockes' Forderung, »ein Patriot sey ein Mensch, dem es um das Beste seines Vaterlandes ein rechter Ernst ist«, einen Freundeskreis von Gelehrten, Politikern und Literaten zusammengehalten. Aber erst 1765 wurde aus diesem Zirkel jene gemeinschaftlich auf das Stadtgeschehen einwirkende Organisation, die – im Kontakt mit Gleichgesinnten innerhalb und außerhalb Deutschlands – »Angehörige verschiedener Stände und Berufe, Akademiker und Kaufleute, an der Selbstverwaltung Beteiligte und von ihr Ausgeschlossene zu gemeinsamer Reformarbeit« und im gemeinsamen Wirken vereinigte. »Mitglieder der Gesellschaft gehörten der in Hamburg dominierenden und privilegierten evangelisch-lutherischen Kirche an, kamen aber auch aus den Minderheiten der Reformierten, der Mennoniten und bald auch der Katholiken. Juden traten 1800 bei. Auch in der Toleranz war die Gesellschaft der gesamtstädtischen Entwicklung um Jahrzehnte voraus.« Hamburgs allseits geschätzter Domherr Friedrich Johann Lorenz Meyer – er sollte der letzte seines Zeichens sein, denn die Tage des Hamburger Doms waren bereits gezählt – machte sich als rühriger Sekretär der »Patriotischen Gesellschaft« viele Freunde in allen Kreisen der Kaufmannschaft. Er besaß eine stattliche Kunstsammlung und verfaßte mehrere Reisewerke, darunter auch die höchst vergnüglichen »Skizzen zu einem Gemälde von Hamburg«.

Friedrich Nicolai, führender Kopf der Berliner Aufklärung, riet einem jungen Theologen im Dezember 1783, »nach Hamburg zu gehen, weil da so wie in Zürich (!) Aufklärung und Wissenschaften am weitesten verbreitet, durch sie alle Stände untereinander verbunden sind«. Die Gesellschaft widmete sich anfangs, wie es sich für eine Kaufmannsstadt gehörte, vor allem dem Wiedererstarken der nach dem Siebenjährigen Krieg schwer geschädigten Hamburger Wirtschaft. Daneben aber galt ihr Einsatz dem besseren Schutz vor Krankheiten und Unfällen, dem Schulwesen und der Kinderpflege, der Armenfürsorge und überhaupt der Hilfe für die sozial Benachteiligten. Armenfürsorge – das war auch der Leitgedanke der mit maßgeblicher Unterstützung von Voght 1788 errichteten Armenanstalt – bedeutete weniger Versorgung der Armen als deren soziale Disziplinierung. Heute würde man das »Arbeitsbeschaffungsmaßnahmen« nennen.

Neben Reimarus gehörten vor allem der Mathematikprofessor am Akademischen Gymnasium und Wirtschaftsexperte Johann Georg Büsch (der 1768 die Hamburger »Handels-Akademie« ins Leben rief) und der Jurist Arnold Günther zu den treibenden Kräften. Die »Patriotische Gesellschaft von 1765« wurde in der Folge zum »organisatorischen Zentrum der auf die Praxis orientierten Hamburger Aufklärer. Die Anstöße, die sie den verschiedenen Wirtschaftszweigen gab, die Vorschläge, die sie zur Verbesserung der Lebensverhältnisse machte, die Einrichtungen, die sie anregte oder schuf, veränderten die städtische Wirklichkeit erheblich.« Diese »städtische Wirklichkeit« hatte sich von der einer bloßen Handelsstadt inzwischen zu der eines auch kulturell erwachten Stadtstaates entwickelt. Hamburg – und in seinem Gefolge zunehmend die beiden anderen hanseatischen Städte – war eine blühende Metropole modernen Zuschnitts geworden. Die Hansestadt konnte zwar mit so mächtigen Königsstädten wie London und Kopenhagen nicht mithalten, bemühte sich aber energisch darum, sich der dortigen Einflüsse (und Moden!) zu bedienen. Im

Grunde war wohl nur eine »hanseatische« Stadtrepublik in der Lage, die Postulate der Aufklärung so unmittelbar in die Praxis eines deutschen Gemeinwesens zu tragen.

Im Jahre 1770 war, durch Vermittlung seines Freundes und Gönners Bernstorff, Friedrich Klopstock von Kopenhagen nach Hamburg gezogen. Er sollte dort mehr als dreißig Jahre bleiben und zu einem viel bewunderten geistigen Mittelpunkt nicht nur der städtischen literarischen Zirkel, sondern ganz Deutschlands werden. Er selbst hatte eine Lesegesellschaft gegründet, die sich ihre eigenen Statuten gegeben hatte: »Wir versammeln uns jedes Jahr, solange unsere Gesellschaft fortwährt, sieben Monate durch, nämlich von dem Anfange des Oktobers bis zu Ende des Aprils, wöchentlich einmal, den Donnerstag Nachmittags, halb fünf Uhr, um uns deutsche Schriften, die der Deklamation fähig u. würdig sind, u. die für jede Zusammenkunft eine unserer Damen gewählt hat, vorlesen zu lassen.« Wer zu spät kam, mußte Strafe zahlen. Wer die Vorlesung störte, konnte nach einer Abstimmung der Mitglieder ausgeschlossen werden. Welche Texte zur Verlesung kamen – das entschieden die Damen. Es befreite die Zuhörer, wie Klopstock an Lavater in Zürich berichtete, »von der Gefahr, jemals unmoralische Sachen zu hören«. Die Kaufmannsgattin Eva König, die später einmal, nach dem Tod ihres Mannes, die Ehefrau Gotthold Ephraim Lessings werden sollte, hatte diese Usance »herzlich lachen gemacht. Meine Imagination stellte mir gleich den ganzen Kreis der Damen vor, und ihn mitten darinnen voller Entzückung, in dem er bey einer rührenden Stelle die Thränen von den Wangen seiner Zuhörerinnen herunterkollern sah.« Übrigens hatte Klopstock nach dem Tode seiner Frau Meta seine liebe Mühe und Not mit der Klatschsucht der hamburgischen Gesellschaft, die die Beziehung zu seiner jungen Nichte, Johanna von Winthem, nicht goutierte. Erst die Heirat der beiden versöhnte die Kritiker wieder.

Klopstock und Hamburg – das waren bei aller Bürgernähe der einen und aller neu erwachten kulturellen Begeisterung der anderen Seite zwei Antipoden, wie sie extremer kaum vorstellbar sind. Der Dichter war der erste wahrlich freie Repräsentant seiner Kunst, der es nicht mehr, wie noch Hagedorn und Brockes, zu einem »ordentlichen« Beruf oder Amt hatte bringen müssen. Die Kaufmannsstadt Hamburg, geprägt durch ihre jahrhundertealte Distanz zu allen künstlerischen Darbietungen und Existenzen, mußte auch diesem Barden der Dichtkunst erst einmal erheblich mißtrauen. Daß das Eis zwischen beiden Polen brach, war denn anfänglich auch am wenigsten den mächtigen Handelskreisen der Stadt zu verdanken. Anlaß für die wachsende, geradezu schwärmerische Verehrung des stolzen Dichters waren Hamburgs Damen. Zwar haben Männer die Hansestädte in einer Weise dominiert, wie das in Paris, London oder Wien, ja auch in München oder Florenz mit all seinen einflußreichen Mätressen oder Königinnen, Salon-Heldinnen oder einfach nur Beraterinnen undenkbar war. Festzuhalten aber bleibt, daß sich Hamburgs kulturell strahlendstes Jahrhundert in auffälliger Weise weiblichen Empfindungen und Anregungen verdankte.

Mangelnde Einbeziehung der Damen mag auch ein Grund für den unglücklichen Verlauf der Beziehung zwischen Hamburg und Gotthold Ephraim Lessing gewesen sein. Der Pastorensohn aus der Oberlausitz, der Essayist und Polemiker, Philosoph und Theologe, Dramaturg und Bibliothekar hatte im Berlin Friedrichs des Großen vergeblich Fuß zu fassen versucht und war schließlich 1767 den Lockrufen einiger Hamburger Kaufleute an die Alster gefolgt. Sie hatten ihn mit dem Plan entflammt, ein »deutsches Nationaltheater« in Hamburg zu gründen, hatten dazu das Gebäude am Gänsemarkt für zehn Jahre gepachtet, Versorgungssicherheiten für Schauspieler und einen jährlichen Preis für das beste deutschsprachige Theaterstück in Aussicht gestellt. Kaum war Lessing in der Stadt, hatte das Theater seine Pforten wieder schließen müssen, da die »Hanseaten« es weitgehend ignorierten und zwei aus dem illustren Kaufmannskonsortium in Konkurs gingen.

Kaum in Hamburg eingetroffen, weiß Lessing, der eine kleine Wohnung auf dem Brook bezogen hat, daß das Abenteuer des Hamburger Theaters und sein Aufenthalt in der Hansestadt in einer Katastrophe enden werden. Im Mai 1767 schreibt er an seinen Bruder: »Mit unserem Theater (das im Vertrauen!) gehen einige Dinge vor, die mir nicht anstehen. Es ist eine Uneinigkeit zwischen den Entrepreneurs und keiner weiß, wer Koch oder Kellner ist.« Als im September 1767 »Minna von Barnhelm« in Hamburg uraufgeführt wird, bleibt der Erfolg aus. Das Hamburger Publikum langweilt sich dabei so sehr, daß bei der Wiederholung zur Aufheiterung des Publikums Luftspringer

Der von höchst unseriösen Kaufleuten nach Hamburg gelockte, aber bald gründlich enttäuschte Dichter Gotthold Ephraim Lessing traf sich gerne auf der Terrasse des Baumhauses mit Kollegen – hier Johann Gottfried Herder und Matthias Claudius – zum Plaudern. Lange währte das Vergnügen jedoch nicht: Lessing mußte Hamburg in Richtung Wolfenbüttel verlassen und wäre doch nirgends lieber geblieben als unter »Hanseaten«.

ihre Künste zeigen müssen. Zur Eröffnung des Theaters hatte das Hamburger Senatsprotokoll noch verzeichnet, »daß, bey der zu vermuthenden Frequence im Schauspielhause zur Abwendung aller Feuers-Gefahr, die Schlüssel auf den Nebenthüren des Comödienhauses in Bereitschaft seyn, und ein paar Spritzen zur Hand sein mögen«. Die Spritzen wurden jedoch nicht gebraucht, die Senatsmitglieder hatten falsch »vermuthet«, die »Frequence« blieb hinter ihren Erwartungen zurück.

»Gewisse Vorschläge«, so schreibt der Dichter im Dezember 1767 an seinen Vater, »lockten mich hierher nach Hamburg, aber auch aus diesen ist wenig geworden.« Der ständig um Geld und Einnahmen verlegene Lessing beteiligte sich schließlich am Druckerei-, Verlags- und Buchhandelsunternehmen des Hamburgers Joachim Christoph Bode, dem der Tod der Ehefrau zu einem kleinen Vermögen verholfen hatte, nachdem er Schafhirt, Oboist einer Militärkapelle, Musik- und Sprachlehrer in Hamburg gewesen war. Hier erschienen auch Lessings Schriften über das Theater, die unter dem Titel »Hamburgische Dramaturgie« in die deutsche Theatergeschichte eingingen. Aber das fehlende kaufmännische Geschick der beiden Teilhaber und vor allem die illegale Raubdruckerei führten schnell zu einem finanziellen Fiasko. Lessing zog sich bald, statt mit Reichtümern mit neuen Schulden belastet, aus dem Unternehmen zurück.

Man hatte Lessing zuerst als Stückeschreiber verpflichten wollen, doch als Lohnschreiber mochte sich Lessing nicht mißbrauchen lassen. Lieber wollte er *über* das Theater als – unter Druck – *für* das Theater schreiben. So hatte man ihn denn als »Konsulent« eingestellt, aber nicht lange seine Dienste in Anspruch genommen. Der Versuch des Dichters, seine Existenz nun durch das »Glücksspiel« zu sichern, mißlang. Beim Umzug nach Hamburg hatten ihm die Umzugshelfer einen Teil seiner Kleider entwendet, jetzt stahl man ihm wichtige Bücher, darunter seltene Ausgaben, die seinen wertvollsten Besitz ausmachten. Besonders schändlich war, daß die Diebe die Bücher als Makulatur an einen Butterkeller zu verkaufen trachteten – womit zum Verlust noch die Verletzung trat.

Trotz allem hat Lessing die Annehmlichkeiten der Stadt sehr genossen. In Berlin hatte er mit Moses Mendelssohn, dem großen jüdischen Philosophen der Aufklärung, regelmäßig Schach gespielt, in Hamburg fand er in Klopstock, dem allseits verehrten Liebling der besseren Gesellschaft, einen neuen gleichwertigen Schachpartner. Mit dem Pastor der Michaeliskirche, Melchior Goeze, war er befreundet, doch entzweiten sich die beiden später in einem wütenden Konflikt über Fragen des Glaubens und der Orthodoxie. Er traf sich auf der Terrasse des »Baumhauses« an der Elbe, im Ratskeller, im »Schwarzen Adler« oder im »Caffeehaus« mit vielen Freunden. Kaffeehäuser gab es in den Hansestädten seit dem 17. Jahrhundert, allerdings stritten sich Hamburg und Bremen darum, wer das erste in Deutschland eingerichtet hatte. Offenbar ist diese historisch gewichtige Frage inzwischen beantwortet, und zwar zugunsten Bremens. 1673 wurde dort ein Kaffeehaus eingerichtet, aber erst sechs Jahre später läßt sich ein Hamburger Kaffeehaus belegen.

Lessing fügte sich tapfer und bescheiden in das gegen Berlin so viel beschaulichere und zumindest nach außen hin sittsamere Leben der Kaufmannsmetropole. Daß Hamburg den Dichter nicht lange halten konnte, gereicht der Hansestadt nicht zum Ruhm. Schon drei Jahre nach seiner Ankunft muß Lessing – traurig und bitter enttäuscht – die Stadt in Richtung Wolfenbüttel verlassen. »Wenn das Publikum fragt, was ist denn nun geschehen? und mit einem höhnischen ›Nichts‹ sich selbst antwortet: so frage ich wiederum: und was hat denn das Publikum getan, damit etwas geschehen könnte? Auch nichts; ja, noch etwas Schlimmeres als nichts. Nicht genug, daß es das Werk nicht allein befördert; es hat ihm nicht einmal seinen natürlichen Lauf gelassen.« Lessing hat seinen drei Hamburger Jahren dennoch sehr nachgetrauert. Wie gerne er unter Hamburgern geblieben wäre, schrieb er später aus Wolfenbüttel an die Freundin Elise Reimarus: »Wer in dieser Gesellschaft hätte bleiben können! Wer aus dieser Gesellschaft nur einen einzigen hier hätte!« Erst sechs Jahre nach seiner Abreise vermählt er sich mit der Witwe seines Freundes, des Seidenhändlers und Fabrikanten Engelbert König. Geheiratet wird in York an der Elbe, nahe Hamburg, wo der mit beiden gut bekannte Kaufmann Johannes Schuback ein Haus besitzt – zumindest mit dieser Freundeshilfe hat sich Hamburg erkenntlich erwiesen. Ein Jahr später stirbt das neugeborene Kind aus dieser Ehe, wenig später auch Eva König. »Ich wollte es auch einmal so gut haben wie andere Menschen. Aber es ist mir schlecht bekommen«, schreibt der Dichter traurig an seinen Freund Eschenburg.

Lessings bittere Hamburger Erfahrungen werfen ein grelles Licht auf die Kunstfeindlichkeit der Stadt. Ganz so schlecht jedoch stand es um diese aber dennoch nicht. Es fehlte Lessing einfach an praktischem Geschick im Umgang mit den »hanseatischen« Verhältnissen. Er stieß keineswegs nur auf Ablehnung, jedenfalls nicht in dem geselligen und aufgeklärten Kreis seiner Freunde. Der bürgerlichere Klopstock konnte in Hamburg zum umjubelten Geistesheroen der Stadt aufsteigen. Als er am 22. März 1803 begraben wurde, war ganz Hamburg auf den Beinen, um von ihm Abschied zu nehmen. Hamburgs Ratsherren, Hamburgs Diplomatisches Korps, die Repräsentanten der Hamburger Kirchen bildeten die Spitze des Trauerzuges, der von Klopstocks Haus bis zur Christianskirche in Ottensen führte. »Die hier wohnenden Gesandten und Geschäftsträger, alle angesehenen Bürger, Senatoren, Kaufleute, Kirchen- und Schullehrer, Künstler (man beachte die Reihenfolge! M.W.) begleiteten in 126 Wagen die Leiche, welche unter einer Ehrenwache von 109 Mann zu Fuß und zu Pferde, unter dem großen volltönenden Geläute der sechs Haupttürme von

Hamburg, durch Zuströmen vieler Tausender ... neben seiner Meta eingesenkt wurde«, berichtete ein Zeitgenosse. Das liest sich heute wie eine einzige Verbeugung vor der Dichtung. In Wahrheit waren es aber wohl die feierlichen und nationalen Töne Klopstocks, der übrigens zum Zeitpunkt seines Todes bereits kaum noch gelesen, sondern nur noch gefeiert wurde, denen dieses überwältigende Geleit zu verdanken war. Klopstock hat wie Brockes den Hamburgern das gegeben, was sie sich von einem Dichter erwarteten: Feierlichkeit, idealistische Überhöhung und Repräsentanz. Lessings kritisch funkelnde Intellektualität ließ die Hamburger hingegen kalt, sie hätte besser in das weltstädtische Paris oder London gepaßt als in eine deutsche Handelsstadt.

Gereichte der Umgang der »Hanseaten« mit den Dichtern der Stadt nicht zum Ruhme, so konnte sie sich auf musikalischem Gebiet durchaus sehen lassen. Carl Philipp Emanuel Bach, der sich großen Ansehens in Hamburg erfreute und hier zwölf erfolgreiche Jahre gewirkt hat, Georg Philipp Telemann und Georg Friedrich Händel verhalfen der Hansestadt zum Ruf einer weithin geschätzten Musik-Metropole. Schon 1678 hatte der Jurist Gerhard Schott eine ständige Oper eingerichtet und es ob dieses Verdienstes zum Ratsherrn gebracht. Es war die erste deutsche Bürgeroper. Sie wurde von einem Direktorium geleitet, das sich am Vorbild Venedigs orientierte und für Hamburg eine Nationaloper von überregionalem Rang schaffen wollte. Die Pflege der Musik, die anderswo der Selbstdarstellung barocker Fürsten diente, war in den freien Hansestädten Bürgersache. Es gab eben einen Unterschied zwischen der die Geselligkeits- und Repräsentationsbedürfnisse befriedigenden Musik und der anstrengenden Gedankenprosa eines so kritischen Kopfes wie Lessing. Schon Eduard Beurmann hat das klar erkannt: »Es ist bekannt, daß man bei Musik prächtig verdauen kann, während das Denken bekanntlich die Verdauung stört.«

So wirft Lessings persönliches Debakel in Hamburg bis heute einen langen Schatten auf die »Hanseaten«. Was hätte sein Verbleiben für die Stadt noch alles erbringen können!

VI. Mit Lust bei den Geschäften

Vom guten Essen und tüchtigen Bürgermeistern

»Das Gebiet von Lübeck ist größer als das Hamburgische, aber bei weitem nicht so cultiviert und reich«, notierte Garlieb Merkel nach einem Besuch der Stadt im Winter 1798/99 und fügte hinzu: »Die vorzüglichsten Erwerbszweige dieser Stadt sind der Speditions- und Kommissionshandel, den sie für den Balthischen Norden und für Hamburg führt – und die Frachtschiffahrt. Die Lübeckschen Schiffe umfahren beinahe ganz Europa, aber für fremde Rechnung. Die Fabriken der Stadt sind zwar sehr wichtig, doch im Verhältniß zu denen von Hamburg ziemlich unbedeutend ... Der Magistrat besteht aus zwanzig Gliedern, die zum Teil Gelehrte, zum Teil Kaufleute sind, unter denen aber bisher immer ein Bürgermeister und zwei Ratsherren aus der Zirkel-Compagnie seyn mußten. Diese macht gleichsam die Patrizier der Stadt aus. Sie besteht aus adlichen Familien, die ehemals bei verschiedenen Anlässen nach Lübeck zogen, die Truppen der Stadt anführten und, aus Dankbarkeit für die geleisteten Dienste, das Bürgerrecht erhielten ... Die öffentlichen Vorkehrungen zum Vergnügen sind in Lübeck nichts weniger als glänzend, aber man bringt Sinn für wahrhaft gesellige Freuden mit, so wird man bald des unbefangenen, heiteren Geistes inne, der in ihnen athmet.«

Das mittelalterlich-gotisch geprägte Lübeck, durch kaiserlichen Freibrief von 1226 zur freien Reichsstadt erklärt, war lange Zeit hindurch die eigentliche Metropole der Hanse. Zwar hatte sie im 16. Jahrhundert die »hanseatische« Führungsrolle an Hamburg abgeben müssen, doch war Lübeck selbst am Ausgang des 18. Jahrhunderts noch immer eine mächtige Handelsstadt, in der Fernhandelskaufleute, Juristen und natürlich der Klerus das Sagen hatten. Wie in Hamburg und Bremen dominierten Geld und Gesangbuch: Wer in Lübeck an der Macht teilhaben wollte, mußte als Kaufmann erfolgreich sein und über ausreichendes Vermögen verfügen. Das Ende des Siebenjährigen Krieges hatte der Stadt an der Trave einen wirtschaftlichen Aufschwung beschert, der ihr in den folgenden Jahrzehnten wieder zu beachtlichem Reichtum verhelfen sollte. Auch wenn Lübecks wichtigster Markt der Ostseeraum blieb, so konnte es an dem rapide anwachsenden Handel mit Nordamerika doch einen beträchtlichen Anteil behaupten. Viele Handelsgüter aus den westlichen »hanseatischen« Schwesterstädten wurden auch weiterhin über Lübeck nach Norden und Osten geleitet, aber ebenso wurden die Häfen Frankreichs, Spaniens und Italiens von den Lübecker Schiffen angesteuert.

Die Hamburger und Bremer Kaufleute waren allerdings den Lübeckern inzwischen davongezogen, und so ging es an der Trave etwas gemächlicher als an Elbe und Weser zu. Familiensinn und Standesdünkel, konservative Geschäftspolitik und Lokalstolz waren die vorherrschenden Eigenschaften der weitgehend homogenen patrizischen Oberschicht. Man fühlte sich als privilegierter Stadtadel und hatte Emporkömmlinge wie die rücksichtslosen »Neureichen« noch nicht zu fürchten. Das Motto Johann Buddenbrooks (das die Lebensmaxime Johann Siegmund Manns gewesen war): »Mein Sohn, sey mit Lust bey den Geschäften am Tage, aber mache nur solche, daß wir bey Nacht gut schlafen können«, galt für alle Betreiber der soliden Handelshäuser. Glaube und Hinwendung an die alteingesessene, erfolgreiche Firma waren zu einer Art Ersatzreligion geworden, die religiöse Frömmigkeit nur schöner Schein. Die Ehrfurcht vor dem Aufstieg der eigenen (Groß-)Familie dominierte das häusliche und städtische Leben der »oberen Zehntausend«. Die Verfassung von 1696 regelte, daß von den Bürgermeistern drei erfahrene Gelehrte und mindestens einer Kaufmann sein sollte, von den Ratsherren mußten mindestens drei dem Kaufmannsstand angehören, acht aus den »kommerzierenden« Zünften sein. Vater, Söhne, Brüder, Vettern, Schwäger, Schwiegerväter und Schwiegersöhne dürften nicht zugleich dem Rat angehörten, wodurch der familiäre Einfluß der führenden Kaufmannsfamilien auf die Geschicke der Stadt zumindest in sittlichen Grenzen gehalten wurde.

Auch in Lübeck hatte die europäische Aufklärung inzwischen Fuß gefaßt, hatten sich die Horizonte der Kaufleute und Gewerbetreibenden erweitert, hatte sich eine rege bürgerliche Vereinsbildung über die Standesgrenzen hinweg entwickelt. Theologen, Akademiker und aufgeschlossene Kaufleute fanden sich, ebenso wie im nahen Hamburg, zu regelmäßigen geselligen Diskussionen zusammen, erörterten Fragen der Wissenschaft und – in Maßen – auch der Kultur. Seit den siebziger Jahren hatten sich Lesegesellschaften in der Stadt gebildet, von denen eine, die »Literarische Gesellschaft«, nach Hamburger und Bremer Vorbild 1789 gegründet worden war. Zu den Gründungsmitgliedern gehörten auch vier Lübecker Kaufleute, zehn Juristen und ein adliger Domkapitular. Nach kurzer Zeit hatte sich aus der »Literarischen Gesellschaft«, auch hierin dem großen Vorbild der »Patriotischen Gesellschaft« in Hamburg folgend, die »Gesellschaft zur Beförderung gemeinnütziger Tätigkeit« entwickelt, in der sich die führenden Köpfe der Stadt zusammenfanden und allgemeine Reformen und die verschiedensten gesellschaftlichen Aktivitäten vorbereiteten. Bis heute spielt diese segensreiche Bürgervereinigung eine entscheidende Rolle in der Freien und Hansestadt Lübeck – und ist damit ein weiteres Beispiel dafür, daß sich der »hanseatische« Nimbus vom autarken und für das Gemeinwohl verantwortlichen Bürger, der uns nicht zuletzt durch Thomas Manns »Buddenbrooks« so plastisch vor Augen steht, vor allem der Aufklärungsepoche verdankt.

Gründer der »Gemeinnützigen« war Ludwig Suhl, ein beherzter Kämpfer für Freiheit und Toleranz, Lehrer, Anwalt und Friedensrichter – und ein engagierter Parteigänger des Göttinger Dichterkreises »Der Hainbund«. Herausragende Figur des »neuen« Lübeck, das freilich, wie Joseph von Eichendorff im Jahre 1805 registrierte, noch immer »durchaus das majestätische, düstere Gepränge der Vorzeit« trug, war Christian Adolph Overbeck. Er entstammte einer aus dem Westfälischen eingewanderten Familie, die auf das politische und kulturelle Leben Lübecks einen nachhaltigen Einfluß ausüben sollte. Nach Studienjahren in Göttingen (wo er ebenfalls mit dem »Hain« enge Verbindungen knüpfte) und einem pädagogischen Zwischenspiel in Bremen war er 1776 nach Lübeck zurückgekehrt, hatte eine Advokatur gegründet und war durch Heirat zu einem beträchtlichen Vermögen gekommen. Unter seinem Einfluß hatte sich die »Gemeinnützige« vor allem den sozialen Fragen geöffnet. Danach hatte er als Senator der Stadt verschiedene innenpolitische Aufgaben übernommen, ohne

Auch der große bremische »Hanseat« Christian Adolph Overbeck hielt 1818 nicht nur für den Maler ein Buch in der Hand. Der Jurist und Senator, Bürgermeister und Politiker sorgte sich unermüdlich um das Wohl seiner Stadt und fand dennoch Muße zum Dichten. Er brachte es dabei zu so populär gewordenen Zeilen wie »Komm, lieber Mai, und mache die Bäume wieder grün«.

freilich auf seine heimliche Leidenschaft zu verzichten: die Dichtkunst. Wie Brockes in Hamburg, wußte er aktives politisches Handeln und halb dilettierende, halb anspruchsvollere Poesie äußerst produktiv zu verbinden. Einige seiner Gedichte erschienen im Göttinger Musenalmanach, einige seiner Übersetzungen aus dem Griechischen und dem Französischen hatten Kenner der Literatur aufhorchen lassen. Man betrachtet Thomas Mann als den populärsten Dichter Lübecks, aber hundert Jahre vor ihm hatte Christian Adolph Overbeck einige Verse zu Papier gebracht, die zum Bekanntesten der deutschen Liedkunst zählen: »Komm, lieber Mai, und mache die Bäume wieder grün«, ein Gedicht, das Mozart vertont hat, oder: »Morgen, Kinder, wird's was geben«. Als bescheidener Mann meinte er dazu: »Nicht das freut mich, daß ich dieses oder jenes Lied gemacht habe, wohl aber, daß ich es machen konnte.« Elisa von der Recke, die im Mai 1794 eine

Der Lübecker Jurist Ludewig Suhl gehörte zu den einflußreichsten Aufklärern seiner Vaterstadt. Die von ihm gegründete »Gesellschaft zur Beförderung gemeinnütziger Tätigkeit« wurde zur geistigen und überaus wohltätigen Keimzelle »hanseatischen« Bürgerstolzes an der Trave.

Nachmittagsgesellschaft im Kreise Overbecks zubrachte, schrieb darüber: »Die Gesellschaft war im ganzen genommen ziemlich steif, doch brachte ich es dahin, daß an der Tafel gesungen wurde. Overbeck hat eine gute Stimme und singt gut.«

Overbecks Sohn sollte einer der größten Maler Lübecks werden, allerdings fern der Heimat in Italien. Man hat ihm in seiner Heimatstadt wenig Aufmerksamkeit geschenkt und den Lübeck-Flüchtling nach seinem Tod 1869 erst einmal für viele Jahrzehnte vergessen. Erst Carl Georg Heise, ein anderer großer Lübecker, hat den »Nazarener« durch die Ausstellung seiner Bilder in Lübeck im Jahre 1926 wieder ins Bewußtsein der Stadt zurückgeholt.

Im Hause des Advokaten Overbeck wurde gelesen und musiziert, diskutiert und reflektiert – auch dieser große »Hanseat«, der während der französischen Besatzung die Lübecker Interessen in Paris vertrat und sich überhaupt um das Wohl und Wehe seiner Vaterstadt außerordentlich verdient machte, ist ein Beispiel für den verantwortungsbewußten Musterbürger am Ausgang des 18. Jahrhunderts, dem der »hanseatische« Mythos so vieles verdankt. Mag sein Name heute weitgehend vergessen sein, der seines Maler-Sohnes, des »hanseatischen Raffael« Johann Friedrich Overbeck, der als Siebzehnjähriger Lübeck in Richtung Rom verließ und es nie wieder sah, ist es nicht. Mit ihm hat es schon vor den Brüdern Mann ein Lübecker aus altem Patrizierhaus auf dem Gebiet der Kunst zu Anerkennung, ja Ruhm gebracht.

In Lübeck gab es damals zwei herausragende und überdies hochgebildete Damen, die für ihre Stadt nicht weniger Ehre einzulegen vermochten als ihre würdevollen patriarchalischen Zeitgenossen. Dorothea Schlözer, Tochter eines Göttinger Historikers, war durch die Heirat mit dem Großkaufmann und späteren Bürgermeister Matthäus Rodde (es war seine zweite Ehe) zur Lübeckerin geworden. Aus einem Hause stammend, das sich die pädagogischen Ziele der Aufklärung früh zu eigen machte, hatte Dorothea Schlözer im zarten Alter von nur siebzehn Jahren als erste Frau Deutschlands den Doktortitel erworben, und zwar in Philosophie. Mit zwei Jahren konnte sie schon wie eine Sechsjährige sprechen, mit vier Jahren lesen. »Meinst du denn, daß Kochen und Spinnen angenehmer ist, als wenn ich ein historisches Kollegium bei meinem Vater höre?« schrieb die Fünfzehnjährige ihrer gleichaltrigen Freundin Luise Michaelis, ebenfalls Tochter eines Göttinger Professors. »Weiber sind nicht in der Welt, blos um Männer zu amüsieren, … freilich, wählen können wir Mädchen nicht … Ich laure nicht auf einen Mann, der so viele Einnahmen hat wie Dein Vater und meiner. Aber hungern und darben will ich auch nicht, sonst bleibe ich lieber allein. Wenn mein Temperament so bleibt wie bisher, so heirate ich nicht anders als aus Vernunft.«

Das ebenso gesellige wie gelehrte Mädchen heiratete denn auch höchst aussichtsreich 1792 den reichen Lübecker Kaufmann und Senator Matthäus Rodde, der von seinem Vater ein großes Handelshaus übernommen hatte. Ein Jahr zuvor hatten sie sich in Lübeck kennengelernt. Rodde wurde 1789 in den Rat der Stadt Lübeck gewählt, 1803 in den Reichsfreiherrnstand, 1804 vom russischen Zaren in den erblichen russischen Adel erhoben. Über die junge Frau Rodde

Lübeck unter dem Ansturm der Franzosen: Mit der Schlacht vor dem Burgtor am 6. November 1806 begann Lübecks entbehrungsreiche »Franzosentid«.

berichtete Graf Schmettlow, ein Bekannter von Dorotheas Vater: »Man erwartete einen Doktor der Philosophie in Ton, Gebärde und Konversation, fand aber ein äußerst bescheidenes, sanftes, reizendes Frauenzimmer.« So ist der lübische Handelsherr auf seine Frau, die schon als junge Doktorin eine Berühmtheit ihrer Zeit war, sehr stolz. Als »Frau Senatorin« und seit 1806 als »Frau Bürgermeisterin« führt sie ein großes Haus. Drei Kinder sind aus der Ehe hervorgegangen, die Dorothea selbst erzieht.

Matthäus Rodde handelt mit aller Welt und wird – vor allem in den Notzeiten der französischen Besatzung – zeitweilig zum maßgeblichen Bankier der Stadt. Allein in der Breiten Straße gehören ihm elf Häuser, von denen er zwei geerbt, neun hinzugekauft hat. Ein Palais in der Königstraße, ein Gut in Mecklenburg und zahlreiche Ländereien vor dem Burgtor, nicht zuletzt auch eine stattliche Gemäldesammlung zeugen von seinen Erfolgen als »hanseatischer« Kaufmann. Doch am 27. September 1810 ist es mit allem Glanz vorbei: der Kaufmann und Bürgermeister Matthäus Rodde ist zahlungsunfähig, geht

»mit Pauken und Trompeten« in Konkurs. Die Passiva belaufen sich auf über zwei Millionen Mark. Ein Jahr später wird eine Nachprüfung ergeben, daß Rodde für alle Kredite, die er der Stadt gewährte, keine Provision berechnet hatte. Es war der Zusammenbruch eines wahren Patrioten, dessen Fürsorge für die Geschicke seiner Stadt selbstlos, aber dessen Buchführung offenbar eine einzige Katastrophe war.

Die Doktorin der Philosophie, bis dahin Mittelpunkt der besseren Lübecker Gesellschaft, »ein junges Weib voll Natur, sprudelnd von Geist und Leben«, so der Zeitgenosse Friedrich Heinrich Jacobi, erweist sich nun, da die Fundamente ihrer äußeren Existenz eingestürzt sind, erst recht als Frau von Geist und Format. In Lübeck hatte sie Arme unterstützt, sich für die Verbesserung des Schulwesens eingesetzt. Jetzt gehörte sie mit ihren Kindern fast selbst zu den Bedürftigen. Sie verläßt die Stadt, ohne zu klagen, übergibt einen Teil der Werke ihres Vaters der Stadtbibliothek, welche sie bis heute im »Schlözer-Schrank« aufbewahrt. Dorothea zieht mit Mann und Kindern nach Göttingen in eine gemietete Wohnung. Nach langen Prozessen kann sie wenigstens verhindern, daß das Göttinger Haus, das sie von ihrem Vater geerbt hat, und ihre persönlichen Habseligkeiten der Konkursmasse zugeschlagen werden. Doch ihres Unglücks war noch nicht genug: Eine Tochter stirbt, dann der Sohn. Die Roddes reisen nach Marseille, wo die einzige verbliebene Tochter Linderung von ihrer Lungenkrankheit erfahren soll. Auf der Rückreise stirbt Dorothea, 54 Jahre alt, in Avignon.

Matthäus Rodde hat sich von dem Konkurs nie mehr erholt. »Machte ein Kaufmann Bankrott, was damals schimpflich war, da wurde abends unter seinem Fenster gerufen: ›Bankrott, Bankrott, Tum Dohr herut! Na de Höll, na de Höll, na de düster Kapell‹.« Rodde reiste von Göttingen aus noch einmal nach Lübeck. Während dieses Besuches in Lübeck ist er gestorben. So repräsentieren sie beide, die geborene Göttingerin Dorothea Schlözer und ihr Mann Matthäus Rodde, das große, strahlende Lübeck und die dunkle Kehrseite einer vom Erfolg abhängigen Handelsstadt. »Seltene Hingabe für seine Vaterstadt und große Wohltätigkeit bezeichneten vorzüglich seinen mühevollen Lebensweg«, heißt es in einer Todesanzeige für den einstigen Bürgermeister. »Sie war's, welche dir half, der Gelehrsamkeit Felder zu durchstreifen, lehrte dich tapfern Muts tragen der Sorge

Zu großem Reichtum und großer Macht stieg Matthäus Rodde als Bürgermeister Lübecks auf. Um so tiefer war sein Sturz und um so gnadenloser die Schadenfreude seiner einstigen Mitbürger.

Gewicht«, steht auf Dorothea Schlözers Grabstein in Avignon. Übrigens findet sich in einer gewiß nicht unbeabsichtigten Anspielung Thomas Manns der Name Rodde später noch einmal wieder: Frau Senatorin Rodde im Roman »Doktor Faustus« trägt zwar unverkennbar die Züge von Thomas Manns Mutter Julia, aber sie hat wie Dorothea Schlözer-Rodde ihre »hanseatische« Vaterstadt (im Roman ist es Bremen) nach Auflösung des Familienimperiums verlassen und sich eine eigene bescheidene Witwen-Existenz fern alles »Hanseatischen« aufbauen müssen!

Dorothea Schlözer hat sich um die Verbesserung des lübischen Schulwesens, das bis dahin allzu einseitig der Ausbildung des Kaufmanns gegolten hatte, verdient gemacht. Noch nachhaltiger allerdings wurde die schulische Ausbildung in Lübeck durch die Hamburgerin Margaretha Elisabeth Jenisch beeinflußt, die 1787 nach Lübeck kam und dort trotz ihrer teilweisen Lähmung die »Jenisch'sche Frei-

Eine Frau von wahrlich ungewöhnlichem Format: Dorothea Schlözer, Deutschlands erste Philosophin mit Doktorhut, segensreiche Wohltäterin in Lübeck und erste Dame der Gesellschaft – bis zum traurigen Fall ihres Mannes Matthäus Rodde.

schule für bedürftige Mädchen« begründete und leitete. Sie war nicht verheiratet und lebte im Haus ihres Lübecker Onkels, eines Senators und späteren Bürgermeisters, bevor sie – dank der Geldmittel ihrer Hamburger Familie – 1825 selbst ein Haus für sich erwerben konnte. Sie unterrichtete auf eigene Kosten Töchter armer Eltern, nahm diese sogar bei sich auf, bevor sie die eigene Schule für etwa hundert Töchter der Stadt gründen konnte. Die jungen Mädchen mußten nicht nur Lesen und Schreiben, Rechnen und Singen lernen, sondern durften ihre in der Schule angefertigten Strick- und Näharbeiten auf Bestellung auch verkaufen und auf diese Weise Geld für die Aussteuer ansparen. Als der Hamburger Bruder starb und die Finanzierung der Schule bedroht war, wurde diese in eine Stiftung umgewandelt und ein neues Schulhaus errichtet, das fast hundert Jahre lang bestanden hat. Die Stiftung gibt es heute noch.

Auch in Bremen haben einige begabte und mutige Frauen am traditionellen Bild »hanseatischer« Kaufmannsgattinnen gekratzt. Die Tochter des Arztes und Astronomen Wilhelm Olbers etwa, die die Heiratsanträge dreier bremischer Juristen ausgeschlagen hat, um dann doch noch einen angesehenen Bremer Kaufmann zu ehelichen, versuchte sich – »mit einem Manne kann ich mich nur über Geld unterhalten« – mit Emphase an der Dichtkunst, und Betty Gleim, Tochter eines bremischen Weinhändlers und Nichte des Dichters Ludwig Gleim, war eine nicht minder engagierte Pädagogin. Neben höchst erfolgreichen Kochbüchern über bremische Küchengeheimnisse veröffentlichte sie Erzählbände, eine deutsche Grammatik und ein Lehrbuch der Geographie. Sie reiste zu Pestalozzi in die Schweiz, nach München und London und gründete unter erheblichen finanziellen Opfern eine Lithographische Anstalt in Bremen, die allerdings nicht lange bestand. Marie Mindermann, Tochter eines Drechslermeisters, bemühte sich vergeblich um eine Anstellung als Lehrerin und widmete sich schließlich ganz der Schriftstellerei. Ihre »Briefe über die Bremischen Zustände« setzten die Herren des Senats in Empörung, weil sich die resolute Dame darin, mit Blick auf die Männlichkeit, die Frage gestattete, »ob die Härte und Gemeinheit des Ausdrucks die Privilegien der Bildung und der guten Sitten in unserer alten Freistadt seien«.

»Als nun der Vater zuerst ein frommes Wörtchen gesprochen.
Dann nach gewohnter Weise vorlieb zu nehmen die Einen
Und um Entschuldigung darauf die Andern höflichst gebeten,
Freute sich jeder des Nachbars und sagte ihm freundliche Worte.
...

Jetzo nahm man den Deckel herab von beiden Terrinen,
Jeder wandte den Blick und schaute, was wohl darin sei.
Darauf nahm die Mutter das Wort und fragte: welchem die Suppe
Etwa gefällig und welcher vielleicht die Buttermilch vorzieh?
Von der erstern verlangte der Bürgermeister, der Vater,
Frau Bürgermeisterin auch und wohl noch einige andre, –
Aber die Übrigen wählten vereint die zweite Terrine,
Forderten Buttermilch nur als Hollers ächtere Kinder.
Milch war das Lieblingsgericht von je der ganzen Familie. –
Völlig ward auch geleert die reiche Fülle der Schüssel.
Aufgetragen ward nun, nachdem man reinliche Teller
Jeglichem Gaste gereicht, ein großer westphälischer Schinken;
Oben waren die Schwarten in Form eines zierlichen Sternes
Schon heruntergeschnitten, der Platz dann mit Petersilie
Wieder symmetrisch belegt, und daß mit dem Fette die Hand sich
Nicht beim Zerschneiden beschmutze, so hatte die älteste Tante
Vorher von Postpapier schon dem Schinkenbeine Manschetten
Künstlich geschnitzt und gefaltet, – die Scheere zu führen verstand sie
Lange als Meisterin schon zu vielfacher Freude der Kinder.
Mit dem Schinken erschien zugleich auch schönes Gemüse,
Junge Erbsen, am Morgen erst frisch gepflückt von den Beeten,
Zarter Blumenkohl auch, von dem der Vater aus England
Einst den Samen erhielt und dann ihn baute zur Dungen; –
Oben als Nebengericht dazu noch Frankfurter Bratwurst ...«

Diese Zeilen lesen sich, als hätte sich Homer höchstpersönlich an einer Bremer Familientafel umgesehen. Aus fünf liebevoll ausgemalten Gesängen besteht das lange Poem »Der Familientag zur Dungen. Eine Idylle«. Der Autor, Johann Smidt, war ein »Hanseat« aus wahrlich echtem Schrot und Korn und nebenbei auch ein – zum eigenen und zum Vergnügen der Familie – dilettierender Dichter. Die Dichtung war seine heimliche Leidenschaft. Er konnte nicht nur bei jeder sich bietenden Gelegenheit auswendig aus der »Ilias« oder der »Odyssee« rezitieren, sondern ebenso aus der neuesten Literatur, etwa aus dem hier ebenfalls anklingenden Versepos »Hermann und Dorothea« seines Zeitgenossen Goethe. Den Hexameter hatte Smidt während seiner

Studienjahre in Jena anhand der Homer-Übersetzung von Johann Heinrich Voß studiert.

Als die fröhlichen Familien-Gesänge entstehen, hat es der seit kurzem mit einer Bremer Apothekerstochter verheiratete Theologe Johann Smidt gerade zum Professor am Bremer Gymnasium illustre gebracht. Er ist ein angesehener Intellektueller der Stadt und ein Bürger von bescheidenem Wohlstand. Doch seine richtige Karriere hat noch gar nicht begonnen. Sie wird den Theologie-Professor bald zum bedeutendsten Staatsmann der Hansestadt erheben und aus ihm einen Patrioten machen, der die besten, aber auch die schillerndsten Eigenschaften des »Hanseatischen« in sich vereint.

Die launige »Idylle« aus dem Jahr 1798 widmete das damals fünfundzwanzigjährige Multitalent seiner Schwester zum Geburtstag. Johann Smidt erinnert sie darin an eine zehn Jahre zurückliegende Familienfeier im bescheidenen Landhaus der Eltern, der »Kleinen Dunge«, wo die beiden, zehn- und achtjährig, mit Vettern und Cousinen nebst anderer Verwandtschaft ein Familienmahl einnehmen. Die geselligen und kulinarischen Genüsse erinnern in ihrer heiteren Sinnlichkeit von ferne an das Gelage der reichen Bauern in der Erzählung »Die schwarze Spinne« aus dem Berner Oberland (ihr Verfasser Jeremias Gotthelf war ebenfalls Theologe und kam 1821 auf einer Reise durch Norddeutschland übrigens auch nach Hamburg und Lübeck). Nach der Beschreibung eines bescheidenen abendlichen Mahls am Vorabend (1. Gesang) und den ländlichen Vergnügungen am nächsten Morgen (2. Gesang) folgen die Porträts der angereisten vielköpfigen Familie (»Alle hatten sich nun in geselligen Zirkeln geordnet;/Kaffee wurde geschenkt, Rundum für die Kinder geschnitten,/Pfeifen erhielten die Herren und kleine Kuchen die Damen./Manches wurde geschwatzt und manches Thema behandelt« … 3. Gesang). Nach dem eigentlichen Festmahl (4. Gesang) verbringt die Familie noch den Nachmittag miteinander und geht dann wieder auseinander: »Vater und Mutter und Tanten und auch die Cousin und die Kinder/Wurden von jedem umarmt, und jeglicher dankte von Herzen/Für den herrlichen Tag und die genossenen Freuden./Alle bestiegen dann schnell die vorgefahrenen Chaisen,/Grüßten noch einmal heraus, und vorwärts trabten die Pferde« (5. Gesang). Das bukolische Treffen scheint wie von Klängen aus Beethovens Pastorale

Bis heute zählt Johann Smidt zu den berühmtesten und tatkräftigsten Bürgern und Bürgermeistern in Bremens langer Geschichte. Als »hanseatischer« Talleyrand wußte der konservativ gesinnte Politiker, der mit viel List und Schläue seiner Stadt zu einem neuen Welthafen verhalf, auf den diplomatischen Bühnen Europas das Ansehen der drei alten Hansestädte zu mehren. Allerdings zeichnete ihn auch ein wütender Antisemitismus aus.

begleitet. Ein selbstbewußtes »hanseatisches« Bürgertum feiert sich und seine Familienbande an der Schwelle zu einem neuen Jahrhundert. Das freilich sollte Johann Smidt wenig Zeit für die Familie lassen und ihn mitten in die politischen Wirren um die Erhaltung »hanseatischer« Selbständigkeit reißen.

In den hanseatischen Städten wurde – für Lübeck hat Thomas Mann das in den »Buddenbrooks« mit gastronomiegeschichtlicher Präzision geschildert – gut und nahrhaft gegessen. »Jedes Gericht zu beschreiben«, meinte der quer durch Deutschland gereiste Schriftsteller Nugent einmal nach einer Abendeinladung bei der Lübecker Familie Trendelenburg, »würde mir unmöglich seyn, denn ich glaub, daß wir wenigstens vierzig verschiedene Schüsseln hatten … Ich für mein Theil war herzlich froh, daß die Gesellschaft endlich aufbrach, denn ich machte schon sicher Rechnung darauf, daß ich den Morgen würde den Doktor konsultieren müssen.« In Hamburg, das nach der

Französischen Revolution ein bevorzugtes Revier von Pariser Emigranten geworden war, die die Tafelfreuden der Stadt nachhaltig bereicherten, wußte Heinrich Heine die Vorzüge von Küche und Keller zu preisen: »Die Hamburger sind gute Leute und essen gut. Über Religion, Politik und Wissenschaft sind ihre respektiven Meinungen sehr verschieden, aber in Betreff des Essens herrscht das schönste Einverständnis. Mögen die christlichen Theologen dort noch so sehr streiten über die Bedeutung des Abendmahls; über die Bedeutung des Mittagsmahls sind sie ganz einig.« Die Kaufleute hatten von ihren Reisen manche kulinarischen Anregungen mitgebracht. Aber auch bei Tische hielt man es vorläufig noch mit dem Patriotismus: »Sogar einen Italiener-Keller, der uns noch fehlte, hat man im letzten Winter errichtet«, notierte Johann Jakob Rambach, »allein der ächte Hamburger fragt nach all diesem Tand nicht viel. Seine einfache häusliche Mahlzeit ist ihm viel lieber als dies fremde Gemengsel.« In seiner liebevollen, sachkundig-patriotischen »Geschichte der Stadt Hamburg« meint Eckart Kleßmann: »Garlieb Merkel behauptet um 1800, der Aufwand für ein Diner belaufe sich mit den Nebenkosten auf 15 000 bis 18 000 Mark. Das dürfte zwar übertrieben sein, zumal Merkel den Hamburgern nicht wohlwollte; aber fünfstellig könnte die Summe schon gewesen sein, wurden doch Leckereien in einer uns heute unvorstellbaren Menge aufgeboten.«

Das »große Fressen« war kein Privileg Hamburgs oder der Hansestädte, sondern gehörte überall zur Vorliebe einer begüterten Bürgergesellschaft, der es nicht an Geld, dafür aber an Gesundheitsbewußtsein fehlte. Eliza Wille, eine gute Freundin Richard Wagners, hat die »Mahlzeit« in reichen Hamburger Bürgerhäusern als »Haupt- und Staatsaktion« bezeichnet. In ihren liebenswerten Erinnerungen an das ausgehende 18. Jahrhundert und die Franzosenzeit in Hamburg beschreibt sie deren Ablauf: »Als die erste Nothwendigkeit zum guten Gelingen galt der Reifendiener im hechtblauen, silberverbrämten Galafrack, der als eine Art von Zeremonienmeister das Ganze leitete und dafür mit einem Hamburger Dukaten und einem Speciesthaler für außerordentliche Bemühungen honoriert wurde. Diesem folgten die Lohnlakaien, die, schwarz gekleidet, in weißer Halsbinde, mit einer eigenen festen Art des Trittes um den Tisch wandelten und die Speisen präsentierten … Keine Einladung wurde zu einer rechten

Mahlzeit ausgeschickt, bis die Gastgeber wußten, ob Koch, Frau, Lohnlakaien und vorzüglich der Würdenträger im grauen silberbetreßten Rock für den Tag zu haben sei.«

Heinrich Smidt hat 1836/37 in seinem dreibändigen Bericht »Hamburger Bilder-Wirklichkeit im Romantischen Gewande« von einer Einladung in einem Hamburger Kaufmannshaus erzählt: »Eine Tasse Bouillon oder Chokolade mit Gebackenem macht den Anfang, dann folgt etwas Lachs, Chesterkäse, Cervelatwurst, frische Butter und Brot zum Imbiß. Portwein und Madeira, auch Malaga und Muskat erwecken Appetit, von den kräftigen Beefsteaks, dem frisch gesottenen Hummer, den eigelben Carbonaden zu genießen.« Danach »läuft man in dem Garten umher, beriecht die Blumen, benascht die Obstbänke, raucht Cigarren, trinkt Selterbrunnen mit Mosel und folgt dann willig dem Ruf der Tischglocke«. Nach vierstündigem Gelage wird im Garten der Kaffee eingenommen.

In Bremen beobachte 1793 Adolph Freiherr von Knigge, von 1790 bis zu seinem Tode 1796 als hannoverscher Vertreter in Bremen tätig (dort wurde er auch begraben): »... der Luxus ist um vieles geringer wie in den übrigen Hansestädten, selbst was die Besetzung der Tafel betrifft, ... die Sitten sind einfacher und das Familienband enger.« Der Verzicht auf zur Schau getragenen Luxus lag an Bremens calvinistischer Askese. Wer jedoch in alten Bremer Kochbüchern blättert, wird dort des öfteren Angaben wie »für 18 Personen« oder »für 24 Personen« finden. Eduard Beurmann, der Bremer Jurist am Lübecker Oberappellationsgericht, dessen Blick auf Bremen stets zwischen giftigem Spott und freundlicher Bewunderung schwankt, behauptete freilich: »Essen ist die einzige Leidenschaft des Bremers, d.h. des reichen Bremers. Gut essen, gut trinken, fein rauchen – das ist es, warum er lebt.« Allerdings sei es dort sehr gastlich zugegangen, nur müsse der Gast »einen guten Magen mitbringen, muß Austern gern essen und sich auf Rheinwein und gute Zigarren verstehen. Und dann darf der Gast nicht tadeln wollen, er muß anerkennen und loben. Keine Stadt und keine Kooperation ... kann gegen Tadel empfindlicher sein als Bremen.« Aber dem scharfäugigen Beurmann war noch eine andere Verhaltensweise aufgefallen, die er seinen Bremern giftig ins Stammbuch schrieb. Er verglich seine nicht seltenen Bremer Wirtshausbesuche mit denen, die er in München hinter sich gebracht hatte, und registrierte das für die Hansestadt wenig schmeichelhafte Fazit: »Die Münchener Kellnerinnen mit ihrem schelmischen Lächeln wissen auch auf den Durst ihrer Gäste besonders einzuwirken. Wenn man erst einen faulen Kellner zunehmend rufen muß, so vergeht schon der Appetit; in München darf man nur den Deckel laut zufallen lassen, und der Krug wird uns schon unter den Händen fortgenommen, er sei hoch gefüllt oder leer.«

Daß die Bremer Familienbande, wie der Freiherr von Knigge zu sehen meinte, enger als anderswo waren, dürfte Erfindung sein. Die engen Familienbande waren in allen hanseatischen Städten mit ihren patrizischen Gesellschaften von gleicher Bedeutung. Sie ersetzten die Feudalstrukturen und die willkürliche Fürstenhoheit und waren ein Fundament des städtischen Gemeinwohls. Garlieb Merkel hat in seinen »Briefen über Hamburg und Lübeck« im Jahr 1801 die Übereinstimmungen, aber ebenso die feinen Unterschiede des selbstbewußten Patriziertums in den drei »hanseatischen« Städten auf folgende Weise beschrieben: »In Hamburg hat die sogenannte feinere Gesellschaft im allgemeinen die geschaffene Gewandtheit und die zierliche Verderbtheit, die in manchen Residenzen das Charakteristische des höfischen Adels zu sein pflegt – in Bremen die steife Rechtlichkeit des alten Kaufmannsstandes, in Lübeck den rücksichtslosen, lärmenden Frohsinn, der sonst das Erbteil der wohlhabenderen Handwerker ist. In Hamburg ißt man viel und fein, unter politischen und Modegesprächen, in Bremen mäßig und westfälisch derb und unterhält sich dabei über Stadtneuigkeiten oder Famlienangelegenheiten, aber vorsichtig und züchtig, in Lübeck meistenteils frugal, aber doch gewählt bei lauten, oft nicht sehr feinen Späßen und wieherndem Gelächter. Will man in Hamburg das Mahl durch Musik verschönen, so ladet man Sänger und Sängerinnen dazu, die eine kunstvolle Komposition ausführen und mit ansehnlichen Geschenken belohnt werden; in Bremen tritt die junge Wirtin oder die erwachsene Tochter vom Hause mit verschämten Wangen ans Klavier; in Lübeck stimmt man einen frohen Rundgesang an, und jeder singt mit, so baß und gellend er kann.« Merkel verglich allerdings die drei Städte »in Rücksicht des gesellschaftlichen Tons und der Sitten«, was den Bremern und Lübeckern nicht gefallen haben dürfte, mit »drei Ständen«: »In Hamburg sieht man auf Lübeck wie auf ein Landstädtchen herab, das man einmal besucht, wenn man sich von dem städtischen Geräusche und Zwange erholen will. Reist ein Lübecker hingegen nach Hamburg, so glaubt er, einen Blick in die große Welt zu tun. Eine Lübeckische Kaufmannsfrau, die von einem Besuche in Hamburg zurückgekommen war, konnte gar nicht endigen, von den unerhörten, bewundernswürdigen Dingen zu sprechen, die sie da gesehen haben wollte.«

Zu Bremens bis heute berühmtesten Traditionen gehört ein großes Festessen: die Schaffermahlzeit, das, wie Anton Kippenberg behauptete, »älteste alljährliche Mahl, das es in der Welt gibt, und der letzte der großen Jahresschmäuse in der alten Hansestadt. Einst (um die Mitte des 16. Jahrhunderts) traf man sich aus Anlaß der jährlichen Rechnungsablage der Schiffer zu einem Mahl, mit dem steigenden Wohlstand der Schiffergesellschaft und ihrer Stiftung für alte Seeleute oder Witwen wurde das Mahl zu einem »Bruderfest von Schiffern, Reedern und Kaufleuten, zu einem letzten fröhlichen Beisammensein, bevor die Schiffe den vom Eise befreiten Strom wieder hinabfuhren, um von neuem mit Wind und Wellen zu kämpfen.« Die Verwalter des Hauses Seefahrt hießen Schaffer. Bei der Schaffermahlzeit, zu der längst Honoratioren aus aller Herren Länder geladen werden, wurde und wird nicht gerade geschwelgt. Es geht dabei eher bescheiden zu, dafür dauert das Vergnügen allerdings von fünfzehn bis zwanzig Uhr. Von den Weinen, die dabei gereicht werden, wird noch immer Rühmliches berichtet.

Die üppigen Tafelfreuden konnte sich freilich nur die begüterte Oberschicht leisten, und die machte nur einen geringen Bruchteil der Gesamtbevölkerung aus. In Bremen bestand die Stadtelite, die das »große Bürgerrecht« besaß und über ein Vermögen von mehr als 3000 Reichstalern verfügte, aus etwa einem Siebentel der an der Schwelle zum 19. Jahrhundert etwa 40 000 Hansestadt-Bewohner. Die Mittelschicht lebte in kargen Verhältnissen. Als Bürger im engeren Sinne galten ja auch nur die Handwerksmeister und Kaufleute, Akademiker und Juristen. Die Lebensumstände der ärmeren Bevölkerung waren katastrophal. Stets waren diese Menschen von Armut und Arbeitslosigkeit bedroht und auf die Segnungen – und die guten Geschäfte! – der Erfolgreichen angewiesen. »Höhlen des Jammers, des Elends und der tiefsten Verworfenheit« waren ihr Zuhause, »auf feuchtem, oft ungedieltem Fußboden bilden sich die Bewohner auf halbverfaultem Stroh in der Ecke ein Lager, auf welchem, den Tieren gleich, Alt und Jung, Mann und Weib bunt durcheinander ruhen. Der ekelerregende Schmutz hat hier seine Hütte aufgeschlagen«, diagnostizierte zu Beginn des neuen Jahrhunderts der Bremer Arzt Philipp Heiniken. Das sollte noch lange so bleiben, erst recht als die Stadt – wie die beiden anderen »hanseatischen« Städte – wenig später unter französische Besatzung geriet und jedes verfügbare Quartier für die feindlichen Truppen frei gemacht werden mußte.

Bis auf das Jahr 1581 führt das »große Fressen« der Bremer Schaffer, der Verwalter des Hauses Seefahrt, seine Tradition zurück. Allerdings ging – und geht – es dabei bescheidener zu, als böse Zungen behaupten. Die spitze Bemerkung des Zeitzeugen Eduard Beurmann, Essen sei »die einzige Leidenschaft des Bremers, das heißt des reichen Bremers. Gut essen, gut trinken, fein rauchen – das ist es, warum er lebt«, dürfte übertrieben gewesen sein.

Die kommenden Jahre sollten den Hansestädten die bisher größte Bedrohung ihres freiheitlichen Status bringen. Daß sie sich am Ende gegen alle politischen und wirtschaftlichen Gefahren behaupten konnten und eine neue, glanzvolle Blüte erlebten, das war nicht zuletzt dem Bremer Johann Smidt zu verdanken. In seiner aus Holland stammenden elterlichen Familie hatte noch der strenge Calvinismus geherrscht, den sein Vater dort als Student und Prediger gründlich kennengelernt hatte. Vom Geist der Aufklärung, der damals in Hamburg schon so segensreich Einzug gehalten hatte, war noch so gut wie nichts zu spüren: Qualität und Quantität der Schulen waren erbärmlich; auf Smidt war es später zurückzuführen, daß sich das allmählich etwas besserte. Wenn Schauspieler in die Stadt kamen, mußten sie sich erst einmal des Wohlwollens der Kirche versichern, das ihnen freilich oft versagt blieb. Die miserablen hygienischen Zustände, die völlig unzureichende Abwasser- und Müllentsorgung beförderten eine Seuche nach der anderen. »Nur wer im Wohlstand lebt, lebt angenehm«, und im Wohlstand lebte nur, wer es zu Geld und Ehren gebracht hatte.

In Jena machte der Student Smidt mit den neuen Ideen Europas und Amerikas Bekanntschaft. Hier studierte er Theologie und Philosophie und entzündete sich an Goethes (den er in Weimar besuchen durfte) und vor allem an Schillers Schriften. Kants Lehre vom Weg der praktischen Vernunft zur Beförderung und Alleinherrschaft des Sittlichen, Fichtes Wissenschaftslehre und Begeisterung für die Anfänge der Französischen Revolution haben den jungen Bremer »erweckt«. Er habe von ihm gelernt, so schreibt er dem verehrten Lehrer Fichte, zu dessen Freunden er sich bald zählen durfte, »nie die eigene Bestimmung eines jeden Schicksals aufzugeben und dadurch aller Verzweiflung für immer überhoben zu sein«. Wie sehr die Jenaer Jahre ihn geformt haben, stellte das politische Wirken des anfänglich noch von »Hypochondrie und Kränklichkeit« bedrängten Mannes bis zu seinem Lebensende unter Beweis. Fichte und Jena hatten ihm zu einer umfassenden Bildung verholfen, aber aus dem talentierten Intellektuellen auch einen Mann der Tat, aus einem schwärmerischen Idealisten einen Mann des politischen Realismus werden lassen. Wann immer man den »Hanseaten« praktische Vernunft und nüchternen Pragmatismus bescheinigt, ist die Erinnerung an Johann Smidt nicht weit – viele spätere Bremer Bürgermeister bis hin zu Wilhelm Kaisen oder Hans Koschnick haben sich denn auch oft auf ihn berufen.

Smidts Freundes- und Bekanntenkreis schloß viele große Geister der Zeit ein. Neben Fichte und Goethe waren es Männer wie Friedrich Schlegel und Pestalozzi, Lavater und Clemens Brentano, Alexander von Humboldt und die Brüder Grimm, Varnhagen von Ense und Anselm Feuerbach, mit denen er häufig zusammenkam oder ausgedehnte Briefwechsel führte. Im Alter von 28 Jahren berief man ihn in den Senat, nachdem bereits Lübeck versucht hatte, sich die Talente des jungen Mannes zu sichern. Es war die Zeit von Bremens (ebenso Hamburgs und Lübecks) Schicksalsjahren. Nach dem Untergang des deutschen Reiches, nach Napoleons Vorrücken gegen Osten erfuhr Smidts anfänglicher Enthusiasmus für die Ideen der Revolution einen erheblichen Dämpfer. Als Realpolitiker war er aber bemüht, Bremen gegenüber Frankreich soweit wie irgend möglich neutral zu halten, denn die bremischen Handelsinteressen gingen ihm über alles. Das brachte Bremen das Mißtrauen des Königshauses von Hannover und England ein, zumal sich Hamburg und Lübeck auf dem Hansetag von 1795 den Neutralitätsbestrebungen nicht in gleicher Weise anzuschließen vermochten. Zwar gelang es dem Hamburger Syndikus Sieveking in Paris noch, durch erhebliche Geldzahlungen Napoleon eine Neutralitätsverpflichtung gegenüber den Hansestädten abzuringen. Aber Preußen und Hannover hatten daraufhin eine »Observationsarmee« in Bremen gefordert. Hamburg und Lübeck fürchteten den Druck Englands und Österreichs, waren um einen engen Kontakt mit dem Kaiser in Wien bemüht und wollten sich den diplomatischen Verbeugungen Bremens vor Frankreich nicht anschließen.

»In dem zunächst ergebnislosen Kampf um die Erhaltung der bremischen Selbständigkeit, in der erzwungenen Muße während des Interregnums der dreijährigen Franzosenzeit, in der erneuten dynamischen politischen Aktivität in und nach den Befreiungskriegen steigerten sich die von der Romantik gesammelten Abwehrkräfte des deutschen Volksgeistes auch bei Smidt zu einem nunmehr vaterländischen Freiheitspathos von erheblicher Triebkraft. Weil Bonaparte das Ideengut der Französischen Revolution der Völker Europas mißbraucht hatte, galt es fortan manchem Patrioten, wie eben auch

Smidt, als in Bausch und Bogen verächtlich und nur die Besinnung auf die in Geschichte und Herkommen überlieferten Werte als Inbegriff der Staatskunst«, hat Carlo Schmid gesagt.

Aus dem einst so »fortschrittlich« denkenden »hanseatischen« Patrioten Johann Smidt wurde zunehmend ein konservativer Verächter liberalen Denkens, eine Wandlung, die nur aus der Zeit heraus verständlich ist und die auch für andere »hanseatische« Patrioten (etwa Baron Voght) bestimmend wurde. »Die Hansestädte«, so hat der »Hanseat« und intime Kenner »hanseatischer« Geschichte, Theodor Eschenburg, es formuliert, »hatten das politische Phänomen der europäischen Neuzeit, den geeinten, straff durchorganisierten Großraumstaat in Gestalt eines starken Frankreichs seit Jahrhunderten als Faktor in ihr diplomatisches Kalkül einbezogen; sie erfreuten sich eines günstigen Handelsvertrages mit dem Königreich, das gegen Ende des Ancien régime nach Hamburg und Bremen mehr Weine und Kolonialwaren exportierte als nach allen anderen Häfen der Welt zusammen, wohingegen die ›Hanseaten‹ mit ihren Zufuhren dem chronischen französischen Getreidemangel abhalfen.« Smidt setzte alles in seinen Kräften Stehende daran, auch unter den veränderten Bedingungen statt Gegnerschaft Kooperation und diplomatische Anpassung zu erreichen. Er baute darauf, daß die Handelsstärke der »Hanseaten« zuletzt über die politischen Widrigkeiten siegen und den französischen Usurpator überleben würden. Diese Gewißheit war das zentrale Motiv seines republikanischen Patriotismus.

Als Smidt in den Bremer Senat eintrat, gab es im deutschen Reich noch fünfzig freie Reichsstädte. Nach dem Reichsdeputationshauptschluß von 1803 waren davon noch sechs übriggeblieben, von denen nur Hamburg, Bremen und Lübeck auch über den Rheinbund hinaus ihre Selbständigkeit behalten sollten. Das war den Bremer Politikern Georg Gröning und, entscheidend, Johann Smidt zu verdanken, der als Bremens Vertreter in Paris unbeugsam für die »hanseatischen« Freiheiten focht. Schon als Herausgeber eines »Hanseatischen Magazins« hatte er sich für eine Wiederbelebung des alten Hansebundes eingesetzt. In den Jahren zwischen 1797 und 1815 reiste er als Deputierter fast ohne Unterbrechung zwischen Bremen, Hamburg, Lübeck und Paris hin und her, um »seinen Hanseaten« die wirtschaftliche und politische Unabhängigkeit zu erhalten. Nach der Niederlage Preußens bei Jena und Auerstedt hatten sich die Napoleonischen Truppen jedoch auch über Norddeutschland ergossen, sie hatten Hamburg und Lübeck eingenommen und zuletzt auch Bremen besetzt, ohne sich um dessen Neutralitätsbemühungen zu scheren. Die Kontinentalsperre hatte Bremen zu einem wichtigen Faktor in Napoleons Strategie werden lassen. Die Stadt an der Weser wurde, wie die anderen »hanseatischen« Städte, eine »bonne ville« unter französischer Hoheit. Wieder war es Smidt, dessen Pragmatismus Schlimmeres verhütete. Gewandt und listenreich wußte er als Senator mit den Franzosen zu verhandeln, doch ging er im Streit um die von den Franzosen offerierten Ämter und Bezüge leer aus. Er schlug sich als Notar – schöne Zeiten, in denen es einem Theologen vergönnt war, den einträglichen Beruf eines Notars zu ergreifen! – schlecht und recht durch die Besatzungszeit. Die Not hatte inzwischen in der Stadt bedrohliche Formen angenommen. Bremen war hoch verschuldet und ächzte unter den Abgabezahlungen an die Franzosen. Der Handel hatte einen die Stadt und ihre Bürger lähmenden Tiefstand erreicht.

Aufschlußreich ist ein Bericht, den der wieder einmal in Paris weilende Senatsdelegierte Johann Smidt von einer Audienz bei Kaiser Napoleon 1811 an seine Frau schickte. Der Delegation gehörten verschiedene Abgesandte der Hansestädte an. Smidt, der sich während der langweiligen Wartezeiten vornehmlich »mit dem Felde der Dichtkunst« beschäftigte, und sein Freund Gröning vertraten gemeinsam die Hansestadt Bremen. Während des vielstündigen Wartens registriert Smidt genau und ohne jede Bekundung des Geschmeicheltseins die Hofzeremonie, bis die Deputation endlich vorgelassen wird. »Wir traten, durch den Maître des cérémonies geführt, nun in das Allerheiligste; die Hamburger gingen voran, darauf wir, dann die Lübecker. Im Thronsaal stand der Kaiser fast in der Mitte, auf einem Teppich, in einer blauen Uniform mit weißen Rabatten und Aufschlägen; unter dem Arm hielt er einen kleinen, dreyeckigen, aufgezierten, schwarzen Hut mit einer kleinen Nationalcocarde. Der Prinz Archichanceler trat vor den Kaiser und zeigte ihm an, daß dies die Deputation der Hansestädte sey. An beiden Seiten des Kaisers standen in einer geraden Linie die grand dignitairs und Minister in ihrer Amtskleidung. Wir traten nun mitten zwischen diese Reihe gerade vor den Kaiser und machten unsere Verbeugung. Syndikus Doormann trat etwas vor, zog unsere gemeinschaftliche Adresse aus der Tasche und las sie mit vielem Anstande ab. Der Kaiser hörte alles mit der größten Aufmerksamkeit an und sah uns dabey immer gerade ins Gesicht; auch wir wandten kein Auge von ihm. Wie Doormann geendigt hatte, zog der Kaiser die Antwort aus der Tasche und verlas sie sehr laut, deutlich und vernehmlich, so daß uns kein Wort entging. Unsere Adresse sowohl als die Antwort des Kaisers werden ohne Zweifel morgen im Moniteur gedruckt werden und aus diesem auch in andere Zeitungen kommen; ich beziehe mich daher darauf. Nachdem der Kaiser geendigt hatte, machten wir wieder unsere Verbeugungen und gingen rückwärts schreitend, dem Kaiser immer das Gesicht zuwendend, wieder durch die Thür in den mittleren Saal ... Mit unserer Audienz bey dem Kaiser können wir sehr zufrieden seyn. Man hat uns über unsere Adresse gestern abend viel Schmeichelhaftes gesagt und findet die Antwort des Kaisers, wie es auch nicht anders seyn kann, sehr gnädig und ehrenvoll.«

Aus diesem Bericht spricht ein gewandter, aber selbstbewußter, nüchtern beobachtender Diplomat, der seine Verschwiegenheit auch gegenüber seiner Ehefrau nicht aufheben würde, wenn er nicht wüßte, daß sie diesmal überflüssig ist. Mit gleicher Genauigkeit hat Smidt von vielen seiner Amtshandlungen berichtet. Er war ein geduldiger Zuhörer und ein scharfer Beobachter, der stets nur ein einziges Ziel vor Augen hatte: den Interessen der drei Hansestädte und insbesondere Bremens beharrlich und unter allen erdenklichen Umständen zu dienen. Da er kein Kaufmann war, ging es ihm nie zuerst um eigene Interessen. Unter der Vorherrschaft Napoleons mußte seine Devise sein, sich mit dem ungeliebten Machthaber um jeden Preis zu arrangieren, um von der »hanseatischen« Freiheit soviel wie irgend möglich zu erhalten. Seinen Abscheu vor der bonapartistischen Gewalt hat er nur hinter vorgehaltener Hand erkennen lassen. Die blutigen Nachwirkungen der einst so freudig begrüßten großen Revolution haben ihn gelehrt, jeder emotionalen Emphase mit Skepsis, Nüchternheit und Mißtrauen zu begegnen. Fortan trat er allen »revolutionären Elementargeistern, deren Atome in jeder Staatsgesellschaft vorhanden sind«, mit abwägender Sachlichkeit entgegen, »auf daß sie sich nicht eines Tages mit Fleisch und Blut bekleiden möchten«.

Die diplomatischen Missionen am französischen Kaiserhof waren aber erst der Anfang von Smidts Aufstieg an Bremens Spitze. Durch sie hatte er sein Verhandlungs- und Vermittlungsgeschick gestählt, das er noch oft brauchen sollte. Sein Bremer Landsmann, der Jurist und – 1826 bis 1832 – Prokurator am Lübecker Oberappellationsgericht der vier freien Städte Deutschlands (damals gehörte neben den drei »Hanseaten« noch Frankfurt dazu), Eduard Beurmann, hat ihn nach einem Besuch in Bremen einmal mit dem amerikanischen Präsidenten Jackson verglichen: »Auf seinem breiten, kräftigen, gefurchten Antlitze spiegelt sich die Reflexion; List und Verschlagenheit spielen beim Sprechen um seinen häufig zum Lächeln verzogenen Mund ... Er geht hastig-schiebend, ganz mit sich und seinen Plänen beschäftigt, durch die Straßen, ohne diplomatischen Pli, ohne Noblesse, ohne Grandezza. Seine Erscheinung ist fast bäuerisch; sein Körperbau ist derb und gedrungen, sein Auge klein und stechend. Aber in seinem Wesen bewahrt er alle jene Liebenswürdigkeit, die ihn für das Salonleben geeignet macht ... «

Mehr sein als scheinen, dieser »hanseatische«, besonders aber bremische Wahlspruch fand in Johann Smidt seinen sichtbarsten Ausdruck. Die Bürger der Stadt verehrten ihn aus der Distanz, denn die Suche nach Popularität war seine Sache nicht. Er bewohnte ein schlichtes Haus an Bremens schöner Contrescarpe und saß dort die meiste Zeit – so hat seine Enkelin berichtet – »in einer einfachsten Stube« vor seinem von Stapeln von Papier bedeckten Schreibtisch: ein knorriger, bescheidener »Hanseat« aus dem Bilderbuch. In seinem »Hanseatischen Magazin«, in dem er verschiedene Aufsätze und Berichte aus und über Bremen und Hamburg, nur in einem Fall auch über Lübeck, zusammenstellte, beschwor er die Idee einer »hanseatischen« Gemeinsamkeit, wobei in starkem Maße der Wunsch der Vater des Gedankens war, denn kein anderer glaubte so unverbrüchlich an die »hanseatische« Sache wie Smidt.

In einer Rede von 1800 beschwor Smidt mit Inbrunst »das freundschaftliche Band, welches diese drey Städte schon mehrere Jahrhunderte hindurch näher vereinigt, auch in Hinsicht des humanen und patriotischen Zweckes der weiteren Ausbildung und Vervollkommnung ihrer gemeinschaftlichen und besonderen Verhältnisse«. Auf den »hanseatischen Konferenzen«, die angesichts der französischen

Besetzung 1806 in Lübeck stattfanden, kleideten Smid und seine Gesprächspartner aus Hamburg und Lübeck die »optimistische Selbsteinschätzung in wohlklingende Worte«, so hat der Historiker Andreas Schulz in einem ebenso knappen wie kompetenten Aufsatz angemerkt, »als freie, dem Welthandel zugewandte Bürgerrepubliken, die keinerlei machtpolitische Ambitionen hegten, eine friedenstiftende Rolle in Europa spielen zu können«. Eine politisch neutrale »Koalition der Hansestädte« wurde unter Smidts Federführung eine für kurze Zeit vitale Utopie, und in der Tat »überlebten« ja auch »Hamburg, Bremen und Lübeck ... die mitteleuropäische Flurbereinigung der napoleonischen Ära und des Wiener Kongresses. Zusammen mit Frankfurt am Main entgingen die drei Seestädte dem Schicksal der mediatisierten Reichsstädte und wurden 1815 als politisch selbständige Bürgerrepubliken gleichberechtigte Mitglieder des Deutschen Bundes.« »Der wohl bedeutendste Diplomat der Hansestädte« war der entscheidende Architekt dieses Sonderstatus.

»An Smids Curriculum vitae hat man eine gute Spindel, ›hanseatische‹ Geschichte und Geschichten daran abzuwinden«, meinte der bayrische Gesandte bei den Hansestädten, Freiherr von Hormayr. Dabei stand der gelernte Theologe Smidt über den gesellschaftlichen Klassen. Aber er wußte, was Bremen seinen Kaufleuten verdankte und ihrem ungestörten Wirken schuldete. Friedrich List, der bedeutendste Ökonom der ersten Jahrhunderthälfte, hat ihn darin ausdrücklich unterstützt: »Wer an der See keinen Anteil hat, der ist ausgeschlossen von den guten Dingen und Ehren der Welt, der ist unseres lieben Herrgotts Stiefkind.« Die Segnungen der Seefahrt waren es auch, die den »hanseatischen« Städten nach dem Ende der Napoleonischen Herrschaft sofort wieder zu wirtschaftlicher Blüte verhalfen. Die Hamburger Kaufleute erschlossen sich nun nach und nach den südamerikanischen Kontinent, importierten von dort Kaffee, Kakao und Zucker. Bremen dagegen wurde zu einem europäischen Zentrum des Tabak- und Baumwollhandels.

Nach dem Abzug der Franzosen wurde Smidt damit beauftragt, in Verhandlungen mit den Großmächten Bremens Unabhängigkeit sicherzustellen. Er verhandelte in Hannover mit Bernadotte, dem einstigen Günstling Napoleons, der inzwischen schwedischer Kronprinz geworden war, mit dem Freiherrn vom Stein in Frankfurt, wartete geduldig in den Vorzimmern der Fürsten und pochte mit eiserner Beharrlichkeit auf die Selbständigkeit Bremens und der »Hanseaten«. Im Dezember 1813 bestätigte der König von Preußen in einem von Wilhelm von Humboldt verfaßten Schreiben die Freiheit Bremens, Hamburgs und Lübecks, wenig später erreichte Smidt in Freiburg im Breisgau die Anerkennung der bremischen Unabhängigkeit durch Vertreter Rußlands und Österreichs. Er war ein führender Delegierter in Paris und immer wieder in Hamburg und Lübeck – und schließlich auf dem Wiener Kongreß, wo die »hanseatischen« Interessen nicht gerade im Mittelpunkt standen. Um so mehr war sein diplomatisches Geschick gefragt. Johann Smidt erwarb sich wegen seiner wendigen, aber zielgerichteten Schläue auf dem Parkett des Kongresses den Ruf eines »hanseatischen« Talleyrand. Er hoffte auf eine Wiederherstellung des deutschen Kaiserreiches, weil darin die Freiheit der Hansestädte am ehesten gesichert schien. Als dann der Deutsche Bund entstand

Schiffbau in Lübeck – von Werftenkrisen war am Anfang des 19. Jahrhunderts noch nichts zu spüren.

und Bremen – wie auch Hamburg, Lübeck und für eine kurze Spanne Frankfurt am Main – von allen europäischen Mächten die erwünschte Unabhängigkeitsgarantie erhielt, war es wieder Johann Smidt, der die bremischen Interessen fortan auf dem Bundestag in Frankfurt vertrat. Freilich hat sich sein Wunsch nach einer Erneuerung des »hanseatischen« Bundes nicht erfüllt – die zunehmende Konkurrenz am Beginn des industriellen Zeitalters warf bereits ihre Schatten voraus.

Smidt war ein gewiefter Taktiker nach außen und ein engagierter Reformer nach innen. Er sorgte dafür, daß alte Zöpfe wie die feierliche Senatstracht abgeschafft wurden, und wirkte auf die Verbesserung von Schulen, Bürokratie und Verwaltung ein. Sein entscheidendes Verdienst um die wirtschaftliche Stabilität seiner Heimatstadt aber war die Sicherung ihres Hafens, des Herzstücks des Bremer Wohlstands. Die wasserarme Weser reichte inzwischen längst nicht mehr aus, um Bremen eine Hamburg vergleichbare Seehafen-Stellung zu sichern, Versandung drohte. Zudem wurde Bremens Schiffahrt noch immer durch Wegezölle der umliegenden Länder behindert. Bremen brauchte dringend einen neuen, größeren Hafen. Ein großer Schritt dorthin gelang durch einen Gebietstausch mit dem König in Hannover, der fünfzig Morgen an der Nordsee für die bremischen Werften gegen ein schmales Areal zwischen Lilienthal und Ottersberg abtrat.

»Hat nicht Hamburg den brasilianischen Handel schon fast ausschließlich in seine Kanäle zu leiten gewußt? Wird die aufkommende, mit den Gefahren der Meere und Flüsse noch weniger vertraute Schiffahrt der südamerikanischen Staaten sich nicht vor allem nach sicheren Ankerplätzen auf dem Kontinente umsehen, von welchen die Waren auf dem schnellsten Wege in die Packhäuser geliefert und der sehnlich erwartete Vorschuß dann unverzüglich geleistet werden kann? Wird der ganze Verkehr mit jenen Gegenden, da er nur durch größere Schiffe betrieben werden kann, nicht bald für das bei seiner Erbauung und bei seinen Hafenanstalten nur auf die Nord- und Ostseeschiffahrt berechnete Bremen als ungeeignet erscheinen?« In einem umfassenden, geradezu leidenschaftlich argumentierenden Bericht vor dem Bremer Senat über einen neuen Bremer Seehafen hat Smidt für seine Idee gekämpft. In mehrjährigen zähen und oft von Rückschlägen gezeichneten Verhandlungen hat er es zuletzt geschafft: Am 11. Januar 1827 wird in Hannover der Vertrag über das neue »Bremerhaven« unterzeichnet, am 28. Februar wird er von Englands König Georg IV. und am 9. März von Bremens Senat und Bürgerschaft ratifiziert. Smidt hatte sich mit seinem geradezu revolutionären Projekt eines größeren Hafens weit vor der Stadt gegen lang anhaltende, massive Zweifel und Widerstände vieler Bremer Politiker und Kaufleute durchgesetzt, denen die Finanzierbarkeit des neuen Hafens unmöglich erschien. Anfangs von einigen zögerlichen Kaufleuten und ihren Handelsschiffen noch gemieden, entwickelte sich der neue Hafen schnell zu Bremens neuer Lebensader.

Noch 1827 schlossen Hamburg und Bremen einen Handelsvertrag mit den Vereinigten Staaten, der fast ein Jahrhundert halten sollte. Am 13. September 1830 traf das erste Schiff, ein unter amerikanischer Flagge segelnder Schoner, in Bremerhaven ein. Schon drei Jahre zuvor hatten der bremische Senator Johann Carl Friedrich Gildemeister und der hamburgische Syndikus Carl Sieveking in Rio einen brasilianisch-hanseatischen Handelsvertrag geschlossen. Nun

Am alten Kai von Bremerhaven blähen sich zur Begeisterung der Schaulustigen die Segel zahlloser Überseeschiffe.

dienten bremische Schiffahrtsverbindungen dem ständig steigenden Verkehr mit Nord- und Südamerika. Längst hatten sich bremische Firmen in Valparaiso und Buenos Aires, in Venezuela und St. Louis niedergelassen. 1838 nahmen die drei »hanseatischen Städte« im europäischen Handelsaufkommen mit den Vereinigten Staaten die dritte Stelle ein. 1839, so schreibt Richard Duckwitz in seinem Buch »Aufstieg und Blüte einer Hansestadt«, eröffnete Johann Smidt ein Tabakgeschäft in Louisville, das den Grundstein bildete für den blühenden Tabakhandel dieser Stadt und das den bald beliebten Kentucky-Tabak auf den europäischen Markt brachte. In New York, Philadelphia, Charleston und Baltimore, in New Orleans und Galveston wurden in steigender Zahl bremische Firmen ansässig. Bremens Weltgeltung als »hanseatische« Handelsmacht war durch den neuen Hafen gesichert worden. Es spannten sich in der ersten Hälfte des vergangenen Jahrhunderts zwischen der Heimat an der Weser und den zahlreichen kaufmännischen Niederlassungen in der Welt jenseits der Ozeane viele Fäden, die sich zu einem ausgedehnten Netz verdichteten.

Im April 1821 wählt der Bremer Senat Smidt zu seinem Bürgermeister. Er sollte es bis zu seinem Tode am 7. Mai 1857 bleiben. Sein Ruhm war inzwischen weit über Bremens Grenzen hinausgedrungen. Auf dem Höhepunkt der März-Revolution von 1848 wählte man ihn zum Mitglied und Alterspräsidenten des Frankfurter Vorparlaments.

Was Smidt zu einem herausragenden »Hanseaten« machte, war nicht nur sein politisches Geschick und auch nicht nur sein patriotisches Wirken, denn das alles gab es in anderen deutschen Städten und Fürstentümern ebenfalls. Es war die nach außen hin zurückhaltende, nach innen lebensfrohe Gelassenheit, die geduldig auf die entscheidenden Chancen zum zielorientierten Eingreifen wartende Klugheit (die seine internen Gegner als Verschlagenheit brandmarkten) und eine nie auftrumpfende Bescheidenheit. Es waren seine in langen Jahren gereifte Nüchternheit und sein skeptischer Pragmatismus, seine konservativ demokratische Souveränität und sein fester Glaube an die in Deutschland einmalige Handelsstärke der Hansestädte, die seine schöpferische Phantasie über alle Hindernisse hinweg an ihr großes Ziel gelangen ließen: die republikanische Freiheit seiner See- und Handelsstadt auch unter den widrigsten Umständen zu wahren und zu erweitern. Seine weitsichtige Strategie hat Bremens Zukunft gesichert, indem er durch einen genialen Landtausch der Stadt das Tor zur Welt eröffnete. Er hatte beharrlich Bremens Vorteil gesucht und sich dabei als überlegener Verhandler und Kaufmann erwiesen.

Im Alter von 75 Jahren mußte sich der liberal-konservative Bürgermeister noch mit revolutionären Unruhen befassen und danach wiederholt zum Frankfurter Paulskirchenparlament reisen. Dort begegnete er dem preußischen Bundestagsabgeordneten Otto von Bismarck, der über Smidt urteilte, er scheine »für Deutschland nur insoweit Sinn zu haben, als Bremen darin liegt«, womit er nicht nur Smidts, sondern überhaupt Bremens Unlust beschrieb, seinen »hanseatischen Sonderweg« jemals aufgeben zu wollen. Der sonst so kritische Zeitgenosse Eduard Beurmann hat Smidt nur mit Lob bedacht: »Smid ist die Seele des Bremischen Staates. Man kann nicht sagen, daß die Bremer mit Liebe an ihm hängen; denn er weiß sich nicht in dem Grade populär zu machen, wie solches die Laune des Volkes gerne hat, er ist streng und abstoßend, ja herrisch, was eine ernstliche Opposition blicken läßt. Aber man weiß es in Bremen, wie sehr man Smid zur Dankbarkeit verpflichtet ist, und diese Dankbarkeit übersieht die Schwächen des alten Bürgermeisters, der längst eine glänzendere Stellung auswärts hätte erlangen können, der es aber vorzieht, in Bremen der Erste zu sein, und sich mit warmem Patriotismus der materiellen Interessen seiner Vaterstadt annimmt. Smid ist jugendlich und lebhaft. Er hielt es nicht für unter seiner Würde, Hauff in den Ratskeller einzuführen, wo dieser, in des Diplomaten Gesellschaft, zu seinen Phantasien begeistert wurde ... Wie Smid selbst ohne Zeremoniell gegen andere ist, verlangt er dasselbe auch nicht von anderen gegen sich. Er unterhält sich frei und mit lebhaftem Interesse mit jedem über Staatsangelegenheiten und duldet theoretisch gern eine Opposition; nur darf sie nicht in der Praxis auftreten.« Genauer läßt sich der Idealtypus des »hanseatischen« Patriarchen, der Demokratie und Autokratie stets so trefflich zu kombinieren wußte, nicht porträtieren.

Smidts Begräbnis am 11. Mai 1857 sah ganz Bremen auf den Beinen. In Bremerhaven flaggten auch die auswärtigen Schiffe halbmast. »Die großen Eigenschaften und die unter Gottes Segen erzielten Erfolge der Wirksamkeit des Entschlafenen werden den Zeitgenossen unvergeßlich sein und den Nachlebenden aus Werken entgegentreten, an denen sein schaffender, tatkräftiger Geist den hervorragendsten Anteil nahm. Bremen wird zu allen Zeiten stolz darauf sein, einen solchen Mann unter seinen Bürgern gezählt zu haben«, rief ihm der Bremer Senat nach. »So hohe Töne«, schreibt sein Bremer Biograph Wilhelm von Bippen, »haben Senat und Bürgerschaft niemals vorher und niemals nachher beim Tode eines Senatsmitgliedes angeschlagen.«

»Auch der aufrichtigste und treueste Mitarbeiter an der Handhabung eines Staatsruders muß darauf verzichten, populär zu sein und populär zu bleiben; er kann nur hoffen und trachten, es zu werden, wenn die Überzeugung von der Richtigkeit seiner Führung sich durch Erfahrung bewährt hat«, sagte Johann Smidt zwei Monate vor seinem Tod in seiner letzten Rede vor dem Bremer Senat. An seine Ehefrau hatte er fast ein halbes Jahrhundert zuvor aus Paris geschrieben: »Da Deutschland befreit ist, will ich nichts als die Befestigung seiner Herrlichkeit und Freiheit der Hansestädte unter dem Schatten seiner Flügel: Freiheit Bremens im Äußern und im Innern. Weder ich noch meine Mitbürger, noch unsere Kinder sollen künftig Buben lassen dürfen, die sich für Hofschranzenbücklinge die Frechheit zu erkaufen rühmen, Republiken lästern und in Furcht setzen zu mögen. Ich will zeigen, daß ein rechtlicher Mann größerer Energie fähig ist als hundert Schurken.«

Als »rechtlicher Mann«, als weitblickender, durchsetzungsfähiger Politiker und leidenschaftlicher »Hanseat« ist Johann Smidt in die Geschichtsbücher eingegangen. Freilich darf man bei der Beurteilung seines politischen Wirkens die Maxime seines über die Interessen Bremens hinausreichenden »hanseatischen« Wirkens nicht überschätzen. Smidts Einsatz für alles »Hanseatische« beruhte auf der nüchternen Einsicht, daß nur ein Vorgehen der Städte Bremen, Hamburg und Lübeck »selbdritt«, nicht aber ein Alleingang Bremens für seine Vaterstadt erfolgreich sein konnte. Das »Hanseatische« war ihm weniger Ziel als Zweck. Bei näherer Betrachtung der Politik aller drei Städte wird sichtbar, daß in Wahrheit jeder für sich focht, aber nach der Devise »gemeinsam sind wir stark« gelegentlich klug um eine »konzertierte Aktion« bemüht war. Ebenso aber waren und blieben die drei »hanseatischen« Städte stets erbitterte Konkurrenten, wenn es um Fragen des Handels und der Handelsverträge ging. Das gemeinsame »hanseatische« Handeln war Strategie im Kampf um das eigene Überleben, also mehr Dekoration und Mittel zum Zweck als übergreifende Identität.

Auf Leben und Wirken dieses wackeren Mannes fällt zuletzt doch noch ein Schatten, der mit dem Hinweis auf die besonderen Umstände seiner Zeit ebensowenig entschuldigt werden kann wie durch die Tatsache, daß Smidt bei allem politischen Wirken immer der calvinistisch geprägte Theologe geblieben ist. Neben den Ruhmestaten, die ihm Bremen zu verdanken hat, steht noch ein anderes, in der Smidt-Literatur nur wenig behandeltes Kapitel. Eduard Beurmann umreißt es mit einem Satz: »Er war es, der sich der Aufnahme der Juden widersetzte.« Auch in dieser Frage zogen – das sollte sich noch mehrfach zeigen – die »Hanseaten« nicht unbedingt an einem Strang.

VII. **Nach dem Sturm**

Von Sehnsüchten und Ängsten

»Laß deine Fahnen wallen,
Laß Deine Flaggen weh'n,
O Hansa, hoch zu preisen
Von Männern im Gesang,
Die in den fernsten Kreisen
Um Ruhm und Beute rang.
Den Weg hast du bereitet
Dem höchsten Christengott,
Hast deutsche Art verbreitet
Bis Riga, Nowgorod.
...
Ein Hansastaat im Meere,
Ein Hansastaat im Feld,
Der als Tyrannenwehre
Sich kühn entgegenstellt.
Laß Flammen Dich verzehren,
O Hamburg reich und schön,
Man wird in jungen Ehren
Dich Phönix wiedersehn.

Auch dir, mein freyes Bremen,
Sei Gruß und Ruhm und Heil!
Du darfst mit Ehren nehmen
Von diesem Sang dein Theil.
Es hat in dir geschwohren
Die freie Jungfraunschar:
›Dem sey die Braut verlohren,
Wer nicht im Felde war‹.«

Die Elbe vor Neumühlen um 1840: Noch blähen sich die Segel im Wind, aber ein qualmender Schornstein kündigt bereits die Epoche der Dampfschiffe an.

Das sind neue Töne, deren martialische Komponenten nicht mehr in die sanftmütige Vernünftelei des 18. Jahrhunderts und auch nicht in die friedlichen Neutralitätsbestrebungen der hanseatischen Welt passen wollen. Die Verse zum Lobe der Hansa aus Max von Schenkendorfs »Lied der deutschen Städte«, das er dem verehrten Johann Smidt 1815 widmete, klingen wie ein noch fernes, aber unüberhörbares Grollen, das auf Kommendes verweist. Die beiden Zeilen »Dem sey die Braut verlohren, / Wer nicht im Felde war« sind vom Verfasser in Anführungszeichen gesetzt, denn er zitiert eine »Hanseatin« aus Bremen: Mine Holler. Diese hatte den Sekretär Daniel Noltenius geheiratet und wurde 1836 die Schwiegermutter von Smidts ältestem Sohn Herbert. Einige Strophen später werden auch »Die Kaiser aus dem Schwabenland« und »Herr Jesu Christ« gepriesen. Ihm gilt eine Bitte, die uns erst einmal Anlaß gibt, verwundert die Augen zu reiben, weil sie wie aus einer ganz anderen, einer sehr finsteren Epoche herüberschallt:

»Du gabst uns ja dies schöne Land,
Dies schöne deutsche Vaterland;
Du gabst uns ja den freien Muth,
Erhalt auch rein das deutsche Blut!«

Was hatte sich inzwischen verändert? Die Napoleonischen Kriege waren auch oder gerade für die »Hanseaten« ein tiefer und schmerzlicher Einschnitt in ihre Geschichte: die eigene Stadt unter fremder Besatzung und der Handel mit England (ausgerechnet England!) unterbunden! Zwei Lebensadern waren da mit einemmal zertrennt. Das mußte Folgen haben.

»Wir wollen nicht Franzosen seyn.
Die ganze Welt soll's hören!
Hinweg mit allem Heuchelschein.
Es ist die Furcht nicht werth oder Pein; Sie soll uns nicht betören.
Nur edler, deutscher Männer Rath soll unsre Freiheit schützen.
Gerüstet steht der Hanseat,
Ersteh vom Tode, Bremens Staat,
Trotz der Tyrannen Stürmen.«

Diese Zeilen aus dem »Kriegslied der Bremischen Hanseaten« schrieb Johann Smidt im November 1813. Der Ruf nach einem starken deutschen Reich war nun auch zu einem Schlachtruf der »Hanseaten« geworden.

Wirtschaftlich standen die hanseatischen Städte am Ausgang des 18. Jahrhunderts glänzend da. Zwischen 1795 und 1806 hatten sie ihre größte wirtschaftliche Blüte erreicht. Ihre engen Verbindungen mit Frankreich und England verhalfen zu ständig steigenden Umsätzen. »Die hamburgischen Exporte bestehen hauptsächlich aus Leinen, Getreide, Leder, Flachs, Kupfer, Eisen, Kobaltfarben, Pelzen, Lumpen, Wollstoffen, Faßholz, Holzuhren, Spielzeug und Rheinweinen. Die Einfuhren setzten sich im wesentlichen zusammen aus Zucker, Kaffee, Baumwolle, dünnem Tauwerk und Kabelgarn, Tabak, Häuten, Indigo, Brandy, Rum, Weinen, Reis, Farbgrundstoffen, Pfeffer und Tee«, registrierte der Engländer John Strang am Beginn des neuen Jahrhunderts. Immer weiter führten die Routen der Handelsschiffe. Die Französische Revolution war in ihren Anfängen gerade auch von den führenden Köpfen lebhaft begrüßt worden, weil man sich mit dem aufsässigen Bürgertum von Paris einig fühlte in der Ablehnung jeder Art von Herrschaft. Die Ernüchterung folgte auf dem Fuße. Als der 14. Juli 1789 seine grausigen Folgen zunehmend enthüllte, hatte man sich schnell wieder von den revolutionären Zielen ab- und den geschäftlichen Vorteilen – zum Beispiel Frankreichs chronischer Getreide-Knappheit – zugewandt.

Der Ausbruch der Revolution in Frankreich verlieh den »Hanseaten«, vor allem aber den Hamburgern, zusätzlich einen Impuls in Gestalt der aus Frankreich andrängenden 15 000 Emigranten. In der Zeitschrift »Hamburg und Altona« hatte es noch 1802 spöttisch geheißen: »Die meisten unserer Bürger und besonders die Vornehmen führen ein bloßes Gefangenenleben, denn sie tun nichts weiter als fressen und saufen, Linien ziehen, Summen machen oder Karten spielen, Dame spielen und zwischen vier Pfählen sitzen.« Das war natürlich nicht mehr als ein amüsantes Zerrbild, denn die Kaufleute hatten ihre Erfolge hart erarbeiten müssen. Allein im Jahre 1799 gingen immerhin 136 ihrer Firmen bankrott – das Gesetz des Wirtschaftens war nicht weniger eisern als heute. Mit dem Einströmen der vielfach adligen Flüchtlinge aus der Weltmetropole Paris lockerten sich nun die »hanseatischen« Sitten auf höchst angenehme Weise. Die Zeitschrift registrierte, »daß seit der Epoche der Französischen Revolution eine große Metamorphose mit Hamburg vorgegangen ist und daß Sitten und Moden sich nach den ausgewanderten Franzosen merklich umgewandelt haben ... Wer Hamburg vor der Französischen Revolution gekannt hat und es jetzt sieht, wird es schwerlich wiedererkennen. Die Menschen und ihre Sitten, ihre Lebensart, der Ton in den Gesellschaften, der Geschmack, die Bauart der Häuser, ihre innere und äußere Verzierung, alles hat eine ganz veränderte Gestalt angenommen.«

Die vormals so biederen Herren der Stadt konnten sich nun an der Palmaille zwischen Hamburg und Altona ergehen, konnten bei dem Pariser Gastronomen Louis Jacob einkehren, der 1791 ein Etablissement – heute würde man sagen ein Drei-Sterne-Lokal – an der Elbchaussee eröffnet hatte. Jacobs Restaurant sollte ein Treffpunkt der verwöhntesten Gäste aus aller Welt werden (und existiert bis heute als

Hamburgs Neuer Jungfernstieg galt um 1830 als beliebte Wohngegend für »Hanseaten«, die im Lichte stehen wollten.

»Hotel Jacob«). Bei »Rainville« an der Elbe konnte man so festlich wie nie zuvor dinieren oder in beziehungsweise vor dem Alsterpavillon des Vicomte Augustin Lanclot de Quatre Barbes den Kaffee einnehmen. »Karten oder Würfel noch sonstiges Spiel waren dort so verboten wie zu bestimmten Zeiten das Rauchen. Etwas bedrohlicher erschien die angebliche Neigung der ortsfremden Neu-Ankömmlinge, die Hamburger Ehefrauen zu betören und uneheliche Kinder in die Welt zu setzen«, doch seien, wie die Zeitschrift ebenfalls festhielt, Hamburgs »ehemals so rauhe Sitten durch Pariser Poliersteine aufs schönste geglättet worden«.

Bärbel Hedinger, die 1994 den vorzüglichen Katalog zu der von ihr betreuten Ausstellung über die glorreiche Geschichte von »Rainvilles Garten« herausgegeben hat, meint darin: »Bei Rainville wurde den Hamburgern ein vielfältiges Programm neuer Kultur- und Lebensformen geboten und abverlangt. Sicherlich haben anfänglich die Immigranten und späterhin immer wieder die Reisenden aus aller Herren Länder dafür gesorgt, daß auch Einheimische überprüften, abguckten, lernten und umlernten. Im Falle der Französischen Küche – und stellvertretend für diese beim intensiv duftenden Knoblauch-

Der lindengesäumte Jungfernstieg am Kopf der Hamburger Binnenalster: Im Vordergrund links der erste Alsterpavillon, der noch viele Nachfolger haben sollte, weil sich in Hamburg mehr als anderswo das Gebaute »rechnen« muß. Im Hintergrund der »Schweizer Pavillon«, in dem sich Heinrich Heine gern die Zeit vertrieb, denn dort war das Rauchen erlaubt.

gewürz – wird der Unwille, sich auf Neues einzulassen, besonders auffällig, und die Invektiven, die selbst der gebildete und weitgereiste Hamburger ... gegenüber den fremden Gerichten und Düften aufbot, geben ein eindringliches Bild von den Anfangsschwierigkeiten.«

Die neuen Segnungen aus Frankreich wurden nicht nur wohlwollend beurteilt. In die Berichte darüber mischen sich gelegentlich auch abwartende, weil zunehmend nationalistisch gefärbte Töne. So heißt es etwa in dem von Smidt herausgegebenen »Hanseatischen Magazin«, daß die französischen »Küchenspekulationen« nur den »Wucher« und »ansehnlichen Gewinn« im Auge hätten: »Große Aushängeschilde mit *Restauration*, in Gold auf schwarzem Grunde, kündigen diese Niederlassungen den Augen, ungewohnte Knoblauchdämpfe in den Straßen kündigen sie den Nasen der Vorübergehenden an.« Und an anderer Stelle wird der Ton noch schriller: »Seit der bei uns hereingebrochenen Restaurationsepoche französischer Ausgewanderter säßen die Lustdirnen in den ersten Ranglogen, die Taschendiebe im Parterre und am Eingang die bellenden französischen Libellisten, die terroristisch-aristokratischen Journalisten, die modischen Haarkünstler in Kabriletten ...«, und weiter: »... die fleischfarbenen durchscheinenden Pantalons und bloßen Schultern der Prostituierten, die zu drei viertem Theil nackten Tänzerinnen, der unmäßige Aufwand der liederlichen Dienstmägde, die Wohlgerüche aus den Magazins des parfumeries – sind das alles und wie viele Dinge mehr nicht Pariser Civilisationen?«

Ende 1806 war es mit der teils bejubelten, teils gegeißelten Herrlichkeit aber erst einmal wieder vorbei. Hamburg wurde von französischen Truppen besetzt. 1810 wurden die drei »hanseatischen« Städte dem Machtbereich Napoleons untergeordnet und die für die Wirtschaft der Hansestädte bedrohliche Kontinentalsperre verhängt, womit die bislang so engen Beziehungen zum Handelspartner England lahmgelegt waren. Sieben Jahre lang herrschte in den drei Städten eine verheerende Not.

»Die Franzosentid« ließ Wirtschaft und Seehandel, nicht zuletzt wegen der rigiden französischen Zollpolitik, zusammenbrechen, brachte Verwüstungen und Massenarbeitslosigkeit, ständig wechselnde Einquartierungen fremder Truppen, eine überall präsente Geheimpolizei und ein bisher nicht gekanntes Spitzelwesen. In Bremen hatten Männer wie Smidt alle Hände voll zu tun, um ihr Gemeinwesen trotz der Erschütterungen leidlich über Wasser zu halten. Das alte Reich war nach der Abdankung des Habsburgerkaisers Franz II. zerfallen. Die Hansestädte mußten sich nach neuem Schutz umsehen. »Wir werden viel zu schaffen haben und von großem Glück sagen können, wenn die drey Hanseschwestern am Leben erhalten werden, was noch gar nicht gewiß ist«, schrieb im Januar 1806 der bremische Ratsherr Vollmers an den Sekretär des Hamburger Oberaltenkollegiums. Der hatte in seinem Tagebuch notiert, die »Hanseaten« seien nun »aus reichsfreien Bürgern zu vogelfreien Republikanern« geworden.

In Lübeck fanden 1806 die »Hanseatische Konferenzen« statt, bei denen Johann Smidt im Auftrag Bremens für ein geeintes politisches Handeln focht. Für Lübeck verhandelte der Syndikus Carl Georg Curtius, Oberhaupt einer Familie, die noch große Talente hervorbringen sollte. Doch die schwersten Zeiten standen den »Hanseaten« erst noch

Während der Jahre der Französischen Revolution strömten aus Frankreich viele Emigranten nach Hamburg, darunter César Rainville und Daniel Louis Jacob, die mit ihren gastronomischen Einrichtungen die Stadt in einen Hort bis dahin unbekannter Köstlichkeiten verwandelten. Das Fremde und Neue erntete aber auch Spott.

bevor: Im Oktober 1806 besetzten französische Truppen Potsdam, im November verfolgten sie Blücher und seine preußischen Truppen bis nach Lübeck, schlossen die Stadt ein und eroberten sie nach dreistündiger Belagerung. Die von den Franzosen in Lübeck verübten Greueltaten sind ebenso nachhaltig in der Erinnerung der Stadt geblieben wie das Wüten der Besatzung in Bremen und Hamburg. In Bremen hatte die Kontinentalsperre zu einer Versandung der Weser geführt, waren die Packhäuser bei der Suche nach englischen Waren zerstört und geplündert worden. Bremens Bevölkerung litt bittere Not. In Lübeck mußte ein »hanseatischer« Kaufmann die Rolle des Retters übernehmen: Bürgermeister Matthäus Rodde half mit einem persönlichen Kredit, zumindest die höchste Not der Stadtkasse zu beheben. Solch großherzige Rettungsmaßnahmen der Kaufleute, zu ihrem Ruhme sei es gesagt, waren in den Hansestädten keine Seltenheit. »Nicht zuletzt die politischen Veränderungen«, schreibt der Chronist Gerhard Ahrens in der von Antjekathrin Graßmann herausgegebenen »Geschichte Lübecks«, beendeten nun den Aufschwung des ausgehenden Jahrhunderts, der die Güter erwirtschaftet hatte, die »die Franzosen zu ihren wiederholten Kontributionsforderungen überhaupt angereizt hatten. Die damals erbrachten Leistungen dürfen eben auch als ein Indiz für den großen Wohlstand Lübecks gewertet werden. Es kam hinzu, daß die Hansestadt nach der 1803 über Elbe und Weser verhängten Blockade zum lebhaften Ausweichhafen geworden war.«

Ein erbärmliches Bild bot Hamburg: »Die Häuser waren ohne Fenster, auf den Straßen reichten Schmutzhaufen so groß wie Heuschober auf dem Felde bis zur ersten Etage, und aus allen Straßen und Gängen strömte uns ein furchtbarer Geruch entgegen«, klagte der Buchhändler Friedrich Perthes. Man muß die Schrecken der napoleonischen Besatzung stets in Rechnung stellen, wenn sich nun in die Reden die neuen, für die bis dahin so nüchternen »Hanseaten« ungewohnten, aggressiven Töne einschleichen. Nach den Freiheitskriegen sahen die alten Hansestädte die bisher so nützliche Neutralität in ihrer Existenz bedroht, denn ihre Kraft allein hatte nicht mehr ausgereicht, sich gegen Eindringlinge zu wehren, und so wurde der Ruf nach einer stärkeren Anlehnung an das übrige Deutschland laut. Der Machtrausch des Korsen ließ förmlich über Nacht eine andere Art von Patriotismus entstehen, als er den Lübecker »Gemeinnützigen« und Hamburger »Patrioten« mit ihren edlen Worten und Taten vorgeschwebt hatte. Zwar setzte sich nach dem Sieg über Napoleon ein »Hanseatisches Direktorium« mit Johann Smidt an der Spitze bei den deutschen Monarchen leidenschaftlich für die Beibehaltung der traditionellen »hanseatischen« Sonderrechte ein, aber der nun beginnende Verhandlungsmarathon des Wiener Kongresses, der Europa eine neue Ordnung geben sollte (die dann weitgehend die alte blieb), ließ die »hanseatische« Zukunft zeitweilig in düsterem Licht erscheinen. Das Wort »Vaterland« gewann einen neuen Klang, größerer Schutz und Geborgenheit in einem umfassenderen Staatsgebilde schienen nun wichtiger als alle »hanseatischen« Alleingänge. Aus Lokalismus wurde Nationalismus.

Und auch der Antisemitismus ließ bereits sein boshaftes, mehr denn je zuvor verzerrtes Gesicht erkennen: In der Ablehnung der von Napoleon gleichgestellten Juden zeigte sich nun auch unter den »Hanseaten« eine Aggressivität, die sich absurderweise gegen jene richtete, deren Anteil am Erblühen der Stadt inzwischen ganz erheblich war. Ansonsten schien alles beim alten zu bleiben. Die alte bürgerliche Verfassung war wiederhergestellt. Rat und Bürgerschaft bestimmten formell wieder die Politik. Am meisten aber bestimmte die »Versammlung eines ehrbaren Kaufmanns« die Geschicke der Stadt. Hamburg war wieder Stadtrepublik, gab sich demokratisch, suchte aber nach den schrecklichen Erfahrungen mit fremden Besatzungstruppen die vorsichtige Annäherung an das übrige Deutschland. Ein letztes Mal entzündete sich die Schaulust der Bürger am öffentlichen Morden. Unter den Augen von immerhin 40 000 Herbeigeeilten wurde im Dezember 1818 der Hamburger Hundescherer Conrad Lorenz geköpft. Nach eigenem Eingeständnis hatte er auf seine achtzehnjährige Tochter mit einem Beil eingeschlagen und sie dann erwürgt, weil sie ihm den Gehorsam verweigert hatte. Auch in Bremen gab es noch einmal eine öffentliche Hinrichtung. Dort hatte Gesche Gottfried 1813 den ersten ihrer zahlreichen und in ihren Motiven nie ganz aufgeklärten Giftmorde mit »Mäusebutter« verübt. Nach jahrelangen Verhören wurde sie zum Tode verurteilt. Eine Bremer Zeitung kündigte die Vollstreckung groß an und heuchelte am Tage danach Entrüstung über das grausame Schauspiel: »Auf das hiesige Publikum hatte die Enthauptung einen so unangenehmen Eindruck gemacht, daß die meisten Leute, wie man nachher allenthalben hörte, zu Mittag nichts hatten essen können.« Der Redakteur selbst hatte sich mit bremischer Nüchternheit auf folgende Weise von dem Schauspiel erholt: »Wir machten nachmittags mit Bekannten eine Spazierfahrt ins Freie, um den üblen Eindruck zu vergessen.«

Die seit den Kriegswirren zu beobachtende Verrohung der Bürger hatte eine neue Qualität offenbart. Die »hanseatisch«-republikanische Welt zeigte gefährliche Spuren von Verunsicherung, auch wenn diese an der Oberfläche noch kaum sichtbar waren. Nach der Niederlage der Franzosen war jenes Land der eigentliche Sieger, dem Napoleons Wirtschaftskrieg gegolten hatte: England. Die Kontinentalsperre hatte sich als Fehlschlag erwiesen. Nun brandeten englische Waren wie nie zuvor in den »hanseatischen« Raum und von dort aus überall nach Europa. England unterhielt wieder Niederlassungen in den deutschen Hafenstädten. Da das deutsche Reich nicht mehr bestand, kam es immer öfter zu gemeinsamen Handelsverträgen der drei »hanseatischen« Städte nicht nur mit Großbritannien, sondern nun auch mit Brasilien und den Vereinigten Staaten, dem Königreich Preußen und Mexico, Venezuela, Sardinien, Guatemala, Costa Rica, Liberia,

Sizilien, Persien, Siam, Sansibar und China. Dem Deutschen Zollverein blieben Hamburg, Bremen und Lübeck erst einmal fern. Der freie Handel war der Grundpfeiler »hanseatischen« Wirtschaftens, noch konnte er erfolgreich verteidigt werden. Lübeck schloß eigene Verträge mit den Ostsee-Staaten Schweden und Norwegen. Hamburg und Bremen waren die Hauptnutznießer des wieder freien Handelsweges nach England und erlebten einen besonders nachhaltigen wirtschaftlichen Aufschwung. Sie waren ja auch unmittelbare Nachbarn Englands, denn das Königreich Hannover war nun wieder – bis 1837 in Personalunion – eine starke Bastion des englischen Königreiches, und nahe der Nordsee-Küste lag eine weitere englische »Kolonie«: die Insel Helgoland.

England war Weltmacht, England war nun noch mehr als zuvor Vorbild und Maßstab allen wirtschaftlichen und kulturellen Handelns. Die Lebensweise der englischen Oberschicht, schon lange in den Hansestädten das Maß aller Dinge, fand nun wieder besondere Aufmerksamkeit und Nachahmung. Die englischen Kaufleute lenkten ihre Warenströme wieder über Hamburg und Bremen, die Produkte der englischen Industrialisierung drängten an Elbe und Weser. Die Abhängigkeit der bremischen und hamburgischen Handelshäuser von London wuchs ebenso rapide an, wie sich in den begüterten Schichten der Einfluß der englischen Landhaus- und Stadtpalais-Architektur vergrößerte. Bequemlichkeit und Fortschritt, Eleganz und Weltläufigkeit waren nirgends so ausgeprägt wie auf den Britischen Inseln. Bei den »Hanseaten« nahmen die Hochzeiten mit englischen Frauen ebenso zu, wie deutsche Vornamen gegen Namen wie Percy, John oder William eingetauscht wurden.

Schon vor Verhängung der Kontinentalsperre hatte Hamburg seine Ausrichtung auf England deutlich erkennen lassen. »Damals war meine Vaterstadt Hamburg in vieler Beziehung mehr englisch als deutsch«, meinte der nach England übersiedelte Kaufmann Blumenfeld, und das »Hanseatische Magazin« von 1800 merkte anläßlich eines Berichts über das Leben und Treiben an der Hamburger Börse ärgerlich an: »Die Geschäftsvermehrung und der Wechsel der Sitten verzögert in einigen Häusern … diese, von manchen minder englisch gesinnten Magen erschwerte Stunde bis gegen 5 Uhr«. »Kleidung, Sitten, Sprache, Lebensweise, alles ist englisch«, meinte ein Chronist 1801 in der Zeitschrift »Hamburg und Altona«: »Mancher Hamburger Elegant, der recht gut sehen kann, stolpert mit seiner englischen Brille umher, sich selbst zur Qual und anderen zum Ekel. Viele Hamburger Häuser, ja von der besseren Sorte beinahe die meisten, sind so durch und durch britannisiert, daß man darin ganz vergißt, auf deutschem Grund und Boden zu sein, und daß man darauf schwören sollte, man befände sich in einem Hause in Fleet-Street, in Charing Cross oder in Soho-Square. Man spricht englisch, man ist englisch gekleidet, man gähnt und flucht englisch. In den Zimmern sind die Fußböden mit Teppichen aus Wiltshire bedeckt, und die Wände sind mit Kupferstichen von englischen Künstlern behangen. Das ganze Ameublement ist von Mahagoniholz *in the true English taste.* Man sitzt auf schwarzem englischen Roßhaar, an einer mit lauter englischem Geschirr besetzten Tafel und ißt *Roast-Beef* und *Plumpudding* und trinkt *Red-Port* aus Portugal und *Porter* und *Ale* aus London und Burton.« Bis heute halten es die »Hanseaten« gern so, und der Hamburger Dichter Hans Leip wird im 20. Jahrhundert einen Stoßseufzer formulieren, der schon damals so etwas wie ein hamburgisches Credo war: »Wäre ich nicht Hanseat, hätte ich wohl Engländer sein mögen.«

Über das seit dem Sturz Napoleons prosperierende Hamburg bricht 1842 eine Katastrophe herein: Eine mehrere Tage wütende Feuersbrunst macht fast die gesamte Hamburger Innenstadt dem Erdboden gleich. In den rußgeschwärzten Straßen irren obdachlose Massen umher, verbreitet sich ein grausiges Elend. »Fuer in de Diekstraat!« hatten in der Nacht vom 4. auf den 5. Mai die Entsetzensschreie des Nachtwächters die Stadt aufgeschreckt. Die herbeigeeilten Spritzenwagen konnten dem sich schnell ausbreitenden Feuersturm nicht mehr Einhalt gebieten. Die leicht entzündlichen Fachwerkhäuser, in deren Kellern noch viel entzündlichere Waren lagerten, flogen wie brennendes Papier in die Luft. Nur durch die Sprengung einiger Häuserzeilen konnte nach Tagen, in denen das Feuer unablässig wütete, Schlimmeres verhindert werden. Das alte, noch mittelalterlich geprägte Stadtbild war da schon völlig zerstört.

Elisa Averdieck, eine überaus verdienstvolle Hamburger Diakonissin, hat in ihren Erinnerungen die Tage des Brandes ausführlich beschrieben. »Um zwei Uhr weckte mich Schwester Klara, weil der Wächter ›Feuer‹ rief. Ich stand auf, sah den geröteten Himmel, und nachdem wir erfuhren, das Feuer sei in der Katharinenstraße, begaben wir uns alle wieder zur Ruhe. Eine Feuersbrunst ist ja nicht so etwas ganz Ungewöhnliches in einer großen Stadt. Um halb sechs Uhr stand ich auf und ging zum Kirchhof zu Vaters Grab. Es war ein wunderschöner heller Morgen ... In der Steinstraße setzte ich mich in den Omnibus. Ein Kanonier stieg mit mir ein, sagend, der Nikolaiturm brenne. Mir schauderte es zu glauben, aber die nächste Straßenöffnung zeigte mir die dunkelrote Glut in der oberen Kuppel des Turms ... Hoch und schwarz, wie ein großer Märtyrer, stand der Turm da, drei Stunden lang von den Flammen umschlungen ... Er wankte, neigte langsam und majestätisch seine Spitze, bis sie senkrecht nach unten gekehrt war, und stürzte hinab. – Ein unvergeßlicher Anblick!« Die Nikolaikirche durch Feuer verwüstet – es sollte nicht das letzte Mal in ihrer Geschichte gewesen sein. »Jetzt brannte das Rathaus, die alte Börse, der Neß, Mühlenbrücke, alte Wallstraße, Mönckedamm, Mönckedammstwiete ... Je weiter ich kam, um so unwegsamer ward es durch die fliehende Menge. Wagen an Wagen sperrten die Straße, so daß man drüber wegklettern mußte, um weiter zu kommen ... Verzweiflung hatte alle Gesichter gebleicht; Schrekken, Angst, ja oft Wahnsinn sprach aus den verzerrten Zügen.«

Ein anderer Augenzeuge, der Dichter Friedrich Hebbel, gewann dem schrecklichen Schauspiel, wie es sich für einen Dichter geziemt, die erhebenden Aspekte einer antiken Tragödie ab: »Das brennende Hamburg war ein schrecklicher, aber zugleich ein gewaltiger Anblick. Das Überwältigende, was die Sinne nicht bloß erfüllte, sondern sie zerriß, schien neue Organe im menschlichen Geist zu erschließen, er fühlte sich über den Moment, über seine Drangsale und sein gemeinsames Leid, hinausgehoben und überschaute die Gegenwart, wie von der Höhe der Geschichte herab.« Auch die Gelegenheit für Blicke auf das brennende Hamburg »von der Höhe der Geschichte herab« sollte nicht die letzte gewesen sein: Hundert Jahre später wiederholt sich das Inferno infolge anderer Ursachen. Hamburgs Wirtschaftskraft, die sich nach der Besatzungszeit eben so schön erholt hatte, erfuhr 1842 erneut einen schmerzlichen Rückschlag. »Der Brand bedeutete keinen Einschnitt in der Geschichte Hamburgs: er blieb eine Episode«, meinte Percy Ernst Schramm in seinem Buch »Neun Generationen«. Damit hatte er unrecht.

Es entsprach Hamburgs Vorliebe, daß nun einem englischen Stadtplaner und Architekten, William Lindley, die Vorbereitungen für den Wiederaufbau der Stadt in die Hand gelegt wurden. Das neue Hamburg, das aus der Asche erwuchs, verriet denn auch bald überall den angelsächsischen Einfluß. Als mit vereinten Bürgerkräften auch die Nikolaikirche wiederaufgebaut werden sollte, erhielt ein junger englischer Architekt, Gilbert Scott, den Auftrag. Seine anglikanisch-neogotischen Visionen hatten über den sehr viel kühneren Kuppelbau-Entwürfen des Altonaers Gottfried Semper triumphiert, nicht zuletzt deswegen, weil sie den Hamburgern ein hanseatisches Äquivalent zum Dom in Köln versprachen – und damit auch ein Stück von den Träumen des deutschen Nationalismus.

Immerhin hatte die Brandkatastrophe auch eine gute Seite: Endlich mußte und konnte die Stadt ein modernes, auf die Gesundheit der ärmeren Bevölkerung Rücksicht nehmendes Kanalisationsnetz installieren, das William Lindley nach Londoner Vorbild denn auch umgehend konzipierte und gegen mancherlei Widerstände – wegen der damit verbundenen Kosten – sogar in Angriff nehmen durfte. Da die Hamburger Fleete bei Niedrigwasser stinkende Kloaken waren, in die sich Tag und Nacht Abfälle aller Art entleerten, mußte erst einmal ein Sielsystem angelegt werden. Wiederholt hatten Seuchen die Stadt – aber ebenso Lübeck und Bremen – heimgesucht. 1831 forderte die Cholera 500 Todesopfer, doppelt so viele Menschen waren erkrankt, darunter kein einziger, der zu den Bürgern mit höherem Einkommen zählte. Hamburg hatte eben in Wahrheit eine erbarmungslose Klassengesellschaft, und wer arm war, mußte früher sterben. Immer wieder überschwemmten verheerende Sturmfluten weite Gebiete der Stadt, vor allem die ärmeren Wohnquartiere. Dank den Plänen Lindleys erhielt Hamburg nun endlich auch eine modernere Wasserversorgung. So nutzte die Stadt die Katastrophe als einmalige Chance zu einer strukturellen Reform an Haupt und Gliedern.

Die Hamburgerin Marie Zacharias hat ausführlich geschildert, wie im allzulange vernachlässigten Hause ihres Onkels Stück um Stück Modernisierungen vorgenommen wurden: ein englischer Kamin und ein »englisches Klosett« gehörten dazu – zwei Einrichtungen, von denen der einfache Bürger nur träumen konnte. Starke soziale Ungleichheiten waren überall in Deutschland anzutreffen, aber die

»Fuer in de Diekstraat« – das alte Hamburg in den Flammen der Nacht vom 5. auf den 6. Mai 1842.

Hamburger neigten besonders dazu, Bilder von der Wirklichkeit zu entwerfen, die weniger der Realität als vielmehr dem schönen Schein huldigten. Das Ende der Aufklärungsepoche und ihr abrupter Übergang in eine entbehrungsreiche, von Unmündigkeit begleitete Besatzungszeit sowie die anschließende Restaurationsphase mit der erwachenden Opposition gegen die alten Ordnungen haben diese Scheu vor den Widrigkeiten der Realität deutlich zutage treten lassen. Die Stadtelite verschloß sich der Einsicht in die Notwendigkeit dringender sozialer Reformen. Sie wähnte sich demokratisch und hatte doch nur die Beibehaltung der eigenen Privilegien im Auge. Sie übersah die Zeichen an der Wand und gab damit Stück für Stück auch einige jener »hanseatischen« Qualitäten preis, die sie im 18. Jahrhundert so liebenswert erscheinen ließen. Dazu gehörte vor allem die soziale Fürsorge. Die Brandkatastrophe von 1842 offenbarte, wie der Augenzeuge Ludolf Wienbarg in einer Schrift »Hamburg und seine Brandtage« diagnostizierte, »den geheimen Horror im Rücken der Rationalität«. Fünf Tage lang wütete der Brand, die Hauptkirchen Sankt Nikolai und Sankt Petri, die Alte Börse (die neue konnte gerettet werden), die Bank, die Synagoge der portugiesisch-jüdischen Ge-

Am 6. Mai 1842 frißt sich der gewaltige Brand in der Hamburger Innenstadt bis zum Jungfernstieg vor. Der »Hanseat« Salomon Heine läßt daraufhin sein Haus sprengen und verhindert durch diese selbstlose Tat das weitere Vordringen des Feuers. In die »Vereinigung eines ehrbaren Kaufmanns«, den vornehmsten Club der Stadt, wird der jüdische Wohltäter dennoch nie aufgenommen. Die »Patriotische Gesellschaft« dagegen kennt solchen Dünkel nicht und bietet ihm die Mitgliedschaft an.

meinde und 4219 Wohnungen brannten bis auf die Grundmauern nieder. 51 Menschen kamen ums Leben, auf an die 90 Millionen Mark Banco belief sich der entstandene Schaden. Handwerker hatten »die Engländer« als Brandstifter ausgemacht, englische Mädchen wurden daraufhin vom Pöbel mißhandelt, einem Engländer wurde die Hand abgehackt. Die Juden entgingen für dieses Mal der Schuldzuweisung, weil sie selbst in besonderer Weise betroffen waren und sich maßgeblich an den Hilfsmaßnahmen beteiligten.

Der Rat der Stadt forderte nach Gutsherrenart die Bürger auf, »durch einträchtige Unterstützung der Obrigkeit das wechselseitige Vertrauen zu erhalten, auf welchem die Zukunft unseres Freistaates beruht«. Aber das mußte in Anbetracht der ungleichen Folgelasten des Brandes zynisch klingen, und so meinte denn auch Heinrich Heine in einem Gedicht, das er »Erinnerung aus Krähwinkel's Schreckenstagen« genannt hat:

»Wer auf der Straße raisonniert,
Wird unverzüglich füsiliert;
Das Raisonnieren durch Geberden
Soll gleichfalls hart bestrafet werden.

Vertrauet eurem Magistrat,
Der fromm und liebend schützt den Staat
Durch huldreich hochwohlweises Walten;
Euch ziemt es, stets das Maul zu halten.«

Der Anmaßung des Rats trat nun die »Patriotische Gesellschaft« entgegen, indem sie drängende soziale und verfassungsrelevante Fragen stellte. Diese einflußreichste Hamburger Bürgervereinigung wahrte damit die ethischen Errungenschaften der Aufklärung. Der Senat hielt jedoch »den gegenwärtigen Zeitpunkt, welcher durch den großen Unglücksfall die Gemüter mehr als gewöhnlich in Spannung gesetzt hat, zur Anregung derartiger Fragen nicht für geeignet«. Ein tapferer Student der Jurisprudenz forderte Hamburgs Bürger daraufhin auf, den Rat mit einer Petition nach der anderen zu bombardieren, um den sozialen und hygienischen Mißständen in der Stadt Einhalt zu gebieten. Aber das Manuskript dazu wurde von der Polizei eingezogen, der Verfasser ins Gefängnis geworfen. Die Kluft zwischen Arm und Reich, das hatte der Brand gelehrt, setzte sozialen Sprengstoff frei. Sechzig Prozent der Hamburger lebten jetzt am Rande des Existenzminimums. Einfluß und Mitspracherecht in der Stadt hatten sie nicht, denn der »ehrenwerte« Senat beziehungsweise Rat ergänzte sich stets nur aus »ratsfähigen« Kaufmanns- und Juristenfamilien und ließ die übrigen Einwohner bestenfalls seine exklusiven Wahlentscheidungen wissen.

Die reichen Kaufmannsfamilien von Hamburg hoben sich inzwischen durch eine bisher nicht gekannte Prunksucht von den »hanseatischen« Oberschichten Bremens und Lübecks ab. In diesem Zusammenhang steht auch das bombastische Landhaus von Martin Jenisch, das das zierliche Herrenhaus des Barons Voght und damit den aufklärerischen Geist des 18. Jahrhunderts buchstäblich zur Nebensache degradiert hatte. Trotz aller Bemühungen um einen schnellen Wiederaufbau Hamburgs, trotz kühner und ästhetisch teilweise glanzvoller Bauprojekte an der Innenalster, trotz Lindleys energischen Bemühungen um eine modernere Stadt, ja trotz der zum Teil beachtlichen Spenden reicher Unternehmer für die Beseitigung der Feuerschäden – in Hamburg beginnt sich ein politisches und geistiges Klima auszubreiten, das die patriarchalischen Segnungen der alten Ordnung plötzlich unvollständig erscheinen läßt. Auf das aus Enttäuschung und Not, wirtschaftlichen Einbußen und Ohnmachtsgefühlen gespeiste neue Bewußtsein wirken die Hoffnungen auf ein doch endlich erstarkendes Deutschland wie eine befreiende Wunderdroge. Überall ertönt jetzt der Ruf nach nationaler Einheit als Antwort auf die Befreiungskriege, aber noch reißt das infernalische Feuer in Hamburg seine Bewohner hin und her zwischen ihrem Streben nach Unabhängigkeit und der Sehnsucht nach gesamtdeutscher Identität. Die »hanseatische« Balance zwischen Selbständigkeit und nationalistischer Träumerei gerät ins Taumeln. Heinrich Hoffmann von Fallersleben trifft den Ton dieser Zeit, die ja überall vom Pathos der Befreiungskriege getränkt ist, mit seinen Zeilen wohl am genauesten:

»... Und er thut in Hamburgs Flammen
Uns die alte Wahrheit kund:
›Deutschland halte fest zusammen!
Eins und einig sei dein Bund!‹

Und in Deutschland hallt es wider
Überall von Hamburgs Brand:
Leidet eines unsrer Glieder,
Leidet unser Vaterland.

Und es tönt nach Ost und Westen
Nur ein Ruf und Hülfeschrei
In den Hütten und Palästen:
Auf! Und stehet Hamburg bei!«

Wachsende Distanz gegenüber dem fragwürdigen Verhalten der reichen Kaufmannsschicht, dem Rat und dem Senat, zunehmende Ungeduld angesichts der Unüberwindlichkeit sozialer und wirtschaftlicher Klassenschranken, das nachwirkende Trauma der französischen Unterwerfung sind nun die gravierendsten Gegengewichte gegen den romantischen Lokalpatriotismus früherer Zeiten. Auch die Kirche versagte in dieser Phase eines abermaligen Umbruchs. Die Hamburger Geistlichen hielten es mit der Obrigkeit – darin unterschieden sie sich nicht von der Geistlichkeit der beiden anderen Hansestädte – und ließen durch einen Hauptpastor erklären: »Wir wollen mit innigem Dank und erhöhtem Vertrauen uns der von Gott gesegneten Fürsorge hingeben und gern eingehen in alle heilsamen Maßregeln, die die Väter dieser Stadt ergreifen.« Der ehrwürdige, »weise« Rat der Stadt und die »Erbgesessene Bürgerschaft« blockten nahezu alle vernünftigen patriotischen Reformvorschläge und Verbesserungen ab, und überall bildeten sich neue Vereine, die für sich beanspruchten, bei den Entscheidungen über die Geschicke der Stadt künftig ein Wörtchen mitzureden und die den Patriotismus-Begriff nun ganz anders, mitnichten nur »hanseatisch« definierten.

In dieser Situation gewinnt an der Elbe ein »Hanseaten«-Trio maßgeblichen Einfluß, das bei allem Festhalten an bewährten Bürgertugenden einen neuen Stil in die zunehmend verkrustete Hamburger Stadtpolitik bringt, wobei es ganz »hanseatisch« Augenmaß, Nüchternheit und Bescheidenheit walten läßt: Die drei Hamburger Bürgermeister Gustav Heinrich Kirchenpauer, Carl Friedrich Petersen und Johannes Georg Andreas Versmann garnierten wie Smidt in Bremen und Overbeck in Lübeck ihre politische Tätigkeit gelegentlich mit den schönen Ranken der Kunst, waren aber in erster Linie pragmatisch-strategische Juristen, die sich ja in den Hansestädten immer einer vergleichbaren Akzeptanz erfreuen durften wie die Kaufleute.

In den frühen dreißiger Jahren hatte der 1809 geborene Student der Jurisprudenz Carl Friedrich Petersen in Heidelberg seinem patriotischen Zugehörigkeitsgefühl zu den »Hanseaten« mit der Gründung des »Korps Hanseatia« Tribut gezollt. Mit sieben Hamburgern, einem Bremer und einem Lübecker wollte er, nach »dem ehrenfesten Vorbilde ihrer Vorfahren«, dem alten Männerbund der Hanse nachstreben. Das Zusammensein mit seinesgleichen, regelmäßige gemeinschaftliche Zeitungslektüre und die Begeisterung für neue Einflüsse des »Jungen Deutschland« öffnete Petersen aber schon bald die Augen für die Reformbedürftigkeit seiner Vaterstadt. In seinen Erinnerungen hat er diese »hanseatische Welt von gestern« liebevoll geschildert. Er berichtet zum Beispiel anschaulich vom allabendlichen Ritual des Torschlusses, nach dessen ordnungsgemäßem Vollzug die beeidigten Schließer den fünf jüngsten Ratsherren – die älteren vermutete man zu dieser Zeit wohl schon bei ihrer wohlverdienten Nachtruhe – die Schlüssel aushändigen mußten. Allerdings müssen auch diese Ratsherren oft nicht mehr erreichbar gewesen sein. In solchen Fällen übergab der Schließer sein wertvolles Gut dem Dienstmädchen des betreffenden Ratsherrn durchs Kellerfenster und dieses bewahrte es dann bis zum anderen Morgen auf: schöne alte Welt. Im Jahre 1869 wurde Petersen Hamburger Bürgermeister, später wurde er ein Verfechter der Bismarckschen Reichsgründung und präsentierte dem Kaiser eine »opferwillig ergebene« Stadt.

Petersens Freund und Heidelberger Kommilitone Kirchenpauer war ein Jahr jünger, entstammte einer alteingesessenen Hamburger Familie, war aber mit dieser nach der Besetzung Hamburgs nach Sankt Petersburg geflohen. Als Napoleons Truppen auch bis dorthin vorzudringen drohten, zog die Familie nach London weiter. Als Student in Heidelberg traf er auf seinen an der Universität bereits angesehenen Landsmann Petersen. Erst als beide Heidelberg wieder verlassen hatten, kam auch der sehr viel jüngere Johannes Georg Andreas Versmann an den Neckar. Er führte dort die »hanseatische« Tradition

Der »Heidelberger Club« im Jahre 1847 – Hamburgs verschworene Gemeinschaft wackerer »Hanseaten«, darunter rechts Senator Kirchenpauer und neben ihm der spätere Bürgermeister Carl Petersen.

fort. Später trafen sich die drei Juristen in Hamburg mit anderen Heidelberger Exstudenten – wieder einmal war ein einflußreicher »hanseatischer« Männerbund entstanden. Das ständisch geordnete, innerhalb einer kleinen bürgerlichen Schicht vorzüglich funktionierende System der Stadtpolitik, beflügelt von Familien- und Freundschaftsbanden, hat alle drei in die höchsten Ämter geführt. Für jeden von ihnen könnten die Worte des Heidelberger Burschenschafters Uibel gelten, mit denen dieser einige Jahrzehnte später einen anderen Hamburger in Heidelberg, Rudolf Mönckeberg, bedachte: »Es war, wie wenn der exzessive Hanseate einer Ergänzung bedurft hätte durch etwas Ungebundeneres, Weicheres, Schmiegsameres, was er besonders im süddeutschen Wesen zu finden schien.«

Zuerst ließen sich die drei in Hamburg als Advokaten nieder, müssen sich dabei aber bald ziemlich gelangweilt haben. Sie ergaben sich in ihren freien Stunden dem Lesen und Dichten, wobei ihre für das private Umfeld gedachten Versuche freilich keine eingehendere Würdigung beanspruchen können. Kirchenpauer beteiligte sich an einer Zeitung, die vorübergehend auch Matthias Claudius als Redakteur beschäftigte, betätigte sich in der »Patriotischen Gesellschaft«, warb für die Unterstützung des Kölner Dombaus – »Hamburg ist der ehrwürdigen Schwesterstadt einen Freundesgruß schuldig« – und unterstützte das neue, nationale Denken mit kräftigen Parolen. Während des Brandes half er mit mutigem persönlichen Einsatz, das Börsengebäude und damit das Wahrzeichen für den Handel der Stadt zu retten. Wenig später wurde er in den Senat berufen, wo er in den sechziger Jahren als einer der entschiedensten Gegner einer preußisch dominierten Zentralgewalt im Norddeutschen Bund auftrat.

Auch Petersen gab sich mit dem Advokaten-Dasein nur mäßig zufrieden, betätigte sich journalistisch und nicht zuletzt als Armenpfleger in einem dichtbesiedelten Teil von Sankt Pauli, das damals von der Cholera auf besonders verheerende Weise heimgesucht wurde. Beim Brand half er seinem Vater, wichtige Dokumente aus dem Rathaus zu retten, zudem schützte er einen Unschuldigen, den das aufgebrachte Volk für einen Brandstifter hielt, vor dem Axthieb eines Zimmermanns. Um an den Versammlungen der »Erbgesessenen Bürgerschaft« teilnehmen zu dürfen, hatte er sich rechtzeitig mit einem Grundstück versorgt. Johannes Georg Andreas Versmann hatte von Heidelberg aus verschiedentlich das liberale Baden bereist und sich an fortschrittlichen Ideen begeistert. Als er nach Hamburg zurückkehrte, wurde er Petersens Vertreter in dessen Advokatur. Er trat in den Bürgerverein von Sankt Pauli ein, wurde Mitglied der Bürgerschaft, Präses des Handelsgerichts, beteiligte sich an der Reorganisation des Hamburger Justizwesens und der Einrichtung einer Gewerbeschule. In enger Übereinstimmung mit seinen beiden Gefährten im Geiste bemühte also auch er sich um die einflußreiche Mitgestaltung des Stadtgeschehens.

Die Lebenswege der drei Freunde, die ihre Prägungen an der Heidelberger Universität erfahren hatten, waren nicht gerade von dramatischer Auffälligkeit, aber typisch für städtische Karrieren unter den »hanseatischen« Juristen ihrer Zeit. Gemeinsam standen sie für das Ziel eines nationalen, aber toleranten Patriotismus, hatten dabei aber immer einen »hanseatischen Sonderweg« vor Augen, »da das übrige Deutschland durch die möglichste Ungebundenheit und Blüte des Handels seiner nördlichen Seehäfen den Produkten Deutschlands Abfluß nach der Seeseite und seinen Bedürfnissen Befriedigung von dorther verschaffe«, wie Kirchenpauer es formulierte. Sie waren kluge Diplomaten und aufgeschlossene Vertreter von Hamburger Interessen. Sie mußten die Geschicke ihrer Stadt in Zeiten lenken, in denen sich das »hanseatische« Gesicht grundlegend verwandelte. Äußerlich gesehen verkörperten die drei »Heidelberger« einen ähnlichen »Hanseaten«-Typus, in Wahrheit konnten ihre Persönlichkeiten unterschiedlicher kaum sein. Ihr Wirken in der »hanseatischen« Chefetage war von einem tiefen sozialen Verantwortungsgefühl für das Gemeinwesen geprägt, und als letzte große Bürgermeister ihres Jahrhunderts verkörperten sie noch einmal die auf weitgehende Unabhängigkeit und Handelsfreiheit beruhende »hanseatische« Politik Hamburgs. Freilich muß man dabei berücksichtigen, wie sehr auch die Strategien so verdienstvoller Männer wie Petersen, Kirchenpauer oder Versmann von einem politischen Grundverständnis ausgingen, das uns heute weniger zu begeistern vermag als ihre Mitstreiter. »In den Hansestädten«, dieses Fazit zieht Andreas Schulz, »herrschte ein bürgerliches Elitenregiment, das den breiten Mittelstand in einer Art Vormundschaftsverhältnis sozial wie ökonomisch protegierte und ihm gleichzeitig jegliche politischen Mitwirkungsrechte versagte.«

VIII. Das tausendjährige Familienübel

Von »eigentlichen und uneigentlichen« Hamburgern

Napoleons Siegeszug hatte in den drei Hansestädten Schlimmes angerichtet, aber auch etwas Erfreuliches erreicht: die – vorübergehende – Gleichberechtigung der Juden. In Hamburg machte ihr Anteil an der Stadtbevölkerung zu Beginn des 19. Jahrhunderts weniger als sechs Prozent aus, nicht mitgerechnet die stattlichere jüdische Gemeinde von Altona, die auf dänischem Hoheitsgebiet lag. In Lübeck und Bremen waren die Anteile jüdischer Einwohner geringer. Die drei »hanseatischen« Städte zeichneten sich dennoch nicht durch Toleranz gegenüber den Juden aus, und selbst in den »goldenen« Jahrzehnten der Aufklärung war ihre Lage hier keineswegs besser, sondern eher schlechter als im übrigen Reich. Vor den Hamburger Stadtmauern machte das sehr viel tolerantere Dänemark den »Hanseaten« in der Stadt Altona vor, wie das Zusammenleben mit den aus dem Osten einströmenden Aschkenasim gelingen konnte.

Als das europäische Staatensystem während des Wiener Kongresses neu geordnet wurde, zeichneten sich gerade die »Hanseaten« – beziehungsweise deren nach Wien entsandte Repräsentanten – in der Frage der Rechte für die Juden durch besondere Härte aus. Lübeck ging sogar so weit, die während der französischen Besatzung eingewanderten Juden auszuweisen. Die preußischen Delegierten Hardenberg und Humboldt bemühten sich erfolglos darum, das 1812 erlassene Emanzipationsedikt auch auf die anderen deutschen Staaten auszuweiten. Statt dessen stellte schließlich Artikel 16 der Bundesakte von 1815 den einzelnen Staaten anheim, die erweiterten Rechte der Juden wieder zurückzunehmen. In Wien hatten sich all diejenigen durchgesetzt, die sich nun verstärkt für ein deutsches Nationalbewußtsein aussprachen. Der sonst so modern denkende Bremer Bürgermeister Smidt, der sich in einem Brief an den Bremer Senator

Gröning über die Juden mit den Worten erregt hatte: »Wie klettenartig die Individuen dieser Nation zusammenhängen, und welchen furchtbaren Staat im Staate sie bildeten«, hielt »die Existenz der Juden in Deutschland für ein Unglück«. Die Polizeidirektion Bremens erließ am 19. August die Bekanntmachung, »... daß diejenigen hiesigen Einwohner jüdischer Nation, deren ihnen bewilligter Schutz für ihren hiesigen Aufenthalt und ihr hiesiges Gewerbe abgelaufen ist, von jetzt an hier bloß als Fremde nach den für die Behandlung von Fremden überhaupt bestehenden Grundsätzen, so lange noch zu betrachten sind, als die von der Polizei-Direktion ihnen zu erteilenden Aufenthalts-Erlaubniskarten solches besagen werden, und daß daher denjenigen, welche vor dem 25. August dieses Jahres mit einer solchen Erlaubniskarte nicht versehen, keine Wohnung oder Zimmer, in Bezug auf der Beherbung der Fremden wegen im Jahre 1799 erlassenen obrigkeitlichen Verordnung angedrohten Strafe, nicht weiter eingeräumt werden darf.« Da die Bundesversammlung und auch Teile der Öffentlichkeit ein derartiges Vorgehen mißbilligten, verlangte der diplomatisch versierte Johann Smidt zwar »die völlige Austreibung der Kinder Israels aus unserer Republik«, empfahl aber »mit der beabsichtigten Vertreibung noch ... zu warten ... und wenigstens den Juden eine hinreichende Frist zur Anknüpfung anderer Verhältnisse zu gestatten, ... damit nicht durch Heimathlosigkeit und Nahrungslosigkeit derselben Noth und Geschrey entstehe«. Es war der seit den Kreuzzügen lebendige, religiös motivierte Antisemitismus, der sich da, wie bei so vielen anderen Zeitgenossen, artikulierte und nun eine unheilvolle Allianz mit dem neuen Nationalismus einging.

Bremen besaß seit dem 14. Jahrhundert eine sehr kleine jüdische Gemeinschaft. Es war die Zeit der ersten grausamen Pogrome, denn der Ausbruch der Pest in Europa hatte die Juden zum angeblichen Verursacher und Sündenbock werden lassen. Im 18. Jahrhundert hatte Bremen viele konvertierte Juden aufgenommen, nichtgetaufte aber hatten die energische Ablehnung der gesamten Kaufmannschaft zu ertragen: »Da von diesem Gesindel nichts als das allerärgste für die Bürger der Stadt Bremen zu erwarten steht, so ersuchet das Collegium Seniorum und die Kaufmannschaft der Stadt Bremen, das Amplissimus Magistratus seine Sorge auf der Juden nicht zu verstattenden Aufenthalt vorzüglich wolle laßen gerichtet seyn, und dahin die Anordnung machen, daß die Juden gar nicht mehr in Bremen und dessen Gebiet kommen dürfen.«

Der heutige Bremer Stadtteil Hastedt gehörte noch bis Anfang des 19. Jahrhunderts zum Herzogtum Hannover, unterlag also der englischen Krone, und diese gewährte den Juden damals großzügigen Schutz, weil sie sich davon wirtschaftliche Vorteile versprach. So siedelten sich Juden vorzugsweise dort an, wohin die Abwehr alles Jüdischen und somit auch der in Sachen Judenfeindschaft unerbittliche Arm eines Johann Smidt nicht reichten. Als sich nach der Revolution von 1848 die Bedingungen für Juden auch in Bremen zu ändern begannen, siedelten insbesondere die inzwischen zu einigem Reichtum gelangten jüdischen Familien in die Stadt. Anne F. Dünzelmann zitiert in ihrem ebenso sorgfältig recherchierten wie unakademisch-lebendigen Büchlein über die Juden von Hastedt einen sarkastisch bösen Artikel des »Couriers an der Weser« vom Frühjahr 1849: Die von Hastedt nach Bremen umziehenden Juden hätten bemerkt, »daß alle Hastedter das Gepräge tiefer Trauer auf dem Gesichte trugen und erfuhren als Grund, daß die allgeliebten Juden sie bald verlassen würden, um in Bremen als Großbürger ihren Wohnsitz zu nehmen, worüber besonders unsere Geschäftswelt eine große Freude empfinden wird«. Hastedt blieb – wie Altona – aber auch in den folgenden Jahrzehnten ein bevorzugtes Gebiet der aus dem Osten nach Deutschland einwandernden Juden. Während Bremen um die Mitte des 19. Jahrhunderts nur sehr wenige Juden beherbergte, lebten damals in Hamburg bereits mehr als 7000 jüdische Einwohner (bei einer Gesamteinwohnerzahl von 168 000 und in Lübeck 500 (bei knapp 60 000 Einwohnern insgesamt).

Auch in Lübeck hatten sich seit der zweiten Hälfte des 15. Jahrhunderts einige Juden aus dem Osten angesiedelt. Viele von ihnen wurden schnell wieder vertrieben, konnten sich aber im nahen Moisling, das wie Altona in den Machtbereich Dänemarks fiel, niederlassen. Der Geistliche an der Petrikirche, Reimar Kock, berichtete in einer Chronik Lübecks zu Beginn des 16. Jahrhunderts kurz und knapp: »Tho Lübeck seyn keine Juden, man bedarf erer ock nicht.« Als der Lübecker Rat sich 1699 weigerte, der Forderung der Bürgerschaft zu entsprechen und die drei einzigen jüdischen Familien »binnen 14 Tagen und mit Weib und Kind, Sack und Pack aus dieser Stadt zu schaffen«, setzten die Kollegien der Stadt nach und drohten, »daß die Ehr liebende Bürgerschaft genötigt sein (werde), selber Rat zu schaffen und sich von diesem liederlichen Gesindel auf alle zugängliche Arth und Weise zu entlasten suchen«. Der Rat gab nach, und die Juden wurden unter Drohungen und Mißhandlungen aus der Stadt nach Moisling getrieben.

Zu Beginn des 18. Jahrhunderts durfte täglich ein einziger Jude in die Stadt Lübeck kommen, »umb benötigte provisiones und Lebensmittel vor sich und die anderen dort (in Moisling) wohnenden Juden einzukaufen«. »Sie sprachen von Rechten, welche ihnen niemals zugestanden sind, verlassen sich auf vermeinten Schutz, benutzen mit gewohnter List die Umstände des Tages, vereiteln die nothwendigen Maßregeln und widerstreben der Obrikgeit, der sie doch in ihrem Gebiete untergeordnet seyn sollten«, merkte Heinrich Christian Zietz über die Juden von Moisling spitz an, und wenn er die Lübecker beschrieb, waren natürlich die Juden wie selbstverständlich ausgegrenzt: »Eine durchgängige Gutmüthigkeit gehört zu den Karakterzügen des Lübeckerischen Völkchens ... Sie erkennen wohl ihren Werth und schätzen ihn, rühmen sich dessen aber nicht.« Erst als Lübeck 1811 vorübergehend in das französische Kaiserreich integriert wird, erhalten die Juden das Niederlassungsrecht. 1813 kämpften acht jüdische Freiwillige im Namen Lübecks in der »hanseatischen Legion«. Aber schon 1815 drängten die bürgerlichen Kolloquien wieder auf Austreibung, diesmal widersetzte sich der Senat jedoch mit Erfolg. Erst als sich die Stadt 1848 eine neue Verfassung gab, wurde den Juden, sofern sie in der Lage waren, das Bürgerrecht zu erwerben und selbständig Handel zu treiben, immerhin das Wahlrecht zugestanden.

Gerhard Ahrens unterläuft eine Formulierung in der von Antjekathrin Graßmann herausgegebenen »Lübeckischen Geschichte«, die wie aus braunen Zeiten schrill herüberklingt: Es habe damals eine heftige Agitation »von Einwohnern und Juden« um die Ausweitung des Wahlrechts gegeben. Die Trennung in zwei Klassen von Menschen gibt – wohl unabsichtlich, aber entlarvend – das Verhältnis der Lübecker zu ihren Juden um die Mitte des 19. Jahrhunderts wieder. Immerhin hat sich der Lübecker Senat 1841 für die Aufnahme von Juden in die Zünfte entschieden. Aber diese hatten – wie später auch in Hamburg – nichts Eiligeres zu tun, als sich gegen die Einmischung des Senats aufzulehnen. In den Hamburger Streit mischte sich der Lübecker Polizeidirektor Avé-Lallemant ein. Er hatte sich als Verfasser des »Wörterbuchs der Gauersprache« zwar als Spezialist für jiddische Gaunerausdrücke ausgewiesen, zugleich aber in mehreren pseudo-wissenschaftlichen Büchern gegen das »Gaunerthum« der Juden ausgesprochen und als Kronzeuge des Antisemitismus zu erkennen gegeben.

In Hamburg setzten nach dem Abzug der Franzosen bald schwere antisemitische Ausschreitungen ein. Das Volk auf der Straße nahm Rache an der Demütigung durch die Truppen Napoleons und sah in den während der Besatzungszeit von einigen Restriktionen befreiten Juden die Mitschuldigen. Die »Hanseatische Legion«, in der 3788 Freiwillige aus Hamburg, Bremen und Lübeck Dienst taten, hat die Unruhen schnell erstickt, doch kam es danach immer wieder zu kleineren Pogromen, die 1819, dann aber auch in den Jahren 1830 und 1835 in sogenannten Hep-Hep-Krawallen mündeten. 1830 allerdings scheinen junge Juden diese Krawalle förmlich provoziert zu haben: Auf die Nachrichten aus Frankreich störten sie Gäste des Alsterpavillons unter anderem durch das Rauchen von Zigarren beim Absingen der Marseillaise und provozierten damit heftige Reaktionen. Wie sehr freilich das antisemitische Klima in der Stadt bereits aufgeheizt war, mag ein Zitat Eduard Meyers, eines Hamburger Lehrers jener Jahre, belegen, der im Zusammenhang mit seinen kritischen Schriften zu Börne eine Bemerkung machte, welche die Ereignisse vorwegnahm, die gut hundert Jahres später blutige Realität werden sollten: »So gut wie nach jener Lehre (gemeint ist die Forderung nach Souveränität des Volkes) ein Volk seinen Fürsten verjagen darf und soll, dessen Nase ihm nicht behagt, ebenso einfach wäre es ja auch, daß ein Volk die Juden vertreibe, da sie ihm nicht gefallen.«

Fünf Jahre später versuchten die Besitzer der beiden Kaffeehäuser am Jungfernstieg, des Alsterpavillons und des Schweizer Pavillons, jüdische Besucher vom Eintritt abzuhalten, und als dies nicht gelang, verlangten sie von ihnen höhere Preise. Schließlich sollten die Juden mit Gewalt aus den Kaffeehäusern entfernt werden, was zu heftigen Schlägereien und antisemitischen Demonstrationen führte. Fenster jüdischer Häuser gingen zu Bruch. Der Senat versuchte zwar, die Unruhen zu unterbinden, ein eindeutiges Bekenntnis zur jüdischen

Das Flugblatt zum Hamburger Judenpogrom vom August 1835 zeigt schadenfroh die Vertreibung von Juden aus dem Alsterpavillon. »Der Stürmer« hätte es nicht besser gekonnt.

Emanzipation vermied er jedoch. Die jüdische Gemeinde bot dem Senat daraufhin »das zum gemeinschaftlichen Wirken an, was noch bisher todt und unbenutzt bei uns liegen mußte, dieses Capital auch unserer Kräfte und unserer Mittel, welches noch einer ganz anderen Verwendung als der bisherigen fähig ist«. Das war gewissermaßen ein Wink mit dem Zaunpfahl: In den Auseinandersetzungen um den Zollverein, der Hamburgs Freihandel bedrohte, und den Turbulenzen der aufkommenden Industrialisierung in Deutschland wollten sie mit dem Senat Seite an Seite kämpfen und »Hamburgs Handel einen neuen Schwung geben«.

In Hamburg ging der Antisemitismus weniger von der Oberschicht als von den Zünften und Kleinbürgern aus, und die Stimmen der jüdischen Kaufleute wogen sehr viel mehr als die ihrer Kollegen in Bremen und Lübeck. Das hatte besondere Gründe, die für keine andere deutsche Stadt galten, die aber bei den Hamburgern ziemlich in Vergessenheit geraten sind. Seit dem 16. Jahrhundert war Hamburg ein bevorzugtes Gebiet sephardischer Einwanderer, die über Holland aus Spanien und Portugal kamen. In Spanien und Portugal hatten es manche von ihnen zu Reichtum und kaufmännischem Ansehen gebracht, bis die Inquisition sie in alle Winde verstreute, nach Nordafrika, Italien, Griechenland, England, Südamerika und vor allem nach Holland. Von dort aus, teilweise aber auch direkt aus Portugal, zog eine beachtliche Gruppe sephardischer Kaufleute nach Hamburg, um sich dort niederzulassen. Sie zahlte an den Senat für das Aufenthaltsrecht eine erhebliche, ständig steigende Summe Geldes, und zwar mehrere tausend Mark im Jahr und eine zusätzliche Pauschale von 20000 Mark. Bis ins 18. Jahrhundert hinein bildete diese Gruppe eine für die Entwicklung des Hamburger Hafens und Handels bedeutsame Minorität. Die »hanseatische« Kaufmannsrepublik hat diesen Flüchtlingen viel zu verdanken. Allerdings nahm ihre Bedeutung mit zunehmender Industrialisierung und dem starken Aufschwung des Welthandels im 19. Jahrhundert wieder ab; in den zwanziger Jahren unseres Jahrhunderts lebten nur noch etwa 200 sephardische Familien in der Stadt.

»Mein Vater war ein portugiesischer Jude, dessen Großvater mit vielen seiner Glaubensgenossen aus Portugal flüchten mußte, um nicht in die Hände der Inquisition zu geraten«, schrieb die schöne und hochbegabte Henriette de Lemos in ihren Erinnerungen, die im Alter von fünfzehn Jahren den Philosophen und Arzt Marcus Herz geheiratet hatte und als Henriette Herz der umschwärmte Mittelpunkt ihres Berliner Salons wurde. Viele kulturelle Größen der Stadt, darunter Männer wie Karl Philipp Moritz, Moses Mendelssohn und Friedrich Schleiermacher – der sie eine »ruhige und schöne Seele« genannt hat – lagen ihr in Bewunderung zu Füßen. Auch andere Sepharden brachten es in und später außerhalb Hamburgs zu Berühmtheit, etwa der Hofarzt von Königen, Adligen und Geistlichen, Rodrigo (Ruy) de Castro, der sich bei der Bekämpfung der Pest in Hamburg große Verdienste erworben hat. Einer seiner Söhne, ebenfalls ein exzellenter Medikus, wurde Leibarzt der Königin Christine von Schweden.

Hamburgs Bürgerschaft hat wiederholt die Ausweisung der Sepharden verlangt, obgleich sie wußte, daß »die Portugiesen, so hier residieren, Handel und Wandel treiben, hier Ansehnliches contribuieren«. Die sephardischen Kaufleute bedeuteten für die Hamburger Konkurrenz. Sie verfügten über einschlägige Erfahrung im Welthandel mit der südlichen Halbkugel und zeichneten sich oft durch große Begabung aus. Der Senat gab, um sich vor eifernden Pastoren und intoleranten Bürgern zu schützen, Gutachten verschiedener theologischer Fakultäten in Auftrag, von denen eines – Günter Böhm zitiert es in seinem Beitrag »Die Sephardim in Hamburg« im Katalog zur Hamburger Ausstellung »Die Juden in Hamburg 1590–1990 – feststellte, »daß es väterlich und christlich gewesen, die Portugiesischen Juden bisher geduldet zu haben, und daß es ebenso väterlich und christlich sei, sie ferner zu dulden«. Das Gutachten stammte nicht von »hanseatischen« Theologen, sondern von Geistlichen aus Frankfurt an der Oder.

Unter dem nicht unbilligen Vorbehalt, die Sepharden sollten sich »friedlich und eingezogen verhalten … und aufrichtige, redliche Kaufmannshantierung, unseren Bürgern und anderen Einwohnern gleich, üben und treiben«, ließ man die Sepharden in der Stadt weitgehend gewähren, erlaubte ihnen anfangs aber nicht, eine Synagoge zu erbauen. Schließlich garantierte man den gut zahlenden Neubürgern ihre Sicherheit, als ihnen »von dem gemeinen Pöbel eine Zeit hero allerhand Schmähungen und Injurien mit Ausschreitungen und andere thätliche Beleidigungen angefügt worden«.

Immer deutlicher zeigte sich das segensreiche Wirken vieler Sepharden im Hamburger Wirtschaftsleben. Vor allem bei der Einfuhr von Rohzucker, Wein, Öl, Tabak, Pfeffer und anderen Gewürzen setzten sie sich zunehmend an die Spitze. Ihre Fähigkeiten lagen im Waren- und Geldhandel, ihr Erfolg war außergewöhnlich. Das sahen nicht alle Hamburger gern. Der »hanseatische« Pastor der Petrikirche ließ sich aus Neid und Mißgunst zu den bösartigsten Schmähungen hinreißen: »Es werden ihre Synagogen allhie mit silbernen, köstlichen Lampen gezieret, auf etliche 1000 Rthlr. an Werth, darin treiben sie groß Heulen, Plärren, Grunzen, blasen darin die tubas und die Hörner« – als ob Hamburgs lutherische Kirchen schmuck- und geräuschlos gewesen wären! Die ständigen Hetzkampagnen der Geistlichkeit führten allmählich dazu, daß sich die sephardische Gemeinde, von der bis in unsere Tage einige alte Firmen- und Familiennamen in Hamburg künden, auflöste. Um 1827 war »die Gemeinde so verarmt, daß sie, um ein Defizit zu decken, eine Anleihe aufnehmen mußte und sich nach weiteren Zahlungsschwierigkeiten im Jahr 1833 gezwungen sah, ihre Synagoge im Alten Wall ebenso wie sonstigen Grundbesitz zu verkaufen«. Die im 20. Jahrhundert noch in Hamburg lebenden Sepharden hatten sich ganz und gar assimiliert. Isaac Cassuto hielt in einem der letzten Gemeindeprotokolle fest: »Heutzutage reden und denken wir deutsch, als treue Bürger unseres großen deutschen Vaterlandes, für dessen Ehre und zu deren Verteidigung so viele unserer jüngeren Glaubensgenossen ihr Leben auf den Schlachtfeldern geopfert haben.« Bald sollten auch die letzten Sepharden aus Hamburg für immer vertrieben werden.

Wer heute über den jüdischen Friedhof von Hamburg-Ohlsdorf geht, kann noch die eindrucksvollen Grabplatten mit spanisch-portugiesischen Namen finden – verwittert unter schattigen Bäumen künden die steinernen Zeugen von einer kosmopolitischen Vergangenheit der Stadt. Für viele Hamburger ist das ein längst entrücktes, ja unbekanntes Kapitel »hanseatischer« Geschichte.

Unter den »hanseatischen« Chronisten ragt ein Historiker unseres Jahrhunderts hervor, der sich geradezu den Rang eines Klassikers auf seinem Gebiet erworben hat: der Göttinger Universitätsprofessor Percy Ernst Schramm (1894–1970), Mitglied der Zentraldirektion der »Monumenta Germaniae historica« und (seit 1963) Kanzler des Ordens Pour le mérite für Wissenschaft und Künste. Seine umfangreiche Aufarbeitung sowohl der eigenen Familiengeschichte – er rechnete sich aufgrund seiner weit in frühere Jahrhunderte zurückreichenden Ahnentafel stolz zu den »eigentlichen Hanseaten« – wie auch der Sozial- und Wirtschaftsgeschichte Hamburgs bestechen durch großen Überblick, profundes Wissen und eine üppige Quellenfülle (teils aus Familienbesitz). Percy Ernst Schramm (dessen überfüllte Vorlesungen in Göttingen, wo er seit 1927 lehrte, ich als Student in den späten fünfziger Jahren besuchte) war ein ein lebendes historisches und kulturgeschichtliches Lexikon, sozusagen ein Leopold Ranke hamburgischer Stadtgeschichte, obgleich seine weiteren Hauptwerke sich auch mit der Geschichte Englands und Frankreichs beschäftigten. Keine Darstellung der »Hanseaten« kommt ohne seine umfangreichen Erörterungen aus. Sein »hanseatisches« Grundlagenwerk »Hamburg, Deutschland und die Welt« erschien 1943 in einer 782 Seiten dicken ersten Auflage. 1952 erschien eine zweite »wesentlich kürzere« Ausgabe.

»Beim Abschluß der Niederschrift im Jahre 1942« sei »das Ausmaß der bevorstehenden Katastrophe noch nicht vorauszusehen« gewesen, schreibt er – und offenbart damit eine Naivität, die einem Historiker nicht eben gut ansteht – in seinem Vorwort zur zweiten Auflage und fährt wenig später fort: »Schaut man auf das Äußere, so sieht es so aus, als wenn sich das Bürgertum wieder konsolidiert hätte. Ja, späteren Zeiten wird es wohl geradezu erstaunlich dünken, wie schnell sich Deutschland trotz der Millionen von Flüchtlingen und Ausgebombten wieder ›verbürgerlicht‹ hat. Es ist kein Zweifel, daß hier sehr gesunde Instinkte am Werke waren, und es ist vor allem ihnen zuzuschreiben, daß die Gefahr drohender Proletarisierung und Vermassung nicht besteht. Aber ›Bürgerlichkeit‹ und erst recht ›Bürgertum‹ … beziehen sich nicht allein auf eine äußerlich gesicherte, nach persönlichen Eigenarten und Geschmäckern gestaltete Existenz, sondern das Wesentliche sind die ethischen Werte … Ich meine, daß es heilsamer und auch sachlich das Gegebene ist, zurückzuschauen und sich klarzumachen, wie weit wir da bereits hinter den ›Bürgern alter Art‹ mit ihrem Verantwortungsgefühl für das ›gemeine Beste‹, wie sie das 19. Jahrhundert noch gekannt hat, ins Hintertreffen geraten sind. Und wer mit deren Augen die neue ›Bourgeoisie‹ mißt, wird sich nicht nur im klaren darüber sein, was gegen sie zu sagen ist, sondern was in positiver Arbeit geschehen muß, damit diese Verzerrung der ›Bürgerlichkeit‹ nicht weiter um sich greift.«

Diese Beschwörung des alten Bürgertums und seiner »ethischen Werte« paßte in das restaurative Klima des sich neu ordnenden westlichen deutschen Teilstaates ebenso, wie sie den »hanseatischen« Bürgerfamilien in den Ohren klingen mußte. Schramm war ein glühender Bewunderer der »hanseatischen« Sonderwege und der »besseren« Familien. Das war sein gutes, durch die eigene Ahnentafel vorgezeichnetes Recht, nur gerät ihm seine Apologie des »selbstlosen« und »unverzerrten« Hamburger Bürgerstandes, den er (ohne jede ironische Relativierung) wie eine alles überragende Menschheitselite mehr stilisiert als porträtiert, immer wieder zur übersteigerten Heroisierung. Den Begriff »Hanseaten« behält er allein den erfolgreichen Kaufmannsfamilien vor und feiert sie mit Worten wie: »Erst recht gab es für die Hanseaten kein Zurückweichen vor dem Leben, um sich mit dem stillen Winkel im umhegten Bezirk zu begnügen, keinen Verzicht auf politische Wirksamkeit, kein ehrfurchtsvolles Versenken in die Vergangenheit, vielmehr das Gegenteil: Hinausdrängen in die Ferne, rastlose Tätigkeit als Selbstverständlichkeit, und zwar im Geiste des ›gesunden Fortschritts‹, der das Alte ehrte, aber für seine Beseitigung eintrat, wo es sich als notwendig erwies. Daher geht den

Hanseaten auch nicht wie dem Biedermeier der Sinn für das heldische Leben ab: sie nahmen auf See und in den transatlantischen Ländern selbst Gefahren auf sich und blickten auf zur Kühnheit der Entdecker und Konstrukteure.« Deutlich grenzt er diese »Hanseaten« vom Rest der Welt ab. Er sieht in ihnen eine wirkungsvolle Speerspitze gegen unerwünschte gesellschaftliche Veränderungen: »Erst recht ist natürlich bei ihnen nichts von dem Subjektivismus und der Zerrissenheit zu spüren, die sich nach der Auflösung des Biedermeiers in der Literatur geltend macht.«

Es kann nicht überraschen, daß Schramm, bei aller scheinbar objektiven Berücksichtigung auch des jüdischen Anteils an der hamburgischen Geschichte, immer wieder in Formulierungen verfällt, bei denen man sich entsetzt fragen muß, wie sein Verlag Hoffmann und Campe – der Verlag Heinrich Heines – diese am Beginn der fünfziger Jahre durchgehen lassen konnte. Ihm unterlaufen Passagen wie diese: »Je mehr Heine sein Ressentiment gegen Deutschland, gegen die bürgerliche Welt und gegen das echte Hamburgertum im besonderen aufdeckte, verlor er wieder an Boden, und was man persönlich von ihm hörte, genügte, um ihn um den Rest des menschlichen Ansehens zu bringen … Was er einst gegen Hamburg und die Hamburger zusammengeschrieben hat, ist längst vergessen, bleibt aber doch ein wichtiges Dokument; denn seine Herabsetzung eines durch lange Jahrhunderte aufgebauten, städtischen Gemeinwesens, zu dem er nicht gehörte und an dem er sich deshalb rieb, ist ja – wenn man die Unflätigkeiten wegstreicht – die Verbeugung vor einer Macht, die sich nicht umstürzen, sondern höchstens durch giftige Säure anfressen ließ. Zugleich belegen sie, daß neben den Juden, die zur völligen Assimilierung drängten, neben denen, die in ihrer Art als ein nur wirtschaftlich verbundener Fremdkörper weiterlebten, neben denen, die eine rechtliche Gleichsetzung als Ziel verfolgten, noch andere da waren, die den Zugang suchten und dabei spürten, daß ihnen die nichtjüdische Sphäre doch fremd blieb.«

In diesem delikaten Zusammenhang kommt Schramm auch auf die Verhältnisse in Bremen zu sprechen: »In Bremen bestand dieses ganze Problem nicht, da die Schwesterstadt die Juden gar nicht erst hereingelassen hatte. Im Jahre 1815 hatte der Bürgermeister Smidt eine Gesetzgebung des Deutschen Bundes zu vereiteln gewußt, die den Juden die Tore Bremens geöffnet hätte, und so blieb es bis 1848. Seine Haupteinwände waren gewesen, daß die Juden wegen ihrer Solidarität einen Staat im Staate bilden würden und daß sie gegen Nichtjuden eine andere Moral als unter sich selbst gelten ließen.« Schramm beläßt es bei diesem Hinweis, ohne die Argumente Smidts einer kritischen Prüfung zu unterziehen. An anderer Stelle geht Schramm so weit festzustellen: »Die Begabungen, mit denen sich die Juden in anderen Städten mit gesprengten Traditionen in die vorderste Reihe drängen konnten, besaßen die Hamburger auch; andererseits war ihr Stadtstaat zu sicher gefügt, die Bevölkerung zu solide, der Lebensstil zu fest geprägt, als daß jüdisches Wesen es auflockern und mit seinen Methoden durchsetzen konnte.« Wohlgemerkt, derlei Passagen finden sich noch in der zweiten, *nach* dem Ende des »Dritten Reiches« veröffentlichten Auflage von Schramms Hamburg-Buch! Offenbar hatte Schramm dem Dichter Heinrich Heine auch jetzt noch nicht verziehen, daß dieser die Hamburger Männer mit besonderem Vergnügen karikiert hatte: »So sah ich meistens untersetzte Gestalten, verständige kalte Augen, kurze Stirn, nachlässig herabhängende rote Wangen, die Eßwerkzeuge besonders ausgebildet, der Hut wie festgenagelt auf dem Kopfe und die Hände in beiden Hosentaschen, wie einer, der aber fragen will: was hab' ich zu bezahlen?«

Auch zu Salomon Heine hielt Schramm, trotz respektvoller Verbeugung vor dessen »geachtetem Platz«, Distanz: »Er blieb in seinem Glauben und lebte ohne gesellschaftlichen Zusammenhang mit den *eigentlichen Hamburgern*, hielt aber ein großes Haus mit seigneuralem Anstrich« – ansonsten wird Salomon Heines Bedeutung für Hamburg allenfalls am Rande behandelt. Nach Schramms Verständnis gehörte er nicht zu den »Hanseaten« wie etwa Schramms Vorfahre Ruperti, über den es an gleicher Stelle heißt: »Er fühlte sich aufgrund seiner Weltanschauung verpflichtet, für die Gleichstellung der Juden einzutreten, achtete manchen einzelnen unter ihnen als geschäftlichen Ehrenmann oder Menschen und war doch weit entfernt vom Philosemitismus« – eine unheimliche Alternative.

Salomon Heine hat sich während der Brandtage und noch lange danach als ein segensreicher Retter Hamburgs erwiesen, ohne den die Feuersbrunst noch schlimmere Folgen gehabt hätte. Vor allem aber hat er sich Verdienste erworben durch die Stiftung des Israelitischen

Krankenhauses, anfänglich »Betty-Heine-Krankenhaus«, das Patienten ohne Ansehen der Konfession aufnahm. Sein Neffe Heinrich Heine hat die großherzige Tat in einem berühmten Gedicht gefeiert, ging aber zu Unrecht davon aus, daß das Krankenhaus nur den Juden offenstehen sollte:

»Ein Hospital für arme kranke Juden,
für Menschenkinder, welche dreifach elend,
behaftet mit den bösen drei Gebresten,
mit Armut, Körperschmerz und Judentume.

Das schlimmste von den dreien ist das letzte,
das tausendjährige Familienübel,
die aus dem Niltal mitgeschleppte Plage,
der altägyptisch ungesunde Glauben.

Unteilbar tiefes Leid! Dagegen helfen
nicht Dampfbad, Dusche, nicht die Apparate
der Chirurgie, noch all die Arzeneien,
die dieses Haus den siechen Gästen bietet.

Wird einst die Zeit, die ewige Göttin, tilgen
das dunkle Weh, das sich vererbt vom Vater
herunter auf den Sohn – wird einst der Enkel
genesen und vernünftig sein und glücklich?

Ich weiß es nicht! Doch mittlerweile wollen
wir preisen jenes Herz, das klug und liebreich
zu lindern suchte, was der Lindrung fähig,
zeitlichen Balsam träufelnd auf die Wunden.

Der teure Mann! Er baute hier ein Obdach
für Leiden welche heilbar durch die Künste
des Arztes (oder auch des Todes!), sorgte
für Polster, Labetrunk und Pflege –

Ein Mann der Tat, tat er, was eben tunlich;
für gute Werke gab er hin den Tagelohn
am Abend seines Lebens, menschenfreundlich,
durch Wohltun sich erholend von der Arbeit.

Er gab mit reicher Hand – doch reichre Spende
entrollte manchmal seinem Aug, die Träne,
die kostbar schöne Träne, die er weinte
ob der unheilbar großen Brüderkrankheit.«

1837 war Salomon Heines Frau Betty gestorben. Drei Jahre lang hatte Salomon Heine darüber nachgedacht, auf welche Weise er der Toten ein »ewiges« Gedenken sichern könne. Als das Krankenhaus schließlich entstand, war es das modernste Hamburgs, und es ist bis heute eines seiner besten. Percy Ernst Schramm, der jede der weniger spektakulären segensreichen Taten seiner Ahnen erwähnt, ignoriert Salomon Heines Stiftung – sie war für ihn eben keine »hanseatische«. Auch eine andere bedeutsame jüdische Stiftung an die Stadt Hamburg aus der Zeit Salomon Heines erwähnt Schramm nicht: das Stift für bedürftige Witwen, das bis heute als »Hartwig Hesse Stiftung« zu den großartigsten Wohltätigkeiten eines jüdischen Hamburger Kaufmanns gehört. Der Makler Hartwig Hesse hat zwischen 1778 und 1849 in Hamburg eine bedeutsame Firma aufgebaut, bevor er in der damaligen Vorstadt Hamburgs, in Sankt Georg, das heute im Herzen der Stadt liegt, seine segensreiche Einrichtung begründete.

Salomon Heines ungewöhnlicher Reichtum beruhte auf eben jenen Kaufmannstugenden, die Schramm voller Selbstlob für die nicht-jüdischen »Hanseaten« gelten läßt: Fleiß, Phantasie, Solidität, Nüchternheit. Aus Hannover war der am 19. Oktober 1767 geborene Sohn einer verarmten Familie 1784 nach Hamburg gekommen, hatte zunächst Bleistifte verkauft und Wechsel ausgetragen, bevor er schließlich in einer Bank eine Anstellung fand. Im Alter von dreißig Jahren hatte er mit dem Freund Abraham Heckscher ein eigenes Bankhaus gegründet, das Hamburg bald zum größten Geldhandelsplatz Norddeutschlands werden ließ. Napoleons Truppen haben 1806 die Bank sechsmal geplündert und dennoch erhebliche Kontributionszahlungen gefordert. Nach der Befreiung wuchs das Bankhaus

dank der nun noch größeren Anforderungen an den Kapitalmarkt schnell wieder zu alter Größe. Heine übernahm die Anteile seines Partners, heiratete die zehn Jahre jüngere Betty Goldschmidt, wurde Vater von sechs Kindern, unter ihnen die von seinem Neffen Heinrich angebetete Amalie. Er mußte seinen ständig in Geldnöten steckenden Bruder in Düsseldorf unterstützen, und auch der Neffe bereitete ihm viel Verdruß, so daß er schließlich den berühmt gewordenen Satz gesagt haben soll: »Wenn mein Neffe etwas Ordentliches gelernt hätte, hätte er keine Bücher zu schreiben brauchen.« Dabei übersah er ganz, daß dieser durchaus »etwas Ordentliches«, nämlich die Jurisprudenz, erlernt und anders als sein Onkel einen Doktortitel erworben hatte.

Salomon Heine bekannte sich »zu seinem Judentume« und vereinigte zugleich alle so hoch geschätzten Eigenschaften der erfolgreichen Hamburger Kaufleute auf sich. Er war bekannt für seine außerordentliche Freigiebigkeit und Toleranz, spendete unentwegt für das Hamburger Gemeinwohl und spornte damit andere Hamburger Kaufleute an, es ihm gleichzutun. Auf der anderen Seite wußte er in seinem Stadthaus am Jungfernstieg und in seinem Landhaus am Rande von Altona über der Elbe wahrlich fürstlich zu leben und zu bewirten. Altona, das im 17. Jahrhundert zu einer ernsthaften Konkurrenz für Hamburg herangewachsen war – 1664 hatte ihm der Dänenkönig Frederik III. die Stadtrechte verliehen –, trug in seinem

Salomon Heine und seine Frau Betty, denen Hamburg mehr zu verdanken hat als manchem Goi.

Wappen zu Recht ein offenes Tor, während ja das Hamburger Wappen verschlossene Stadttore zeigt: Im dänischen Altona gab es keine Stadtmauern, die Stadt ließ jeden herein und zu jeder Zeit auch wieder heraus. Juden hatten hier ganz andere Freiheiten und Privilegien, auch eine eigene Gerichtsbarkeit. Ein Besucher des Jahres 1828, Karl Julius Weber, hat es damals so beschrieben: »Altona, von Hamburg durch einen Graben, der es von der berüchtigten Vorstadt, dem Hamburger Berge, scheidet, schöne Alleen aber wieder damit verbinden, liegt erhöht am Elbufer, steinlich, gut gebaut, heiter, mit 30 000 Seelen, worunter 3000 Juden sein mögen. Auf dem mit Linden besetzten Platz Palmaille, wie Hamburg keine aufzuweisen hat, steht ein deutsches Theater und ein französisches Kaffeehaus, und der Reisende gefällt sich zu Altona zehnmal besser als in dem finstern, schmutzigen Hamburg.«

Daß der Bankier Salomon Heine »keinen gesellschaftlichen Zusammenhang mit den eigentlichen Hamburgern« gepflegt habe, ist zum einen falsch und zum anderen allenfalls eine Umkehrung: Natürlich gab es einige »eigentliche Hamburger«, die ihn wegen seines Judentums verachteten, desungeachtet führte er aber wie Voght oder Sieveking ein großes Haus. Eine Sängerin hat in ihren Jugenderinnerungen eine Einladung bei Salomon Heine folgendermaßen beschrieben: »Das Innere des Hauses machte einen überaus behaglichen Eindruck, es war von so gediegener Eleganz, daß man sie zuerst gar nicht merkte, alles sah nur bequem und wohnlich aus. Der Speisesaal, gleich im unteren Stock, bot außer dem reich mit Silbergeschirr besetzten Buffet und vielen Dienern in Livree nichts Bemerkenswertes. Die Unterhaltung bei Tisch mißfiel mir, da sie sich meist um Delikatessen drehte, die eben aufgetragen und verzehrt wurden.« Dennoch gingen Künstler und Schriftsteller – darunter wohl auch einmal Jean Paul – gern bei Heine ein und aus. Der Mann hatte für Menschliches und Kulturelles ein offenes Herz, was über Hamburgs Grenzen hinaus bekannt war. Er liebte das Theater wohl mehr um der Unterhaltung, insbesondere um der hübschen Schauspielerinnen willen, für die der treue Ehemann ohne Scheu gelegentlich schwärmte. Im Sommer hielt er sich oft in Travemünde auf, dann mietete er sogar einmal einer Theatertruppe einen Saal und verschenkte die Eintrittskarten an Freunde und Gäste.

Salomon Heine war von unberechenbarem Temperament, neigte zu Anfällen von Jähzorn und überraschenden Entscheidungen. Aber seine solide und zuverlässige Art des kaufmännischen Umgangs, nicht zuletzt seine Opferbereitschaft gegenüber Geschäftspartnern, die in Not gerieten, machten ihn zu einem gesuchten und gefragten »Magier« der Hamburger Börse, an deren Neubau nach dem Brand er sich denn auch entscheidend beteiligte. Dort verkehrte er mit den übrigen Hamburger Kaufleuten, die in der »Versammlung eines ehrbaren Kaufmanns« die Stadtpolitik beeinflußten. Doch als Mitglied kam der jüdische »Hanseat« natürlich nicht in Frage, und darunter hat Heine sehr gelitten. Nicht so sehr jedoch, daß er sich auch nur im geringsten von seinen Glaubensbrüdern distanziert hätte. Die »Patriotische Gesellschaft« dagegen, immerhin ein Querschnitt durch Hamburgs in jeder Hinsicht beste Familien, ernannte Salomon Heine sogar zum Ehrenmitglied. Schon im Jahre 1800 hat die Gesellschaft das erste jüdische Mitglied aufgenommen.

Nicht nur die Erlaubnis zur Sprengung seines Hauses während des Großen Brandes, sondern auch sein spontanes Hilfsangebot an die Hamburger Kaufmannschaft, ihr nach dem Brand mit einem Kredit über acht Millionen Mark zur Hilfe zu kommen, machte Heine zu einem der segensreichsten Geschäftsleute Hamburgs im 19. Jahrhundert. Kein anderer Hamburger Kaufmann trug nach dem Brand so viel dazu bei, die Wunden Hamburgs zu heilen. Er verzichtete sogar nach der Sprengung seines Hauses am Jungfernstieg auf die Auszahlung der ihm zustehenden Versicherungssumme. Der in Lübeck geborene, aber 1841 für kurze Zeit in Hamburg als Redakteur lebende Journalist Friedrich Saß – er ging 1848 nach Paris und später nach London –, ehrte Heine in seiner »Geschichte des Hamburger Brandes«: Es müsse »vor allem der edle Salomon Heine erwähnt werden, ein Mann, dessen Verdienste um Hamburg und Hamburgs Bürger sich täglich mehren«.

Der Bankier war gewiß kein Mann des Geistes, und zu so gründlicher Bildung, wie sie andere »hanseatische« Kollegen hatten erwerben können, hatte es bei ihm, der sich stets auf eigene Faust durchschlagen mußte, nie gereicht. Wir wissen von der Haßliebe seines Dichter-Neffen zu ihm, wir wissen aber auch, wie selbstverständlich er diesem zeitlebens unter die Arme griff. Insgeheim war er stolz auf dieses völlig aus der Art geschlagene Familienmitglied, über das er später einmal notierte: »Harry von Paris wahr hier, hat mir sehr gefallen, zu seinem Vorteil sehr verbessert.«

Salomon Heine hinterließ ein Testament, das seine »Hanseaten« geradezu beschämen mußte. Viele seiner Wohltätigkeitseinrichtungen, Schulen und Anstalten wie das Israelitische Krankenhaus, eine Gehörlosenanstalt und nicht zuletzt der Pensionsfonds des Theaters wurden bedacht. Schullehrer mit geringen Bezügen wurde die Schuld erlassen. Den Mitarbeitern seines Kontors und seines Haushalts setzte er jährliche Renten aus, wobei die Auszahlung an die Kinder bis zu deren 18. Lebensjahr zurückgehalten wurde. Der Hamburger Notar, der das Testament Salomon Heines beurkundete, hieß übrigens Eduard Schramm und war ein Vorfahre des Historikers.

War Salomon Heine einer der erfolgreichsten, wohltätigsten und im besten Sinne patriotischsten Kaufleute, die Hamburg hervorgebracht hat – und dem der »Verein eines ehrbaren Kaufmanns« dennoch das Eintrittsbillet in die »besseren hanseatischen Kreise« verweigerte –, so sorgte ein anderer jüdischer Hamburger jener Zeit dafür, daß nicht nur in Hamburg, sondern in ganz Deutschland die Restriktionen, die der jüdischen Bevölkerung auferlegt waren, allmählich – nach harten Kämpfen – doch gelockert wurden. Gabriel Riessers Lebenswerk war mindestens ebenso »hanseatisch« wie das mancher hochgeehrter, nicht-jüdischer Patrioten, besonders wenn sie ebenfalls Juristen oder Politiker waren. Er gehörte zu den bedeutendsten Hamburgern des 19. Jahrhunderts und wirkte weit über die Grenzen seiner Vaterstadt und seiner Epoche hinaus.

Am 2. April 1806 wurde Riesser als Sohn des ersten reformierten Juden Hamburgs, Lazarus Riesser, und Enkel eines Hamburger Oberrabbiners in der Hansestadt an der Elbe geboren. Am 22. April 1863 ist er dort gestorben. Dazwischen lag ein unruhiges, kämpferisches, aber ungemein produktives Leben als Jurist, Politiker und Schriftsteller. 1813 zog seine Familie vorübergehend nach Moisling bei Lübeck, wo der Vater eine Lotterie betrieb. Bis 1820 besuchte Gabriel Riesser in Lübeck das berühmte Katharineum. Aufgrund seiner früh erkennbaren außerordentlichen Begabung besuchte er nach der Rückkehr der Eltern nach Hamburg das eben entstandene Privatgymniasium des Dr. Tiburtius in Hamburg, war dann auf das erste Schulinstitut am Platze, das Johanneum, gewechselt und erhielt, nur unterbrochen von den mittäglichen Besuchen im Elternhaus, bei dem von Berlin nach Hamburg gewechselten Gelehrten und Lehrer Heinrich Würtzer eine akademische Ausbildung. Würtzer war ein ehrwürdiger, noch ganz im Geiste der Aufklärung wirkender Mentor, der den Knaben wie einen Sohn mit Liebe und Umsicht unterrichtete. Der junge Mann begann früh, die griechischen und römischen Dichter zu lesen, vertiefte sich in Platons Philosophie und die moderne Literatur seiner Zeit. Gleichzeitig befaßte er sich mit der juristischen Gedankenwelt des Talmud und war ein begeisterter Anhänger Goethes. Er beschloß schließlich, Jurisprudenz zu studieren.

Um Anwalt zu werden, bedurfte es in Hamburg des Bürgerrechts, aber von diesem waren die Juden ausgeschlossen. Das hielt Riesser nicht von seinem Ziel ab. Er begab sich zuerst an die Universität von Kiel und wechselte schließlich nach Heidelberg, der geistigen Wiege so vieler großer Hamburger Juristen. Im Herbst 1827 zog es ihn dann nach München, wenig später nach Frankfurt. Nach gelegentlichen Zwischenaufenthalten in Hamburg, wo er weiterhin vergeblich um die Zulassung als Anwalt einkam, zog er – der Vater war inzwischen in

Ein kluger Stratege jüdischer Assimilation: der liberale »hanseatische« Jurist und Politiker Gabriel Riesser, seit 1848 Mitglied der deutschen Nationalversammlung, seit 1860 Mitglied des Hamburger Obergerichts.

Hamburg gestorben – nach Bockenheim bei Frankfurt. »Der Entschluß«, sich in Bockenheim niederzulassen, sei »nicht aus einem Gefühle aufgeregter Bitterkeit hervorgegangen«, schrieb er am 27. Januar 1836 einer Heidelberger Freundin, »sondern aus der Überzeugung von dem, was unter den gegebenen Umständen zu thun recht und zweckmäßig sei. Ich glaubte im Augenblick gerade dieses Beispiel geben zu müssen, ohne daß die schmutzigen Vorfälle in Hamburg auf mein Gemüth einen besonderen Eindruck gemacht hätten. Ich für meine Person war nie gesonnen, für immer in Hamburg zu bleiben; nur die Rücksicht auf meine Mutter und Geschwister ... fesselte mich dort ... Ich hoffe Hamburg in Zukunft so oft und so gern, wie früher Heidelberg, als Gast zu besuchen. Auch verlasse ich Hamburg mit der Beruhigung, daß sich in der letzten Zeit auch in Betreff der Juden, unter den gebildeten Ständen wenigstens, eine etwas honettere Stimmung, eine Art von Reaction gegen die neuesten Erbärmlichkeiten, gezeigt hat.«

Vier Jahre später kehrte Riesser wieder nach Hamburg zurück. Nun war er entschlossen, »vor Ort« für die Besserung der jüdischen Lebensbedingungen zu kämpfen. Er wollte wieder bei seiner Familie sein, und überdies gab es inzwischen die Möglichkeit, wenn auch nicht Anwalt, so doch Hamburger Notar zu werden und in dieser Funktion den Kampf um die Rechte der Juden aufzunehmen. Der Hamburger Brand schonte auch die Familie Riesser nicht: Das Geschäft des Bruders, in das auch die Mutter und die anderen Geschwister ihr Kapital investiert hatten, wurde vernichtet. Riesser lernte, daß es »härtere Wunden gibt, als die der Tod schlägt, und daß die Trauer um die Lebenden härter sein kann als um die Todten«.

Riesser wußte, daß der Kampf um die Emanzipation der Juden nicht auf der regionalen Bühne ausgefochten werden durfte. Die Forderung nach sozialer Gleichberechtigung der Juden mußte einhergehen mit einem deutlichen Bekenntnis zu Deutschland. In der von ihm jetzt redigierten Zeitschrift »Der Jude« schrieb er: »Bietet mir mit der einen Hand die Emanzipation, auf die alle meine innigsten Wünsche gerichtet sind, mit der anderen die Verwirklichung des schönen Traumes von der politischen *Einheit* Deutschlands mit seiner politischen *Freiheit* verknüpft, ich würde ohne weitere Bedenken die letztere wählen: denn ich habe die feste, tiefste Überzeugung, daß in ihr auch jene enthalten ist.« Seine Weitsicht sollte sich auszahlen. Als 1848 aus

Eine Medaille, die die jüdische Gemeinde Hamburgs Gabriel Riesser zu Ehren prägen ließ.

allen deutschen Landen Abgeordnete zu einem »Vorparlament« nach Frankfurt gerufen wurden, war auch Gabriel Riesser unter ihnen. Bei den Wahlen im April 1848 haben ihn zwar nicht die Hamburger als Kandidaten für das Paulskirchen-Parlament aufgestellt, aber im Herzogtum Lauenburg entsann man sich seiner Qualitäten als Jurist und Politiker. So zog er als Vertreter des Herzogtums am 18. Mai 1848 in das Frankfurter Parlament ein. Er wurde Mitglied des Verfassungsausschusses und im November dessen Vizepräsident. Auch gehörte er zu jener Deputation von 33 Parlamentsmitgliedern, die dem König Friedrich Wilhelm IV. von Preußen die Kaiserkrone antrug. Aber Riesser war Realist genug, um zu wissen, daß der Plan wohl kaum gelingen werde: »Ich fürchte, wir werden in den April geschickt.« Er sollte recht behalten. Die Blütenträume von einem deutschen Nationalstaat zerrannen schon bald nach all den Impulsen von 1848. Enttäuscht zog sich Riesser im Juli 1849 wieder nach Hamburg zurück.

In Hamburg aber hatten die Revolutionsereignisse endlich auch den Juden die bürgerliche Gleichstellung gebracht. Als die in dem Bündnis vom 26. Mai 1849 vereinigten Regierungen ein Parlament nach Erfurt einberiefen, um den deutschen Bundesstaat von dort aus zu verwirklichen – ein Unterfangen, das wegen des Fernbleibens von Österreich und Württemberg, Sachsen und Hannover von vornherein zum Scheitern verurteilt war –, wählte ihn seine Vaterstadt Hamburg zu ihrem Vertreter. Seine weithin verbreiteten Schriften zur jüdischen und nationalen Selbstbestimmung hatten ihn mittlerweile zu einem der wichtigsten deutschen Publizisten gemacht, und schließlich ist er auch zum ersten jüdischen Richter Deutschlands ernannt worden. Als er am 22. April 1863 in Hamburg starb – seine rastlose berufliche Tätigkeit hatte ihm nie eine Heirat ermöglicht –, hatte auch der Senat erkannt, daß dieser liberal-konservative Sohn der Stadt, der entschiedene Anhänger einer konstitutionell-monarchischen Regierungsform, zu einer überragenden Figur der hamburgischen Geschichte herangereift war.

»Im Staat erkannte er nur das Gesetz, in der Religion die sittliche Pflicht ... Er vertraute auf den Gott, den er verehrte, mit Hingebung und ohne Murren; daß es ihm gelohnt würde, in glänzendster Weise gelohnt, das konnte weder er noch irgendein anderer ahnen ... Seine ganze Natur war ideal, sie unterschied ihn so sehr von anderen Menschen, als ob ihm Flügel verliehen gewesen«, schreibt Riessers Biograph M. Isler 1867 in seinem Buch »Gabriel Riessers Leben nebst Mittheilungen aus seinen Briefen«, das eine dreibändige Auswahl von Riessers Schriften einleitet. In einem seiner letzten Briefe an die Heidelberger Freundin Elise Hoffmeister vom 21. Dezember 1862 hat Riesser noch eine späte politische Niederlage bekennen müssen: »Wenn Sie in den Hamburgischen Zeitungen auf Hamburgische Dinge sehen, so haben Sie vielleicht wahrgenommen, daß bei den Erneuerungswahlen für die Hälfte unserer Bürgerschaft die radical demokratische Partei gesiegt hat und daß ich auch zu den nicht Wiedergewählten der gemäßigten Partei gehöre. Persönlich ist es mir lieb, herausgekommen zu sein, da ich viel Zeit und manchen Ärger dabei spare.« Dann aber fügt er etwas hinzu, was den souveränen (»hanseatischen«?) Demokraten in ihm erkennen läßt: »Ich halte die Dinge noch nicht für so gefährlich wie manche meiner allzu ängstlichen Freunde.«

Percy Ernst Schramm geht in seinem Buch »Hamburg, Deutschland und die Welt« eher beiläufig auf Gabriel Riessers Wirken für Hamburg ein. Doch wann immer von Riessers Verdiensten die Rede ist, sind Spitzen gegen alles Jüdische herauszuhören. »Das Jahr 1848 führte zu einem Rückschlag in der judenfreundlichen Stimmung, da außer den anderthalb Dutzend Juden, die als Abgeordnete in der Nationalversammlung saßen und von denen gleich vier, Heckscher, Simson, Riesser und Detmold, an sichtbare Stelle traten, unter den radikalen Führern zweiten und dritten Ranges sich noch viele andere getaufte und ungetaufte Juden fanden.« Aber sogleich folgt (1952!) der Satz: »Auffällig waren besonders die zahlreichen jüdischen Journalisten mit einem breiten Gefolge von Pamphletisten, utopischen Weltverbesserern und einfachen Hetzern. Erschreckt gewahrte man, wie die Lockerung des bisherigen sozialen Gefüges den Juden unzählige Möglichkeiten bot, sich in den aufgerissenen Spalten festzusetzen oder den Umsturz der noch stehenden Mauern zu versuchen. Der Senator Merck meinte im Frühjahr 1849, die Juden seien die einzigen, die aus dem dänischen Kriege und den neuen Verfassungen Nutzen zögen – er vermutete, daß sie Geld hätten springen lassen, um Stellungen zu bekommen.« Selbst wenn das zutraf: Wie anders hätten die Juden Isolation und berufliche Benachteiligungen überwinden können? Die »ungünstigen Folgen der Emanzipation, vor allem ihr Aufsteigen in der Führung der Linken«, gingen dem »Hanseaten« Ernst Merck, nach dem bis heute Hamburgs größter Versammlungsort benannt ist, ebenfalls gegen den Strich. Auch Merck saß im Frankfurter Paulskirchen-Parlament. Von ihm ist der Ausspruch überliefert, die Juden seien der »Krebsschaden Hamburgs«. In einem Bericht, der, so Schramm, »in Wien beifällig aufgenommen wurde«, hatte Merck (Schramm zitiert es mit kaum verhohlener Befriedigung) festgestellt: »Der Staatsminister hat nie den ›Charakter des schachernden Juden‹ verwiesen« – als ob die Hamburger »Pfeffersäcke« nicht zu handeln, also auch zu »schachern« verstanden hätten.

IX. Die Freiheit, die ich meine

Von der »Revolutschon« und dem Zoll

»›Warten Sie man bloß, Fru Konsulin, dat duert nu nich mehr lang, denn kommt 'ne annere Ordnung in de Saak; denn sit *ick doar* up'm Sofa in' sieden Kleed, un *Sei* bedeinen mich denn …‹« Als die Köchin Trina, »ein Mädchen, das bisher nur Treue und Biedersinn an den Tag gelegt hatte, … plötzlich zu unverhüllter Empörung übergegangen war« und der Dame des Hauses Buddenbrook auch noch »eine mißratene Schalottensauce« zugemutet hatte, war ihr »selbstverständlich sofort gekündigt worden«. Die Welt nicht nur im Hause Buddenbrook, sondern im ganzen so behaglich-bürgerlichen Lübeck steht Kopf, als unvermittelt »Rufen und Schreien, eine Art von übermütigem Johlen, Pfeifen und das Gestampf vieler Schritte auf der Straße vernehmbar« wird und in der Breiten Straße »am Morgen die Schaufensterscheibe des Tuchhändlers Benthien vermittelst Steinwurf zertrümmert worden (war), wobei Gott allein wußte, was das Fenster des Herrn Benthien mit der hohen Politik zu schaffen hatte«. Konsul Johann Buddenbrook befindet sich gerade auf dem Weg zur Bürgerschaft, die tagt im Sitzungssaal »einer Bier- und Tanzwirtschaft«, welche »einer Witwe namens Suerkringel« gehört, »aber an gewissen Tagen den Herren von der ›Bürgerschaft‹ zur Verfügung« steht.

Wir wissen, was sich dort abspielen wird – die von Thomas Mann satirisch ausgemalte Versammlung, die hin und wieder durch den zischelnden Zwischenruf Leberecht Krögers: »Die Canaille!« gestört wird, gehört zu den amüsantesten Kapiteln des Romans vom »Verfall einer Familie«. Am 22. März 1848 hatte die Bürgerschaft eine neue Verfassungsurkunde für die Freie und Hansestadt Lübeck verabschiedet und damit den bisher gültigen »Bürgerrezeß von 1669« aufgehoben. Von nun an sollte Lübecks Bürgerschaft ein ständisch gegliedertes, auf sechs Jahre gewähltes Repräsentativorgan sein, in das Kaufleute und

Gewerbetreibende je vierzig Abgeordnete, die Gelehrtern und Krämer der Stadt je zwölf und die Landleute je sechzehn Abgeordnete entsenden sollten. Freilich machten die wahlberechtigten Einwohner Lübecks wegen der vielen Ausgrenzungen nur etwa ein Viertel der gesamten Bevölkerung aus. Schon am 30. Dezember 1848 löste jedoch eine neue Verfassung die gerade erst beschlossene ab – die revolutionären Stürme, die in der Zwischenzeit durch Europa getobt waren, hatten auch Lübeck nicht verschont: Nichts war mehr so, wie es vorher war.

Am 9. Oktober hatte sich die Bürgerschaft Lübecks zwar nicht, wie von Thomas Mann so anschaulich berichtet, in einer »Bier- und Tanzwirtschaft«, sondern hinter den verschlossenen Türen der Reformierten Kirche an der Königstraße zusammengefunden. Dort war es dann zu jener fürsorglichen Belagerung gekommen, der die honorigen Bürgerschaftsabgeordneten nur mit Mühe und Not über einen Nebenausgang entkommen konnten. Die vor den Toren protestierende Menge hatte die Einbeziehung auch der übrigen Einwohner in das neue Ständewahlrecht gefordert. Was Thomas Mann über das Begehren der Lübecker Bürger andeutet, bleibt vergnügliche Karikatur im Stile des »Simplicissimus«. Was er jedoch über das Empfinden einer selbstzufriedenen, nur dem eigenen wirtschaftlichen Vorteil dienenden Besitzklasse erzählt, dürfte sehr genau auf die Mentalität der »hanseatischen« Oberklasse zu jener Zeit zutreffen, und die Stoßseufzer der Frau Konsulin: »Oh, ich ängstige mich, ich ängstige mich!« dürften in vielen Häusern in Lübeck, Hamburg und Bremen vernehmbar gewesen sein. »Die Canaille« machte Revolution, oder, wie Corl Smolt es formuliert: »Dat is nu so wied ... Wir maken nu Revolutschon ... Revolutschon is öwerall, in Berlin und in Poris.«

In Lübeck aber verlief die »Revolutschon« kurz und harmlos. Die neue Verfassung vom Dezember 1848 hatte allen Bürgern, auch den Juden, gleiches Wahlrecht eingeräumt, und so schnell, wie sie gekommen war, war die Luft wieder aus dem überhitzten Schlauch gewichen. Ruhe und Gemütlichkeit kehrten bald wieder in der Stadt ein. Jahre später allerdings, 1865, meinte Adelbert von Baudissin bei einem Besuch: »Daß in Lübeck nicht alles so ist, wie es sein sollte, sieht man schon von weitem, wenn man die Kirchtürme erblickt, von denen kein einziger den Kopf gerade in die Höhe streckt, und die vielmehr alle das lebhafteste Verlangen ausdrücken, sich endlich einmal schlafen zu legen. Sie würden meiner Meinung nach schon längst einen heillosen Purzelbaum geschlagen haben, wenn sie nicht fürchteten, mit dem Senat, der Staatskanzlei, der Bürgerschaft, dem Bürgerausschuß, dem Ober-Appellationsgericht, dem Stadtgericht, dem Wettgericht, dem Landgericht, dem Landamt, dem Polizeiamt … und dem Appartement in Kollision zu kommen, und warten nur einen günstigen Augenblick ab, wo sie ungeniert zur Ruhe gehen können … Lübeck hat einen antidiluvianischen, gemütlichen Anstrich, und ein Spaziergang durch die Straßen ist im Grunde nichts anderes, als

Das von einer blonden Hammonia getragene Merkurbaby über einem der Eingänge zur Hamburger Finanzdeputation.

ein mit gymnastischen Bewegungen verbundenes Studium der Geschichte, oder ein mit Regenschirm und Gummischuhen verknüpftes Blättern in einem alten Bilderbuche.«

In Hamburg sah die Sache weniger harmlos aus. An der Spitze der Stadt standen die Mitglieder eines lebenslänglich amtierenden Senats (der »Rath« genannt wurde). Für seine Machterhaltung sorgten die »ratsfähigen« Bürgerfamilien der Stadt, indem sie sich selbst nach eigenem Gutdünken ergänzten und verjüngten. Eine »Erbgesessene Bürgerschaft«, deren Mitglieder die Verfügungsgewalt über ein Vermögen von mindestens 3000 Mark haben mußten, durfte in Maßen mitbestimmen, aber auch hier war »die Canaille«, also das Volk, von den Schalthebeln der Macht weit entfernt. Mehr als die Hälfte der Einwohner lebte sechs Jahre nach dem Großen Brand in empörender Armut, während sich an Alster und Elbe in den eleganten Bürgerpalästen eine ständig reicher werdende Hautevolee vergnügte. Hamburgs »gewöhnliche« Bevölkerung war von solchen Vergnügungen ausgeschlossen – und wurde immer empfänglicher für nationale Parolen. Am 24. März kam es zu einem emphatischen Abend im Hamburger Stadttheater, bei dem sich die Künstler zu beiden Seiten der Bühne aufstellten, die Damen weiß, die Herren schwarz gekleidet, alle gegürtet mit schwarzrotgoldenen Schärpen. In der Bühnenmitte war ein lebendes Bild mit Hamburgs Schutzgöttin Hammonia aufgebaut, die eine deutsche Flagge mit dem Doppeladler in Händen hielt. Gemeinsam schmetterte das Ensemble:

»Schließe, Hammonia, Dich fest mit Herz und Hand
Ans deutsche Volk.
Fühl in des Ruhmes Glanz
Die hohe Wonne ganz,
Ein deutsches Volk zu sein!
Heil Deutschland Dir!«

Es muß eine Szenerie wie aus der Hitler-Zeit gewesen sein. Zwar hatte der Senat seine Zustimmung zu einer verfassunggebenden Versammlung erteilt, aber wegen der ständig wachsenden Unruhen in der Stadt hatte man die Entsendung preußischer Truppen zu befürchten, die in Gestalt eines harmlosen und nicht wirklich eingreifenden Bataillons denn auch am 13. August 1848 anrücken. In der sofort einsetzenden Massenhysterie kommt es zu Krawallen und feindseligen Attacken gegen die preußischen Soldaten, doch kann Senator Kirchenpauer einen Briefpartner mit den Worten beruhigen: »In der Stadt wurde mit jedem Schusse ausgeschrien, die Preußen schössen die Hamburger todt. In Wahrheit erschossen die ›Barricadeurs‹ einen Hamburger Dragoner. Gegen Morgen wurden die letzten Barrikaden kampflos geräumt.« Durch falsche Nachrichten aufgeschreckt, zogen am 17. August aber tatsächlich 8000 preußische Soldaten in Hamburg ein, die dem Senat höchst gelegen kamen. Bis zum November blieben die Preußen in der Stadt, die hamburgische »Revolutschon« damit im Keime erstickend. Zehn Jahre lang wird über eine neue Verfassung diskutiert, bevor sie endlich in Kraft tritt. Erst jetzt werden die Senatsmitglieder nicht mehr von den eigenen Kollegen, sondern von der Bürgerschaft gewählt, wird religiöse Gleichberechtigung garantiert. Allerdings verriet Petersens beschaulicher Rückblick nichts von der harten Realität, die damals an den Stadttoren herrschte: Mit der Torsperre mußten die Menschen aus den Vorstädten beim Passieren der Tore eine Gebühr entrichten, die sie in wachsendem Maße empörte. Im Winter wurden die Tore bereits um 16.30 Uhr, im Sommer um 21.30 Uhr geschlossen. Diese Torsperre, die immer wieder den Men-

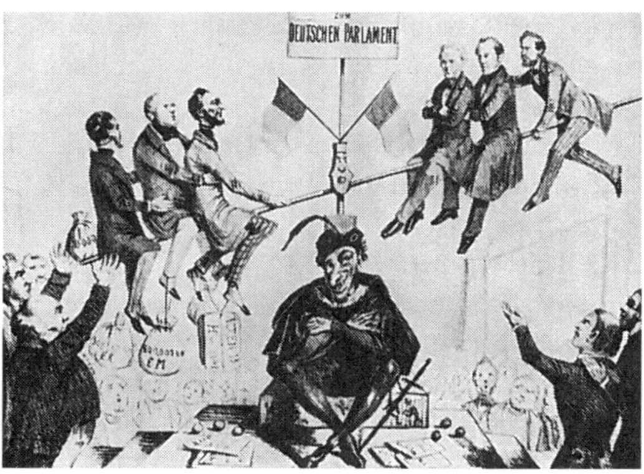

Die Hamburger Wahlen zur deutschen Nationalversammlung haben die Waage zugunsten der Konservativen gesenkt. Karikatur des Witzblattes »Mephistopheles«.

schen aus den Vorstädten zum Verhängnis geworden war und ihre ohnehin kargen finanziellen Mittel noch mehr geschmälert hatte, wird nun aufgehoben.

Hamburg und seine die Weltmeere befahrenden Kaufleute hielten sich noch immer viel zugute auf ihre Unabhängigkeit und Selbständigkeit, obwohl die traditionelle Distanz der Kaufleute zu den deutschen Binnenländern zusehends schwand. Die Abhängigkeit von der jetzt auch in Deutschland überall aus dem Boden schießenden Industrie wuchs, trotz aller weiterhin vorherrschenden Orientierung nach England und den südlichen Weltmeeren. In Hamburg wie in Bremen und Lübeck lief alles auf ein Aufgehen im deutschen Verbund zu – nur suchte dieser noch immer nach nationaler Identität. Die Kaufleute auf den Weltmeeren schienen weit über solchen nationalen Aufgeregtheiten zu stehen.

Ein Hamburger jedoch hat die Zeichen der Zeit im Revolutionsjahr 1848 mit besonderer Schärfe erkannt. Am 10. November 1848 lud Hinrich Wichern, den Theodor Heuss einmal als »die großartigste und wirkungsvollste Erscheinung im evangelischen Deutschland des 19. Jahrhunderts« feierte, zu einer Versammlung in den Saal der »Patriotischen Gesellschaft« ein, wo er den beinahe 500 erschienenen Hamburger Bürgern und Bürgerinnen entgegenrief: »Habt Ihr etwa nicht gesehen, wie sich Eure Arbeiter mit ihren Weibern und Kindern in Löchern drängen? Habt Ihr nicht gemerkt, daß sie nur noch höhnisch lachen, wenn Ihr ihnen mit Gott, Staat, Vaterland und Nächstenliebe daherkommt? Habt Ihr nicht sonntags Euren Gott gelobt, daß er die Welt für Euch so schön eingerichtet hat? Und den Rest der Woche habt Ihr den Gott Eures Büros, Eurer Kasse, Eures Warenlagers angebetet.«

Johann Hinrich Wichern wurde am 21. April 1808 als ältester Sohn eines ehemaligen Mietkutschers und Fuhrmanns, der sich über den Beruf des Schreibers bis zum Notar hochgearbeitet hatte, in Hamburg geboren. Der Vater hatte ihm den Besuch einer Privatschule und später der angesehenen Gelehrtenschule des Johanneums ermöglicht. Nach dessen frühem Tod mußte der Fünfzehnjährige allein für den Lebensunterhalt der Mutter und der sechs Geschwister aufkommen. Er verdingte sich als Erziehungsgehilfe und erteilte den Kindern reicher Bürgerfamilien Privatunterricht. Dabei wurden vornehme und wohltätige Hamburger(innen) auf ihn aufmerksam, unter ihnen Senator Hudtwalcker, Syndikus Sieveking und seine Frau sowie Bürgermeister Amsinck. Diese drei Familien finanzierten dem begabten jungen Mann ein Stipendium, mit dessen Hilfe er in Göttingen und Berlin Theologie studieren konnte. In Berlin beeindruckten ihn nicht nur die Vorlesungen des Theologen Schleiermacher, sondern auch die Fortschritte in der Armenpflege (die einst von dem Hamburger Caspar Voght wertvolle Impulse empfangen hatte).

1831 kehrte Wichern nach Hamburg zurück und fand dort eine Anstellung als Lehrer. Aber er wollte mehr tun. Das Elend der im alten »Gängeviertel« herumlungernden Kinder bedrückte ihn und ließ den Gedanken eines Rettungshauses für notleidende Jugendliche heranreifen. Wichern wandte sich an den Syndikus Sieveking, und der kam nach reiflicher Überlegung zu dem Entschluß, im Sinne der schönen »patriotischen« Tradition in Hamburg ein persönliches Opfer zu bringen: Sieveking stellte dem jungen Theologen ein einfaches Strohdachhaus zur Verfügung, das auf seinen Besitzungen im Osten Hamburgs lag. Senator Hudtwalcker sorgte für einen Verwaltungsrat aus Hamburger Bürgern, unter dessen Fürsorge am 12. September 1833 in der Börsenhalle das »Rauhe Haus« gegründet wurde, eine »Rettungsanstalt für verwahrloste Kinder«. Hamburger Kaufmannsgeist und pragmatisch-theologische Energie hatten sich noch einmal zusammengefunden, um – ganz im Sinne der »Patrioten« des 18. Jahrhunderts – ein Sozialwerk zu begründen, das Hamburg und seinen Kaufleuten bis heute zur größten Ehre gereicht.

Trotz dieses Engagements sah sich Senator Hudtwalcker 1856 zu folgender Erklärung veranlaßt: »Ich muß es einmal öffentlich aussprechen, daß die in Hamburg vorhandenen Mittel für die religiöse und sittliche Bildung der ärmeren Klassen nicht entfernt hinreichen, … solange wir hier nicht eingreifen … mit Mitteln, wie man sie in England, dem gesunden, tatkräftigen, weil christlichen England anwendet: so lange ist an eine Abnahme der Verwilderung gar nicht zu denken, sie wird vielmehr in immer steigender Progression zunehmen, bis endlich das Kind zum Riesen erwächst, der dann mit Bildungsmitteln nicht mehr zu bezähmen ist.« Eine weise Voraussicht.

»Die Rettungsanstalt« hat zur Absicht, so schrieben Wichern und Sieveking, »verwahrlosten Kindern (beiderlei Geschlechts) bis zur

Johann Hinrich Wichern, der Begründer des »Rauhen Hauses« und der »Inneren Mission«.

Konfirmation eine Zuflucht und diejenige Erziehung zu gewähren, welche die Stelle der elterlichen Fürsorge soviel als möglich vertreten soll, ... auch das nichtverwaiste Kind den Einflüssen einer entschieden verderblichen Umgebung durch den liebevollen Ernst einer christlichen Hausordnung nicht bloß vorübergehend zu entreißen, die Kräfte eines neuen Lebens, mit dem Evangelium, nicht an die Strafe, sondern an die Vergebung und den Entschluß fortschreitender Besserung zu knüpfen ...« Um das von Sieveking gestiftete Haus entstanden bald weitere einfache Wohnhäuser, in denen die Kinder gemeinsam mit Lehrern und »Brüdern« (zu deren Ausbildung Wichern strenge Lehrpläne entwarf) lebten und arbeiteten. »Ein Reich Gottes im kleinen, das ist es, was mir bei dem Ganzen vorschwebt.« Der rührige Theologe und Pädagoge Wichern war ein konservativer Christ und sah sein praktisches Sozialkonzept gewissermaßen als einen christlichen Gegenentwurf zu den allmählich auch in Hamburg spürbaren Ideen des Kommunismus. 1848 war das »Kommunistische Manifest« von Marx und Engels publiziert worden, und 1867 unterschrieb Karl Marx in der Hamburger Bergstraße 26, im Kontor des Verlegers Otto Meißner, den Verlagsvertrag für »Das Kapital«. Ausgerechnet das bürgerlich-gemäßigte, in der Revolution von 1848 so glimpflich davongekommene Hamburg übernahm damit für einen Augenblick die Rolle des Steigbügelhalters der Weltrevolution – was den »Hanseaten« allerdings noch lange verborgen blieb.

Aus Wicherns großartigem Reformwerk erwuchs die »Innere Mission« der evangelischen Kirche. Sein beharrlich durchgesetztes Konzept zur Linderung sozialer Not hat die von ihm verabscheuten Lehren des Kommunismus nicht aufhalten können, aber es hat sie überlebt und vor allem in Hamburg tiefe Spuren hinterlassen: Die Diakonenanstalt des Rauhen Hauses bildet Mitarbeiter für die ganze Welt aus, Wicherns »offene Anstalt« ohne Zäune und Mauern für in Not befindliche und behinderte Kinder und Jugendliche, eine »Wichern-Schule« für mehr als 1300 Schüler und Schülerinnen, Alten- und Pflegeheime in Hamburg und Schleswig-Holstein praktizieren noch heute nach den Lehren des bedeutenden Hamburgers. Der lebenslange hingebungsvolle Dienst für Gemeinwohl und Kirche hat ihm und seiner Frau alles andere als ein leichtes Leben beschert. Nach Schlaganfällen halbseitig gelähmt und zuletzt an den Rollstuhl gefesselt, zunehmend von schweren Depressionen heimgesucht, starb Wichern am 7. April 1881 in geistiger Umnachtung.

Auch nach Bremen waren die revolutionären Unruhen gedrungen, die mit dem Sturz des französischen Königs Louis Philippe im Februar des Jahres 1848 begonnen hatten. Bremens inzwischen hochbetagte, konservative Galionsfigur Johann Smidt und mit ihm ein überalterter, in Selbstzufriedenheit erstarrter Senat reagierten wie ihre Kollegen in Hamburg und Lübeck: Für die Notwendigkeit einer Verfassungsreform hatten sie erst einmal wenig Gespür. Ein erheblicher Teil der revolutionären Energie in Deutschland richtete sich gegen Fürstenwillkür und feudalistische Rückständigkeit, und das betraf die »Hanseaten« nicht. Doch eine neugewählte Bürgerschaft, die sich zum Repräsentanten einer souveränen Bremer Bevölkerung erklärte, ein selbstbewußter Bürgerverein, der sich als linksgerichtetes

Die Oberstraße in Bremen um 1848 – streng gegliederte Patrizierhäuser für elegante »Hanseaten«.

Nebenparlament und den Rest der Bremer nur als Statisterie empfand, berieten dennoch im Dezember einen neuen Verfassungsentwurf, der nach langwierigen Erörterungen und Korrekturen am 5. März 1849 verabschiedet wurde. Nun sollten Senat und Bürgerschaft gemeinsam die einzelnen Senatsmitglieder bestimmen, welche dann zwei Bürgermeister wählten, die sich in der Präsidentschaft ablösten. Das Wahlrecht war nun nicht mehr von den Vermögensverhältnissen abhängig, bisher die unschöne Kehrseite der republikanischen Stadtstaaten.

Um 1848 war in allen deutschen Ländern die Zahl der in gesicherten Verhältnissen lebenden Familien gering. Drei Viertel der städtischen Bevölkerung waren bettelarm. Unter den nun immer öfter auftauchenden Revolutionären war in Bremen ein junger Pastor, dessen äußerst provozierende Töne gut zu einem der Studenten von 1968 gepaßt haben dürften. Der Bremer Obrigkeit jedenfalls mißfielen Töne und Argumente des Theologen aufs äußerste. Sie konnte es jedoch nicht verhindern, daß der sympathische junge Mann mit großer

Marie Mindermann, Bremens tapfere Kämpferin für Toleranz und Gerechtigkeit.

Mehrheit in die Bürgerschaft gewählt wurde, wo er beherzt für soziale Reformen eintrat – dies allerdings unsanfter als sein Hamburger Kirchenkollege Wichern. Pastor Dulon war den Konservativen der Stadt verhaßt. Ob es nun an ihnen oder an Dulon gelegen hat – dem Pastor fehlte einfach die glückliche Übereinstimmung mit der Kaufmannschaft, die Wicherns Wirken in Hamburg so frucht- und sichtbar machte. Auch Bremens Liberale lehnten Dulon aus vollem Herzen ab. Mit üblen Methoden gelang es den Stadtoberen schließlich, ihn seines Amtes zu entheben. Daraufhin forderten 5356 Bremer Bürgerinnen in einer Bittschrift an den Senat, die Amtsenthebung rückgängig zu machen. Ihre Argumente waren schon allein deshalb interessant, weil hier zum ersten Male Frauen laut und deutlich und solidarisch aufbegehrten: »In den Gebieten des öffentlichen Lebens hat das Weib nie eine selbständige Stellung eingenommen noch einzunehmen gewünscht; vertrauend hat es sein Urteil und sich selbst dem Manne, seiner höheren geistigen Kraft und Befähigung (!) untergeordnet. In dem Gebiete der Religion ist es anders; da darf und soll das Weib ein eigenes Urteil haben … In den Religionslehren des Pastors Dulon, in seinen Glaubensansichten wie in seinem ganzen pastorischen Wirken haben nun die Unterzeichneten den vollkommensten Ausdruck ihrer

Überzeugungen gefunden; das Bedürfnis ihres inwendigen Menschen wurde durch ihn befriedigt.« Das war ein tapferer Aufschrei der bis dahin so duldsamen Bremer Weiblichkeit. Die »Hanseatinnen« wollten zumindest in Kirchenfragen mitreden!

Der Bittschrift folgt wenig später die anonyme Schrift »Briefe über Bremische Zustände«, deren Autorin eine vierundvierzigjährige Frau namens Maria Mindermann ist. Die Autodidaktin, in bescheidenen Verhältnissen aufgewachsen (der Vater war Drechslermeister), hatte schon einige Gedichte unter Pseudonym veröffentlicht. Im Streit um Dulon hatte sie sich verschiedentlich mit Polemiken auf seine Seite gestellt. Sie kämpfte mit ihm für eine sozial verantwortungsbewußte Demokratie und für gleiche Bürgerrechte. Aber dafür waren die Bremer Herren zu diesem Zeitpunkt noch weniger zu haben als ihre Hamburger Kollegen. Dem Pastor half alle Unterstützung seiner beherzten Gefährtin im Geiste nichts, er blieb entlassen. Wenig später hat er sich in die Reihe der Auswanderer eingeordnet und im freieren Amerika ein neues, offenbar von Glück und Erfolg begleitetes Leben begonnen. Maria Mindermann steckte man vorsichtshalber erst einmal für kurze Zeit ins Gefängnis. Danach wurde sie zu einer erstaunlich produktiven, von ungebrochener Energie beseelten Schriftstellerin. Sie schrieb Kinderbücher und Novellen über die bremischen Verhältnisse. »Sie war standhafter gewesen als die meisten männlichen Elemente der bremischen Demokratie von 1848«, hat einer ihrer letzten Gesprächspartner, der während der Sozialistengesetzte später aus Hamburg ausgewiesene Wilhelm Blos 1878 über sie gesagt. Die Bremer haben ihre Maria Mindermann geliebt und verehren sie bis heute. Sie erhielt noch zu Lebzeiten Literaturpreise und ließ sich von den Herren des Handels »nie den Schneid abkaufen«. Dafür dürften diese sich bei der Nennung ihres Namens damals bekreuzigt haben.

Mehr als alles andere in der Welt bestimmten weiterhin Handel und Wirtschaft das Gemeinwohl in Hamburg, Bremen und Lübeck, und hier drehte sich nun alles um die Zollpolitik. Die »hanseatischen« Geschäftsleute hatten sich, auch hierin dem englischen Vorbild folgend, stets gegen jederlei Zölle gewehrt, die die Freiheit des Handels und damit ihre Verdienstquellen bedrohten. Im übrigen Deutschland rief eine kontinuierlich wachsende Industrie nach Einfuhrzöllen, also besseren Konkurrenzbedingungen, für ihre Produkte. Zwischen dem freien Handel und den Anforderungen einer wachsenden Industrialisierung baute sich also ein Widerspruch auf, der die einst so homogene Interessenlage der »Hanseaten« bedrohte. In Hamburg plädierte Professor Christian Friedrich Wurm, Lehrer des akademischen Gymnasiums, für eine Verständigung mit dem deutschen Zollverein und mahnte ein patriotisches Opfer an, das den »hanseatischen« Häfen zwar ihre Freiheit belassen, aber eine engere Abstimmung mit dem übrigen Deutschland erleichtern sollte. Bremens Senator Arnold Duckwitz rief nach einem deutschen Handelsverein, damit die Hansestädte geschlossen gegenüber ausländischen Häfen und Interessen auftreten könnten. In Hamburg entwickelte Kirchenpauer eine Denkschrift über ein »Differentialzollsystem«, das viele von Preußen vorgebrachte Forderungen berücksichtigte. Wurm, von Haus aus Theologe, verlangte energisch nach nationalpolitischen Konzessionen.

Bremens Senator Duckwitz verlangte gleichfalls ein engeres Zusammengehen mit dem Preußischen Zollverein, an den sich 1851 auch Hannover angeschlossen hatte und der Bremen von allen Seiten umschloß. Zwischen Hamburg und Bremen – dessen Senator Arnold Duckwitz inzwischen auch das Bundeshandelsministerium und das neue deutsche Marineministerium übernommen hatte – kam es zu erheblichen Spannungen. Die einstige »hanseatische« Eintracht war gefährdet. Der Kampf um die Freiheit des »hanseatischen« Handels wurde zum Schlüsselkonflikt um das Für und Wider einer nationalen Einigung. Duckwitz war um Ausgleich zwischen dem Zollverein und Bremen bemüht, Hamburg stemmte sich mit aller Macht gegen den Verlust »hanseatischer« Selbständigkeit.

Der Streit nahm schließlich den Charakter eines Religionskrieges an. »Man warf den Hanseaten« vor, daß sie »zum eigenen Nutzen oder in aller Welt Interesse, namentlich aber zugunsten Englands, den emporkommenden deutschen Gewerbefleiß schädigten«, während Hamburg und die Anhänger eines uneingeschränkten Freihandels »dagegen anführten, daß ihr Welthandel der deutschen Produktion einen sonst wohl nicht erreichbaren Absatz in fremden Ländern und Erdteilen sichere. Die Politik nahm im inneren Deutschland an Heftigkeit zu, je mehr sich der deutsche Zollverein an Umfang und Bedeutung entwickelte«, schrieb Adolf Wohlwill 1914 in einer etwas betulichen, vorsichtig nationalistisch getönten »Neueren Geschichte der Freien und Hansestadt Hamburg«.

Natürlich war der Kampf der Hansestädte um die Zollfreiheit alles andere als uneigennützig, und er trug ein doppeltes Gesicht. Hamburg, Bremen und Lübeck achteten streng darauf, daß zwar die Zollfreiheit gesichert blieb, daß zugleich aber in ihren Grenzen das eigene Monopol der Schiffahrt nicht angetastet wurde. Das lieferte viel Zündstoff für Konflikte mit den übrigen deutschen Ländern. In Frankfurt kämpften neben Kirchenpauer auch manche jüdischen »Hanseaten« – etwa der Manufakturkaufmann A. Sanders, der Kaufmann A. Alexander und, nicht zuletzt, Gabriel Riesser – für einen zollunabhängigen Hamburger Freihafen bei gleichzeitiger Kooperation mit dem Zollverein. Ihre weit in die Zukunft weisenden Argumente bereiteten jene Freihafenlösung vor, die in Hamburg und Bremen bis heute Gültigkeit hat. Es waren also gerade und nicht zum ersten Mal jüdische »Hanseaten«, denen die Einigung Deutschlands mehr am Herzen lag als »hanseatische« Alleingänge. Der Traum von einer »Hanseatischen Republik« hatte keine Zukunft, denn alle Züge in Richtung eines vereinten Deutschlands waren längst abgefahren. Man hat den jüdischen Hanseaten ihre kluge Politik nicht gedankt.

Über Jahrhunderte hinweg haben sich die Hansestädte aus den unmittelbaren deutschen Wirtschaftsinteressen herauszuhalten gesucht. Ihre Partner waren die Kaufleute in aller Welt, ihr Handeln hatte ihnen selbst zu dienen. Aber die zunehmende Industrialisierung zog die »Hanseaten« immer enger in die deutsche Interessenpolitik hinein. Auch erforderten die erweiterten Handelswege neue Absatzmärkte. Die Industrie in Deutschland verlangte nach Schutzzöllen, der Handel benötigte die Zollfreiheit. Im Frankfurter Parlament kam es zu ständigen Auseinandersetzungen zwischen den »hanseatischen« Freihandelsapologeten und binnenländischen »Schutzzöllnern«. Die Kaufleute Hamburgs, Bremens und Lübecks orientierten sich ja auch hierin erfolgreich am englischen Vorbild. Seit Jahrzehnten hatten die englischen Freihändler den Wegfall aller Zölle verlangt und zuletzt auch erreicht.

Wenn es noch eines Beweises bedurft hätte, daß das »hanseatische« Selbstbewußtsein inzwischen, unter dem wachsenden Druck des Nationalismus, nicht mehr so homogen war, wie es schöne Parolen vorgaukelten, dann war es der zunehmende Konflikt zwischen Bremen und Hamburg in der Zollfrage. Mit dem Rückenwind der Paulskirchenversammlung – und zugesagten finanziellen Mittel der einzelnen deutschen Länder – hatte Bremen nach der Bedrohung der deutschen Küste durch die vorübergehende dänische Blockade im Deutsch-Dänischen Krieg eine »deutsche Kriegsflotte« zusammengestellt und seinen Senator Arnold Duckwitz zum Minister des Reichsmarineministeriums ernennen lassen. Die Flotte mit der schwarzrotgoldenen Fahne (es sollte die erste von bis heute neun deutschen Marinen sein) lag in Bremerhaven und setzte sich aus wenigen Bremer und Hamburger Schiffen zusammen. Ein geeinigtes Deutschland stand jedoch noch immer in den Sternen.

X. Dieser herrliche Dampfer

Vom Aufstieg und Fall einiger Könige der Meere

In der zweiten Hälfte des 19. Jahrhunderts stiegen die »hanseatischen« Städte noch einmal zu Größe und vor allem zu einem Reichtum auf, der all ihre bisherigen Besitzstände in den Schatten stellen sollte. Insbesondere Hamburg und Bremen veränderten sich infolge einer gigantischen Auswanderungswelle, die Schiffahrt und Handel gleichermaßen emporhob, grundlegend. Der Unternehmergeist der norddeutschen Hafenstädte, basierend auf jahrhundertealtem Vorsprung, entfaltete sich zu höchster Blüte und katapultierte die deutsche Nordseeküste auf einigen Gebieten an die Spitze der Weltwirtschaft. Bis heute sind es vor allem die Kaufmannsfamilien aus dieser Zeit, die sich mit dem Glanz der »Hanseaten« verbinden. Es gibt eine Familie, die das Bild von der erfolgreichen »Hanseaten-Dynastie« vielleicht am reinsten verkörpert. Alle Ingredienzen »hanseatischer« Macht- und Kraftentfaltung des 19. Jahrhunderts finden sich in ihrer Geschichte wieder, ein Stoff, der den Reichtum der Ereignisse in Thomas Manns »Buddenbrooks« übertrifft.

Mit seinem eigenen Schiff gelangte im ausgehenden 18. Jahrhundert der Kapitän William Sloman mit seiner Frau und acht Kindern – er stammte aus dem englischen Yarmouth, lebte zuletzt jedoch in London – nach Hamburg. Sloman war kein ungewöhnlich reicher Mann. Seine Mittel jedoch verhalfen ihm dazu, in der Freien und Hansestadt das Bürgerrecht zu erwerben und sich hier niederzulassen. Er hatte bei verschiedenen Besuchen den besonderen Reiz Hamburgs und die dort sich bietenden Handelschancen kennengelernt und beschlossen, hier sein Glück zu machen. Als Engländer war er in Hamburg hoch willkommen, gehörten doch viele einflußreiche Geschäftsleute wie der Kaufmann Parish zu den königlichen Kaufleuten der Stadt.

Zum eigenen Haus reichten die Mittel zunächst nicht, und so mietete Sloman für sich und seine Familie ein Haus in unmittelbarer Nähe des Hafens. Er betrieb von dort aus eine Segelmacherei und eine Weinhandlung und importierte mit seinem Schiff Güter, vornehmlich aus England. Für die 1793 gegründete eigene Firma richtete er in dem Haus ein kleines Kontor ein, das seine beiden älteren Söhne bald führten, während er viel auf Reisen oder im Hafen unterwegs war. Die beiden älteren Töchter hatten bereits in England geheiratet. Aber schon nach neun Jahren starb William Sloman »after a long and painful illness« im November 1800. Die Kontinentalsperre mußte er nicht mehr erleben, und auch nicht, daß der Sohn Robert während der französischen Besatzung mit seiner Familie die Stadt verlassen und die Witwe Sloman sich mit zwei Töchtern in die Nähe von Itzehoe im Holsteinischen begeben mußte, wo der Sohn Robert eine Ölmühle erworben hatte. Nach dem Abzug der Truppen Napoleons kehrten die Slomans aber wieder nach Hamburg in das Haus am Hafen zurück.

Robert Miles Sloman, der den Namen der Familie über Hamburgs Grenzen hinaus bekannt machen sollte, hatte während der Besatzung daran gedacht, nach Kanada auszuwandern, doch entschloß er sich dann doch zum Ausharren. Nach der Rückkehr aus der »Verbannung« gründete er eine Schiffsmaklerfirma und führte die väterliche, nun im Besitz der Mutter verbliebene Firma weiter. Die Ölmühle bei Itzehoe verkaufte er und investierte das damit gewonnene Geld in die neue Firma. Als sie aus der Ölmühle an den Hamburger Hafen zurückkehrten, hatten er und seine Frau Gundalena Braren, die Tochter eines friesischen Bauern, fünf Kinder. Robert Miles Sloman mußte seine Familie oft allein lassen, denn seine emsige geschäftliche Tätigkeit führte ihn weit umher. Bei Aufenthalten in Bremen interessierte er sich besonders für den Handel mit Schiffspassagen für Auswanderungswillige. Schon 1826, lange bevor man in Hamburg die Zeichen der Zeit richtig erkannt hatte, war dort die erste deutsche Auswandererlinie entstanden. Hamburg wehrte sich zunächst gegen Slomans Pläne, eine solche Linie auch von Hamburg aus anzubieten, weil es fürchtete, daß auf diese Weise zu viele unliebsame Gäste (darunter Juden!) die Stadt bevölkern würden. Sloman ließ sich jedoch nicht beirren, erwarb ein zweites, wenig später ein drittes Schiff und ließ sie als Paket- und Passagierschiffe nach Amerika segeln. Da man in Hamburg nicht gleichzeitig Reeder und Makler sein durfte, übergab er seinem gleichnamigen Sohn die Maklergeschäfte und konzentrierte sich ganz auf die Reederei. 1836 hatte er sie mit drei Segelschiffen gegründet, 1845 zählte seine Flotte bereits sieben Schiffe. Die Unruhen des Jahres 1848 und der Goldrausch in den USA und Australien veranlaßten Scharen von Deutschen zur Auswanderung. Sloman konnte bald das gemietete Haus gegen ein eigenes aufgeben, wobei er gleich drei Häuser auf einmal erwarb und fortan seine Geschäfte vom Baumwall Nr. 3 aus betrieb. Die Sommermonate verbrachte die zu Reichtum gelangte Familie regelmäßig vor den Toren der Stadt, in einem gemieteten Sommerhaus in Pöseldorf an der Außenalster.

Sloman setzte sich früh für die Elbvertiefung ein, weil er wußte, daß Hamburgs Hafen anderenfalls in seiner Bedeutung zurückfallen würde. Als sich nach den März-Unruhen von 1848 die Schleswig-Holsteiner gegen ihren dänischen Landesherrn erhoben, unterstützte er deren Freiheitsdrang. Die Stadt Hamburg entsandte ihn daraufhin nach England, wo er mit Lord Palmerston verhandelte, um die Unterstützung Dänemarks durch die Engländer zu vereiteln. Als dänische Kriegsschiffe dann für kurze Zeit versuchten, die Elbe zu blockieren, trieb das die Hamburger auf den Weg zum deutschen Nationalismus ein gutes Stück voran. Auch Sloman ließ sich davon anstecken und richtete gemeinsam mit dem Hamburger Kaufmann César Godeffroy, Sproß einer aus Genf eingewanderten Hugenottenfamilie, am 5. Mai 1848 einen Aufruf an die Hamburger, in dem es emphatisch hieß: »Die deutsche Flagge ist nicht mehr frei, und die deutschen Häfen sind durch dänische Kriegsschiffe gegen jeden Verkehr gesperrt! Auf denn, Deutsche, *wehrt Euch* und ergreift die Mittel, ein Joch und Fesseln abzuschütteln, die die deutsche Flagge nicht dulden und nicht tragen darf. Bewaffnet Dampfboote und Kauffahrtschiffe und besetzt sie mit Männern, die entschlossen sind, unsere Flagge von der erniedrigenden Schmach zu befreien ... Auf denn, junge Marine, zur Verteidigung der deutschen Flagge!«

Sowohl Sloman wie Godeffroy stellten Schiffe zur Verfügung, um den Dänen entgegenzufahren. Sie wurden mit Waffen versehen und unterstanden der soeben in Frankfurt aus der Taufe gehobenen deutschen Marine unter dem Reichsmarineminister und Bremer Senator Duckwitz. Das erste Seeabenteuer der deutschen Kriegsmarine geriet allerdings zum düsteren Menetekel für künftige Ruhmestaten: Die Schiffe konnten nichts erreichen und wurden nach dem Scheitern der schleswig-holsteinischen Freiheitsbewegung öffentlich versteigert. Schon am 2. April 1852 beschloß der Frankfurter Bundestag die Auflösung der Flotte, die unendlich viel Geld verschlang, das die einzelnen, zu »Matrikular-Beiträgen« verpflichteten Staaten nicht mehr aufbringen konnten. Selbst Bismarck, seit 1851 preußischer Bundestagsgesandter in Frankfurt, beklagte sich in einem Brief an seine Frau darüber, daß er ständig »endlose Ziffern über deutsche Dampfkorvetten und Kanonenjollen, die in Bremerhaven faulen und Geld fressen«, lesen müsse. Im Oktober 1853 kam als letztes Versteigerungsobjekt der stolzen Flotte ein Sarg unter den Hammer.

Von kriegerischen Abenteuern hatte Sloman nun erst einmal genug. Er besann sich wieder auf seine Handelsinteressen. Inzwischen war er 67 Jahre alt, aber noch immer steckte er voller Pläne und Ideen. Er ließ sich in England ein modernes Dampfschiff entwerfen, dessen

Bechertasse von 1849 mit der Abbildung der ersten deutschen Bundesflotte vor Bremerhaven zwischen Fort Wilhelm und dem Gebäude des optischen Telegraphen.

Bau er selbst überwachte. Es wurde nach seiner Frau auf den Namen »Helene Sloman« getauft und war das erste Dampfschiff, das sich bis nach Amerika vorwagte. Aber schon die zweite Fahrt an die amerikanische Küste wurde dem Schiff zum Verhängnis: Am 28. November 1850 versank es – die Passagiere konnten rechtzeitig gerettet werden – wie später die »Titanic« in der Tiefe vor Neufundland.

Schon wenig später begann Sloman eine neue, kühne Unternehmung. Er ließ an der Norderelbe ein Trockendock errichten, dessen Vorbild er in Hamburg studiert hatte. Bremerhaven besaß zu dieser Zeit bereits ein solches und machte Anstalten, Hamburg im Schiffsbau zu überflügeln. Er gab zwei neue Segelschiffe in Auftrag (seine Flotte, die neben Paketen und Handelsware vor allem Auswanderer transportierte, war nun auf 26 Schiffe gewachsen) und errichtete ein stattliches neues Haus am Hamburger Jungfernstieg. Ein Jahr später erwarb er ein Grundstück am Harvestehuder Weg vor den Toren der Stadt, wo sich zu jener Zeit die reichsten der Reichen niederließen. Auch Hans Georg Castorps Vormund, Konsul Tiemappel, der dessen Erbe »in mündelsicheren« Papieren anlegte, indem er, seiner verwandtschaftlichen Gefühle unbeschadet, an jedem Quartalsbeginn zwei Prozent Provision von den fälligen Zinsen für sich in Abzug brachte, residierte hier, und sein Haus »blickte auf eine Rasenfläche, in der auch nicht das kleinste Unkraut geduldet wurde«.

In die luxuriöse Villa im Stil der englischen Gotik wurde viel eingeladen, und es wurde dort viel musiziert – die Liebe der »hanseatischen« Kaufleute zur Musik und ihre Eignung für repräsentative Geselligkeit hatte schließlich in Hamburg Tradition. Sloman griff sogar zu, als ihm 1855 das Hamburger Stadttheater zum Kauf angeboten wurde. Er tat das aus Gründen der Spekulation, und die ging auf. Nach Slomans Tod 1872 konnten seine Erben das Theater für mehr als das Doppelte des einstigen Kaufpreises wieder zu Geld machen. In seinen letzten Lebensjahren hat Sloman ebenso wie sein einstiger Mitstreiter bei der Gründung der deutschen Marine, César Godeffroy, erhebliche finanzielle Verluste erlitten. Auch einigen seiner Kinder erging es kaum besser, aber die Geschichte der Familie sollte über Hamburgs Grenzen hinaus weiterhin Beachtung finden.

Slomans Töchter Maria Carr und Harriet von Bissing waren früh verwitwet und lebten fortan von des Vaters Reichtum. Die Tochter

Diana heiratete den reichen Kaufmann Edye, Mitglied einer ebenfalls aus England nach Hamburg eingewanderten Kaufmannsdynastie. Eine zahlreiche Schar von Enkeln trug den Namen Sloman bis in die Gegenwart. Eine Firma gleichen Namens residiert noch immer am Baumwall.

Der aus der Kaufmannsart geschlagene Schwiegersohn François Wille, Ehemann der Tochter Eliza, deren Ehe der Vater bis zuletzt zu verhindern gesucht hatte, erwarb eine Hamburger Zeitung und entfaltete eine rege Tätigkeit als Hamburger Gesandter im Frankfurter Vorparlament, bevor er Hamburg für immer verließ, um sich am Zürichsee niederzulassen, wo seine Familie ihre Wurzeln hatte. Elizas stattliche Mitgift ermöglichte es ihm, das oberhalb des Sees gelegene Gut Mariafeld zu erwerben, das noch heute von großbürgerlicher Behaglichkeit kündet. Dort gingen Besucher wie Georg Herwegh und Gottfried Semper, Gottfried Keller und Conrad Ferdinand Meyer, Richard Wagner und das Ehepaar Wesendonck ein und aus. Nur Juden waren in Mariafeld nicht gern gesehen. (Niklaus Meienberg, der frühverstorbene Schweizer Autor, hat 1987 in seinem Buch »Die Welt als Wille und Wahn« mit scharfer Polemik und sorgfältigen Detailrecherchen den gesellschaftlichen Aufstieg des Hauses Wille, seine verwandtschaftlichen Bindungen zu den Familien Weizsäcker und Bodelschwingh und die unselige Verknüpfung zwischen Wilhelminismus und Nazismus mit chauvinistischen Kreisen der Schweiz gegeißelt. Dieses Buch ist wegen seiner Bissigkeit mit Vorsicht zu genießen, aber dennoch oder gerade deswegen höchst lesenswert.)

Slomans Sohn, der den Vornamen des Vaters trug, zog nach dessen Tod in das feudale Haus am Harvestehuder Weg, wurde ebenfalls ein erfolgreicher Schiffsmakler und mehrte das Geld des Familienunternehmens vornehmlich durch Befrachtung der Schiffe mit Salpeter aus Chile. Er gründete eine neue Dampferlinie Hamburg–New York, denn das Auswanderergeschäft »boomte« noch immer. Robert Sloman jun. betonte die besten »hanseatischen« Tugenden, engagierte sich mit großer Ausdauer für soziale Belange und gründete mit Freunden Siedlungshäuser für bedürftige Arbeiter. Oft hielt er sich in England auf, denn es sei, wie er an seine Schwester Eliza schrieb, »das englische Blut in meinen Adern noch nicht erloschen, trotz der deutschen Beimischung«. Mit ihm starb im Jahr der Jahrhundertwende der letzte männliche Sloman. Doch es gab ja noch viele Vettern und Enkeltöchter, einige von ihnen wurden im Laufe der Zeit Partner der Sloman-Firmen. Ein anderer indirekter Nachfahre, Henry Sloman, in England geboren, zog nach Chile, betätigte sich erfolgreich im Salpeterhandel und gründete schließlich eine Firma in Hamburg. Als der Hamburger Senat im Oktober 1921 ein großräumiges Gelände nahe der Jacobikirche versteigerte, erwarb Henry Sloman das Areal und ließ sich darauf von dem Architekten Fritz Höger ein riesiges Geschäftshaus erbauen. Das Chilehaus wurde Hamburgs weltberühmtes und wohl schönstes Kontorhaus, dessen Spitze wie der Bug eines riesigen Ozeanriesen in die Stadt ragt.

Henry Slomans Kinder führten die väterlichen Unternehmungen fort, ergänzten sie aber auch durch eigene Gründungen. Einer der Söhne, der gleichfalls in Südamerika sein Glück als Kaufmann machte, heiratete in die Hamburger Kaufmannsfamilie Krogmann, die in den dreißiger und vierziger Jahren den Hamburger Bürgermeister stellte. Beide Namen, Sloman und Krogmann, sind noch heute in Hamburg vielfach anzutreffen, und wenn je in Hamburg die Frage nach den »eigentlichen Hanseaten« gestellt wird – der Name Sloman gehört in jedem Fall dazu. Kühner Unternehmergeist, weltumspannende geschäftliche Transaktionen, stolzer Patriotismus, eine an England orientierte »kultivierte« Lebensweise bei rastlosem Fleiß, gelegentliche, aber vorsichtige Ausflüge in die Kunst und segensreiche Wohltaten bei äußerster Zurückhaltung (abgesehen vom Bau luxuriöser Häuser) – das entsprach dem Prototyp des erfolgreichen »Hanseaten«, und der Name Sloman steht hier für viele andere, deren Spuren an Elbe und Alster von einer schon ins Mythische entrückten Hamburger Kaufmannswelt des 19. Jahrhunderts zeugen. Gegenüber den Lebenskünstlern der Hamburger Aufklärungsepoche waren ihre Bedürfnisse materialistischer, ihre Bereitschaft zu Wohltaten im Dienste der Allgemeinheit hingegen nicht geringer. Sie empfanden sich aufgrund ihrer weit zurückreichenden Familientradition als »Bürgeradel« der Stadt und waren stolz darauf, vor keinem Fürsten oder König das Knie beugen zu müssen. Sie empfanden sich als wahrlich grenzenlos frei, als königliche Kaufleute. Wo sie ihre Geschäfte betrieben, entschied sich Hamburgs Wohl und Wehe.

So stolz später die »Hanseaten« ihre norddeutsche Herkunft unterstreichen sollten, sosehr neigen sie dazu, zu vergessen, daß ihre größten Erfolge immer auch auf die vielen, aus anderen Ländern zugereisten Kaufleute zurückzuführen sind. Außer den für die Entwicklung des Handels und des Hafens zeitweilig so bedeutsamen Engländern und den Sepharden aus Portugal verdankte sich Hamburgs wirtschaftlicher Aufschwung nicht zuletzt den hugenottischen Einwanderern, etwa den de Chapeaurouge und vor allem den Godeffroy.

Viele Hamburger Straßennamen erinnern an große Kaufmannsfamilien, doch der Name Godeffroy verbindet sich in Hamburg nicht nur mit einer Straße, sondern auch mit ausgedehnten Gebieten in und um Hamburg. Im 19. Jahrhundert gehörte die Familie zu den weitaus berühmtesten und einflußreichsten an der Elbe; dem triumphalen Aufstieg ihres weltweiten Handelsimperiums und schließlich ihrem Sturz haftet eine Tragödie von wagnerschen Ausmaßen, man könnte auch sagen eine dramatische Parallele zur Lebenskurve der Familie Buddenbrook an. Bis in einzelne Namen hinein – auch eine Toni findet sich darunter – spiegelt das Geschick des Hauses Godeffroy die Geschichte vom »Verfall einer Familie« im 19. Jahrhundert und zugleich Hamburgs Aufstieg an die Spitze des Welthandels bis hin zu einer privaten und wirtschaftlichen Katastrophe von antiker Gewalt. Der Glanz des »hanseatischen« Handels, von dem die prachtvollen Fassaden »hanseatischer« Bürgerhäuser erzählen, verbirgt pompös, wie waghalsig die Balance der mutigen Kaufleute über dem Abgrund der Zahlungsunfähigkeit zu allen Zeiten ist. Im Auftrag des Deutschen Schiffahrtsmuseums Bremerhaven hat die Historikerin Gabriele Hoffmann 1998 eine voluminöse Chronik veröffentlicht, in der sie der Geschichte der Godeffroys aufgrund eines bisher nicht ausgewerteten Familienarchivs akribisch nachgegangen ist. Unter dem etwas irreführenden Titel »Das Haus an der Elbchaussee« – es geht in ihrem Buch nicht um die Geschichte dieses Hauses, sondern vor allem um die Godeffroyschen Seefahrts- und Handelsunternehmungen – zeichnet sie den »Aufstieg und Niedergang einer Dynastie« höchst anschaulich und detailreich nach. Johann Diederich Hahn-Godeffroy, ein kundiger Erforscher seiner Familiengeschichte, hat mir gegenüber noch einige wichtige Informationen hinzugefügt.

Die Familie Godeffroy stammte aus dem französischen La Rochelle, der Hochburg der Hugenotten. Fast hundert Jahre hat sie dort die mächtigsten Bürger der Stadt gestellt, unter Ludwig XIII., der mit seinen katholischen Truppen La Rochelle eroberte, sogar den Bürgermeister. Als Ludwig XIV. das Edikt von Nantes widerrief, floh die Familie nach Deutschland. Sie gelangte zuerst nach Frankfurt an der Oder und von dort aus im Jahr 1737 nach Hamburg. Im dänischen Altona gab es zu dieser Zeit bereits eine beträchtliche niederländisch-deutsche calvinistische Gemeinde, auch sie genoß – wie die Juden – hier einen Schutz, den Hamburg noch nicht zu geben bereit war. Erst 1785 wurden den Reformierten auch in Hamburg endlich Gottesdienste erlaubt, sofern sie bereit waren, auf einen Kirchturm und Glockengeläut zu verzichten. Jean César Godeffroy III. war da bereits ein geachtetes Gemeindemitglied, hatte sich als Weinhändler selbständig und als wohltätiger Armenpfleger einen Namen gemacht. Schon seine Söhne haben sich in Dockenhuden über der Elbe »Paläste, denen unter den Residenzschlössern der kleinen deutschen Fürsten wenige zu vergleichen sind«, errichten können, wie man damals in den »Gemeinnützigen Unterhaltungsblättern« lesen konnte.

Es war die Zeit der schönen Aufklärungsideale, jene »goldene« Epoche eines Baron Voght und seiner Freunde: »Hamburgs edlere Kaufleute haben längst dem kleinlichen Krämersinn entsagt, der nur rechnen und zählen kann. Sie haben die das Leben erheiternden und verschönenden Künste zu sich gerufen, den Künstler und ächten Weisen nicht, nach Fürstenweise, als ihren Hofstaat um sich her versammelt, sondern als Freunde und Genossen sich beigesellt.« Einer »aus der Reihe weniger ausgezeichneter, durch Geschmack und ästhetische Bildung sittlich geadelter Bürger seiner Vaterstadt« sei César IV. Godeffroy gewesen, wissen die »Gemeinnützigen Unterhaltungsblätter« zu berichten.

César Godeffroy kaufte 1771 ein stattliches Kontorhaus am Wandrahm (Hafenrand) und erwarb 1786 einen riesigen Landbesitz an der Elbe mit dreieinhalb Bauernhöfen »meistbietend«. Darauf ließ er sich von dem Dänen Christian Frederik Hansen ein säulengeschmücktes weißes Herrenhaus bauen. Das Gelände ließ er aufforsten und zu einem stattlichen Park erweitern. Die Bauernhöfe waren bis dahin im Besitz eines Hamburger Kaufmanns, der sich das damals größte Landgut in Dockenhuden an der Elbe zusammengekauft hatte. Doch Godeffroys Pläne griffen weiter, hatte doch das 19. Jahrhundert die Gelüste nach königlicher Kaufmannspracht ins Monumentale steigen lassen. Wo sich bisher noch Weidekoppeln erstreckten, ließ er einen weitläufigen Park anlegen und über dem Säulengang des Hauses die Inschrift »Der Ruhe weisen Genuß« anbringen. Sein Enkel César VI. verwandelte Teile des Parks später in ein Gehege, weil er ein leidenschaftlicher Jäger war und das Wild – die Tiere brachten ihm seine Kapitäne zum Teil aus Übersee mit – von seinem Haus aus beobachten wollte. Kaum ein Besucher Blankeneses ahnt etwas von den großen Zeiten der Godeffroys angesichts der majestätisch äsenden Hirsche, die in diesem Park noch immer anzutreffen sind. Der Bruder Césars IV., Pierre Godeffroy, der sein Glück im Auftrag der Firma viele Jahre in Übersee machte und dessen Firma »Peter Godeffroy, Söhne u. Co.« an Bedeutung die des Bruders zwischenzeitlich weit überflügelte, ließ sich nach seiner Rückkehr ebenfalls von Christian Frederik Hansen, dem Palladio Hamburgs, ein stattliches »Weißes Haus« mit ionischen Säulen auf der Westseite des Dockenhudener Geländes errichten. Césars Ensemble wurde um 1800 noch durch einen strohgedeckten Backsteinmassivbau, eine Art Bauernhaus (genannt »Kavaliershaus« für Gäste) für die in Park und Haus Verantwortlichen ergänzt (es wurde in den Jahren 1931 bis 1934 und 1950 bis 1959 von Hans Henny Jahnn, dem Hamburger Autor und Orgelbauer, bewohnt.)

Doch die Ruhe war von kurzer Dauer. Als die Franzosen Hamburg besetzten, flohen die französischen Abkömmlinge, die längst Hamburger Patrioten geworden waren, mit ihren Familien nach Kiel, »um nicht Augenzeuge der Greuel zu sein«. »Das Versprechen, gute Lotte, gebe ich Dir«, schrieb Pierre Godeffroy, Bruder Césars IV., 1813 an seine Tochter, »daß ich mit den Franzosen keinen Umgang haben, noch in meinem Haus sehen will, dagegen bitte ich Dich, schreibe mir nicht ein Wort über diese auch von mir aus ganzem Herzen verhaßte Nation.« Als die Franzosen abzogen und die Godeffroys wieder nach Hamburg zurückkehren konnten, waren, so hat es Richard Hertz 1922 formuliert, »die weltmännischen Manieren derb und volkstümlich geworden, ... so gut wie zerrissen waren die mannigfachen künstlerischen und literarischen Beziehungen zum Hinterland, ... jetzt wies der Kaufmann nicht nur alle Idylle und Schwärmerei wie damals, sondern überhaupt jegliche Ablenkung weit von sich.« Die Hamburger Wirtschaft lag darnieder, und Bremen hatte zudem durch seine erfindungsreiche Auswanderer-Politik und die damit verbundenen Erfolge seiner Schiffahrt Hamburg den Rang abgelaufen.

César Godeffroy IV. begann nun, mit seinem Geschäftsfreund (und Konkurrenten!) Sloman über neue Wege des Seeverkehrs nachzudenken. Schon 1837 hatte das inzwischen siebzigjährige Haus Godeffroy mit dem jüngeren Bruder Adolph Godeffroy ein Geschäft in Havanna gegründet. »Euer Haus muß unter die allerersten Havannas gezählt und wir müssen die ersten Importeure havanesischer Produkte am hiesigen Platze werden«, forderte César VI. von seinem Bruder Adolph in einem Brief von 1844, und das gelang auch für einige Zeit. »Während Sloman ... für einen modernen Personenverkehr nach Amerika und für die Einrichtung regelmäßiger Linien-Schiffahrten sorgte, auch als erster Seedampfer einstellte, war es das Wesen der Godeffroyschen Reederei, aus einer bloßen Vermietung des Schiffsraums herauszukommen und die Schiffe mehr und mehr für eigene Zwecke zu benutzen; damit war dann verbunden die Etablierung an einem oder mehreren festen Punkten zwecks intensiver Ausbeutung eines und desselben Gebietes; das bedeutete eine Festlegung und Konzentrierung des labilen Systems der Gelegenheitsfahrten und zugleich einen moralischen Gewinn, denn man wurde statt einer Art Makler selbständiger Herr über den Handel«, schreibt Richard Hertz: »Hier setzte die Entwicklung ein, in der das Haus Godeffroy und nacheinander die Häuser Hertz, Hansing, O'Swald, Woermann zu Pionieren des späteren deutschen Kolonialreiches geworden sind.«

Als die Familie Godeffroy ein Jahrhundert in Hamburg lebt, leitet bereits der während der Besatzung in Kiel geborene César V. die Firma. In Kiel wurde auch César VI. geboren, der das Unternehmen zu Weltruhm führen sollte. Er ist wie der ein Jahr jüngere Bruder Adolph, der mit 23 Jahren nach Havanna geschickt wurde, in Lübeck zur Schule gegangen, denn die Familie gab dem dortigen Katharineum stets den Vorzug vor den Schulen Hamburgs. Seine Lehrjahre verbrachte César VI. in England. Mit 24 Jahren wird er Teilhaber seines zunehmend geschwächten Vaters. Der Bruder Gustav errichtet eine Dependance in Rio de Janeiro, der jüngere Bruder Alfred läßt sich in Valparaiso nieder. Doch noch vor den Unruhen von 1848 kehrt Gustav

Der Kaufmann Berend Roosen in seinem Kontor. Der fleißige »Hanseat« schreibt seine Briefe noch selbst und richtet dabei zwischendurch den gestrengen Blick auf den Fortgang der Arbeiten in seiner Reiherstiegwerft.

nach Hamburg zurück und wird Mitglied des Frankfurter Parlaments. 1849 kauft Johann César VI. eine kleine Werft und baut sie zur bedeutendsten Hamburgs aus. Diese »Reiherstiegwerft« hatte Berend Roosen im 18. Jahrhundert aufgebaut. Etwa zwanzig Schiffe fuhren am Ende seines Lebens 1788 unter Hamburger Flagge, dennoch hatte sich der gestrenge Puritaner am liebsten in seinem engen Fachwerkhaus am Hafen unmittelbar neben den Buchhaltern aufgehalten und sich morgens an der Pumpe im Hof gewaschen – trotz des schönen Landsitzes an der Elbe, den er 1798 für sich und seine Familie hatte bauen lassen. Aber seine Erben verkauften die Werft 1849 für 30 500 Courantmark an Godeffroy, und von nun an hieß sie Godeffroys Werfte Reiherstieg.

1836 nennt die Firma »J.C. Godeffroy und Sohn« sechs, 1856 bereits 27 Schiffe ihr eigen und steht damit an der Spitze aller Reedereien Hamburgs. Der Strom der Auswanderer hatte dieses enorme Wachstum ermöglicht: 1850 verlassen mehr als 80 000 Deutsche das Land über Bremen und Hamburg, zwei Jahre später sind es fast doppelt so viele, zwei weitere Jahre später schon 230 000. Godeffroys Schiffe sind aber nicht nur in Mittel- und Südamerika, sondern auch zwischen Australien, Indien und Südafrika unterwegs. Sie befördern Waren aus aller Welt und eben Auswanderer.

Die Bedingungen auf See sind für die Passagiere alles andere als behaglich. Die Ankündigungen der Godeffroys lassen daran keinen Zweifel: »In den ersten Tagen der Reise können die Passagiere nicht erwarten, daß alles einen geregelten Gang gehe, um so mehr als auch die Seekrankheit sich einstellt. Einer schnell vorübergehenden Unpäßlichkeit halber darf man nicht den Muth sinken lassen, alle Passagiere müssen überhaupt dazu beitragen, daß die Gesellschaft bei guter Laune bleibe.« Als am 17. August 1852 die »César Godeffroy« von Cuxhaven aus in See sticht – das Segelschiff legt auf seiner hundertdreiundzwanzigtägigen Reise nach Sydney an keinem Hafen an! –, beginnt für die Passagiere eine qualvolle Tortur: »Ich wurde des Morgens durch das Hin- und Herfallen in meinem Bette aus dem Schlaf gerüttelt. Da begrüßten mich zuerst sechs Paar verschiedene Pantoffeln, bald kam mein Schreibkasten, der auf dem Boden stand, mit furchtbarem Geräusch gegen mein Bett angeprallt, um wieder mit gleicher Gewalt an seine Seite zurückzukehren, sobald das Schiff nach der anderen Seite überholte. Dasselbe thaten unsere Koffer und sonstigen beweglichen Gegenstände. Endlich will ich aufstehen, falle aber in meine Coje zurück und auf mich die obere Hälfte einer an der Decke hängenden Hutschachtel, deren unterer Theil aus der Thür hinaus auf den schmutzigen Gang vor unserem Zimmer geschleudert wird, wo sie in Begleitung von zwei schweren Steinen, die zufällig dalagen, von einigen zu Boden gefallenen ausgestopften Vögeln und mit anderen Gegenständen zusammen hin und her geschoben, ein entsprechendes Geräusch verbreitete«, ist in einem Reisetagebuch zu lesen.

Die Schiffe bringen auf dem Rückweg Kupfer aus Chile und Australien mit. Es hatte schon seinen Grund, daß sich die Godeffroys an den Burra-Burra-Minen, die damals als achtes Weltwunder bestaunt wurden, beteiligten. Aber die Godeffroys haben noch mehr Ideen. Sie planen mit sieben anderen Hamburger Handelshäusern die Gründung der Norddeutschen Bank, die sich auf Wechselkredite spezialisiert. Doch 1857 bricht die erste Weltwirtschaftskrise aus und reißt Hamburg und die Familie Godeffroy in ihren gefährlichen Strudel. Ausgerechnet eine besonders gute Getreideernte hat die Krise ausgelöst: Infolge der satten Erträge in Europa finden sich keine Absatzmärkte mehr für das Getreide aus Amerika. Viele Firmen aus England und Amerika geraten in Existenznöte. In den USA gehen 5000 Firmen in Konkurs und hinterlassen 300 Millionen Dollar Schulden. Hamburg, mittlerweile wichtigster Geldmarkt in Europa, wird hart getroffen. Preise und Börsenkurse stürzen ins Bodenlose. Die Godeffroys müssen Schiffe zu schlechten Bedingungen verkaufen, ihre restliche Flotte an eine reiche Tante in Berlin, Tochter des Hamburger Senators Jenisch, verpfänden und mit vielen anderen Hamburger Kaufleuten lange um einen erheblichen Kredit mit der Stadt ringen. »So tief gebeugt ich mich auch fühle und so leidend und blutend mein Herz auch ist, so freue ich mich, Ihnen doch die Versicherung geben zu können, daß es fest bei mir steht, nicht zu wanken noch zu weichen, bis ich Alles zu gutem Ende geführt habe. Der Allgütige, der mich ja bisher so wunderbar beschützte, wird mich auch ferner nicht verlassen und mir die Kraft verleihen, meine Pflichten so zu erfüllen, wie ich es Ihnen und dem Namen schuldig bin«, versichert César VI. der Tante in einem Brief vom 25. Dezember 1857. Nach endlosen Verhandlungen mit Banken und Kaufleuten halb Europas garantiert die Nationalbank von Wien endlich einen Kredit von zehn Millionen Mark in Silber. Ein Sonderzug mit Silberbarren macht sich nach Hamburg auf den Weg.

Es geht noch einmal nach oben. Die Werft wächst wieder. César VI. konzentriert sich nun auf den Tauschhandel mit der Südsee und den Import von Perlmutt, Perlen und Kokosnüssen. Wieder erweitert er das Netz seiner Filialen. Zwanzig eigene und einige zusätz-

Der »Herr der Meere, der König der Südsee«, César VI. Godeffroy, auf dem Zenit seines Ruhmes und seines Vermögens. Wie ein Feldherr vermag er seine Flotte bei den Aus- und Einfahrten auf der Elbe ins Visier zu nehmen. Stolz hat er sich für den Maler in die Brust geworfen. Sein Abstieg kam förmlich über Nacht und endete in einem Debakel.

lich gecharterte Segelschiffe verbinden die Hauptniederlassung Apia-Samoa mit den anderen Standorten. Was sich heute als beeindruckend zielgerichtete Erfolgsstory liest, hatte freilich auch eine Kehrseite, die gerne verschwiegen wurde: »Die Godeffroys«, schreibt Kurt Schmack 1938, »waren ein Nimmersatt der Südsee. Sie waren skrupellos in allen ihren Wegen. Sie verdrängten andere Händler und sicherten ihr eigenes Fußfassen, indem sie die Zwistigkeiten zwischen den Stämmen, die bei den Samoanern immer vorhanden waren, künstlich schürten. Dann versahen sie die Kämpfenden freigiebig mit Waffen und Munition aus ihren Waffenfabriken in Lüttich (Belgien). Für diese nützliche Einfuhr nehmen sie weiteste Strecken fruchtbarsten Landes auf Samoa in Besitz.« In der Südsee legen sie eigene Baumwollplantagen an, in Hamburg entsteht, vornehmlich für wissenschaftliche Zwecke, ein »Museum Godeffroy«. Die Kredite aus der Zeit der großen Krise werden getilgt. César Godeffroy VI. wird nun als »König der Südsee« gefeiert. Seine Firma verfügt über fünfzig Niederlassungen auf Dutzenden pazifischer Inselgruppen wie beispielsweise den Karolinen-, Marschall-, Fidschi- und Freundschaftsinseln. Hundert Segler transportieren seine Waren.

Schon Jahre zuvor war das inzwischen weite Teile der Welt umspannende Unternehmen Godeffroy zum Wegbereiter für den Erwerb deutscher Kolonien in der Südsee geworden. Mit Unterstützung Godeffroys, des Reeders Robert Miles Sloman sowie von drei bremischen Kaufleuten hatte der Hamburger Syndikus Carl Sieveking in den dreißiger Jahren mit einer englischen New Zealand Company Verhandlungen aufgenommen, um von ihr die östlich von Neuseeland gelegenen Chatland-Inseln zu erwerben. Sieveking hatte als Hamburger Vertreter der hanseatischen Gesandtschaft schon 1827 den Handelsvertrag Hamburgs mit Brasilien abgeschlossen, jenem Land, zu dem Hamburg wegen der anschwellenden Auswandererströme enge Beziehungen geknüpft hatte. Die englische Regierung vereitelte den Vertrag mit der New Zealand Company jedoch im letzten Augenblick, und ein vorläufiger Vertrag, den Sieveking bereits ausgehandelt hatte und der bei Bremens Bürgermeister zunächst auf Befremden gestoßen war, weil ihm die Verwaltungskontrolle über ein so fernes Territorium undurchführbar erschien, mußte 1842 annulliert werden. Dennoch schob sich seit den dreißiger Jahren das Godeffroysche Imperium bis Mittel- und Südamerika und bis in die Südsee vor. Damit stand das Unternehmen gewissermaßen Pate bei den kolonialen Bemühungen der Bismarck-Ära.

Der erfolgreiche César Godeffroy demonstriert seinen Reichtum in einem Maß, das Caspar Voght sicher mißfallen hätte. Voghts Stoßseufzer gegenüber seinem Compagnon Georg Heinrich Sieveking

Symbol hanseatischer Macht auf den Weltmeeren: 1854 erwirbt César VI. Godeffroy den gewaltigsten Clipper der Welt, die »Sovereign of the Seas«, erbaut von McKay in Boston. Das Schiff hat seinen Heimathafen Hamburg nie gesehen, da sein enormer Tiefgang es zum Ankern in der Elbmündung zwang.

klingt in bezug auf Godeffroy doppelt prophetisch: »Welch ein Leben, mein Guter! Wenn wir das leben könnten; wenn nicht Lust, reich zu sein, uns in ein Joch spannte, das Geisteskräfte niederdrückt!« Der Drang nach einer Steigerung der »Geisteskräfte« gehörte allerdings nicht zu den vordringlichen Wünschen der Godeffroyschen Handelsherren, vielmehr sorgt César VI. als gesellschaftlicher Mittelpunkt der Stadt ständig für illustre neue Maßstäbe und büßt darüber seinen Realitätssinn ein: Er verliert die Übersicht über sein Imperium und seine Kreditverpflichtungen.

Seit 1865 spekuliert sein Haus auch mit Bergwerksaktien. »Die vom Großvater und Vater überkommene, von vornherein über das ortsübliche Maß hinausgehende üppige Lebensführung, die gesellschaftliche Stellung der Mitglieder der Familie, der Glanz der über hundert Jahre alten Firma, die schweigend übernommene Verpflichtung des Seniorchefs, nicht mehr als halber Außenseiter wie sein

Großvater, sondern als der eigentliche Repräsentant ›hanseatischen‹ Bürgerstolzes aufzutreten, zwangen ihn zu ganz anderen Dehors als etwa sonst einen Vorsteher eines großen Handelshauses. César Godeffroys Haushaltung war die vornehmste Hamburgs; die Feste, die er im Winter in den Sälen des Stadthauses gab, waren berühmt, die sommerlichen Jagddiners in Dockenhuden aus alter Hamburgischer Gewohnheit herausfallend«, fand Richard Hertz Erklärungen für die Gigantomanie Césars VI. Im Jahre 1867 läßt dieser für eine winterliche Abendeinladung die führenden Kaufleute aus Senat und Börse auf Schlitten von seinen stets himmelblau livrierten Dienern abholen, in seine Residenz im Hirschpark fahren und nach einem rauschenden Fest bei Fackelbeleuchtung wieder heimgeleiten. Im Hause Godeffroy an der Elbe wird am Klavier häufig zum Tanz aufgespielt, ist der Spieltisch eng umlagert, amüsiert man sich bei fröhlichen Pfänderspielen. Das elegante Ambiente ist vornehmlich englisch. César besitzt einen feudalen Reitstall. 1836 gründet er den ersten Ruderclub. Die Boote bezieht er natürlich aus England, die Clubuniform ist obligatorisch: lange, weiße Hosen, weißes Hemd mit plissierter Brust, rot-weiße Jacke und blaue Mütze mit grün-weiß kariertem Seidenband.

Vieles, was sich »hanseatisch« vornehm gibt, bezieht seine Vorbilder aus England. Das Prunkboot »Arnim« des Germania Ruder Clubs war eine solche Imitation. Die acht Herren im weißen Pullover mit den englischen Strohhüten auf dem Kopf müssen sich mächtig ins Zeug legen, um ihre noble Fracht »mit Damen« über Wasser zu halten. Die Bootslänge veranlaßte den Maler sogar die Hamburger Kulisse in die Breite zu ziehen.
Den »Hamburger und Germania Ruder Club« gibt es noch immer an der Außenalster, und er ist noch immer eine erste Adresse für Ruderer, die auf sich und ihre »hanseatische« Tradition halten.

In der feudalen Prachtentfaltung stehen die »Hanseaten« hinter den deutschen Fürstenhöfen längst nicht mehr zurück. In der Repräsentationslust, in der Zurschaustellung von Macht und Reichtum kann es in Deutschland keiner mehr mit Hamburg aufnehmen, Zurückhaltung erlegt man sich kaum noch auf. »In Hamburg und Bremen isolierte sich ein wohlhabendes, ›kräftiges‹ Bürgertum immer mehr von der auf bescheidenem Niveau verharrenden großen Masse der mittleren und unteren Sozialschichten«, bemerkt Andreas Schulz über den »seigneuralen Lebensstil dieser Oberschicht«, »ein beträchtlicher Bevölkerungsteil der Hansestädte lebte jedoch während der ersten Hälfte des 19. Jahrhunderts (und auch noch lange danach! M.W.) in prekären wirtschaftlichen Verhältnissen«. Die dunklen Schatten hinter den weißen Fassaden des spendierfreudigen Hauses Godeffroy sahen nur ganz wenige.

Am 25. Januar 1879 – das Kaiserreich war gegründet – wendet sich der inzwischen infolge einer langjährigen Augenkrankheit (grüner Star) fast völlig erblindete César VI. Godeffroy an einen entfernten Verwandten und guten Freund, den aus Hamburg stammenden Staatssekretär im Berliner Auswärtigen Amt von Bülow: »Uns fehlt, um das Unternehmen, welches täglich wächst, überhaupt und zur Ehre Deutschlands durchführen zu können, ein Betriebskapital von 2 bis $2^1/_2$ Millionen Mark.« Berlin zögert. Im März kündigt Godeffroy den bevorstehenden Zusammenbruch seiner Firma an. Bismarck winkt ab. Auch ein hinzugezogener Reeder aus Bremen will oder kann nicht mehr helfen. Das einst so großzügige Bankhaus, die Hausbank Baring Brothers in London, läßt sich die Plantagen verpfänden. Es stellt sich heraus, daß das Eigenkapital Godeffroys viel zu gering ist und die Zinsen alle Ergebnisse zunichte machen. Kursstürze auf den Aktienmärkten tragen ihren Teil dazu bei, Godeffroy in die Katastrophe zu treiben. Die Norddeutsche Bank gerät in Schwierigkeiten. Am 1. Dezember 1879 stellt das Haus Godeffroy seine Zahlungen ein. Auch das private Kapital ist verpfändet. Es bleibt nur noch die Liquidation.

Glücklicherweise waren die Kreditgeber und Gläubiger César VI. Godeffroys vorwiegend Freunde und Verwandte. Mit Sorge hatten sie in den letzten Jahren beobachten müssen, wie wenig der Kaufmann Godeffroy Realität und Illusion noch auseinanderhalten konnte. Aus dem Handels- und Unternehmergenie war durch eine Mischung von eigener Risikolust und ungünstigen Einflüssen eine tragische Figur geworden. Mehr als dreißig Jahre dauerte die Liquidation. Die Hinterlassenschaft gelangte in andere Hände, jedoch wurde dem nach innen resignierten, nach außen noch immer stolzen und aufrechten alten Herrn, der von sich sagte: »Ich bereue nicht einen Pfennig, den ich ausgegeben habe«, gestattet, sein Haus noch zehn Jahre lang zu bewohnen. Der Tod bewahrte ihn vor der Schmach, aus dem traditionsreichen Haus seiner Väter verjagt zu werden. Johan César Godeffroy, der Titan unter den »Hanseaten«, der so zielstrebige und strategisch einfallsreiche, anfangs klug rechnende, aber zunehmend der Realität und damit auch den Tugenden eines »königlichen Kaufmanns« entrückte »König der Südsee« ist 1885 in seinem Landhaus gestorben.

Heute ist das »Hirschparkhaus« an der Elbchaussee 499, einer der schönsten alten Hamburger Bürgerpaläste, samt seinem weitläufigen, mit wunderschönen alten Bäumen bewachsenen »Hirschpark«, den der Unternehmer nach Art eines Königs anlegen ließ, in öffentlichem Besitz. Die barocken Kontorhäuser am Wandrahm sind längst der Spitzhacke zum Opfer gefallen. Die Familie Godeffroy, von der es noch Namensträger in Hamburg und in Brasilien gibt, hat sich in alle Winde zerstreut. 1880 wurde in Wien eine Ottilie Godeffroy geboren, deren Großvater aus Hamburg stammte. Unter dem Künstlernamen Tilla Durieux wurde sie eine große Schauspielerin. Bis nach dem Krieg flüsterte man sich in der Familie Godeffroy nur zu, daß sie diesen Namen trage, denn »Schauspielerei« galt als unfeiner Beruf. Ein entferntes Familienmitglied, der wunderliche Vetter Wilhelm, der sich adeln ließ und als einer der sowohl reichsten als auch geizigsten Junggesellen des Reiches galt, übernahm das von César VI. Godeffroy gegründete Museum Godeffroy, mit dem die Stadt nichts hatte anfangen können. Reste der Bestände verwahrt heute das Hamburger Völkerkundemuseum.

César VI. Godeffroy vereinte in sich die Tugenden der Hamburger Kaufleute, aber auch ihre Schwächen. Er war beileibe nicht der einzige, hochtalentierte »hanseatische« Stratege, der nach glanzvollem Wirken die Schwelle ins Bodenlose überschritt. Die Geschäftsrisiken sind ein unvermeidlicher Bestandteil des Erfolges, den der ständig die erreichten Grenzen verschiebende, die Welt im Visier habende Kauf-

Die weiße Trutzburg der Godeffroys an den Hängen über der Elbe, ein Ort unzähliger Festlichkeiten, kühner Handelsentscheidungen, aber auch düsterer Familientragödien.

mann sucht, und gerade die mutigen »Hanseaten« wußten und wissen ein Lied davon zu singen. Die vielberufene Gelassenheit und »Gediegenheit« des »hanseatischen« Handels ist eine schöne Fassade, hinter der die Katastrophe – die Zahlungsunfähigkeit – lauert, und es sind nicht die schlechtesten und schon gar nicht die unfähigsten »Hanseaten«, die ihren Mut mit dem Sturz in die Tiefe bezahlt haben.

Der stolze Name Godeffroy ist 1879 aus den Firmenbüchern verschwunden und durch »Deutsche Handels- und Plantagengesellschaft der Südseeinseln zu Hamburg« ersetzt worden. Immerhin halten die Söhne – Johan César Godeffroy jun. und August Godeffroy – noch zwanzig Aktien an der neuen Gesellschaft, aber der Familieneinfluß auf das Unternehmen ist ohne Belang. Bald wird die neue Firma wieder glänzende Gewinne abwerfen, und 1899 wird es ihr gelingen, das Deutsche Reich zum Erwerb verschiedener Südseeinseln, darunter Samoa, zu bewegen: Wovor Bremens Bürgermeister ein gutes halbes Jahrhundert zuvor noch zurückgeschreckt war, dazu waren das Deutsche Reich und seine nationalstolzen Bürger nur allzugern bereit.

Die Spurensuche nach den »Hanseaten« muß zwangsläufig auf einige herausgehobene Beispiele beschränkt bleiben. Gewiß ließe sich

Hamburgs Aufstieg zur zeitweiligen Welthandelsmacht auch mit anderen Namen belegen – der Name Godeffroy überstrahlte jedoch zeitweilig alle anderen. Wenige »hanseatische« Kaufleute haben es zu einer derart weltweiten Bedeutung gebracht wie die Godeffroys. Allerdings hörte man hier nur von ihren Erfolgen – wer solche nicht vorweisen konnte, wurde aus dem Adreßbuch gestrichen und mit Verbannung bestraft. Dies widerfuhr zum Beispiel Césars VI. jüngstem Bruder Alfred, der 1854 mit seiner Firma in San Francisco in Not geriet, weil sein Compagnon mit dem Kapital nach Peru geflüchtet war. Obwohl ihn keine Schuld traf, blieb Alfred 35 Jahre lang aus Hamburg verbannt. Césars VI. jüngster Sohn, das zarte Lieblingskind seiner Mutter, wurde mit 24 Jahren nach Samoa geschickt, wo er als Leiter vor Ort Wechsel auf die Firma gezogen haben soll, als Johan César Godeffroy und Sohn bereits die Zahlungen eingestellt hatten. Zwei Jahrzehnte später starb er einsam und mittellos in Kapstadt, ohne seine Familie je wiedergesehen zu haben. Die herzzerreißenden Briefe an seinen achtjährigen Sohn August sind erhalten und harren noch der Veröffentlichung. Auch dem Sohn des Senators Gustav Godeffroy, einst stolzer Kaiserlicher Konsul in Tahiti und mit einer tahitanischen Prinzessin verheiratet, war ein trauriges Schicksal beschieden: Erfolglos irrte er in der ganzen Welt umher, bis man ihn tot am Rande der Wüste von Nevada fand. Er wurde nur 39 Jahre alt! Allein Adolph Godeffroy, des Südseekönigs jüngerer Bruder, der 1845 in Havanna »falliierte«, hatte am Ende doch Glück: Sein inzwischen altersmilder, verwitweter Vater gestattete ihm die Rückkehr und ermöglichte ihm damit einen Neuanfang in Hamburg.

1837, also im zarten Alter von 23 Jahren, schickte die Familie Adolph Godeffroy nach Havanna, wo er mit einiger Unterbrechung – er heiratete 1839 in Hamburg eine Frau aus der eigenen Familie, die ebenfalls den Namen Godeffroy trug – bis 1845 die Familiengeschäfte betrieb. Nach anfänglich beachtlichen Erfolgen mußte er jedoch – es wurde ihm zur nachhaltigen Warnung – den Niedergang der kubanischen Aktivitäten miterleben und die Firma in Havanna schließlich liquidieren, da die Geschäfte des Hamburger Stammhauses sich mehr und mehr nach Westen, in den Pazifik, orientierten. Das »Fallieren« oder einfach der Mißerfolg war in aller Regel ein Verdammungsurteil – wer davon betroffen war, mußte das Schicksal einer »Unper-

Ein prunkvolles Ehrengeschenk für den Hapag-Direktor Adolph Godeffroy symbolisiert dessen Macht auf den Ozeanen.

son« erdulden. Adolph Godeffroy schilderte in einem Brief an seine Berliner Tante Marianne die Sache so: »Ich kam sehr jung und unerfahren nach Havanna, einem sehr gefährlichen Terrain, und zu einer Zeit, wo andauernd in Geschäften alles verkehrt ging. Ich verlor mehr, als ich besaß, und den Anteil meines Associés, der kein Vermögen hatte, mußte ich mittragen. Mein Vater half aus, die Summe wurde mir später bei seinem Tode abgezogen, und was mir übrigblieb, war wenig.« Doch er hatte seine Lektion gelernt und sollte sich bald schon als erfolgreicher erweisen als sein kühner Bruder.

Nach seiner Rückkehr trat Adolph nicht wieder in die elterliche Firma ein, sondern suchte seinen eigenen Weg in einem Unternehmen, das noch im 20. Jahrhundert »hanseatische« Wirtschafts- und Seefahrtsgeschichte schreiben sollte. Damit vertrat Adolph »einen neuen Kaufmannstyp: den angestellten Direktor einer Aktiengesellschaft. Aber noch lange hieß es an der Börse: »›Lieber frei als Sklave‹«, schreibt Gabriele Hoffmann. Adolph hatte eine auffallende Rednergabe und war, so beschrieb ihn R. Landerer 1897 in einer Familienbiographie, »trotz lebhaften Temperaments, das er sich als Erbteil seiner französischen Abstammung gewahrt, streng korrekt in allen seinen

Handlungen, stets sorgfältig, um nicht zu sagen gewählt in seiner Ausdrucksweise«. Zwei Jahre später wurde er Vorsitzender einer Firma, die zwar mit der seiner Familie im Zusammenhang stand, aber nicht zum Godeffroyschen Imperium gehörte: der Hapag. Später hat man ihn in viele städtische Ehrenämter gewählt, 1859 wurde er Mitglied der Bürgerschaft.

1847 hatten sich in Hamburg einige Männer zusammengetan, um eine »Segel-Paketfahrt«, eine Post- und Handelslinie mit Segelschiffen zu gründen. Zwar hatte die neue Zeit der Dampfschiffahrt bereits begonnen, aber die damit verbundenen finanziellen Risiken waren schwer überschaubar, und die begrenzten Mittel ließen vorläufig nur an die »klassische« Segel-Linie denken. Im Gründungsjahr der neuen Linie gab es nur eine einzige Linie, die Passagiere über den Atlantik nach New York expedierte, nämlich die Schiffsverbindung, die Robert Miles Sloman 1835 begründet hatte. Mit der neuen »Hamburg-Amerikanischen Packetfahrt-Actien-Gesellschaft«, die dank schneller Erfolge einige Jahre später auf große Schraubendampfer umsteigen konnte, erzielte Adolph Godeffroy über 33 oft dramatische Jahre hinweg einen grandiosen Erfolg. Immer wieder wurde er in das Amt des Vorsitzenden Direktors gewählt, und während seine väterliche Familienfirma unter Leitung des Bruders in schwindelerregende Höhen vorstieß, die ihr schließlich zum Verderben ausschlagen sollten, hat er beharrlich und mit dem Augenmaß des stoischen Realisten sein »eigenes« Weltreich der Seefahrt errichtet, das die große Bühne Albert Ballins werden sollte.

Wo von den großen Erfolgen der Seefahrt im 19. Jahrhundert die Rede ist, führen alle Wege immer wieder nach Hamburg. Doch darf dabei nicht aus dem Blickfeld geraten, daß die andere »hanseatische« Stadt nahe der deutschen Nordseeküste, die Freie und Hansestadt Bremen, ihrer Schwester von der Elbe zeitweilig den Rang abgelaufen hat – zumindest in den Anfängen der deutschen Dampfschiffahrt. Das war einem Reeder zu verdanken, der für seine Vaterstadt von ähnlich segensreicher Wirkung war wie der legendäre Bürgermeister Smidt. Der Mann mit dem unscheinbaren Namen Meier sprach die Anfangsbuchstaben seiner beiden Vornamen Hermann Heinrich, H.H., ausschließlich englisch aus. Am 16. Oktober 1806 in Bremen geboren und dort zwei Jahre vor dem Ende des Jahrhunderts gestorben, gehörte er zu den bedeutendsten Männern der Bremer Wirtschaftsgeschichte. Weder hat er sich nach Art einiger Hamburger Kaufmannskollegen seiner Verdienste sonderlich gerühmt, noch hat er sich je den Anschein eines Feudalherrschers gegeben. Im calvinistisch geprägten Bremen galten vornehme Zurückhaltung und Unauffälligkeit unter den Erfolgreichen mehr als alles andere, was nicht zuletzt dadurch befördert wurde, daß viele der größten Bremer Kaufmannsfamilien ihr Vermögen und ihre geschäftlichen Erfolge fern von der Weser machten. Zu der typischen Reserviertheit »hanseatischer« Kaufleute haben Bremens »Hanseaten« am meisten beigetragen: Geld, so war und ist bis heute ihre löbliche Devise, hat man, aber man zeigt es nicht. Man spendet davon allenfalls etwas für gute Zwecke, das aber möglichst unauffällig.

H. H. Meier der Jüngere trat 1826 in das Geschäft des Vaters ein, und repräsentierte die Firma fünf Jahre später zuerst in England und dann in Boston. 1834 wurde er Teilhaber, wenig später Mitglied der Bremer Bürgerschaft, der er mehr als dreißig Jahre angehören sollte. Auf ihn geht die segensreiche »Gesellschaft zur Rettung Schiffbrüchiger« zurück. Die neue Bremer Verfassung nach 1842 trägt unter anderen seine Handschrift. 1848 wurde er ins Frankfurter Paulskirchen-Parlament gewählt, später war er Bremer Abgeordneter im Deutschen Reichstag. 1852 avancierte er zum alleinigen Inhaber der väterlichen Firma, zudem zählte er zu den entscheidenden Mitbegründern der Bremer Bank.

Zuerst hatte der junge Reeder sich um englische und, als diese nicht zustande kam, um preußische Mithilfe bei der Gründung einer großen Bremer Schiffahrtslinie bemüht und zuletzt ganz auf die gemeinsamen Interessen der Bremer Kaufmannschaft gesetzt. Aus der damals einzigen kleinen Bremer Dampfschiffsreederei, der »Weser-und-Hunte-Dampfschiffahrtsgesellschaft«, die Bremerhaven mit Bremen und Oldenburg verband, entwickelte er zielstrebig eine Passagierschiffsreederei, die er »Norddeutscher Lloyd« taufte. Der Name des englischen Seefahrt-Versicherers Lloyd hatte einen guten Klang, zudem war kurz zuvor schon ein »Österreichischer Lloyd« für den Mittelmeerhafen Triest gegründet worden. Der »Norddeutsche Lloyd« entwickelte sich unter Meiers Leitung zu einer der größten Passagierschiffahrtslinien der Welt, die nicht zuletzt von der Schwä-

Noch ist er jung und tatkräftig: H.H. Meier, Bremens größter Reeder, Gründer des Norddeutschen Lloyd und »hanseatischer« Dauerkonkurrent von Hamburgs Dampfer-Herrlichkeit, Mitglied der Bremer Bürgerschaft, Anreger der »Gesellschaft zur Rettung Schiffbrüchiger«, Mitglied des Frankfurter Paulskirchenparlaments, Abgeordneter im Deutschen Reichstag, Mitbegründer der Bremer Bank.

chung der amerikanischen Schiffahrt durch den dortigen Bürgerkrieg zu profitieren wußte, und überflügelte die Hamburger Konkurrenz. Zwischen 1836 und 1844 sind mit Bremer Schiffen weit mehr als 100 000 Passagiere ausgereist, über Hamburg dagegen nur 15 000. (Gut, daß die einstigen Gründer und Konkurrenten den Zusammenschluß der heutigen Hapag-Lloyd nicht mehr erleben mußten.) Meier berief den Berliner Eduard Crüsemann, der schon als Fünfundzwanzigjähriger ein eigenes Import- und Reederei-Geschäft gegründet und es zum Erfolg geführt hatte, zum Direktor des Norddeutschen Lloyd und kümmerte sich selbst vor allem um die Finanzierung und die Ausarbeitung von Strategien.

In einem seiner vielen Appelle an den Senat und die Bremer Bürgerschaft hatte der Ingenieur und Lloyd-Direktor Theodor Overbeck gefordert, daß Bremen »in unserem Wettstreit mit anderen Handelsstädten zu siegen« habe. Meier und den Seinen gelang das bald. Begonnen hatte er mit einer Linie nach England, die vor allem Vieh transportierte. Dann hatte er sich einen Vertrag mit der Post für den Transport nach Amerika gesichert. Bis dahin war der Postverkehr über den Atlantik England vorbehalten gewesen. Das veranlaßte Geschäftsleute in New York, die Gründung einer Postverkehrslinie nach Deutschland anzustreben. Die Gelegenheit wußten Johann Smidt und Arnold Duckwitz – ein ebenso unermüdlicher Kämpfer um Bremens Schiffahrtsinteressen – für Bremen zu nutzen. Am 19. Juni 1858 stach der erste von vier Transatlantik-Dampfern der neuen Reederei, die »Bremen«, unter dem Jubel der bremischen Bevölkerung von Bremerhaven aus in See. Nach nur zweiwöchiger Überfahrt machte das Schiff im Hafen von New York fest. Eine Linie hatte ihren Einstand gefeiert, die bis zum Beginn des Ersten Weltkrieges die führende Rolle auf dem Nordatlantik spielen sollte.

Als die »Bremen« sich zu ihrer Atlantik-Überquerung in Richtung Amerika anschickte, schwärmte die »Weser-Zeitung« begeistert: »Wer ein deutsches Herz hatte, dem mußte es höher schlagen bei dem Gedanken, daß dieser herrliche Dampfer die deutsche Flagge über dem Ozean tragen und ein Pionier für weitere Schöpfungen des nationalen Handels werden solle, der mußte sich erhoben fühlen, als er an Bord des Schiffes den Gruß deutscher Zungen hörte und in treue deutsche Augen blickte.« Ganz so treu dürften diese Augen der Auswanderer nicht geblickt haben. Hinter ihnen lag zumeist ein deutscher Alptraum und vor ihnen eine ungewisse Zukunft.

Die alles andere als angenehmen Reisebedingungen der deutschen Auswanderer waren noch immer ein Stein des Anstoßes – sie boten ausreichend Ursache, den »Pfeffersäcken« ihre Art des Geldverdienens gründlich übelzunehmen. 1837 hatte Friedrich Gerstäcker eine »Reise von Leipzig nach New York« mit den Worten beschrieben: »Denke Dir einmal einen Raum von ungefähr 11 Schritt Länge, 9 Schritt Breite, 8 Fuß hoch, an beiden Seiten mit Schlafstellen oder Coyen versehn, von denen immer 2 von Brettern genagelt übereinander sind, ungefähr von der Art, wo in jeder Coye 10 Mann liegen,

Hamburg und Bremen verdanken ihren Aufstieg im 19. Jahrhundert nicht zuletzt armen Auswanderern, die ihr mühsam Erspartes für teure, aber wenig komfortable Schiffspassagen nach Übersee hingaben. Augenzeugen haben von der drangvollen Enge und den spärlichen Lebensmittelrationen an Bord Schauriges berichtet.

5 oben und fünf unten, denke Dir nun diesen Raum zwischen den Reihen Coyen in der Breite von Schritten, in dessen Mitte aber noch die Kisten und Koffer der Auswanderer aufgestapelt sind, die aber auch noch an den Coyen entlang stehen, und Du wirst einsehen, daß gerade noch so viel Platz ist, daß mit einiger Vorsicht rund um die Kisten ein Mann hoch gehen kann! – Denke Dir nun in diesem Raum bei schlechter Witterung 100 und ungefähr 10–15 Auswanderer eingeschlossen, denke Dir ihre Ausdünstung, das Lachen, Toben, Übergeben, Lamentieren, Kinderschreien etc. etc. und Du wirst dann ein ziemlich treues Bild dieses Raumes haben.«

Heinrich Smidt, ein Sohn des Bremer Bürgermeisters, schilderte sechzehn Jahre später das »Zwischendeck eines Auswandererschiffs während eines Sturms bei Nacht« folgendermaßen: »Einige düster brennende Laternen erhellen das lange und schmale Zwischendeck, in welchem ein mäßig großer Mann nicht aufrecht zu stehen vermag. Die breiten Wandbetten, je zwei übereinander und jedes für drei

Schläfer berechnet, laufen längs den Seitenborden, und die Bretter sowie das Pfahlwerk dieser neu errichteten Räume knistern und knarren, wie das Schiff sich bewegt, das von den Wellen hin und her, auf und ab geschleudert wird ... ›Wer nur die Mittel hätte, sich erst durchzuarbeiten, damit man die Frachtgelder nicht durch Taglöhnern abzahlen müßte‹, schrie einer. Aber so fängt der Frondienst in der neuen Welt wieder an, wo er in der alten aufhörte. Es ist nichts als ein ewiges Gefängnis, worin wir sitzen, ohne das geringste verschuldet zu haben.« Moritz Herzberger, der Sohn eines jüdischen Getreidehändlers aus der Nähe von Hameln, berichtet in seinem Tagebuch, daß das Schiff, mit dem er von Bremen nach New York reiste, erst einmal zwei Nächte im Hafen lag, bevor es endlich die Motore anwarf: »Auf dem Schiff gab es Gemurmel und Ausdrücke von Unzufriedenheit, denn es war in 36 Stunden kein Bissen Brot und kein Tropfen Wasser verabreicht worden. Die Unruhe wurde immer größer, besonders unter den Bayern und Hessen. Sie schrien: ›Wir haben Hunger und Durst.‹« Erst als »mit Tüchern ein Fischerboot« herangewinkt wurde und eine Gruppe von Passagieren noch einmal an Land gehen konnte, wurde »jemand zum Schiff gesandt, um den ausgehungerten Passagieren fürs erste (!) Brot und Wasser zu verabreichen«. Erfolg und Reichtum, Glanz und Glorie der »hanseatischen« See-Kaufleute beruhten erheblich auf dem Elend der Auswanderer.

Die vielen Proteste zeigten aber schließlich Wirkung. 1849 errichtete Bremerhaven direkt am Kai ein komfortables »Auswandererhaus«, das die Flüchtlinge aus allen Teilen Deutschlands und der östlichen Nachbarstaaten jedenfalls erst einmal anständig versorgte. »Zu allen Stunden des Tages«, meinte ein Beobachter, »sieht man die deutschen Auswanderer mit Weibern und Kindern in zahlreichen Gruppen am Hafen, meistens müßig schlendernd und gaffend, oder auf Kisten und Bällen gelagert und dem ganzen Hafengetriebe einen eigenen Charakter verleihend. Niedersachsen, Hessen und Franken bilden die größere Menge derselben, untersten erscheinen auch Böhmen, Mähren, Pfälzer und Schwaben.« Die Auswanderungswelle spült Geld in alle Kassen Bremens, das seine Reeder in ständig größere Schiffe investieren. Dort entstanden erst im Jahr 1900 weitläufige, dann aber wegen ihrer Vorbildlichkeit auf der Pariser Weltausstellung ausgezeichnete Auswandererhallen an der Veddel.

Robert M. Sloman hat als erster Hamburger Reeder nach Bremer Vorbild Geschäfte mit Auswanderern gemacht und damit ein Vermögen verdient. Er bot auch schon Schiffsreisen für Touristen an. Zu solchen Seereisen, die »keinerlei merkantile Zwecke verfolgten«, ließ er aber »nur unbescholtene und gebildete – vorzugsweise wissenschaftlich gebildete – Personen« zu, denen er anbot, »in vielseitig gebildeter Gesellschaft ... und bei durch die Seeluft gestählter Gesundheit ... einen für das ganze Leben unversiegbaren Schatz an Erfahrungen zu sammeln«.

1868 machte noch einmal ein skandalöser Vorfall auf einem Hamburger Schiff von Robert Miles Sloman böse Schlagzeilen: Auf der »Leibniz« waren 544 Auswanderer nach New York transportiert worden. Das Schiff war mit dieser Zahl von Passagieren völlig überbesetzt, zumal es nur über vier Toiletten verfügte. Obendrein war der Schiffszwieback verschimmelt und das Wasser knapp. Die Inspektoren in New York entdeckten im unteren Zwischendeck »eine vollständige Pesthöhle, geradezu darauf angelegt, dem gesündesten Menschen zu töten«. Der Reeder Sloman wurde dafür vom Hamburger Obergericht mit kümmerlichen hundert Talern Geldstrafe belangt. Die Sache sprach sich aber über Hamburg hinaus herum.

Die Versorgung auf See und die Ausstattung der anfangs noch spartanischen Unterkünfte besserten sich dann aber doch von Jahr zu Jahr. Vor allem die Verträge mit der amerikanischen Post sorgten für rapide steigende Einnahmen und endlich auch für komfortablere Schiffe. Der Norddeutsche Lloyd hatte mit der Hamburg-Amerikanischen Packetfahrt-Aktien-Gesellschaft lange um eine gegenseitige Abstimmung bei den Paket-Transporten gerungen, dabei allerdings keinerlei »hanseatische« Verständigung erreicht. »Diese aus dem Konkurrenzdenken der beiden großen deutschen Hansestädte resultierende starre Haltung«, so schreibt Hans Jürgen Witthöft in seinem Buch »Norddeutscher Lloyd«, »fand … in Amerika kein Verständnis. Obwohl man sich drüben in der Beurteilung von Lloyd und Hapag allgemein neutral gab, schien doch das Bremer System vielfach bevorzugt zu werden. Das drückte sich besonders darin aus, daß dem Lloyd mit der ausdrücklichen Bindung an Abfahrten an bestimmten Wochentagen 1860 die Beförderung der englisch-amerikanischen Post übertragen wurde. Das wird wohl die Hamburger Linie zum Einlenken bewogen haben, so daß 1861 doch noch eine entsprechende Vereinbarung zustande kam.« Der Norddeutsche Lloyd, der sich nun auch auf die wachsenden Werften von Bremerhaven stützten konnte, gehörte bald zur Spitzengruppe der internationalen Schiffahrtslinien – und Bremerhavens Aufstieg zum Elitehandelsplatz war nun nicht mehr aufzuhalten. Linien nach Baltimore, Westindien, Brasilien und La Plata folgten, und nur der Deutsch-Französische Krieg konnte den Höhenflug des Lloyd vorübergehend lähmen.

Bremens König der Seefahrt und des Norddeutschen Lloyd, der zunehmend halsstarrig werdende H.H. Meier, hatte sich zuletzt mit seinen Gesellschaftern so überworfen, daß er 1888 seine Firma im Zorn verließ. Er trat als Vorsitzender des Verwaltungsrates zurück. »In Wahrheit war es verletzte Eitelkeit und die Bitterkeit eines alten Mannes, sich gegenüber einem jüngeren nicht mehr in der gewohnten Weise durchsetzen zu können. H.H. Meier hat, wie viele andere bedeutende Männer aus allen Lebensbereichen, nicht den richtigen Zeitpunkt für einen Rücktritt finden können. Seine Verdienste um den Norddeutschen Lloyd, um die Bremer Schiffahrt und um das gesamte Wirtschaftsleben der Hansestadt werden dadurch nicht geschmälert.« Sein Nachfolger Johann G. Lohmann konnte mit den

veränderten technischen Bedingungen des Schiffsverkehrs und des Schiffbaus nicht mehr Schritt halten und vergab damit die Spitzenposition des Lloyd. Am 17. November 1898 starb H. H. Meier an einer Erkältung. Die hatte er sich freilich nicht auf hoher See, sondern auf dem Weg in sein Bremer Comptoir zugezogen.

Die wetterfeste, aber stets auch von konservativer Erstarrung bedrohte Sorte von »Hanseaten«, zu denen die Slomans oder Godeffroys, die Meiers oder Roddes und so viele andere welterfahrene und vorwiegend nüchterne, weitblickende und kapitalbewußte, patriotische und – soweit ihr Besitzstand und ihre Macht nicht tangiert waren – liberal-demokratischen Könige des Handels und Wandels zählten: Sie

Die Schiffe der Hapag und des Norddeutschen Lloyd machen der englischen Konkurrenz zu schaffen und wecken Seemachtsträume.

prägten in den Zeiten zunehmend globaler Geschäfte, wirtschaftlicher Prachtentfaltung und industriellen Wachstums im 19. Jahrhundert das Bild vom souveränen »hanseatischen« Weltenlenker. Seine weitreichenden Schatten schoben sich vor alle übrigen Schichten der Gesellschaft, drückten ihnen allenfalls den eigenen Stempel auf und luden zur Nachahmung ein. Diese »Hanseaten« waren nicht nur die Herren ihres Gemeinwesens, Fürsten einer bürgerlichen Gesellschaft – sie waren wahre Könige. Ihr Wirken und der Mythos, den sie sich selbst schufen, definierten und verklärten gleichermaßen die Rahmenbedingungen des »Hanseatischen«. Ein nostalgisch verklärender Roman des Schriftstellers Rudolf Herzog mit dem Titel »Hanseaten«, der 1925 erschien, führt alle »Tugenden« des ehrbaren göttergleichen Kaufmanns, die Vorzüge der unbeschränkten, mächtigen Handelswelt noch einmal vor – frei von aller Ironie und Distanz. »Ehrbar« war vor allem der, der über geschäftliche Erfolge und weltweiten Einfluß gebot – »ehrlos« dagegen der ohnmächtige, zum Zusehen verurteilte Außenseiter oder einfacher: der Erfolglose. Die Moral war, mochten Künstler noch so sehr die Nase darüber rümpfen, auf der Seite der Sieger. Überall war ja das Zeitalter des großen Geldes in Bürgerhand angebrochen, und die »Hanseaten« waren seine stolzesten Regenten. Die »heile« Kaufmannswelt wurde schließlich zur Legende verklärt und zum Mythos verfeinert.

Rudolf Herzog, dessen nationaler Stolz zuletzt in die Verblendung des Faschismus mündete, läßt in seinem »Hanseaten«-Roman noch einmal aus vollem Munde alle Klischees kaufmännischer Überlegenheit paradieren, wenn seine würdevollen Handelsherren Karl Twersten und Theodor Bramberg mit ausgesuchter Höflichkeit über Gott und die Welt bramarbasieren: »Und nun bitte ich Sie, mit mir gemeinsam zu trinken auf das Wohl des Hamburger Kaufmannes, den heute hier die Firma Bramberg und Co. repräsentiert, auf Hamburgs Handel und Schiffahrt, auf alles das, was uns Fürstenstolz verleiht und das Glücksempfinden, auf diesem Posten zu stehen, und das wir zusammenfassen in dem einen Wort ›Hamburg‹«, heißt es da.

Wirtschafts-, Seefahrts-, Politik-, Architektur- und Sozialgeschichte Hamburgs und die Kolonialgeschichte Deutschlands sind ohne den Aufstieg und Fall der Hamburger Kaufmannsfamilien, deren Geschäfte sich über die ganze Welt erstreckten und deren königlicher Kaufmannsstolz noch heute in ihren Prachtbauten an Elbe und Alster weiterlebt, nicht vorstellbar. Daß die Villen-Architektur diese Stadt so nachhaltig geprägt hat und ihre architektonische Schönheit bis heute in Deutschland nicht so leicht ihresgleichen findet, ist das Verdienst einer gesellschaftlichen Klasse, die für ihren ungehemmten Materialismus oft geschmäht wurde und wird, die aber in ihren glanzvollsten Ausprägungen der Stadt ein wahrhaft königliches, zumindest aber ein großbürgerlich-pompöses Aussehen verliehen hat, das sich hinter vielen Hervorbringungen feudalistischer Prachtentfaltung nicht zu verstecken braucht. Wenn die Hamburger stolz sein können auf die Wohnpaläste mit den oft geradezu märchenhaften Parkanlagen, dann verdanken sie das in erster Linie eben jenen Kaufleuten, die vor allem im 19. Jahrhundert alles daransetzten, ihre Stadt zu einer wahrlichen Perle des deutschen Nordens zu machen.

»Es ist das Selbstbewußtsein, das aus Hamburger Kaufleuten Feldherren macht; ... solange ein reiches Hamburg, ist ein wohlhabendes Deutschland. Deshalb ist unser Geldverdienen nicht eine Krämerbeschäftigung, sondern eine Mission.« Aber ebenso wissen diese »Hanseaten«: »Fürstliche Vermögen, die es bei uns gibt, legen fürstliche Pflichten auf.« Das klingt verantwortungsvoll, doch sollte sich noch zeigen, was damit wirklich gemeint war.

Deutschland und mit ihm seine »Hanseaten« eilten nach dem Abflauen der Revolution von 1848 und der geglückten Domestizierung

Die Seereise wird schließlich zum Vergnügen: großer Festsaal auf dem Luxusliner »Imperator«.

unruhiger Geister mit großen Schritten auf die Reichsgründung zu. Auf dem Wege dorthin hatten Hamburg, Bremen und Lübeck aber noch harte Jahre zu überstehen. Der Konflikt um Schleswig-Holstein zwischen Preußen, Österreich und Dänemark ließ die Gefahr eines Krieges heraufziehen. Am 18. Januar 1864 zogen die beiden deutschen Großmächte gegen Dänemark. Aber schon im Juli kam es zum Waffenstillstand, im Oktober zum Wiener Frieden. Schleswig-Holstein und das Großherzogtum Lauenburg waren ihrer dänischen Hoheit entrissen. Der Nationalismus in Deutschland und damit auch in den alten, einst so patriotisch-genügsamen Hansestädten machte erneut gute Fortschritte.

Doch in der Befreiung von der dänischen Fremdherrschaft lag der Keim für neue Zwietracht: Preußen hatte die Verwaltung Schleswigs, Österreich die von Holstein erhalten. Schon im Juni 1866 ließ Preußen seine Truppen in Holstein einmarschieren. Die um Ausgleich bemühten Hansestädte zogen sich daraufhin verärgert aus dem Deutschen Bund zurück. Preußen hatte zur Reform des Deutschen Bundes ohne Österreich aufgerufen, was besonders Hamburg mißfiel, dessen Staatsfinanzen ja einmal durch österreichische Hilfsmaßnahmen vor einer Katastrophe gerettet worden waren. Doch der neue Norddeutsche Bund unter Führung Preußens war nicht mehr aufzuhalten. Am 14. Juli 1867 wurde Bismarck zum Bundeskanzler berufen. Die Hansestädte schickten ihre Delegierten zum Bundesrat nach Berlin. Sie sorgten dafür, daß ihre Städte vom Zollverein noch ausgeschlossen blieben. Die »Hanseaten« kämpften mit all ihrer Handelsmacht für ihre Sonderrechte und ihre bröckelnde Unabhängigkeit. Von ihrer bisher zumindest in Ansätzen eigenständigen Außenpolitik mußten sie Abschied nehmen. Im Bundesrat hatten Hamburg, Bremen und Lübeck je eine Stimme, Preußen hingegen siebzehn. Die eigenen Bataillone und Bürgergarden, immerhin mehrere tausend Mann, wurden aufgelöst und durch »hanseatische« Regimenter ersetzt, die dem preußischen Kommando unterstanden. Die alten Flaggen wurden eingezogen: Ein »ergreifender Anblick« sei es gewesen, »als unter dem Donner der Kanonen auf allen Schiffen die Lübecker Flaggen sanken und majestätisch die des Norddeutschen Bundes sich erhoben«, schrieb eine Lübecker Zeitung.

»Hamburg, Lübeck und Bremen
Die brauchen sich nicht zu schämen,
Denn sie sind eine freie Stadt,
Wo Bismarck nichts zu sagen hat.«

Dieser schöne alte Spruch gehörte nun der Vergangenheit an. Mochte die freie Welt der »Hanseaten«, für die Männer wie Smidt und Kirchenpauer so beherzt gerungen hatten, auf den Meeren auch unangreifbar erscheinen – eine neue Zeit verlangte neue Solidaritäten. Lokaler Partikularismus und Egoismus hatten sich überlebt. Die Wirtschaft »vernetzte« sich zunehmend, soziale Veränderungen sorgten für erheblichen Zündstoff. 1865 kam es in Hamburg zu Streiks. Arbeiter und Seeleute, Handwerker und Korbmacher zwangen die Unternehmer zu höheren Löhnen, Angestellte setzten humanere Arbeitszeiten durch. Hinzu kam 1866 eine überregionale, auch die »Hanseaten« nicht verschonende Wirtschaftskrise. Die Arbeiter schlossen sich zu größeren Verbänden zusammen und verbreiteten in Auseinandersetzungen mit der Polizei Furcht und Schrecken. Sozialdemokratische »Hetzereien und Wühlereien« bedrohten den Haus- und Seelenfrieden der »hanseatischen« Elite, zu der nun auch immer mehr Fabrikanten zählten. Unter solchen Umständen überforderte die Wahrung der politischen Eigenständigkeit die einzelnen »hanseatischen« Städte restlos – ihr Aufgehen in einem anderen, nun endlich weithin sichtbar gestärkten deutschen »Vaterland« war zuletzt nur noch Formsache.

XI. Unbegreiflich schön, ehrwürdig und interessant

Vom Bauen und Wohnen

Die freiheitsbewußten, republikanisch gesinnten »Hanseaten« unter preußischer Vorherrschaft im deutschen Kaiserreich – bevor es dazu kam, hat sich noch einmal vieles verändert. Welches äußere Bild boten diese drei Städte vor dem nationalen Neubeginn? Welche architektonischen Akzente bestimmten die drei Küsten- und Handelsmetropolen vor den bald einsetzenden, auch den Baustil verändernden Gründerjahren des Wilhelminischen Deutschland?

Als in den Tagen und Nächten vom 5. bis zum 8. Mai 1842 der Feuersturm in Hamburg tobte, büßte die größte »hanseatische« Kaufmannsstadt ihr städtebauliches Gesicht ein, das die weitgehend engen Straßenzüge zwischen Elbe und der seit der künstlichen Stauung im 17. Jahrhundert zur Lagune erweiterten Alster prägten. Bremen und Lübeck sollten ihr in Jahrhunderten gewachsenes, von altvertrauten Falten und Runzeln gegerbtes Antlitz noch hundert Jahre länger bewahren. Hamburg dagegen, inzwischen ein Gemeinwesen mit 200 000 Einwohnern, wurde nach dem Brand zu einer äußerlich verwandelten Stadt.

Bis 1842 wiesen die drei »hanseatischen« Innenstädte trotz regional begründeter Verschiedenheiten viele verwandte Züge auf: Die Verwendung von Fachwerk und Backstein, die engen Gänge und Straßen zwischen den spitzgiebeligen Häuserfronten, die hohen Speicher und Tore der Handelshäuser und, nicht zuletzt, die hoch über die Dächer und das flache Umland ragenden Kirchtürme hatten Übereinstimmungen deutlich gemacht. Was sich von heute aus als gemütliche und malerische Welt von gestern ausnimmt, war damals alles andere als »gemütlich«. Große Teile Hamburgs müssen vor der Zerstörung für Bewohner und Besucher eine Zumutung gewesen sein. Wer es sich leisten konnte, zog als Logis Häuser auf den bukolischen

Feldern am Rande der Stadt vor, im nahen Altona oder in Pöseldorf etwa. Hamburg sei »zusammengeworfenes Zeug von Häßlichkeit, Gestank und Pfützenwasser«, stöhnte 1798 der englische Dichter Samuel Coleridge und fügte eine prophetische Bemerkung hinzu: »Die erste Voraussetzung für irgendwelche bauliche Schönheit in Hamburg wäre, fürchte ich, ein großer Brand. Die Stadt ist gar zu muffig.« Sein Schweizer Kollege Jeremias Gotthelf notierte 1821: »Die Straßen sind meist eng und schmutzig (freilich regnet es beständig), mehr Gäßlein als Straßen, so daß man oft nicht weiß wie Wagen ausbeugen. Auch die Kanäle, wodurch die Alster in die Elbe abfließt, haben etwas Trauriges und Ekelerregendes.«

Eines der ersten Opfer des grausigen »Fuer in de Diekstraat« von 1842 war die 300 Meter vom Brandherd entfernt gelegene Kirche Sankt Nikolai, deren Pastor beim ersten Auflodern des Feuers gerade über das Thema »Das Erbe, das uns behalten wird im Himmel« predigte. Noch ahnte die Gemeinde offenbar nichts Böses, und der Gottesdienst wurde trotz Brandgeruchs nicht unterbrochen. Einige Neugierige indes bestiegen den Kirchturm, von dem aus sie das glühende Spektakel genauer beobachten konnten. Nur wenige Stunden später senkte er sich und stürzte, in Flammen gehüllt, auf den Kirchhof. Die nahe der Binnenalster gelegene Petrikirche brannte 1842 ebenfalls vollkommen aus. Mit den beiden Kirchen wurden in den Brandtagen und -nächten 4000 Wohnungen und über hundert Speicherhäuser dem Erdboden gleichgemacht. Nahezu alle öffentlichen Gebäude vom Rathaus bis zum Zuchthaus fielen in Schutt und Asche. Der Dichter Friedrich Hebbel, der während der Katastrophe selbst zu den eifrigsten Helfern gehörte, betrauerte am Tage danach »mit Schaudern und Entsetzen den Leichnam einer Stadt«.

Was für 20 000 obdachlose Hamburger für eine lange Zeit Elend und Verzweiflung bedeuten mußte, wurde nun für Senatoren und Stadtplaner zu einer einzigartigen Herausforderung, denn Hamburg konnte sich jetzt auf einen Schlag grundsätzlich erneuern, Wohn- und Arbeitsquartiere, öffentliche Gebäude und Straßen konnten endlich modernen Erfordernissen angepaßt werden. Hamburg wollte und konnte sich nun auch im Stadtbild von seinen »hanseatischen« Schwestern deutlich absetzen und seinen Anspruch auf großstädtische Weltläufigkeit untermauern. Hamburg hat diese Gelegenheit genutzt.

Dem Wiederaufbau der aus dem 14. Jahrhundert stammenden, volkstümlichen Seefahrerkirche Sankt Nikolai im Herzen der verwüsteten Stadt galten zunächst das Augenmerk und die flehentlichen Appelle der Bürger. Doch die bald entworfenen Pläne hatten mit diesem Herzen anderes vor: Das gesamte Stadtzentrum sollte nach dem Brand von der Trostbrücke und dem Nikolaifleet, also von der Elbnähe in den Bereich der Börse und damit näher an die Alster verlegt werden. Mit der projektierten, aber umstrittenen Verschiebung des Stadtzentrums verlor dessen einstiger Schwerpunkt, die neue Nikolaikirche am alten Hopfenmarkt, ihre Gläubigen. So war dem Neubau in der von Anwohnern verlassenen, später fast nur noch für Kontore und Geschäfte geeigneten Gegend ein kurioses Schicksal und ein nur kurzes Leben beschieden.

Aufgrund ihrer Anfälligkeit für Feuer hatte sich die mittelalterliche Fachwerkarchitektur endgültig als nicht mehr zeitgemäß erwiesen. Gegen die traditionelle Backstein-Bauweise hingegen, die seit dem frühen Mittelalter im Nordwesten Deutschlands bis ins Baltikum hinein zu großartigen Leistungen im Kirchenbau geführt hatte und die von fernen Steinbrüchen unabhängig war, ließ sich nichts einwenden. Auch in Lübeck hatte im 13. Jahrhundert einmal ein Brand gewütet, der den dortigen Holz- und Fachwerkbauten großen Schaden zufügte. Seither bestimmte eine Vorschrift, daß nur noch massive Häuser, vorwiegend in Backstein, gestattet seien. Hierzu fehlte es freilich den Erbauern kleinerer Buden, Baracken und Hinterhäuser am nötigen Geld, und so entstanden in Lübeck – ebenso wie in Hamburg und stellenweise auch in Bremen – der Not gehorchend weiterhin Holz- und Fachwerkhäuser. Die Fachwerkbauten bedurften ja nicht unbedingt eines Kellers und starker Außenmauern. Es dauerte meist nicht lange, dann waren derartige Häuser windschief und zugig, leichte Beute für den zerstörerischen Funkenflug – zumal dann, wenn das Dach aus Stroh bestand.

Unter den sakralen Großbauten Norddeutschlands nahm die Lübecker Marienkirche seit dem 13. Jahrhundert eine vielbestaunte Sonderrolle ein. Sie geht auf einen romanischen Bau zurück und läßt Einflüsse der französischen Kathedralen erkennen, die hier in die Bauformen der norddeutsche Backstein-Tradition übertragen wurden. Wie der ebenfalls aus einer romanischen Backstein-Basilika hervorge-

Lübecks imponierendstes Zeugnis bürgerlicher Mitverantwortung: das Heilig-Geist-Hospital von 1227. Im Jahre 1820 wurde die große Kirchenhalle mit langen Reihen von Holzverschlägen ausgestattet, in denen bis in die siebziger Jahre unseres Jahrhunderts Arme und Alte untergebracht waren. Neugierige Besucher besahen sich die kargen Wohnstätten bei einem Spaziergang durchs Kirchenschiff. Auch der Autor wurde als Kind von seinem Vater hierher geführt, damit er die »hanseatische« Wohltätigkeit bestaune.

gangene Lübecker Dom, der zur gleichen Zeit errichtet wurde, und der Dom des nahen Ratzeburg erhielt die Marienkirche eine mächtige Doppelturmanlage als weithin ausstrahlendes Symbol bürgerlicher Selbstbehauptung. Stolz blickt sie bis heute auf das gegenüberliegende Rathaus herunter. Bis zur Fertigstellung des Kölner Doms bildeten die beiden Türme die höchste Doppelturmanlage Europas. Die Hallenkirchen Sankt Petri, Sankt Jakobi (im 14. Jahrhundert üppig ausgemalt) und Sankt Marien, die dreischiffige Katharinenkirche aus gleicher Zeit und schließlich die kleine Aegidienkirche bilden eine Silhouette, die immer wieder das Entzücken von Dichtern und Besuchern der Stadt hervorgerufen hat. »Die Domkirche, die Marienkirche, die Jacobikirche winken einem den Bewillkommnungsgruß zu, bald dicht aneinander gedrängt, bald in weiter Reihe sich den Blicken darbietend, je nachdem man einen verschiedenen Standpunkt annimmt«, meinte Eduard Beurmann. Als Emanuel Geibel, der beliebteste Lübecker Poet des 19. Jahrhunderts und bis zum Ende seines Lebens eine in der ganzen Stadt ehrfurchtsvoll bestaunte lebende Legende, nach vielen Jahren der Abwesenheit 1868 an die Trave zurückkehrte, meinte er: »In den Lorbeerwäldern des schönen Südens, an den rheinischen Rebenbergen, an der königlichen, waffenstolzen Spree wie in den glänzenden Kunsthallen an der Isar beschlich mich immer wieder Heimweh nach den Stätten meiner Jugend, und ich fand nicht Ruhe, bis ich die wohlbekannten Türme vor mir aufsteigen sah und das Geläute der Glocken von Sankt Marien hören konnte.«

Auf die Backstein-Kirchen von Doberan und Stralsund, Schwerin und Rostock, Lüneburg und Danzig, ja bis nach Riga und Reval hat die Marienkirche von Lübeck mit ihrer dominierenden Größe und Höhe – mit einer Höhe von vierzig Metern ist das Mittelschiff das höchste Backsteingewölbe der Welt – ausgestrahlt und zur Konkurrenz angespornt: Hansestolz und Hansemacht hatten hier – neben dem Holstentor – ein ehrfurchtgebietendes Wahrzeichen gefunden. Als eindrucksvolles Zeugnis bürgerlichen Gemeinsinns ergänzte das 1227 vom Lübecker Rat gegründete Heilig-Geist-Hospital mit seinen vier schlanken Spitztürmen das Stadtbild. Die Kellergewölbe dieses Kirchengebäudes dienten der Lagerung von Importweinen. Frömmigkeit und Handelsgeist führten bei den »Hanseaten« eben eine äußerst harmonische Ehe.

Das stattlichste Symbol bürgerlicher Macht und reichsfreiheitlichen Selbstbewußtseins innerhalb der »hanseatischen« Städte war freilich das ebenfalls mit einer wuchtigen Doppelturm-Anlage versehene Lübecker Holstentor, das sich zwar schon zum Zeitpunkt seiner Errichtung nicht mehr als Instrument der Stadtverteidigung eignete, aber als wuchtige Gebärde städtischer Macht in den Hansestädten nicht seinesgleichen hatte. Dagegen erfüllte das Lübecker Rathaus mit seiner 1564 errichteten Renaissance-Treppe alle Anforderungen an diplomatische Repräsentanz. »Es ist vollendet, unbegreiflich schön, ehrwürdig und interessant und übertrifft Alles, was ich je an Gebäu-

Das 1535 erbaute Haus der Schiffergesellschaft, Heimstätte für den »gemein seefahrenden Mann«, gehörte zu Lübecks wichtigsten Wohltätigkeitseinrichtungen.

den gesehen habe. Man würde nicht Tage, sondern Wochen und Monate gebrauchen, um die Facaden, Erker, Fenster, Thüren, Treppen und Giebel zu studiren, und bei einem späteren Besuche doch immer wieder Neues und Interessantes entdecken«, schwärmte 1864 Graf Adelbert Baudissin. Zudem hatten in Lübeck verschiedene Berufsverbände wie die Schiffergesellschaft imposante Versammlungshäuser errichtet, deren mehrgeschossige Backsteinfronten von bürgerlichen und berufsgenossenschaftlichen Traditionen und deren Inneres nicht zuletzt von »hanseatischen« Lebens- und Tafelfreuden kündete.

In Bremen entstand über mehrere Jahrhunderte der Sankt-Petri-Dom. Wiederholt hatten Brände die Baumaßnahmen beeinträchtigt und einmal, im Januar 1638, war sogar ein fertiggestellter Turm wieder eingestürzt. So haben die Epochen von Gotik, Renaissance und das 19. Jahrhundert eine eigenwillige und variantenreiche Stilmischung erzeugt. Auch hier steht die zweitürmige Kirche in unmittelbarer Nachbarschaft des Rathauses, das freilich alle anderen Bauten der Stadt, auch die Pfarrkirchen Unser-Lieben-Frauen, Sankt Angari, Sankt Stephani und Sankt Martini an Homogenität und stolzer Machtgebärde übertrifft. Nie, so schreibt Hans Christoph Hoffmann, sei »in Bremen ein Gebäude von vergleichbarem Aussagegehalt und Anspruch errichtet worden ... Alles an diesem Gebäude fügt sich zu einer großen Selbstdarstellung des Rates, der von ihm repräsentierten Stadt und seiner Politik.« Im 15. und 16. Jahrhundert im Stil der Weserrenaissance erbaut, erscheint das Gebäude eher wie ein mediterraner Palast denn als Hort bürgerlicher Solidität. Bremen setzte mit diesem Bau einen markanten Machtakzent, der sehr viel später, am Ende des 19. Jahrhunderts, auch auf die Erbauer des Hamburger Rathauses nicht ohne Einfluß sein sollte. Am berühmtesten freilich wurde das stolze Bürgerschloß durch seinen Weinkeller, den Heinrich Heine besang:

»Glücklich der Mann, der den Hafen erreicht hat,
Und hinter sich ließ das Meer und die Stürme,
Und jetzt warm und ruhig sitzt
im guten Ratskeller zu Bremen.
Wie doch die Welt so traulich und lieblich
im Römerglas sich widerspiegelt;
und wie der wogende Mikrokosmos
sonnig hinabfließt ins durstige Herz ...«

Bremen und Lübeck – wo der in speziellen Fässern gelagerte »Rotspon« eine Besonderheit war – sind für ihre ausgezeichnet gelagerten französischen Rotweine berühmt. Dennoch waren (und sind) französische Weine im Bremer Ratsweinkeller verpönt. Der patriotischen Legende nach soll Bürgermeister Smidt nach dem Ende der französischen Besetzung verlangt haben: »Von nun an keine welschen Weine mehr!« In Wahrheit hatte seit dem 13. Jahrhundert der Keller des Rathauses das Monopol auf den Handel mit deutschen Weinen.

»In seiner äußeren Erscheinung steht Bremen zwischen Lübeck und Hamburg. Eine Katastrophe wie der Hamburger Brand ist ihm erspart geblieben, und wenn auch den Erfordernissen des Verkehrs und der Wirtschaft weit mehr vom alten Bremen zum Opfer gefallen ist als vom alten Lübeck, so blieb doch das Bild der inneren Stadt mit schönen Plätzen und Platzgruppen und bedeutenden Baudenkmalen erhalten. Das Rathaus, der Schütting (das Haus der Kaufmannschaft, M.W.), das Krameramthaus (heute Gewerbehaus), die Stadtwaage (in der Halle des Hauses wurden die Waren gewogen und mitunter auch zwischengelagert, M.W.) und das Kornhaus und noch manche schöne alte Giebelhäuser – lauter Juwelen niederdeutscher Baukunst … Bremen ist unter den deutschen Großstädten die sauberste … In den stillen Vorstadtstraßen mit ihren gleichförmigen gereihten Häuserzeilen nimmt der Reinlichkeitssinn am Sonnabend unter Strömen von Seifenwasser rabiate Formen an.« Bremens (und später Hamburgs) weithin bekannter Kunsthallendirektor Gustav Pauli hat 1875 das Stadtbild so beschrieben.

Hamburgs Kirchturm-Silhouette brauchte sich hinter der von Lübeck nicht zu verstecken. Die Kirche Sankt Petri, zu Beginn des 14. Jahrhunderts neu errichtet und im 15. Jahrhundert erweitert, war die älteste der Stadt, nachdem der 1248 als Backsteinbasilika erbaute Dom 1804 abgebrochen und seine Intarsien auf dem freien Markt verkauft worden waren. Der mittelalterlicher Hochaltar von Sankt Petri, den Meister Bertram 1383 vollendete, gehörte zu den berühmtesten Kunstdenkmälern Norddeutschlands. 1731 verschlug es das Kunstwerk nach Grabow in Mecklenburg – waren da wieder einmal Handelsinteressen im Spiel? –, wo ihn Alfred Lichtwark entdeckte und 1903 in die Hansestadt zurückholte. Sankt Jacobi wurde in mehreren Bauabschnitten seit der Mitte des 14. Jahrhunderts errichtet und diente an der damaligen Ausfallstraße nach Lübeck vor allem dem Kleinhandel und den fahrenden Kaufleuten zur religiösen Erbauung. Hamburgs ehrwürdigste Hauptkirche, Sankt Katharinen, war, nach gotischen Anfängen, im 15. Jahrhundert mit einem stattlichen Langhaus neu errichtet worden. Die Hauptkirche Sankt Michaelis war 1750 durch einen Blitzschlag abgebrannt und danach als eine der bedeutendsten Barockkirchen des Nordens wieder aufgebaut worden (sie überstand den Brand von 1842, brannte aber wegen fahrlässiger Reparaturarbeiten 1906 ab). Sankt Nikolai schließlich, im 13. und 14. Jahrhundert zur großen Hallenkirche ausgebaut, war nach 1842 nur noch eine Ruine.

Die engen Häuserzeilen in Hamburg, Bremen und Lübeck mit ihren treppenförmigen Giebeln, den schmalen Straßenfronten, den oft mit Buden und Hütten versehenen Hinterhöfen – vor allem da, wo sich, wie vor allem in Hamburg und Lübeck, Fleete an den Hinterfronten der Häuser und Speicher entlangzogen – waren jedoch im 18. und 19. Jahrhundert bereits durch die Stadtpaläste und prachtvoll verzierten Bürgerhäuser wohlhabender Kaufleute spektakulär aufgelockert worden. In dem Maße, wie sich Wohnen und Arbeiten, Privathaus und Kontor beziehungsweise Speicher trennten, entstanden in den alten Hansestädten großbürgerliche Wohnhäuser von unverwechselbarer Eleganz und Großzügigkeit. Wer sich ein eigenes oder gemietetes Haus leisten konnte, pflegte noch bis in die Mitte des 19. Jahrhunderts Stapelfläche, Büro und Wohnung unter einem Dach zu vereinen.

Viele von Lübecks Kaufmannshäusern entstammten noch dem Mittelalter, waren aber zumindest an der Außenseite immer wieder erneuert und verändert worden. Hinter dem Portal trat man gewöhnlich rechts in das Kontor und links in den Salon. Am Ende des Korridors lag die durch einen Windfang abgeschlossene Diele, die vornehmlich als Lager für Waren diente. Meist waren die Dielen von niedrigen Galerien umgeben, die Vorder- und Hinterhaus miteinander verbanden. Neben der Diele war der Saal der größte Raum im Hause, in ihm wurde repräsentiert, gefeiert und getafelt. Zuerst im Parterre der Häuser untergebracht, wanderte er in der zweiten Hälfte des 19. Jahrhunderts in die erste Etage. Der Saal im Hause der Lübecker Kaufleute wurde oft besonders opulent ausgeschmückt – wir wissen es nicht zuletzt vom Saal des Hauses »Buddenbrook«: »Aus dem himmelblauen Hintergrund der Tapeten traten zwischen schlanken Säulen weiße Götterbilder fast plastisch hervor. Die schweren roten Fenstervorhänge waren geschlossen, und in jedem Winkel des Zimmers brannten auf einem hohen, vergoldeten Kandelaber acht Kerzen, abgesehen von denen, die in silbernen Armleuchtern auf der Tafel standen. Über dem massigen Büffet, dem Landschaftszimmer gegenüber, hing ein umfangreiches Gemälde, ein italienischer Golf, dessen blaudunstiger Ton in dieser Beleuchtung außerordentlich wirksam war.«

In den beiden Lübecker Hauptstraßen, Breite Straße und Königstraße, dominierte der großbürgerliche Luxus, aber auch in den schmalen Querstraßen finden sich, eng aneinandergeschmiegt, vornehme Wohnhäuser mit malerischen Giebeln. Wer heute durch die Königstraße schlendert, wird vor allem vom ungewöhnlich prächtigen Wohnhaus der Kaufmannsfamilie Behn angezogen, das wohl am schönsten die Bau- und Wohnkultur der Lübecker Patrizier im

19. Jahrhundert widerspiegelt. Seine schlichte, klassizistische Front mit der eigentümlichen, Figuren gekrönten Balustrade läßt kaum erahnen, welch großzügige, aber dabei gegenüber Hamburger Häusern der gleichen Zeit auf den ersten Blick behagliche Raumaufteilung dahinter verborgen ist.

1823 hat der Kaufmann Behn das 1778 erbaute Haus von dem in Konkurs geratenen Matthäus Rodde, dem Ehemann Dorothea Schlözers, erworben und noch einmal erheblich umgebaut. Fast hundert Jahre hat die Familie Behn das Haus bewohnt. Im Eingangsbereich liegen Empfangszimmer und Kontor, die große Diele öffnet sich nach oben als zweistöckige Bogenhalle – einst für den Warenverkehr gedacht, war sie der Familie Behn nur noch Repräsentations- und Versammlungshalle, umgeben von einer strengen Arkadenreihe und dem umlaufenden Geländer im ersten Stock. Dorthin führt eine breite, mit weißem Geländer versehene Freitreppe, erwarten den Besucher weitere Repräsentations-, darüber im zweiten Stock die Wohnräume. Zum Garten nach hinten liegt ein phantasievoller, mit Blumen und Landschaftsszenen ausgeschmückter Salon. Im Erdgeschoß genau darunter befindet sich das eigentliche »Landschaftszimmer« mit antik anmutenden Nischen und einem den Raum dominierenden kostbaren Kachelofen. Das ganze Haus ist von einladender Helle und Freundlichkeit – die aber dürfte auf die Renovierungen in späterer Zeit zurückzuführen sein. Gleich nebenan steht das »Draeger-Haus« (benannt nach dem Stifter seiner Restaurierung Heinrich Draeger), dessen Zimmerfluchten eher an die eines französischen Rokoko-Schlosses als an die Herberge eines Kaufmanns erinnern. Beide Häuser dürften die großzügigste Entfaltung Lübecker Bürgerpracht im 19. Jahrhundert markieren, sie hätten auch Fürsten zur Ehre gereicht, ließen ihren Reichtum von außen jedoch kaum erkennen.

Bremen kultivierte in der zweiten Hälfte des 19. Jahrhunderts vor allem den spezifischen Typus des nur sieben bis acht Meter breiten »Bremer Hauses«: zur Straßenseite hin unaufdringlich und bescheiden, im Innern äußerst komfortabel und tief nach hinten zur Gartenfront reichend, zeichnet sich dieses durch anmutige Souterrains aus, in denen sich die Wirtschaftsräume befinden. Das Hochparterre hat stets die gleiche Raumaufteilung: zwei hintereinander liegende längliche Räume, in denen sich das familiäre Leben abspielt, daneben, hinter dem Treppenhaus, ein schmaler Salon. Ein Stockwerk höher befinden sich in der gleichen Aufteilung die Schlafzimmer. Dieser neue und höchst komfortable, wenngleich bald auch ein wenig gleichförmig wirkende Haustyp wurde jedoch nicht in die Altstadt integriert, sondern breitete sich, dank der Besitzverhältnisse seiner Erbauer, in den neu entstehenden Vorstadtgebieten aus. Die Straßen der inneren Stadt sind so winklig und eng wie die alten Viertel Hamburgs und Lübecks, die Häuser darin ebenfalls »altfränkisch und hoch, größtentheils mit spitzen, der Straße zugewendeten Giebeln«, aber offenbar reinlicher als die im alten Hamburg. Zumindest hat der scharfzüngige Eduard Beurmann sie so beschrieben. Er schwärmte von den Lindenbäumen vor den Häusern, den blanken Haustüren und gescheuerten Türschwellen, den »glänzendhellen Fenstern«. Den Bremern sei eben »die Ordnung und die Reinlichkeit angeboren. Vor Flöhen und Wanzen ist man hier ebenso sicher, als auf der anderen Seite der Kauf eines Hauses rückgängig gemacht werden kann, wenn sich in demselben das letztere Ungeziefer vorfindet.«

Freilich hielt Beurmann 1830 die Häuser in Bremens alter Innenstadt für »höchst unelegant«, dafür aber seien sie gepflegt durch eine Reinlichkeit, »die die holländische noch insofern übertrifft, als sie keinen Spucknapf auf dem Tische beim Essen duldet ... Die Häuser der Stadt haben das Ansehen bedächtiger Handelsherren, die keine Equipage halten, wenn sie nicht wenigstens hunderttausend Thaler im Vermögen haben, ... alles ist vorsichtig und massiv gebaut, hoch und weitläufig, um den Handel mit seinen Warenballen beherbergen zu können«. Im übrigen seien die Bremer ja auch »ruhige, bedächtige Leute. Sie leben den Tag über ihren Geschäften, schließen abends zehn die Haustür, gehen alljährlich wenigstens einmal zum Abendmahl und sorgen dafür, daß an jedem Sonnabend Haus und Hof von oben bis unten gereinigt werden.« Noch giftigere Pfeile auf »die« Bremer, was diese verständlicherweise mit Empörung aufnahmen, schoß Beurmanns Zeitgenosse Friedrich Saß ab, der 1840 in seinen »hanseatischen Briefen« schimpfte: »Bremen ist nichts als unverdaulicher Pudding, aus moorigem Calvinismus, aus holländischem Mynherrphlegma und Egoismus zusammengerührt in hanseatischer Soße.« Dafür hatte Joseph Meyer Freundlicheres beobachtet: »Die alte, reiche Hansastadt guckt noch ganz anmutig aus ihrem stattlichen Kleid ...

Paläste, wie sie sich Hamburgs reiche Kaufleute in der neuen Zeit errichteten, an denen eine glänzende Dekoration die Ideenarmuth der Erbauer und den Ungeschmack der Zeit umsonst zu verhüllen trachtet, sieht man in Bremen wenige ...«, stellte er 1859 fest.

Hamburgs Kaufleute ließen sich nach dem Brand neue vornehme Bürohäuser und Stadtpalais in der Innenstadt errichten. Wer es sich leisten konnte, besaß ja einen Sommersitz an Alster oder Elbe. Mit der Epoche der Aufklärung und dem Einwirken des Klassizismus auf Hamburg, dessen Kaufleute die streng gegliederten »terraced houses« in England schätzengelernt hatten, entwickelte sich in der Stadt um die Wende vom 18. zum 19. Jahrhundert ein Baustil, der für ein neues »hanseatisches« Gepräge sorgte.

Christian Frederik Hansen, der »Palladio« aus Kopenhagen, von 1783 bis 1804 dänisch-königlicher Landbaumeister in Altona, hat an der Elbe die mehr repräsentativen als behaglichen Wohnpaläste der Godeffroys errichtet. Gemeinsam mit dem Hamburger Johann August Arens, der sich der Gunst eines Caspar Voght erfreute und beinahe von Goethe nach Weimar gelockt worden wäre, setzte er am Rande von Hamburg die bemerkenswertesten Akzente des Klassizismus. In Vicenza, Venedig und Rom hatte er Palladios Villen des Veneto studiert, aber der Ursprung des Hamburger Klassizismus war, wie Hermann Hipp schreibt, Kopenhagen und »über dessen Akademie letztlich Frankreich ... Damals entstanden Höhepunkte der Hamburger Baukultur: die klassizistischen Villen und Landhäuser in den Elbvororten, dazu die klassizistischen Bürgerhäuser an der Palmaille (die damals freilich noch nicht zu Hamburg gehörte, M.W.) ... Es sind durchweg Putzbauten, einfache, stereometrisch konzipierte und klar begrenzte Baukörper. Die Gliederungen sind als in sich selbständige, ihrerseits einfach und nach klassischen Vorbildern entworfene Versatzstücke in diese Baukörper einmontiert ... Der Stilbegriff ›Klassizismus‹ als Siegel auf diesen schönen Häusern genügt für ein Verständnis des architektonischen Wandels im ausgehenden 18. Jahrhundert jedoch nicht. Er ist ›vernünftig‹, insofern er sich von der Willkür des Barock absetzt und die Regeln der Antike und ihrer Formwelt ›rein‹ zurückzugewinnen sucht. Die Architekturtheorie, die ihm zugrunde liegt, entwickelt darüber hinaus jenes Konzept, das bis in die Gegenwart nachwirkt, wonach nur *die* Gebäude schön und

›wahr‹ seien, die von einer vernünftigen Lösung der von Zweck und Konstruktion gestellten Aufgabe ausgehen ... So betrachtet war der Klassizismus nichts anderes als die angemessene Architektur für das kulturelle Milieu Hamburgs im 18. Jh. der Aufklärung.«

Hansen baute im dänischen Altona, aber seine Bauherren waren Hamburger. 1789 erhielt er von César IV. Godeffroy seinen ersten großen Auftrag, nämlich ein Palais für den großen Handelsherrn zu entwerfen. Das von zwei vor dem Eingang emporragenden Säulen mitgetragene Hauptgesims, die rahmenlos eingeschnittenen Fensteröffnungen, von denen nur die unteren zu beiden Seiten der Säulen durch das klassische Stuckdreieck verziert sind, und die zu beiden Seiten des Haupthauses angefügten einstöckigen Flügel erinnern an das kleine Trianon in Versailles und bieten mit der breiten Auffahrt einen wahrlich majestätischen Anblick. Das zur gleichen Zeit entstandene »Weiße Haus« für den Bruder Peter Godeffroy zeigt ebenfalls nur wenigen Bauschmuck und präsentiert auf der Südseite eine prächtige Loggia mit ionischen Säulen. Für den Altonaer Kaufmann Johann Heinrich Baur errichtete Hansen 1804 bis 1806 nach dem Vorbild Palladios einen schlichten kubischen Baukörper, ebenfalls mit ionischem Portikus. Im Innern krönt eine Oberlichtkuppel eine zylindrische Mittelhalle. An der Palmaille – die in der Mitte von einer Allee geteilte Prachtstraße erhielt ihren Namen nach dem Ballspiel »Palla a maglio« – errichtete Hansen neben einigen streng gegliederten, ebenfalls stark antikisierten Villen auch sein eigenes Wohnhaus, dessen Vorbild auf Empire-Häuser aus der Zeit nach der Französischen Revolution zurückgeht. Auch der verwaiste Hans Castorp wächst in so einem »zu Anfang des abgelaufenen Jahrhunderts auf schmalem Grundstück im Geschmack des nordischen Klassizismus erbauten, in einer trüben Wetterfarbe gestrichenen Haus an der Esplanade, mit Halbsäulen zu beiden Seiten der Eingangstür«, auf.

Ähnlich wie Hansen entwarf Johann August Arens säulengeschmückte, streng klassische und auf allen Zierat verzichtende klassizistische Häuser von äußerster Eleganz, von denen das Landhaus Caspar Voghts das gelungenste ist. Dagegen nahmen sich die alte Hamburger Börse und das alte Rathaus mit ihren zwar ebenfalls klassizistisch strengen, aber durch reichliche Verzierungen eher »verkleisterten« Fassaden geradezu protzig aus. Andere Abbildungen von

Die Palmaille, deren Name sich von einem italienischen Kugelspiel mit Schlaghammer (maglio) herleitet, verdankt ihr strenges, aber klassizistisch-ausgewogenes Gesicht dem Dänen Christian Frederik Hansen.

längst zerstörten Hamburger Bürgerhäusern aus der ersten Hälfte des 19. Jahrhunderts zeigen eine Vielzahl unterschiedlicher Giebel über (nach außen) schlichten oder barock verspielten mehrstöckigen Fassaden, die auch anderswo hätten stehen können. Die Bauzeit der aufwendigen Villen entlang dem Harvestehuder Weg und damit vieler ebenso origineller wie nach englischen oder französischen Vorbildern errichteter Gründervillen stand erst noch bevor. Noch bot Hamburg weitgehend ein Häuserbild, wie es in allen reicheren Städten des deutschen Nordens üblich war: schmale Bürgerhäuser mittelalterlicher oder barocker Prägung umgaben in engen Straßenschluchten die stolzen Rathäuser und hohen Kirchtürme. Doch es waren die Häuser jener kleinen, privilegierten Elite, die das »hanseatische« Image prägten. Johann Heinrich Schickedanz, ein Pastor in Salzdetfurth bei Hildesheim, war von diesem »Image« so verzaubert, daß er 1829 verzückt davon schwärmte, wie sehr sich in Hamburg, Bremen und Lübeck »alles vereinigt, um das Leben der Menschen zu verschönern und das Schöne mit dem Nützlichen in Harmonie zu bringen«. Harmonie und schöne Form, Reichtum und Familienehre – das waren die »hanseatischen Ideale«, und ihnen huldigten die Architekten nur allzugerne.

Abseits der Prachtstraßen sah es hingegen – die Spuren sind zumeist längst verweht – traurig aus. Die Ärmeren lebten, sofern überhaupt in der Nähe der feinen Herrschaft, in Kellern, dünnen Fachwerkgebäuden oder feuchten Schuppen hinter den Häusern. Wie es in solch dürftigen Quartieren wie dem Hamburger Gängeviertel zuging, das beispielsweise die Abbildung von Johannes Brahms' Geburtshaus charakterisiert, ist sehr viel schwerer zu rekonstruieren, aber dafür leicht vorstellbar. Daß man auf solche Vorstellungen angewiesen ist, bestätigt der englische Hamburg-Forscher Richard J. Evans: »Das Großbürgertum hat der Nachwelt eine so imposante Anzahl von Familiendokomenten, Tagebüchern und Erinnerungen hinterlassen, daß sie ein einzelner Historiker kaum zu bewältigen vermag, über das Kleinbürgertum und die Arbeiterklasse hingegen berichtet nur eine Handvoll von Zeugen.«

Auch Lübeck hatte seine Elendsquartiere, von denen in den »Buddenbrooks« nicht die Rede ist. Eduard Beurmann sagte über sie: »Man sollte es nicht für möglich halten, daß Menschen hier ausdauern können – fünf bis sechs Fuß unter der Erde, von Feuchtigkeit und Moder umgeben.« Beinahe zynisch fügte er hinzu: »Und doch hört man nicht über große Sterblichkeit und Krankheiten klagen. Die menschliche Natur kann sich an vieles gewöhnen; die Kellerbewohner leben glücklich und in sich zufrieden, sie haben wenig Bedürfnisse und ihr Körper wird durch Branntwein, der im Norden ein Präventivmittel des niederen Volkes gegen alles ist, gegen die Einflüsse der Feuchtigkeit gesichert.« In einem Bericht des Lübecker Bauvereins, der 1861 in den »Lübeckischen Blättern« abgedruckt wurde, hieß es über die »Buden, die mit ihren Rückseiten an sehr hohe Nachbarhäuser gelehnt sind«, sie seien »so feucht, daß wir selbst in den Zimmern das Wasser von den Wänden tropfen sahen. Dabei sind sie meistens undicht, die Mauern schief, weder Tühren noch Fenster schließen.« Es war wie überall auf der Welt: Die im Dunkeln sieht man nicht. »Über ihren Häuptern ist alles vornehm und salonartig; ihre Mietsherren geben Diners und Soupers, und sie kriechen ärmlich durchs Leben hin, während desselben schon mit einem Fuß im Grabe stehend.«

»Denn die einen sind im Dunkeln«: In Hamburgs Gängeviertel herrschten Lebensbedingungen, die wahrlich zum Himmel stanken. Das sollte für die Stadt schlimme Folgen haben.

Aber Beurmann hat auch noch etwas anderes in Hamburg, Bremen und Lübeck beobachtet, das für die Ereignisse von 1848 belangvoll gewesen sein könnte: »Es wohnt dem niederen Volke in den freien Hansestädten eine geistige Indolenz und eine Ehrfurcht vor des Standes Verschiedenheit inne, die man schwerlich sonst irgendwo antreffen wird, die aber eben die äußere Ordnung in diesen kleinen Republiken feststellt.« Für die Ehrfurcht vor des »Standes Verschiedenheit« sorgten die »hanseatischen« Kaufleute mit nicht weniger Geschick als die Könige und Fürsten. Die sozialen Unterschiede waren ja bei ihnen keineswegs geringer. »Oh! es ist in den Lübecker, Bremer und Hamburger ›Kellern‹ ein Friede wie im Grabe, und wenn diese Menschengestalten morgens aus ihrem Dachsbau hervorkriechen und an die Arbeit gehen«, dann, so Beurmann, könne man in ihren Gesichtern lesen, daß sie nur eine Frage wirklich bewegt: »Brod! Brod! ihr ganzes Streben geht dahin, sich durch das Leben zu arbeiten und den Hunger abzuwehren ...«

Diese Mißstände hinter sich zu lassen und der Stadt ein ganz neues Zentrum zu geben, hatte Hamburg Mitte des 19. Jahrhunderts Gelegenheit. Mit dem Südwestwind hatte sich das »Fuer an der Diekstraat« bis vor die kurz zuvor erbaute neue Börse, fast bis an die Alster durchgefressen. Hier nun, am nicht zuletzt dank Salomon Heines Hilfe weniger zerstörten eigentlichen Puls der Stadt, wollten die Kaufleute das neue Hamburg errichten. Da es für einen Rathaus-Neubau vorläufig an Geld fehlte, blieb der Platz neben der Börse erst einmal leer und die Börse jahrzehntelang das eigentliche Stadtzentrum, während sich auf dem für das Rathaus vorgesehenen Platz ein Kindergarten einrichten durfte. Für die obdachlose Bevölkerung entstanden überall, wo Platz war, und in den Vorstädten Notwohnungen, Provisorien, die nicht lange halten sollten. An der Kleinen Alster, der vor dem Brand von Fachwerkhäusern gesäumten Wasserlandschaft diesseits von Binnen- und Außenalster, sollte die mittelalterliche Topographie nun durch einen geometrisch gegliederten, weiträumigen Stadtgrundriß ersetzt werden. Das sollte Hamburgs Rang als Kaufmanns*republik* in neuem Glanz erstrahlen lassen. Bisher hatten dort vor allem kleine Händler ihr Quartier; die Stätten ihres »verunreinigten Gewerbes« galt es nun zu enteignen. Die Empörung der doppelten Verlierer schlug hohe Wellen: Eben hatten sie ihr Domizil durch das

Feuer eingebüßt, was schon schlimm genug war, und nun mußten sie auch noch einem Ensemble bürgerlicher Prachtentfaltung weichen, dessen Eleganz in keiner der »hanseatischen« Städte seinesgleichen finden sollte. Nur durch ein von der Bürgerschaft beschlossenes Enteignungsgesetz, eine neue Parzellierung der verwüsteten Flächen sowie eine martialische Besteuerung und umfassende Staatsanleihen wurde die Errichtung des neuen Zentrums möglich. Eine »Technische Kommission«, der die größten Architekten Hamburgs angehörten, wurde berufen und trat schon kurz nach dem Brand zusammen.

Zu den Hamburger Architekten von Rang gehörte damals der am 29. November 1803 in Altona geborener Baumeister Gottfried Semper, der wie nahezu alle vornehmen Hamburger das Gymnasium Johanneum besucht und in Göttingen und Paris studiert hatte. Anschließend hatte er sich in Genua, Venedig, Pisa, Florenz und Rom, Neapel und Athen umgesehen. Als Professor an der Dresdner Kunstakademie errichtete er das Zwingerforum, die Antikensäle im Japanischen Palais, ein »Maternitätsspital«, eine Synagoge und ein Hoftheater. In Hamburg beteiligte er sich nun an den Plänen für ein neues Rathaus und ebenso an den Plänen für ein neues Stadtzentrum. Er gab entscheidende Anregungen, mußte jedoch ziemlich bald erkennen, daß seine Vorstellungen in Hamburg auf Widerstand stießen. Sempers Ideen sprengten die konservativen Vorlieben der »Hanseaten«. Zur Ausführung kamen schließlich die Pläne von Alexis de Chateauneuf, geboren 1799 in Hamburg und Sohn eines 1794 vor der Revolution aus Frankreich geflüchteten Buchhändlers. Er hatte eine Privatschule besucht und danach ebenfalls in Paris Architektur studiert. 1818 war er wieder nach Hamburg zurückgekehrt, war dann noch einmal nach Karlsruhe gezogen, hatte ebenfalls Italien bereist, ein Jahr lang in Rom gelebt und nach seiner Rückkehr in Lübeck (dort sind keine architektonischen Spuren von ihm erhalten) und für Adelsfamilien in Schleswig-Holstein Aufträge ausgeführt. 1826 hatte er für den Hamburger Senator Hudtwalcker und für sich selbst drei Häuser nahe dem Gänsemarkt (in der ABC-Straße) gebaut.

Die Häuser am Gänsemarkt machten Chateauneuf stadtbekannt. Aber sein spektakulärster Bau in Hamburg war bis dahin das Posthaus am Neuen Wall, dessen Rundbogenstil einen unverkennbar italienischen Einfluß verriet. Ferner trat er hervor durch ein mit viel Malerei und Ornamenten verziertes Bürgerhaus, das er am Jungfernstieg für Amadeus Augustus Abendroth erbaute, den Hamburger Bürgermeister während der französischen Besatzungsjahre. Chateauneuf beteiligte sich an den sozialen Fürsorgemaßnahmen Johann Hinrich Wicherns und entwarf dessen einfaches Wohnhaus. Mit seinen Plänen für den Umbau des Hamburger Domplatzes scheiterte er jedoch und schrieb daraufhin am 20. Mai 1837 in einem seiner vielen Briefe an seinen Kollegen Schinkel in Berlin: »Die hiesige Gesinnung eines gänzlich geistlosen Stadtregiments, die wenige Aussicht, daß Leute hier etwas Ordentliches zu bauen gedenken, mußte mich auf den Gedanken bringen, meiner Tätigkeit auswärts ein Feld zu eröffnen.« Er verließ Hamburg und zog nach England, wo er sich den Ruf eines der führenden europäischen Architekten erwarb durch seine Mitarbeit am Nelson-Denkmal auf dem Trafalgar Square und an der Londoner Börse. Wieder in Hamburg, entwarf er für Amalie Sieveking das noch heute erhaltene »Amalienstift« in der damaligen Vorstadt Sankt Georg.

Chateauneufs Kritik an den Hamburgern sollte sich in seinem Fall als unzutreffend erweisen. Nach dem Brand wurde er in die Wiederaufbau-Kommission berufen, und wenn auch Teile seiner geradezu genialischen, südliche Leichtigkeit mit nördlicher Kaufmannspracht fast spielerisch vereinenden Pläne erst fünfzig Jahre nach dem Brand realisiert werden konnten, so gebührt ihm doch die Krone der Hamburger Baukunst bis zur Mitte des 19. Jahrhunderts. »Derjenige Architekturstyl, welcher eine ausgebildete Malerei in sich zu vereinigen versteht, ist der vollkommenste«, postuliert der Architekt und vorzügliche Maler Chateauneuf. Mit den von ihm unter Mitarbeit Carl Friedrich Reichardts bis 1846 erbauten Alsterarkaden an der Kleinen Alster, die die schmalen Gewerbehäuser des ehemaligen »Voglerwalls« verdrängten, erhielt Hamburgs Zentrum einen erfrischenden Hauch südlicher, urbaner Weltläufigkeit. Die Läden unter dem vor Sonne und Regen schützenden Dach sollten »allhier das Kaufen noch angenehmer machen«, und in der Tat fand die anfangs so umstrittene Neugestaltung bald das helle Entzücken der Hamburger und gereicht der Stadt bis heute zum Ruhme. Die venezianischen und renaissancehaften Zitate der Rundbögen, die Neugestaltung des Alsterbeckens wirkten revolutionär und befreiten den Wasserrand von den Resten mittelalterlicher Kleingliedrigkeit – bis heute lassen sich Baugedanken Chateauneufs (und auch Sempers) selbst in der neuesten Innenstadt-Architektur verfolgen.

Sechs Jahre nach dem Brand war von den Schäden, die er angerichtet hatte, nichts mehr zu erkennen. Die Innenstadt hatte, wie Hermann Hipp meint, »einen Zivilisationssprung« hinter sich. »Alle Errungenschaften der modernen Technik zogen jetzt ein: Kanalisation, Wasserversorgung, Gasbeleuchtung, Feuerschutz – und in den Häusern das WC.« Die neuen Häuser mußten massiver gebaut sein denn je zuvor. Wo sich einst enge Bürgerhäuser gedrängt hatten, standen nun vielfach harmonisch aufeinander abgestimmte Häuserzeilen, anstelle großräumiger Dielen für Handel und Ware bot sich bei Eintritt in die Häuser eine einladende Flucht von Räumen. Die Straßenfronten hatten in der Regel drei bis vier Geschosse und drei bis vier Fensterachsen. Das »Etagenhaus« verdrängte das alte Bürgerhaus, denn die Bevölkerung wuchs, und Raum war teurer geworden.

Die Zerstörung von 1842 ließ ein neues, »modernes« Hamburg entstehen. Die unmittelbar nach der Katastrophe von Alexis de Chateauneuf erbauten Alsterarkaden gaben dem neuen Zentrum an der Binnenalster ein unverwechselbares, fast mediterranes Gesicht.

Fassaden und Häuserzeilen der Architekturepoche unmittelbar nach dem Brand gehören zum Schönsten in Hamburgs Baugeschichte – leider mußten sie schon bald wieder den Abriß- und Neubauplänen nachfolgender Generationen weichen. (Kaum eine Stadt hat von Epoche zu Epoche ihre architektonische Vergangenheit so hemmungslos zu tilgen gesucht wie Hamburg, sobald diese nicht mehr »rentabel« schien.) Zitierten die malerischen Alsterarkaden Chateuneufs ein imaginäres italienisches oder venezianisches Vorbild, so wurde der die Nordseite am Jungfernstieg abschließende Basar des Kaufmanns Sillem mit Vorbildern in London und Paris verglichen. Die Passage des Basars enthielt 22 Läden. »Wer diese Stadt verlassen könnte, ohne den Basar gesehen zu haben, der möchte leicht ebenso schlimm dran sein, als wer in Rom war, ohne den Papst gesehen zu haben … In keiner von den beiden Hauptstädten Europas findet sich eine Passage, welche sich in räumlicher Hinsicht eines so imposanten Totaleindrucks rühmen könnte wie der hamburgische Basar«, berichtete die »Allgemeine Bauzeitung« bei seiner Eröffnung. Vierzig Jahre waren dem Palast des Kaufens und Verkaufens gegönnt, dann hat man ihn abgerissen und ein Hotel an seine Stelle gesetzt. Inzwischen steht dort eine Ladenpassage.

Daß es vom Hamburg der »Nach-Brand-Periode«, jener Zeit schönster Baukultur, genaue Vorstellungen gibt, ist den Lithographen Speckter und Suhr, vor allem aber Charles Fuchs zu verdanken, einem Meister der vedutenhaften Fassaden-Dokumentation. Backsteinbauten, Rundbogenstil, klassizistischer Putzbau ergaben damals eine wohl einmalige Harmonie: Man hat nachgezählt, daß fast siebzig Prozent der neuen Fassaden klassiszistisch, 18,5 Prozent »mehr zierlich venezianisch«, vier Prozent »mit Renaissance-Charakter« oder »gotisierend«, ein halbes Prozent »gotisch« und 4,4 Prozent »gekünstelt, überladen, protzig« ausgefallen waren. Wo einst das abgebrannte Rathaus stand, setzte sich nun die »Patriotische Gesellschaft von 1765« ein bauliches Denkmal. Anders als die zum Klassizismus tendierenden Bauten an der Alster huldigt es noch bewußt den bürgerlichen Aufklärungsidealen: Der neugotische Backsteinrohbau, aufgelockert durch Sandstein-Ornamentik, gibt sich englischromantisch. Hier tagte bis zur Fertigstellung des neuen Rathauses (erst 1897!) auch die Bürgerschaft.

Der Hamburger Architekt, der zu den größten des 19. Jahrhunderts gehört, hat seiner Heimatstadt keinen Stempel aufdrücken können. Gottfried Semper wurde der strahlende Neugestalter Dresdens. Die »Hanseaten« haben sich dieses Talent entgehen lassen. Eine letzte Chance bot sich für die Stadt und ihren großen Sohn beim Neubau der Nikolaikirche. Zwei Jahre nach deren Zerstörung durch das Feuer hatte die spendenwillige Bevölkerung den Wiederaufbau durchgesetzt und die Stadt einen Wettbewerb ausgeschrieben, dessen Jury Sempers Vorschlägen den ersten Preis zusprach. Semper hat anstelle der alten gotischen Kirche einen eigenwilligen Zentralbau mit byzantinischen Anklängen, rundbogigen Arkaden und Fenstern entworfen, der unter Hamburgs Kirchen nicht seinesgleichen gehabt hätte. Doch die einberufene Baukomission und der zunehmend nationalistisch gefärbte Bürgerwille lehnten den von der Fachwelt umjubelten Entwurf als zu wenig weihevoll ab und erzwangen die Realisierung des Entwurfes, der den zweiten Preis erhalten hatte. Er entstammte der Feder des dreiunddreißigjährigen englischen Architekten George Gilbert Scott, einem später in London sehr erfolgreichen Baumeister des »Gothic Revival«, der auch einige Alternativentwürfe zum Neubau des Hamburger Rathauses vorlegte, die aber nicht aufgegriffen wurden.

Scott schwebte bei der Nikolaikirche etwas ganz anderes vor als Semper: der Kölner Dom. Mit seinen beiden Entwürfen (einer ohne, der andere mit Querschiff) erhielt er nach Semper den zweiten und dritten Preis der Jury. Der Zeitgeist und die Kirche verlangten jetzt nach »Altdeutschem«. Vergeblich forderte Semper: »Unsere Kirchen sollen Kirchen des 19. Jahrhunderts sein, man soll sie in Zukunft nicht für Werke des 13. Jahrhunderts halten; man begeht einen Raub an der Vergangenheit und belügt die Zukunft.« Doch die nationale Euphorie hatte inzwischen auch die protestantischen Bürger der Freien und Hansestadt erfaßt. Sie träumten vom vermeintlich deutschen Ursprung der Gotik und wollten mit einem romantisch-nationalistischen Monumentalbau noch einmal die besonnte Vergangenheit beschwören und allen rationalistischen Tendenzen der Moderne entgegenwirken, die sich in den Bauten Chateauneufs so malerisch und zweckmäßig präsentierten. Eine »Erweckungsbewegung« der protestantischen Kirche beschwor die Rückkehr zu einer »innerlichen«, die

Offenbarung stärker als bei Sempers Entwurf in den Mittelpunkt stellenden Frömmigkeit.

In dem Dezennium zwischen 1864 und 1874 entstand nun unter Zuhilfenahme modernster Bautechnik aus Ziegeln und Sandstein, verziert mit kostbaren Ornamenten, ein neuer, sich als alt ausgebender Dom, dessen Turm bald alle anderen Kirchtürme der Stadt überragte und der dritthöchste Kirchturm Deutschlands werden sollte; seine steil proportionierte Basilika sollte deutsche Vergangenheit und Größe symbolisieren, aber auch die triumphale Neugeburt der Stadt. Vielerlei Hoffnungen und Hypertrophien verbanden sich mit dem Werk. Sie waren ein einziger Abgesang auf die republikanische Tradition der Kaufmannsrepublik. »Es könnte fast scheinen, daß eine allwaltende Vorsicht die gewaltige Hamburger Feuersbrunst nur aufleuchten ließ, um jenes eitle Projekt vom Aufbau des Kölner Doms zu zerstören und unserem verirrten Nationalismus ein edleres Ziel als die morschen Steine der Hierarchie am Rheine zu setzen«, schrieb ein Hamburger Zeitgenosse.

XII. **Papierenes Knistern**

Vom Kaiser und von der Kunst

»So is nu Jubel överall.
Een Jauchzen und een Singen.
Und jeder will mit frohem Schall
Sie'n Gruß dem Kaiser bringen.
Dat is for jedermann een Fest.
Begeistert klingt na Ost und West:
Hurrah us'n Kaiser!«

Der begeisterte Reimer dieser Zeilen hieß August Snoek und gratulierte mit einer siebenstrophigen Hymne, die den Titel »Hurrah us'n Kaiser« trug, dem Besucher Wilhelm II. am 27. Januar des neuen Jahrhunderts zum 41. Geburtstag. Ganz Bremen war auf den Beinen. Ein Festgottesdienst in der Kirche Unserer Lieben Frauen eröffnete den Jubeltag, danach gab es eine farbenprächtige Parade auf dem Domshof, nachmittags lud der Senat zu einem Festbankett ins Rathaus, überall wurde zu Festessen geladen, und die Schüler hatten nachmittags frei. Bremen war, wie die beiden anderen »hanseatischen« und mit ihnen alle anderen deutschen Städte, längst eine durch und durch kaisertreue Stadt geworden.

Am selben Tage verabschiedete Seine Exzellenz in Bremerhaven die Soldaten eines Expeditionskorps, das unter dem Kommando des Feldmarschalls Graf Alfred von Waldersee in China beim Aufstand der »Boxer« eingesetzt werden sollte, wo man den deutschen Gesandten Freiherr von Ketteler ermordet und sich gegen die Gebietsabtrennungen Chinas an die europäischen Mächte aufgelehnt hatte. »Pardon wird nicht gegeben, Gefangene werden nicht gemacht. Wie vor tausend Jahren die Hunnen sich unter König Etzel einen Namen gemacht haben, ... so muß der Name Deutscher in China auf tausend

Jahre (!) durch Euch in einer Weise bestätigt werden, daß niemals wieder ein Chinese es wagt, einen Deutschen nur scheel anzusehen«, gab das stolze Geburtstagskind seinen Truppen mit auf den Weg. Der Staatssekretär im Auswärtigen Amt, Fürst Bernhard von Bülow, vernahm die Worte mit Entsetzen und versuchte bis zuletzt, den Abdruck zu verhindern. Eine Zeitung jedoch hielt sich nicht an den verordneten Maulkorb. Der Kaiser zeigte sich am nächsten Morgen über das Geburtstagsgeschenk begeistert. Seine Sympathie für Bremen erlitt allerdings ein Jahr später einen empfindlichen Dämpfer, als ihn beim erneuten Besuch ein junger Bürger der Stadt beim feierlichen Umzug mit den Resten eines alten Türeisens bewarf, was dem Kaiser eine vier Zentimeter lange Wunde im Gesicht eintrug. Der Getroffene hielt das Geschoß zunächst für einen Blumenstrauß, denn davon flogen während seiner Fahrt durch die Stadt viele in der Luft herum. Dabei hatte Bremens Bürgermeister Otto Gildemeister in einem Rückblick auf die erste Kaiser-Geburtstagsfeier in Bremen am 22. März 1871 noch gemeint, »daß seit Menschengedenken kein Bremer Bürger derartigen loyalen Kultus getrieben« habe, schließlich sei den Bremern für eine derart überschwengliche Begeisterung das »dazu erforderliche monarchische Verehrungsorgan durch Nichtgebrauch gänzlich abhanden gekommen«.

Die Begeisterung der weitaus meisten Bremer für ihren Monarchen war aber auch durch die bedauerliche Tatsache nicht aufzuhalten gewesen, daß mit dem neuen Kaiserreich die bremische Flagge von den Schiffen verschwunden und durch die schwarzweißrote Nationalflagge ersetzt worden war. Immerhin hatte sich ja zum preußischen Schwarz das »hanseatische« Weiß-Rot (und nicht etwa das bayrische Weiß-Blau) gesellt. »Eine Großmacht ist und wird der Norddeutsche Bund durch Preußen – eine Weltmacht kann er nur durch die Hansestädte werden«, hatte Bismarck bei der Gründung der Vorstufe zum neuen Reich, dem Norddeutschen Bund, gesagt, und des Kaisers Begeisterung für Wasser und Schiffe hatte den »Hanseaten« von Anfang an überaus geschmeichelt.

Bremen und Hamburg waren zwar – im Gegensatz zu Lübeck – dem Zollverein anfangs nicht beigetreten. Hamburgs Bürgermeister Kirchenpauer hatte sogar 1880 wegen des preußischen Drucks auf den Beitritt sein Amt zur Verfügung gestellt. Das übernahm nun ein anderer »Heidelberger«, Johannes Versmann, dem es gelang, mit Bismarck einen Kompromiß auszuhandeln, welcher Hamburg zumindest auf dem Gelände des Freihafens die Möglichkeit zum zollfreien Handel beließ. Unter eiliger Vertreibung der Bewohner dort wurde aus einem Meer mittelalterlicher und barocker Giebelhäuser die noch heute bestechend schöne und bestechend funktionale Speicherstadt an der Elbe. Erst im Oktober 1888 trat Hamburg endlich auch in den Deutschen Zollverein ein, und Kaiser Wilhelm II. konnte in Hamburg den Schlußstein zum Freihafen legen. Aber noch 1879 beklagte sich der deutsche Botschafter in London, wie Julius von Eckardt in seinen Lebenserinnerungen festhielt: »Die Hamburger sind die schlechtesten Deutschen, die wir haben, und mißbrauchen, wo sie können, die Reichsregierung nur für ihre Zwecke« – die »hanseatischen« Interessen

»Pardon wird nicht gegeben, Gefangene werden nicht gemacht«, verabschiedete Kaiser Wilhelm II. in Bremerhaven die deutschen Truppen, die zur Niederschlagung des Boxeraufstandes in China ausrückten: »Führt Eure Waffen so, daß auf tausend Jahre hinaus kein Chinese mehr es wagt, einen Deutschen scheel anzusehen!« Die tausend Jahre werden später in anderem Zusammenhang noch oft beschworen werden. Aber erst einmal verzauberte des Kaisers Begeisterung für (Kriegs-)Schiffe die »hanseatische« Seele.

waren, das sollte sich auch künftig immer öfter zeigen, keineswegs so synonym, wie der Begriff es vorgaukelt.

Dennoch haben Hamburg, Bremen und Lübeck – die drei Städte hatten ihre Ohnmächtigkeit angesichts der Truppen Frankreichs während der Napoleon-Zeit noch nicht vergessen – ihre Integration in das neue Reich fast ausschließlich begrüßt, und nur wenige kritische Stimmen wiesen warnend darauf hin, daß es mit den schönen »hanseatischen« Privilegien nun endgültig vorbei sein würde. Auf der Bühne der Weltpolitik waren die Städte ja bereits durch den Eintritt in den Norddeutschen Bund degradiert worden, als all ihre Konsulate geschlossen und viele ihrer Handelsverträge von dem Bund übernommen worden waren.

Wohl am heftigsten fühlte man sich in Lübeck den Strategien Bismarcks verpflichtet. Die Erinnerung an die Umzingelung durch die Fremdmacht Dänemark war hier noch lebendig, und so feierte man den schützenden Mantel des deutschen Nationalstaates besonders lautstark. Nach der »Taufe« des Reiches in Versailles erklärte Bürgermeister Heinrich Theodor Behn, inzwischen Besitzer des prächtigen

Die zweigeschossige Diele des Behnhauses, Krönung der Lübecker Kaufmannsarchitektur: Hier empfingen einst Bürgermeister Rodde und Dorothea Schlözer ihre Gäste.

Bürgerhauses von Matthäus Rodde in der Königstraße: »... *unseres* Kaisers! Ein großes, herrliches Wort, das aussprechen zu dürfen bis vor kurzem kaum einer von uns noch gehofft hatte. Wo sollte dieses Wort freudigeren Anklang finden als in der alten kaiserlichen Freien Reichsstadt Lübeck!« Und auf einer »hanseatischen Konferenz« lenkte der aus einer der alteingesessenen und vornehmsten »Hanseaten«-Familien Lübecks stammende Bürgermeister Theodor Curtius die anfangs noch zögerlichen Schwesterstädte von ihrer Sympathie für Österreich ab und zu der preußischen Idee einer »kleindeutschen« Lösung hin.

Daß Lübecks Erleichterung nach dem Januar 1871 weithin vernehmbar wurde, war nicht zuletzt einem Lübecker Dichterfürsten zu verdanken, der sich als »deutscher Herold« empfand und seine patriotische Anhänglichkeit an seine Vaterstadt mit der Emphase eines glücklichen Greises in einem Schwall tönerner Hymnen und Gedichte ertränkte.

> »Rosen gewann ich mir einst von den Fraun als Sänger der Liebe;
> Jetzt von der Eiche zum Schmuck gönnt mir, ihr Männer, ein Reis!
> In der Zerstückelung Zeit das Panier aufwerfend der Hoffnung,
> Dreißig Jahre getreu rief ich nach Kaiser und Reich.«

Mit solch überschäumendem Pathos hatte der fünfundfünfzigjährige Emanuel Geibel, Sohn eines Lübecker Pastors, schon 1871 zur »Mutter aller Schlachten«, dem Krieg gegen Frankreich aufgerufen:

> »Empor, mein Volk! Das Schwert zur Hand!
> Und brich hervor in Haufen!
> Vom heil'gen Zorn ums Vaterland
> mit Feuer laß dich taufen!
> Der Erbfeind beut dir Schmach und Spott,
> Das Maß ist voll, zur Schlacht mit Gott!
> Vorwärts!«

»Ein Weltgericht ist dieser Krieg«, heißt es an anderer Stelle, und als das göttliche Urteil von Sedan gefällt war, ließ er in einem »Siegeschoral« die Fanfaren schmettern.

»Nun laßt die Glocken von Turm zu Turm
Durchs Land frohlocken im Jubelsturm!
Des Flammenstoßes Geleucht facht an!
Der Herr hat Großes an uns getan.
Ehre sei Gott in der Höhe!«

Es waren die Zeiten der nationalen Begeisterung nach einem gewonnenen Krieg, und diese Begeisterung herrschte überall. Aber hatten die einstigen Stadtrepubliken mit ihrem keiner Obrigkeit verpflichteten stürmischen und einträglichen Welthandel und ihrer selbstherrlichen Souveränität nicht am meisten von ihrer bisherigen Identität verloren? Unter den deutschen Ländern, die sich unter der Hegemonie Preußens im Norddeutschen Bund vereinten, waren die republikanischen Stadtstaaten des Nordens zu einer leicht überstimmbaren Minderheit degradiert. Sie verfügten über je eine Stimme im neuen Bundesrat, Preußen hingegen allein über siebzehn. Das sollten die »Hanseaten« noch oft zu spüren bekommen. Den Dichter Geibel focht das alles nicht an. Für ihn war, wie für so viele seiner Generation, ein Lebenstraum in Erfüllung gegangen. Das schwache, kleine Lübeck, selbst von seinen »hanseatischen« Schwesterstädten längst an Größe und Bedeutung überflügelt, war endlich in den starken Armen des Kaiserreiches gelandet.

Geibels Vater gehörte noch nicht zu den eingefleischten »Hanseaten«, sondern war, einer alten Weinbauernfamilie entstammend, in Hanau aufgewachsen, hatte sich als Hauslehrer in Kopenhagen verdingt und 1797 einen Ruf als Pastor nach Lübeck erhalten. Dort ehelichte er die Tochter einer französischen Emigrantin und eines reichen Großkaufmanns (aus dessen Vorfahren auch die Familie Mann hervorgegangen ist). Sohn Emanuel galt in der gestrengen Schule Katharineum, wie Christine Göhler in ihrer profunden Studie über den Dichter hervorgehoben hat, in der sie viele Quellen ausbreitet, als »gefürchteter Raufbold«. Auf der anderen Seite fiel er durch seine Begabung auf und beendete die Schulzeit als Klassenprimus. Er studierte in Bonn und Berlin (daher seine Zuneigung zu Preußen?) Theologie und Philosophie. Er liebte Kunst und Musik und lernte auf einer Reise nach Frankfurt den späteren Münchner Verleger Rudolf Oldenbourg kennen. 1838 vermittelte ihm Bettina von Arnim, in deren

Salon der junge Mann durch seine eleganten Reden auffiel, eine Anstellung als Hauslehrer eines griechischen Fürsten in Athen.

Begeistert macht Geibel sich auf den Weg in das bislang nur aus der Ferne bewunderte Griechenland. Die Erziehung der Fürstenkinder erweist sich zwar bald als äußerst undankbare Aufgabe, doch das Zusammensein mit einem anderen Lübecker, dem Archäologen und Historiker Ernst Curtius, entlohnt ihn reich für diese Mühsal. Er schreibt in Athen eifrig Gedichte, bereist das Land, stöhnt aber unter der Hitze. Seiner Mutter berichtet er: »Ich denke deshalb mit Ernst an meine Abreise; ein Grund, dieselbe noch mehr zu beschleunigen, ist die tödliche Krankheit vieler, die Griechenland plötzlich in der heißen Jahreszeit mit dem deutschen unfreundlichen Klima vertauschten. Ich muß also fort, ehe die warmen Monate eintreten. Bei allem dem kann ich Italien unmöglich ganz liegenlassen, es würde mir das Herz brechen, bei Ancona vorüberzufahren, ohne Rom zu sehen.«

Der angehende Dichter Geibel war ein entschiedener Parteigänger Goethes und überhaupt der deutschen Klassik. 1848 kehrte er nach Lübeck zurück, wo er sich bald für die örtlichen Belange, vor allem für das Vorankommen der geplanten Eisenbahnlinie in Richtung Hamburg engagierte. »Deutschland ist eins«, hieß schon damals seine Parole: »Lübeck ist geworden wie das Schloß im Dornröschen, der Wald ist darübergewachsen, derweil die Leute schliefen. Die Welt weiß kaum, wo es liegt.« Zornig kommentierte er in der letzten Strophe eines berühmt gewordenen Gedichts einen offenen Brief des Königs von Dänemark, in dem dieser sich für die Angliederung Schleswigs und Holsteins an Dänemark aussprach. Geibels Gedichte wurden daraufhin in Schleswig und Holstein verboten.

»Hie deutsches Land trotz Spruch und Brief!
Ihr sollt uns nicht verleiden.
Wir tragen Mut im Herzen tief
Und Schwerter in den Scheiden.
Von unsern Lippen soll allein
Der Tod dies Wort vertreiben:
Wir wollen keine Dänen sein,
Wir wollen Deutsche bleiben.«

Lübeck hatte sich bis dahin sowenig als literarische Metropole erwiesen wie Bremen. Auch das war ja ein entscheidender Grund dafür, daß musisch interessierte Beobachter wie Beurmann die beiden Städte so oft mit Kritik überzogen, worin sie gewiß auch übertrieben haben. Musik, vor allem großartige Kirchenmusik, war in Lübeck von jeher die alles überragende Königin der Künste, sie paßte besser in das beschauliche und fromme städtische Leben. Nun aber gab es da diesen Dichterfürsten, der die schöne klassische und romantische Tradition unter patriotischem Vorzeichen noch einmal hochleben ließ – in Lübeck empfand man Stolz und Anerkennung für diesen Rhapsoden, der der Stadt an der Trave einen Hauch von Weimar versprach. Die Unterrichtung entwickelte sich schließlich zu einer vom Dichter in feierlichem antikem Versmaß besungenen Liebes- und bald darauf zu einer glücklichen Ehegeschichte.

»Und wie Jünglinge sind, die blitzschnell jeder Empfindung
Folgen, beflügelten Schritts eilt' ich der Lieblichen nach,
Und von hinten sie leis an der zierlichen Schulter ergreifend,
Lehnt' ich im Scherz ihr Haupt sacht an die Brust mir empor.
Aber sie machte mich los, und tief aus schattigen Wimpern
Unbeschreiblichen Blicks schaute sie lange mich an
Vorwurfsvoll und freundlich zugleich. Da zuckte das Herz mir,
Wie in des Weidmanns Hand über verborgenem Quell
Plötzlich die Rute sich rührt. Nicht weiß ich, war es der Blick nur,
War es ein Zukunftshauch, was mir die Seele bewegt?«

Geibels Metaphern und Vergleiche sind nicht immer frei von Ungeschicklichkeiten, und auch diese Zeilen entbehren nicht einer etwas anzüglichen Komik. Geibel war ein gebildeter Epigone, mitnichten ein eleganter Stilist. Aber die deutsche Seele trafen seine Verse mitten ins Herz, wie die steigende Beliebtheit des Dichters nicht nur in Lübeck deutlich machte. »Wenn keine besondere Veranlassung mich nach außen ziehen sollte, werde ich wohl mein altes Lübeck zum ständigen Wohnort erwählen«, schrieb der frisch Verlobte 1852 an den Vater einer vormals sehr verehrten aristokratischen jungen Dame, doch die besondere Veranlassung ließ nicht lange auf sich warten: Geibel erhielt vom bayrischen König Maximilian II. einen ehrenvollen

Ruf als Professor für Literatur nach München. Christine Göhler zitiert eine bissige Bemerkung des Berliner »Kladderadatsch«, aus der Geibels inzwischen erreichter Bekanntheitsgrad als patriotischer Sänger deutlich wird: »Wir gönnen es ihm, der so viel gelesen worden ist, daß er zur Strafe endlich einmal selbst lesen muß.« Das war natürlich nur ein satirischer Scherz, denn Geibel kannte sich in der deutschen Literatur wie kaum ein zweiter aus. Sie ersetzte ihm gewissermaßen die fehlende Nation.

Geibel und seine junge Frau wären lieber nach Berlin gegangen, doch das Angebot des bayrischen Monarchen war allzu verlockend. In München wurde der »hanseatische« Dichterfürst gefeiert, bewundert und sogar mit einem Orden versehen, der einem (nicht vererbbaren) Adelsprädikat gleichkam. Obgleich häufiger Gast bei Hofe, wo er mit vielerlei »Leuten von Geist« zusammentraf, beklagte Geibel, daß er sich in München (wo übrigens eine Straße nach ihm benannt wurde) mit niemandem »über die letzten und tiefsten Punkte verständigen« könne, denn seine Umgebung sei »mehr oder weniger rational oder modern«. Doch die Gunst des Königs half ihm über vieles hinweg. Der Monarch wünschte München zu einem Kulturtreffpunkt von hoher Anziehungskraft zu gestalten. Geibel avancierte zum hochrespektierten Schiedsrichter in allen Fragen künstlerischer Berufungen und erfüllte die formalen, thematischen und gesellschaftlichen Kriterien eines deutschen Dichters auf mustergültige Weise.

Als jedoch die junge Frau Geibel, inzwischen Mutter einer Tochter, im November 1855 plötzlich starb, zerbrach diese harmonische Welt über Nacht. »O Gott, sie haben mein Weib und all mein Glück begraben.« (Bei Matthias Claudius heißt es: »Sie haben einen guten Mann begraben und mir war er mehr«.) Er floh nun noch mehr in die Mitte der in München lebenden Literaten, wird zum Spiritus rector seines umfangreichen Dichterkreises. Als nach dem Tode des Königs dessen Sohn Ludwig II. das bayrische Zepter übernimmt, sinkt Geibels Stern in München allerdings schnell. Für seine vaterländischen Gesänge will sich der neue Märchenkönig, der sich lieber von Richard Wagner verzaubern läßt, nicht recht erwärmen. Sein Reich ist nicht von dieser Welt.

»O wann kommst du, Tag der Freude,
Den mein ahnend Herz mir zeigt,
Da des jungen Reichs Gebäude
Himmelan vollendet steigt.«

Mit solchen Zeilen weiß der Wittelsbacher-Monarch verständlicherweise wenig anzufangen. Als Geibel anläßlich des Besuches des preußischen Königs Wilhelm in Lübeck ein Begrüßungspoem schickt, geht das den selbstbewußten Bayern zu weit.

»Drum, Heil mit Dir und Deinem Throne!
Und flicht als grünes Eichenblatt
In deine Gold- und Lorbeerkrone
Den Segensgruß der alten Stadt!
Und sei's als letzter Wunsch gesprochen,
Daß noch dereinst dein Aug' es sieht,
Wie übers Reich ununterbrochen
Vom Fels zum Meer Dein Adler zieht.«

Die Bayern entrüsten sich lautstark. Als dann der preußische König Geibel ein jährliches Gehalt aussetzt, quittiert Geibel den bayrischen Dienst und kehrt nach Lübeck zurück. Fortan lebt er dort als patriotischer Herold aus alten Zeiten, als friedlicher und gegen andere Literaten stets hilfsbereiter und aufmunternder Dichtervater in einem geräumigen Haus in der Königstraße. Die Lübecker Honoratioren, fand Will Jasper heraus, »schätzten diesen eklektischen Verfasser von Jambentragödien so hoch, daß sie ihm nach seiner Rückkehr von der Tafelrunde Maximilians II. dankbar eine silberne Tischglocke und eine mit Eichenlaub gerahmte Schreibfeder stifteten«. Gelegentlich spielt das Lübecker Stadttheater noch eines seiner Dramen oder eine Komödie (»Meister Andreas«, »Saphonisbe«), und noch bevor ihm die Stadt nach seinem Tod ein Denkmal errichtete, schien er selbst zu einem solchen erstarrt. Er war nun auch ein gebeugter, alter und kränklicher Mann von sanfter Gutmütigkeit, aber von noch immer hehrem Pathos.

Geibels Tochter Ada heiratete den berühmten Lübecker Senator und späteren Bürgermeister Fehling. Als Geibel 1884 in Lübeck starb –

Am 18. Oktober 1889 weihte man in Lübeck das Denkmal für Emanuel Geibel ein. Die ganze Stadt war auf den Beinen. Der ehrgeizige Dichter hatte den Lübeckern wie allen Deutschen gegeben, wonach sie immer heftiger verlangt hatten: tönernen Nationalismus.

sein Auge durfte das Erstarken des Kaiserreiches immerhin vierzehn Jahre lang mit Wohlwollen begleiten –, wurden dem großen Toten bei der Beerdigung fast so viele städtische Ehren zuteil, wie sie die Hamburger einst ihrem Dichterfürsten Klopstock hatten zukommen lassen.

Gegensätzlichere Autoren als Geibel und die beiden anderen großen Lübecker Dichter, die Brüder Mann, sind schwer vorstellbar. Geibel war der von seiner Stadt gefeierte Dichter, Thomas Mann blieb lange Zeit ein in Lübeck nicht besonders geschätzter Schriftsteller. Das Lübeck der Buddenbrooks hat nicht nur Friedrich Mann entrüstet, den Onkel (und das Vorbild Christian Buddenbrooks), der am 28. Oktober 1913 die berühmt gewordene Erklärung in den »Lübeckischen Anzeigen« drucken ließ: »Wenn der Verfasser der Buddenbrooks in karikierender Weise seine allernächsten Verwandten in den

Schmutz zieht und deren Lebensschicksale eklatant preisgibt, so wird jeder rechtdenkende Mensch finden, daß dies verwerflich ist. Ein trauriger Vogel, der sein eigenes Nest beschmutzt.« Nach dem Erscheinen des Romans erinnerte man sich in Lübeck des inzwischen in München lebenden Autors vor allem als eines mißratenen Schülers und untauglichen Bürgersohnes aus alter Familie. Wenn es jemals zutreffen sollte, daß ein Klassenprimus gegenüber einem zweifach »sitzengebliebenen« Mitschüler das größere Talent besitzen muß – Geibel und Thomas Mann haben dieses Vorurteil Lügen gestraft. Der spätere Nobelpreisträger hat für die drei Klassen der Mittelstufe fünf Jahre gebraucht und – wie sein Bruder Heinrich – die Schule ohne Abitur verlassen: was für ein Gegensatz zum leicht lernenden, stets die Rolle des Primus innehabenden Musterschüler Geibel!

Der Schriftsteller Otto Anthes, der wegen einer Anstellung als Studienrat nach Lübeck kam, fand »die Stadt in einer ungeheuren Erregung« über die soeben erschienenen »Buddenbrooks« vor. »Den einen« sei es »als niedrige Rache eines Mißvergnügten, den anderen als der Ausfluß einer ehrfurchtslosen Frechheit, allen gleichermaßen aber als ein übles Machwerk erschienen, mit dem ein mißratener

Lübecks weithin angesehenes Katharineum, in dem es der junge Geibel zum Primus und Thomas Mann zum zweifachen Sitzenbleiber brachte, hat viele große Geister ausgebildet. Die Hamburger Familie Godeffroy zog diese Einrichtung sogar der heimischen »Gelehrtenschule«, dem Johanneum, vor.

Sohn die Vaterstadt geschändet habe«. Zunächst fassungslos, habe er versucht, »von künstlerischen und schriftstellerischen Eigenarten des Buches zu sprechen, aber man sah mich an, als ob ich den Verstand verloren hätte. Ein Lehrer des Katharineums ... schrie mich empört an: ›Das soll ein bedeutender Schriftsteller sein? Ich hab' ihn im Deutschen gehabt. Er hat nie einen ordentlichen Aufsatz schreiben können. Und die, die dem Roman seine künstlerische Bedeutsamkeit nicht abzusprechen wagten, meinten: das sei nur um so schlimmer, daß eine solche Begabung sich selber mißbraucht habe ... Was aber in diesem Fall den Ärger, die Entrüstung und die Schadenfreude zu hellen Flammen anfachte, das war der Stil des Romans ... Man fühlte sich von oben herab behandelt, man fühlte sich erniedrigt, man fühlte sich verhöhnt.«

Was den erbosten Lübeckern offenbar entging, war die noch sehr viel unvorteilhaftere Rolle, die den Bewohnern der »hanseatischen« Nachbarstadt Hamburg in den »Buddenbrooks« zukommt. Verglichen mit den wiederholt angedeuteten dortigen Verhältnissen erscheint die Welt von Lübeck in den »Buddenbrooks« recht sympathisch. Freilich war es nicht etwa das Hamburg-Bild des Autors, das darin so genüßlich anklang, sondern eben das des Personals aus den »Buddenbrooks«. Es lohnt sich, noch einen Augenblick bei diesem vergnüglichen (Zerr-)Bild der großen Schwesterstadt zu verweilen, weil bei aller ironischen Übertreibung doch auch ein Körnchen Wahrheit darin gelegen haben dürfte.

Jean Jacques Hoffstede, der Freund des alten Konsuls und Poet Lübecks, hat ein »Lieblingsthema, die italienische Reise, die er vor fünfzehn Jahren mit einem ... Hamburger Verwandten gemacht hatte«, dessen einziges Attribut sein Reichtum bleibt. Der zweiunddreißigjährige »Agent« Bendix Grünlich, dessen Backenbart »von ausgesprochen goldgelber Farbe« ist und »nach englischer Mode« lang von seinem Kinn herabhängt, kommt natürlich »in Geschäften« nach Lübeck und erklärt: »Ich habe meinen Wohnsitz in Hamburg, allein ich bin viel unterwegs, ich bin stark beschäftigt, mein Geschäft ist ein außerordentlich reges«, was ihm zwar die Gesprächspartner aus Lübeck, nicht jedoch die Leser glauben. Der Konsul hält sogar mit dem selbstgefälligen Hinweis auf die eigene Hamburger Verwandtschaft dagegen. Er hat sich ja auch »bei einigen Hamburger Leuten, wie zum Beispiel einem Bankier Kesselmeyer«, nach dem Gang der Geschäfte des Herrn Grünlich erkundigt und nur Beruhigendes erfahren. Sein Sohn Tom weist den Vater allerdings darauf hin, daß es mit der Hamburger Verwandtschaft nicht zum besten stehe, insbesondere nicht mit des Schwagers Sohn Jakob bei »Dalbeck & Company«. Wenn »Agent« Grünlich in Lübeck weilt, wohnt er natürlich »im Gasthofe Stadt Hamburg«. Als es ihm nach beharrlichem Werben gelingt, des Konsuls Tochter Tony zu freien, und diese nach Hamburg übersiedelt, berichtet sie nach Hause »von guten Hausfreunden und umgänglichen Menschen«. Besonders erwähnt sie dabei »Grünlichs intimen Freund, den Bankier Kesselmeyer«. Beide Hamburger Kaufleute zeichnen sich durch kaufmännisches Versagen und Verlogenheit beziehungsweise hemmungslose Raffgier aus. Auch des Konsuls Schwager Justus legt für die Stadt Hamburg keine Ehre ein, denn er hat sich dort »sittenlose Gesellschaft« erwählt und des Vaters Geld ver-

Nicht nur den »Hanseaten« von der Elbe galt das »Hotel Stadt Hamburg« als bevorzugte Lübecker Adresse. Auch Bendix Grünlich stieg hier ab, wenn er im Hause Buddenbrook seine wohlkalkulierten Strategien verfolgte. Fast könnte man meinen, der Photograph habe ihn beim Aufbruch zum Morgenausgang angetroffen.

praßt. Jakob Kröger von »Dalbeck & Company« macht zur gleichen Zeit mit einem »Übergriff, einer Unredlichkeit« auf sich aufmerksam und muß nach New York entweichen. Als Tony schließlich Frau Permaneder heißt, bezieht sie aus Hamburg so unnötige Luxusartikel wie einen Schlafrock mit Tuchschleifen – so etwas Liederliches gibt es offenbar nur dort. Und ihr Bruder Christian verschleudert sein Vorauserbe in seinem maroden Unternehmen und hält sich in Hamburg »im Theater, im Zirkus und in Clubs« so lange schadlos, bis auch er die Stadt verlassen muß.

Nein, Hamburg erscheint aus Lübecker Perspektive wie eine Hölle des Materialismus, der Unehrlichkeit und des Lasters, was ein Licht auf die vermeintlichen oder tatsächlichen Abneigungen zwischen den alten Hansestädten wirft. Später, in seinem Roman »Der Zauberberg«, wird Thomas Mann sich noch einmal in einem ganzen (zweiten) Kapitel mit dem fragwürdigen Lebenswandel der Hamburger Patrizier und besonders mit dem des auf seinen Vorteil bedachten Castorp-Vormunds Tienappel befassen. Die literarische Figur des »Hanseaten«-Sohns Castorp geht übrigens auf zwei (!) reale Hamburger Reedersöhne zurück. In einer Tagebucheintragung vom Juli 1919 erwähnt Thomas Mann, daß er diese »weit behosten« jungen Männer teilnahmsvoll beobachtete und erwähnt dazu – fünf Jahre vor Erscheinen des »Zauberbergs«: »Kirstens = Castorp«.

Wie hatten die Lübecker Bürger »ihren« Primus Geibel seit seinen ersten Versen gefeiert! Thomas Mann selbst hat in seiner berühmten Ansprache von 1926 »Lübeck als geistige Lebensform« mit unnachahmlicher Eleganz, aber ebensoviel höflicher Distanz auf die Unterschiede zu Geibel, den er persönlich noch erlebt hat, und auch auf die unterschiedlichen Kriterien des »Hanseatischen« hingewiesen: »Vielleicht haben manche von Ihnen schon von einem Gelehrten, einem Literaturforscher gehört, der den neuen, merkwürdigen und übrigens sehr deutschen Versuch unternommen hat, eine kritische Ordnung unseres Schrifttums nicht nach Schulen und Richtungen, sondern nach Stämmen, eine landschaftliche Literaturgeschichte also, aufzustellen. Nun denn, wenn ich sagte, daß ich als Künstler Lübecker geblieben sei, so meine ich damit und bin mir dessen bewußt, daß ich im Nadlerschen Sinne das Patrizisch-Städtische, das stammesmäßig Lübeckische oder das allgemein Hanseatische heute, und zwar nicht nur durch den Lübecker Roman ›Buddenbrooks‹, literarisch-dichterisch darstelle und vertrete, wobei nur zu begreiflich ist, daß meine Landsleute eine solche Repräsentation lange Zeit durchaus nicht anerkennen wollten und viel eher den Eindruck von Mißratenheit und des Verrats als den der Echtheit und Treue hatten. Sie waren an anderes gewöhnt. Sie hatten ihr Repräsentanten-Denkmal auf dem Platze hier in der Nähe (in Lübeck ist ja alles ›in der Nähe‹): den thronenden Poeten, zu dessen Füßen der klassizistische Genius mit der gebrochenen Schwinge lehnt, das Standbild dessen, der gesungen hatte:

Wie steigst, o Lübeck, du herauf
In alter Pracht vor meinen Sinnen
An des beflaggten Stromes Lauf –

gesungen, sage ich, in dem pompösen Sinn, in dem heute niemand mehr singt. Ich habe Emanuel von Geibel als Kind noch gesehen, in Travemünde, mit seinem weißen Knebelbart und seinem Plaid über der Schulter, und ich bin von ihm um meiner Eltern willen sogar freundlich angeredet worden. Als er gestorben war, erzählte man sich, eine alte Frau auf der Straße habe gefragt: ›Wer kriegt nu de Stell? Wer ward nu Dichter?‹ – Nun, meine geehrten Zuhörer, niemand hat ›de Stell‹ bekommen, ›de Stell‹ war mit ihrem Inhaber und seiner alabasternen Form dahingegangen, der Laureatus mit dem klassisch-romantischen ›Saitenspiel‹ konnte keinen Nachfolger haben, das erlaubte die Zeit, die fortschreitende, sich wandelnde Zeit nicht, und was sich nunmehr als Ausdruck lübeckischen Wesens auszugeben wagte, das war als solcher zunächst wahrhaftig nicht wiederzuerkennen.«

Es waren nicht nur die gewandelten Zeiten, die Werk und Person der gegensätzlichen Dichternaturen bestimmten – es war, abgesehen von Fragen des Talents, auch der Unterschied zwischen dem die feinen Nuancen des »Hanseatischen« übersehenden, lodernd-patriotischen »Laureatus« und einstigen Musterschüler und einem »auf teils düstere, teils komische Art von Lebensdingen, von Geburten, Taufen, Hochzeiten und bitteren Sterbefällen« erzählenden, aber liebevoll kritischen Weltbürger. »Daß hier zu Hause dem viel angeführten Wort vom Vogel, der sein eigenes Nest beschmutzt, nur wenige zu wider-

Die vornehm gekleideten, aber nicht eben glücklich dreinblickende Kinder des Senators Mann: Heinrich mit Buch, Thomas mit Reitpeitsche, Carla und Julia aneinandergeschmiegt.

sprechen wagten«, hatte mit der in allen drei »hanseatischen« Städten vorherrschenden Apologie der unbefleckten Kulisse, der tradierten Leugnung heftiger Widersprüche »hinter weißen Fassaden« zu tun, wie ein späteres Hamburger Bekenntnisbuch hieß. In seinen alle »hanseatischen« Klischees tiefsinnig in Frage stellenden Äußerungen über den deutschen Norden hat Thomas Mann seine Lübecker ganz anders zu durchleuchten gewußt als der stets beschönigende und in tönerne Phrasen ausweichende »Sänger« Geibel. Vielleicht kann man es so ausdrücken: Geibels »Hanseatentum« war schöne, aber hohle Pose und deshalb genehm, Thomas Manns »Hanseatentum« dagegen gelebte, kritisch beschriebene Wirklichkeit und deshalb verstörend. Lange Zeit hat sich Lübeck mit diesem Gegensatz nicht aussöhnen können. Noch 1931 sprach Thomas Mann in einer Rede auf seinen Bruder Heinrich davon, daß er zwar froh sei, daß man ihm in Lübeck die »Buddenbrooks« inzwischen verziehen habe und daß er in Lübeck auch nicht mehr »Anstoß zu erregen wünsche«. Und doch dachte er mit einem gewissen Schaudern an Lübeck zurück: »Wenn ich mir sie so ansehe, diese Herkunft – und aus einem gewissen aristokratischen Interesse habe ich sie mir oft angesehen –, so scheint es mir um ihre bürgerliche Gesundheit eigentümlich suspekt zu stehen, nicht ganz geheuer, nicht ganz uninteressant. Es hockt in ihren gotischen Winkeln und schleicht durch ihre Giebelgassen etwas Spukhaftes, allzu Altes, Erblasthaftes ...«

Da taten sich die »hanseatischen« Bürger und Bürgerinnen mit einer der auffallend seltenen Dichterinnen sehr viel leichter: Ida Boy-Ed wurde 1865 in dem heute zu Hamburg gehörenden Bergedorf ge-

Die legendäre Diele im Lübecker Buddenbrook-Haus Ende der zwanziger Jahre.

boren, hatte in Lübeck, wo ihr Vater eine Zeitung betrieb, den Kaufmann Carl Johann Boy geheiratet und ihm vier Kinder geschenkt. Während eines längeren Aufenthaltes in Berlin – man darf wohl von einer Flucht in die Welt der Kunst sprechen – aber verbündete sie sich heimlich mit dem Dichter Michael Georg Conrad und schrieb gegen den Willen ihres Mannes viele Romane, in deren Zentrum Lübeck steht. 1880 erzwang ihre Familie die Rückkehr aus Berlin, fortan veröffentlichte sie bis zu ihrem Tode 1928 fast siebzig Bücher und eine Unmenge von Erzählungen. Gewiß stand Ida Boy-Ed als Autorin auf einer anderen Stufe als die Brüder Mann, ja selbst als Geibel. Sie war das, was man eine Trivialautorin nennen würde. Ihre Werke haben die Zeit nicht überdauert. Jedoch war sie sowohl in ihrer stattlichen, damenhaften Erscheinung wie in ihren Vorstellungen eine wahrlich »hanseatische Lady«, die familiäre und bürgerliche Disziplin trotz aller Sehnsüchte nach einem selbstbestimmten Künstlerleben immer hochgehalten hat. Thomas Mann hat sie sehr geschätzt und wohnte nach seinem Abschied von Lübeck gern bei ihr, wenn er in seine Heimatstadt zurückkam. (Die Stadt überließ ihr 1912 eine Ehrenwohnung im Burgtor!) Die schriftstellernde Dame erwies ihm jene Sympathie und Aufmunterung, die er in Lübeck sonst so sehr vermißte. Dankbar hat er sich später dieser Begegnungen erinnert.

Ida Boy-Eds politisches Weltbild hat Thomas Mann glücklicherweise nicht lange geteilt. Mit den »Betrachtungen eines Unpolitischen« bewegte er sich noch auf ihrer Wellenlänge, und so hat sich die alte Dame, als diese im Oktober 1918 erschienen, denn auch beeilt, das Buch in den »Lübecker Blättern« mit den Worten: »Dies Werk ist in höchstem Grade aktuell«, anzuzeigen und als Beleg dafür Thomas Mann zu zitieren: »Ich bekenne mich tief überzeugt, daß das deutsche Volk die politische Demokratie niemals wird lieben können, ... daß der vielverschrieene ›Obrigkeitsstaat‹ die dem deutschen Volke angemessene, zukömmliche und von ihm im Grunde gewollte Staatsform ist und bleibt.« Es sei aber »das Lübeckische« in Thomas Mann, das die »Betrachtungen« bestimme – schade, daß wir nicht mehr erfahren werden, mit welchem Vergnügen (oder Zynismus?) der Bruder Heinrich auf diese lokalpatriotische Ekstase reagiert haben muß.

Einer der Romane von Ida Boy-Ed trägt den Titel »Ein königlicher Kaufmann«. Er schildert den dornigen Weg eines Lübecker Handelsherrn zu ehelichem Glück und bürgerlicher Mitverantwortung. »Hanseatische« Patriziertugenden werden darin noch einmal aufs schönste und ganz ohne ironische Untertöne beschworen: Als ein Lübecker Senator stirbt – »Er war ein großer, ein guter Bürger, ein treuer Sohn seiner Vaterstadt. Dies, hochansehnliche Versammlung, ist das vornehmste Lob, das Hanseaten einem Hanseaten an der Bahre nachrufen können«, heißt es an seinem Grabe –, soll der tüchtige Kaufmann Jakob Bording nachrücken. Der aber sträubt sich, »er diene seiner Vaterstadt mehr, wenn er dem immer weiteren Ausbau der eigenen Firma lebe, als wenn er seine Zeit mit Regierungsgeschäften belaste«. Man drängt ihn, um einen Konkurrenten aus dem Senat fernzuhalten, von dem ein Freund des Umworbenen sagt: »Er hat die spezifische Hanseatenkrankheit: den Patrizierwahnsinn, in welchem jede Familie sich einbildet, aristokratischer als alle anderen zu sein ... Wenn du deine Heimat liebst, wenn du ein echter Hanseat bist, wenn du historischen Sinn hast, wenn du dir klar darüber bist, daß deine ungewöhnlichen Fähigkeiten dem Gemeinwohl dienen müssen, dann nimmst du an.« Bording geht selbstquälerisch mit sich zu Rate: »Kein Fürst war so frei wie er, der große Handelsherr und hanseatische Bürger. Und war er nicht machtvoller in seiner Freiheit, als unter der Krone eines Ehrenamtes, das ihm fast die Würde und Verantwortung eines Regenten im Kleinen gab?«

Es kommt, wie es kommen muß: der Wunschkandidat entscheidet sich zuletzt für das hohe Amt. »Ich bin ein Hanseat! ... Ich kenne die Welt. An Fürstenhöfen bin ich zu Gast gewesen, aber ich habe dort in der Unbefangenheit eines Mannes verkehren dürfen, der aus Gefälligkeit seine Zeit opfert, um aus seiner Sachkenntnis heraus die erbetene Meinung abzugeben. Minister haben ratheischend neben meinem Schreibtisch gesessen. Ich kenne die großen Handelsplätze von vier Weltteilen. Ich habe keinen Zustand und keine Lebensform gefunden, die mir für einen tätigen, selbstherrlichen Menschen besser erschienen wäre als der, ein Hanseat zu sein. Ein freier Bürger, der sich vor niemandem zu bücken braucht – wenn er nicht zufällig das Bedürfnis zum Bücken hat – kommt schließlich auch bei uns vor, aber der unbändige Bürgerstolz ist doch die herrschende Note. Und von diesen freien Bürgern die höchste Ehrung zu empfangen, die sie zu vergeben haben – einer ihrer Senatoren zu werden, das ist mein

Ida Boy-Ed, Lübecks »Grande Dame« und konservative Erzählerin, gehörte zu den wenigen in der Stadt, die sich für Thomas Mann einsetzten, als er noch als »Nestbeschmutzer« galt.

Wunsch!« Nach allerlei Umwegen, nicht zuletzt auch durch die Bewältigung einiger amouröser Querschläge, ist die »hanseatische« Welt in Ordnung und mit ihr auch der private Weg in eine glückliche Zweisamkeit geebnet.

Was so klischeehaft klingt, feiert nur etwas naiv – der Roman entstand 1910 – ein letztes Mal all die schönen »hanseatischen« Tugenden der freien Kaufmannsrepubliken, die Ideale der Selbstlosigkeit, Weltläufigkeit, des verantwortlichen Gemeinsinns und, besonders nachdrücklich, des demokratischen Miteinanders, die in den patriotischen Bekenntnissen der »Hanseaten« des ausgehenden 18. Jahrhunderts eine so große Rolle spielen. Nur ein Jahr zuvor erschien im selben Verlag – es ist der angesehene Cotta-Verlag in Stuttgart – Rudolf Herzogs »Hanseaten«. Darin drängen sich andere Töne in den Vordergrund, als sie die »Trivial«-Autorin und Kaufmannsgattin Ida Boy-Ed in ihre Romane aufnahm. »Wenn ich vor etlichen Jahren auf die Welt gekommen wäre«, meint der Held des Buches, der Kaufmann Karl Twersten an einer Stelle, »es wäre mir ein Vergnügen ureigenster Art gewesen, von Bord einer Hamburger Kogge aus den feindlichen Schiffen mit dem Enterhaken auf den Leib zu rücken ... Wir können das Geld zusammenraffen, es in Kisten packen, oder unseren Leib damit mästen. Aber wir können es auch erobern, um den Feind zu schwächen ... als deutsche Hochburgen gegen das lauernde Ausland ... Und wenn unsere Handelsflotte die mächtigste sein wird, so kann unsere Kriegsflotte nicht dahinten bleiben ... Es gibt eben zweierlei um den Kaufmann ... Es gibt Kaufleute und Kauf*herren*.« Hatte Thomas Mann also doch recht gehabt mit seiner Charakterisierung des »Hanseatentums« als »höheres Seeräubertum nach Art der Urväter«?

An Lübeck schätzte Geibel, wie er prahlte, die »Möglichkeit, dem gesamten Deutschland in scharf ausgesprochener Individualität entgegenzutreten«. Aber es war ja gerade die Konformität, an der sich Thomas Mann gerieben hatte, die Unumstößlichkeit seiner streng hierarchischen Strukturen, die Allgewalt der »hanseatischen«, zumindest aber lübeckischen Formen und Normen. Es erstaunt mitunter, daß die Lübecker Bürger mit Heinrich Mann, dem anderen großen Sohn aus der alten Patrizierfamilie, weniger aggressiv umgegangen sind als mit dem Verfasser der »Buddenbrooks«. Zwar erscheint in Heinrich Manns Werk die Stadt an der Trave noch sehr viel verschlüsselter, weniger direkt nachprüfbar, aber Heinrich Mann hat Lübeck ja genausowenig geschont wie sein jüngerer Bruder.

»Ihr habt euch stets nur wenig
Beschäftigt mit Literatur,
Drum habt Ihr auch vom Verständnis
der Dichter keine Spur ...«

Der älteste Sohn der Senatoren-Familie Mann hat sowohl 1888 in ersten poetischen Versuchen als auch in seinen Romanen »Professor Unrat« und »Der Untertan« die wilhelminische – Lübecker – Gesellschaft, wenn auch unter verschämter Veränderung des Stadtnamens, ebenso attackiert, wie Thomas das in den »Buddenbrooks« tat. Hinzu kommt hier aber noch eine von Heinrich Mann messerscharf diagnostizierte demokratische Heuchelei, die Aggressionen der Kaufleute gegen den nichts oder weniger Besitzenden. »Professor Unrat« spielt in Lübeck. Heinrich Mann hat das während der Entstehung des Romans gegenüber seinem Freund Ludwig Ewers geäußert, nur verzichtet der Erzähler auf genüßlich naturalistische Detailausschmückung und deutliches Lokalkolorit. Heinrich Mann macht die kleinstädtisch-»hanseatische« Welt an ihren Menschen, ihren Formulierungen, Abneigungen und Vorlieben fest, etwa wenn es von Diederich Heßlings Vater heißt: »Mit der gefühlsseligen Art seiner Frau war Heßling durchaus nicht einverstanden. Sie verdarb das Kind fürs Leben. Übrigens ertappte er sie geradeso auf Lügen wie den Diedel. Kein Wunder, da sie Romane las.« Die Mutter teilt dem Kind »ihre Angst mit vor den neuen, belebten Straßen und der Pferdebahn, die hindurchfuhr, und führte ihn über den Wall nach der Burg« – hinter diesem »Netzig« leuchtet immer das alte Lübeck auf, nur eben in absichtsvoller Verfremdung.

Sein Vater, so schreibt Heinrich Mann in »Ein Zeitalter wird besichtigt«, habe gewissermaßen »den kleinen Freistaat Lübeck zum guten Teil regiert, denn er verwaltete die Abgaben«. Das war ein wenig übertrieben. Übrigens hat sich Heinrich Mann 1928 noch einmal mit der Lübecker Gesellschaft der Gründerzeit befaßt, und zwar in dem Roman »Eugenie oder Die Bürgerzeit«. Doch geht er durchaus liebevoll mit der Lübecker »Welt von gestern« um. Die Geschichte um die Aufführung eines Bühnenwerkes aus der Feder eines Dichters, der unschwer als Emanuel Geibel zu erkennen ist, charakterisiert den langsamen Niedergang des alten Bürgertums. Sie ist, wie Heinrich Mann an seinen Freund Felix Bertaux schrieb, »leicht lesbar«, habe aber »keine große Geistigkeit« – damit hatte Heinrich Mann nicht unrecht.

In einer 1926 erschienenen »Geschichte der schönen Literatur in Lübeck« von Julius Havemann – Thomas Manns Ruhm hat sich längst in ganz Deutschland und endlich auch (nicht zuletzt dank Ida Boy-Ed) in Lübeck ausgebreitet – singt der Verfasser noch einmal das hohe Lob Emanuel Geibels, dessen Bedeutung darin gelegen habe, »daß er das Werden seines Volkes in einer frühlingshaften Zeit trotz Dunkel und Stürmen klar vorausempfand und prophetisch immer dringender und ungestümer in seinen Liedern zum Ausdruck gebracht hat«.

In dem Werk heißt es nun aber auch voller Stolz, daß Thomas Mann »in den letzten Jahren« immerhin »so etwas wie ein lebendiges Renommierstück Lübecks geworden (sei), eine geistige Trophäe. Das war nicht immer so. Man hat ihn hier erst gefunden, als die im Reich ihn schon lange hatten.« In den »Buddenbrooks« sieht der Verfasser »den sichtbaren Hinweis auf eine dichterische Schöpfung, auf eine geistige Epoche der Stadt, eine Sehenswürdigkeit Lübecks … Die Buddenbrooks leben und werden noch lange leben und zeugen von dem alten Lübeck, das nicht mehr ist.« Und großzügig gibt der Verfasser auch zu, daß Thomas Mann mit seinem Umzug nach München das »Sicherlöstfühlen einer lange gefesselten Seele in eine frohe Ferienhelle hinein« erlebt habe: »Das Münchner Pflaster strahlt Licht in des Dichters Herz.«

Ganz so erstaunlich war diese späte Einsicht nicht, denn das Lob Havemanns bezog sich auf den Roman »Königliche Hoheit« und dessen märchenhafte Idealisierung des jungen preußischen Königssohns. Diesmal ist es dafür Bruder Heinrich, dem der Tadel des Verfassers gilt: »Für deutsches Wesen ist er nicht sehr eingenommen … Kalt steht er über seinen Gestalten, der Schauende, der Wägende, der geistige Aristokrat.« Aber es heißt da auch lapidar: »Die Brüder Mann vertreten Lübeck zum ersten Mal in der Weltliteratur.« Freundlich sieht der Autor übrigens auch auf Ida Boy-Ed herab: Obgleich es in einigen ihrer Bücher »papieren knistere«, seien sie »nicht nur wirkungsstark, sondern auch aufschlußreich und von bleibendem Wert«.

Nur am Rande wird in dieser lübeckischen Geschichte noch ein anderer Sohn der Stadt erwähnt: Erich Mühsam, der jüdische Anarchist und komödiantische Dichter. Der hat sich 1898 über Lübeck so geäußert: »Mit siebzehn flog ich aus dem Lübecker Katharineum heraus, weil ich den Direktor und einige Lehrer in anonymen Berichten an die sozialdemokratische Zeitung bloßgestellt hatte, was die feierliche Bezeichnung ›sozialistische Umtriebe‹ erhielt, und entfaltete, nach einjährigem Besuch des Gymnasiums in Parchim in Mecklenburg in die Vaterstadt zurückgekehrt, als Lehrling der Adler-Apotheke in Gemeinschaft mit meinem Freund, dem damaligen Unterprimaner Curt Siegfried, eine lebhafte Tätigkeit als ungenannter Artikelschreiber für sämtliche Lübecker Tageszeitungen. Wir verlangten mehr und größere Vorlesehallen, forderten und erreichten allsonntägliche Demonstrationsvorträge im Museum, ... setzten die Schaffung eines Zoolgischen Gartens durch und leisteten unser Meisterstück mit der Rettung des zum Abriß bestimmten ältesten Unterbaues eines Lübecker Gebäudes, der Löwen-Apotheke.«

Julius Havemann hat in seiner wackeren Lübecker Literaturgeschichte »das hier lebendige Interesse am literarischen Schaffen« in allzu rosigen Farben geschildert. Es wäre aber mehr als ungerecht, Lübecks und überhaupt das »hanseatische« Interesse an Kunst und Kultur nur unter kritischem Blickwinkel zu sehen. In den drei Städten haben sich verdienstvolle Bürger oft aufopfernd gerade auch um die Kunst verdient gemacht – allerdings in aller Regel nur soweit diese dem Bürgerstolz, seiner Selbstdarstellung und Zurschaustellung und dem Lokalpatriotismus in der Stadt nicht allzusehr gefährlich werden konnte. In München war das ganz anders: Selbstkritik und Selbstspott, »Geschertheiten« und schneidende Attacken gegen das eigene Gemeinwesen gehörten dort immer zum Charakteristikum von Literatur und Kunst und konnten auf vergnügten Beifall, aber nur mäßige Empörung zählen. »Hanseaten« vertragen Spott nur in äußerst geringer Dosierung.

Das Lübeck des 19. Jahrhunderts repräsentierte am deutlichsten die auch in seinen »hanseatischen« Schwesterstädten so oft anzutreffenden Ängste vor Beunruhigendem, Experimentellem oder Avantgardistischem in der Kunst. Kirche und Kaufmannschaft wirkten gewissermaßen als Zensoren des guten Geschmacks. So ist denn auch Lübeck bis heute vor allem eine Stadt der schönen Kirchen und der schönen Bürgerhäuser geblieben. Zu den Kirchen gehörte die Musik: Seit dem 17. Jahrhundert war die Stadt eine erste Adresse für herausragende Organisten und Kirchenmusiker. Hier hat Dietrich Buxtehude, Schwiegersohn und Nachfolger Franz Tunders, des Organisten an der Marienkirche, für seine berühmten Abendmusiken unzählige Konzerte, Kantaten und Arien komponiert (die zu einem großen Teil nicht mehr erhalten sind). 1705 hat sogar Johann Sebastian Bach den Kollegen in Lübeck besucht. Von dieser Tradition profitiert die Stadt an der Trave – in der alljährlich das Schleswig-Holstein-Festival feierlich eröffnet wird – bis heute.

1844 haben die Lübecker einen Musikverein gegründet, der fortan für eine weltliche Ergänzung zur Kirchenmusik sorgte, doch hielt sich die Zahl der Interessenten lange Zeit in engen Grenzen. Die Musiker des Stadttheaters mußten sogar ihren Lebensunterhalt vorwiegend durch Darbietungen auf Tanzbällen bestreiten – alle Bemühungen um eine ausreichende Zahl von Subskribenten der Konzerte reichten nicht aus, um das eigene Orchester mehr als einige Jahre am Leben zu halten. Da waren die zu Beginn des 19. Jahrhunderts in Lübeck und Hamburg entstehenden Tivoli-Theater mehr nach dem Geschmack des »hanseatischen« Publikums. Das sollte sich etwas ändern, als mit Beginn der Kaiserzeit die Begeisterung für Richard Wagner auch nach Lübeck schwappte – Hanno Buddenbrooks erstes Lohengrin-Erlebnis im Lübecker Stadttheater erzählt davon.

In Bremen haben begüterte Kaufleute auf Anregung des Senators und leidenschaftlichen Sammlers Hieronymus Klugkist (seine berühmte Sammlung von Dürer-Gemälden wurde am Ende des Zweiten Weltkrieges nach Rußland verschleppt) schon 1823 einen eigenen Kunstverein gegründet. Noch heute ist die zu einem Museum von internationalem Rang aufgestiegene Bremer Kunsthalle im Besitz dieses privaten Vereins. 1849 hat der Verein sein erstes Haus am Wall errichtet. Der Kaufmann Johann Heinrich Albers, der zu Beginn des 19. Jahrhunderts durch seinen weltumspannenden Indigo-Handel zu Reichtum kam, hat mit kostbaren Schenkungen viel zum Aufstieg des Hauses beigetragen. 1902 wurde der Bau erweitert – allein für die Sandsteinverkleidung stiftete ein Kaufmann, ohne davon viel Aufhebens zu machen, 40000 Goldmark – und mit Rainer Maria Rilkes feierlichen Grußworten eröffnet.

»... Hier wachsen Menschen, hier in diesem Haus
wird mancher sehend für sein ganzes Leben,
der sich als Blinder durchs Gedränge wand;
und hier ist Kirche, hier wird Gott gegeben,
und wo du stehst, da ist geweihtes Land!«

Der spätere Leiter Günter Busch betonte mit einigem Recht die Verdienste von Bremens Bürgern um den Ausbau ihrer Kunsthalle und ließ mit Blick darauf auch den Vorwurf an den allzu beharrlichen Konservatismus des bürgerlichen Geschmacks nicht gelten: »Der Bremer Ankauf des Van Gogh-Bildes (»Das Mohnfeld«, M.W.) im Jahre

1911, an dem sich der ›Protest deutscher Künstler‹ gegen eine angebliche ›Überfremdung‹ der deutschen Kunst entzündete, zeigt deutlich, daß die bedächtigen Hanseaten nicht nur in kaufmännischen Dingen die Augen offenhielten und die Fähigkeit besitzen, über die Enge des Tages und des Landes hinauszublicken.« Da aber hatten sich in der Nähe Bremens, in dem hübschen Dorf Worpswede, bereits einige Künstler niedergelassen, die so gar nichts mehr mit der Verherrlichung konventioneller Bürgerpracht im Sinne hatten und in Bremen für ein neues, nun wirklich experimentelles und avantgardistisches Kunstverständnis sorgten – eine Bereicherung des künstlerischen Horizonts, die in Deutschland nur mit dem Aufbruch in die Moderne in und um München während der Jahrhundertwende verglichen werden kann und die in keiner anderen »hanseatischen« Stadt eine Entsprechung fand.

Dem Vater des kunstsinnigen Senators Klugkist war es übrigens zu verdanken, daß im Jahre 1765 der aus Schwerin stammende Theaterdirektor Konrad Ernst Ackermann die Genehmigung erhielt, im kirchenstrengen Bremen mit seiner Schauspieltruppe aufzutreten. Dort hielt es ihn aber nicht lange, denn als 1767 das neue Schauspielhaus am Hamburger Gänsemarkt seine Pforten öffnete, wurde er für kurze Zeit dessen erster Direktor. Seinem Konkurrenten und Nachfolger Johann Friedrich Löwen war dann die Berufung Gotthold Ephraim Lessings als Dramaturgen zu verdanken. Dieses Kapitel Hamburger Theatergeschichte endete freilich traurig. Dennoch hat Hamburg von allen »hanseatischen« Städten die rühmlichste Theater-Tradition aufzuweisen.

Und auch die Hamburger Kunsthalle kann sich sehen lassen. Ihre Exponate bestanden bis zum Ende des 19. Jahrhunderts fast ausschließlich aus Spenden und Vermächtnissen von Hamburger Sammlern. Alfred Lichtwark, der sich ebenso um das Werk des größten Malers im 19. Jahrhundert, Philipp Otto Runge, wie um große Maler seiner Zeit verdient gemacht hat (die von Lichtwark in Auftrag gegebenen Hamburg-Ansichten Max Liebermanns gehören zu den schönsten Bildern der Stadt), hat es in besonderer Weise vermocht, in den politisch und wirtschaftlich einflußreichen Kreisen Hamburgs die Bereitschaft zu erheblichen Kunstspenden und -stiftungen zu fördern.

Lübecks Breite Straße ist am Ende des 19. Jahrhunderts ein Boulevard bürgerlicher Gediegenheit. Von hier aus zweigen die engen Giebelgassen ab, die der Lübecker Innenstadt bis heute Anmut und Behaglichkeit verleihen.

Nein, alle noch so berechtigten Einwände gegen die »hanseatische« Pfeffersack-Mentalität haben nur dann ihre Berechtigung, wenn man Hamburgs, Bremens und Lübecks Verhältnis zur Kunst sehr differenziert betrachtet, wenn man die gewaltigen Beiträge vieler Kaufleute für ihre Kunst- und Kulturszene, ihre Spendenfreudigkeit, ihr ernsthaftes Verantwortungsgefühl gegenüber ihrer Mitwelt bis in die Gegenwart hinein in Rechnung stellt. Das gilt nicht minder für ihr soziales Engagement, für das Männer wie Caspar Voght oder Salomon Heine schon früh Maßstäbe gesetzt haben und das in Hamburg, Bremen und Lübeck in allen Zeiten viele bewundernswerte Nachfolger gefunden hat.

Anschaulich hat Theodor Eschenburg in seinem Lebensbericht das Lebensgefühl eines durchaus kulturbewußten Lübeckers, Juristen und Senatssekretärs (und späteren Senators) im Jahre 1871 dargestellt. Er erzählt darin von seinem Großvater das Folgende: »Man merkte meinem Großvater und seinen Altersgenossen den Stolz und die Freude über das ›vereinte Vaterland‹ sehr deutlich an ... In der wöchentlichen Lesemappe lagen konservativ gestimmte Zeitungen wie ›Daheim‹, ›Gartenlaube‹ und ›Die Woche‹, als Witzblätter der ausgesprochen konservativ-nationalistische ›Kladderadatsch‹ und die ›Lustigen Blätter‹, nicht aber der ›Simplicissimus‹ wegen seines antikonservativen Spottes und die ›Jugend‹ mit ihrem Hang zur modernen Kunst. Die Geschichte der Kirchenkunst vom frühen Mittelalter bis zu den Nazarenern – Johann Friedrich Overbeck, einer ihrer Hauptvertreter, war ein Lübecker – interessierte ihn lebhaft. Er kannte Bilder und Skulpturen in vielen Kirchen und Museen ... Für die zeitgenössische Kunst hatte er dagegen nicht viel Sinn ... Die Literatur hörte bei Klopstock, Goethe und Schiller auf, wenn man von Geibel absieht. Der war ein besonderes Kapitel, denn er war in Lübeck geboren, hatte hier bis zu seinem Tode gelebt und gehörte nach Lübecker Vorstellungen zu den ›Klassikern‹.« Als der – von Eschenburg als äußerst liebenswert geschilderte – Großvater bei einer Kaiser-Geburtstagsfeier eine Rede halten muß, hält er sich an Geibel.

»Nun wirf hinweg den Witwenschleier,
Nun gürte dich zur Hochzeitsfeier,
Oh Deutschland, hohe Siegerin!
Die du durch Klagen und Entsagen
durch vierundsechzig Jahr getragen ...
Die Zeit der Trauer ist dahin.«

Der Jubelrausch, der damals ganz Deutschland erfaßte, war ja wahrlich grenzenlos und ließ selbst die eingefleischtesten »Hanseaten« alle

Bedenklichkeiten über etwaige Nachteile und Opfer vergessen. Die Zeit für ein endlich geeintes Deutschland war überreif, die Zeiten der kleinen Stadtrepubliken hatten sich überlebt – und damit vielleicht auch, ganz oder teilweise, das »Hanseatische«.

Auf nationale Räusche folgen nun einmal zwangsläufig herbe Enttäuschungen. Diese sollten auch den »Hanseaten« noch bevorstehen. Ganz allmählich begann die Nostalgie, das Wissen, daß die besten Abschnitte »hanseatischer« Freiheiten unwiederbringlich dahingegangen waren, sich in verklärenden, romantischen Rückblicken bemerkbar zu machen. Doch erst einmal wurde alles von einem triumphalen Aufschwung überdeckt.

XIII. Unruhe heißt die Schöpferkraft

Vom Weg nach oben

Am 25. Januar 1878, zwanzig Monate vor seinem 21. Geburtstag, wurde in Hamburg ein junger Mann vorzeitig für mündig erklärt, der bereits schwere Jahre hinter sich hatte. Der Vater des jungen Mannes, Samuel Joel Ballin, am 10. März 1804 in einem kleinen Hafendorf an der Ostküste Jütlands geboren und seit 1830 in Hamburg ansässig, gründete hier eine eigene kleine Firma, die sich auf das »Dekatieren« von Stoffen – die Reduktion von Preßglanz – spezialisierte. 1837 kam eine Wollfärberei hinzu. Im November heiratete er Amalia Meyer, die sechzehnjährige Tochter eines Hamburger Kaufmanns. Zu seinen vier Kindern aus erster Ehe – seine erste Frau war früh gestorben – gebar ihm die junge Frau neun weitere, darunter als letztes einen Knaben mit Namen Albert. Die Zeiten waren wieder einmal schwierig. Hamburg erlebte 1857 eine schwere Wirtschaftskrise, aus der die Stadt nur durch einen großzügigen Kredit von mehreren Seiten, darunter zehn Millionen Mark vom österreichischen Staat – das Geld wurde per Expreßzug nach Hamburg geschickt – im letzten Augenblick vor der Zahlungsunfähigkeit gerettet werden konnte. Ursache für die Notlage, die 150 Hamburger Firmen in den Ruin trieb, war eine wilde Warenspekulation von Hamburger Kaufleuten im Zusammenhang mit dem dann überraschend früh beendeten Krimkrieg.

Samuel Joel Ballin hatte schon 1843 Konkurs anmelden müssen, zwei Jahre später aber alle Gläubiger zufriedengestellt und erneut eine Firma gegründet, die sich nach dem Namen des Gründers »S. J. Ballin« nannte und Kohlenhandel betrieb. Doch auch diesem Unternehmen war kein Erfolg beschieden. So gründete er mit einem Hamburger Freund (der schon bald darauf wieder ausschied) am 6. März 1852 noch einmal eine Firma, die – damals alles andere als eine Seltenheit – Auswanderern den Weg in die Freiheit ebnen wollte. Sie

Über Generationen haben die Hamburger Handelsherren vom Fenster ihres Kontors aus den Verkehr auf der Elbe und den Gang der nautischen Geschäfte beobachtet.

trug (aus unklaren Gründen) den englisch-»hanseatischen« Namen »Morris u. Co.«. Das Unternehmen blühte leidlich und nahm später einen anderen Teilhaber auf. 1874 starb der Gründer im Alter von 69 Jahren.

Von den hinterbliebenen Söhnen hatte nur Albert eine private Grundschule besucht, nun mußte er als der begabteste im Alter von gerade achtzehn Jahren die Familie ernähren. Das kleine Unternehmen, in das er eintrat, kümmerte sich vornehmlich um Auswanderungswillige aus Schleswig-Holstein, die über den Umweg England nach Amerika drängten. Das Geschäft mit Schiffspassagen entwickelte sich ständig aufwärts. Als der Engländer Edward Carr aus der Firma seines Onkels Robert Miles Sloman jun. austrat, weil er seine eigene Reederei gründen wollte, bat Albert Ballin ihn, auf seinen zwei Frachtdampfern auch Unterkünfte für Passagiere zu schaffen. Im Gegenzug verpflichtete sich Ballin, etwa 600 Passagiere pro Fahrt nach Amerika anzuwerben.

Diese Form der Seereise war natürlich alles andere als komfortabel, aber mit ganzen 82 Mark billiger als die Passagen auf den Schiffen des Norddeutschen Lloyd. Anfänglich entwickelte sich die Sache nur schleppend, aber 1883 transportierte die kleine Carr-Reederei im Auftrag Ballins bereits mehr als 16000 Passagiere. Der größte Teil der Auswanderer reiste mit dem Norddeutschen Lloyd, aber auch die Hapag, die bis 1880 unter der Leitung Adolph Godeffroys stand, brachte es im selben Jahr bereits auf mehr als 50000 Passagiere. Als nach dem Ausscheiden Godeffroys und dem Tod seines Partners Carl Woermann wenig später die Hapag in einen Schlingerkurs geriet und gegenüber der Konkurrenz aus Bremen weiter zurückzufallen drohte, trat man an den tüchtigen jungen Konkurrenten Ballin heran und bot ihm die Leitung der Passageabteilung an. Ballin willigte ein, zumal er sein eigenes Unternehmen weiterführen durfte. Erst als man dem Neunundzwanzigjährigen dann wenig später antrug, in den Vorstand der Hapag einzutreten, gab er die eigene Firma nach einiger Erprobung der neuen Rolle auf. 1899 wurde er schließlich zum Generaldirektor der Hapag ernannt. Der Sohn eines dänischen Juden, der nie die Mitgift und die Privilegien »besserer hanseatischer Familien« gekannt hatte, an der Spitze eines Unternehmens, das den Norddeutschen Lloyd überholen und eine Führungsrolle auf den Weltmeeren übernehmen sollte. Die Reederei besaß zu diesem Zeitpunkt 22 Dampfer.

1881 hatten die Vertreter Hamburgs endlich auch eingewilligt, sich dem deutschen Zollgebiet anzuschließen – gegen die von zahlreichen Kaufleuten und Bürgermeister Versmann erzielte Kompromißformel eines eigenen Freihandelsbezirkes mit eigener Zollverwaltung. Die nach langem Ringen mit Bismarck gefundene Lösung versöhnte die Hamburger Kaufleute endgültig mit den Interessen Preußens und machte aus den »hanseatischen« Republikanern kaiserliche Kaufleute. An jenen Plätzen in der Welt, wo sie einst ihre privaten Niederlassungen gegründet hatten, entstanden nun deutsche Kolonien: in Togo, in Kamerun, in Deutsch-Ostafrika und auch auf jener Insel, die César VI. Godeffroy den Titel »König der Südsee« eingebracht hatte. Mit der rasch voranschreitenden Industrialisierung des Deutschen Reiches drängten deutsche Produkte auf die Märkte des Auslands, und der Bedarf an Rohstoffen ließ immer größere und schnellere Schiffe vom Stapel gehen. Das war gut für Hamburg und seine Kaufleute und Reeder. Hatte Hamburg einst seine größeren Schiffe in England bauen lassen, so besaßen Stadt und Hafen seit 1877 die Werft

Ein »hanseatischer« Mythos und eine Universalbegabung: Albert Ballin, Herr über die Hapag, Berater des Kaisers, kluger und vorausschauender Stratege.

»Blohm und Voss«. Für die »hanseatischen« Kaufleute schienen alle Zeichen in eine goldene Zukunft ohne Rückschläge, Bankrotte, Krisen und Katastrophen zu weisen, die den kaufmännischen Erfolgen für gewöhnlich entgegenstehen. In Wirklichkeit glich die Wirtschaft nach 1870 in besonderem Maße einer gewaltigen Bugwelle, in deren Strudel – siehe César VI. Godeffroy – selbst die traditionsreichsten unter den Kaufleuten schnell versinken konnten. Für einen so besonnenen, aber auch so wagemutigen und scharfsichtigen, zielbewußten und diplomatischen Aufsteiger wie Albert Ballin war das eine ideale Ausgangslage.

Der neue Hapag-Chef, der – obgleich bis dahin nie in England gewesen – ein vorzügliches Englisch sprach und über einen sanften, gewinnenden Charme und gewinnende Umgangsformen verfügte, war, wie der Berliner Carl Fürstenberg 1930 in seiner »Lebensgeschichte eines deutschen Bankiers 1870–1914« schrieb, »sehr klein, und sein von unzähligen Falten durchfurchtes Gesicht erschien wie aus Gummi gebildet, so daß er beim ersten Eindruck beinahe komisch wirkte. Man mußte die wundervollen Augen dieses Mannes gesehen haben, um zu fühlen, in welchem Maße sich hier Güte und Liebenswürdigkeit, Scharfsinn und Verschmitztheit zusammenfanden.«

Kaum im neuen, hohen Amt, sorgte Ballin für eine ständige Erhöhung des Aktienkapitals, gründete neue Niederlassungen in Berlin, Wien, Dresden und Frankfurt, ließ unentwegt neue Doppelschrauben-Schnelldampfer bauen, kümmerte sich gründlich um jedes Detail und entwickelte, über das Geschäft mit Auswanderern und Frachten hinaus, auch die Idee, nach englischem Vorbild teure Schiffspassagen für das pure Vergnügen anzubieten. »Es fehlte selbst in meiner allernächsten Umgebung nicht an Leuten, die glaubten, es sei in meinem Oberstübchen nicht ganz richtig«, meinte er einmal über seine kühnen Pläne, und Peter Franz Stubmann schrieb in seiner Ballin-Biographie von 1926 (die 1933 vernichtet, 1960 aber in erweiterter Form wieder aufgelegt wurde) zu Recht, daß Ballin eben »in jedem Lebensbereich eine Ausnahmepersönlichkeit (war), die in nur drei Jahrzehnten ein zuvor schwer ringendes Unternehmen zu hoher Blüte emporhob«. Er hat »seiner Vaterstadt und der deutschen Nation geistige und wirtschaftliche Werte geschenkt ..., die nicht vergessen werden können ... Er war ein Mann der besten und weithergeholten Informationen. Es genügte ihm nicht, lediglich sein Geschäft genau zu kennen, ohne sich darüber hinaus um anderes zu kümmern, wie es manche Fachleute und Spezialisten tun.«

Die »geistigen Werte« dieses Ausnahme-Kaufmanns bezogen sich vor allem auf die Politik: Früher als viele andere »Hanseaten« sah er die verhängnisvolle Entwicklung voraus, in die die wachsende Konkurrenz mit England, dem klassischen und so bewunderten wie imitierten Handelspartner Hamburgs, das Kaiserreich und mit ihm gerade die Hansestädte bringen sollte. Sein Prinzip im Kleinen (Ballin bemühte sich wie kein anderer um Pool-Verträge mit dem Konkurrenten aus Bremen) wie in der großen Weltpolitik hieß Interessen-Ausgleich und Verständigung. Die Politik von Bismarcks Nachfolgern bezeichnete er einmal sorgenvoll als »Politik der vollen Hose«. Auf dem

Höhepunkt seiner Hapag-Erfolge und seiner persönlichen Macht mahnte er in einem Brief an Maximilian Harden, der sich in dessen Nachlaß fand, geradezu flehentlich: »Unser Verhältnis zu England macht mir große Sorge, bitte setzen Sie Ihren großen Einfluß an eine Befürwortung eines Übereinkommens in der Frage des Flottenbaues. Es ist eine Notwendigkeit für beide Nationen, und diese Notwendigkeit sollte für practische Männer schon die Grundlage zu einem fairen Vergleich bieten. Sonst jagt man uns den Atem aus und wir haben für die vermehrten Kriegsschiffbauten eine neue Finanzkatastrophe oder einen Krieg.« Nach den »Grundlagen eines fairen Vergleichs« im ureigensten Interesse zu suchen war ein tradiertes Gebot der »hanseatischen« Kaufleute. Im Taumel des deutschen Großmachtdenkens sollte es jämmerlich untergehen – und Ballin mit ihm.

Am 16. August 1892 wurde Ballins Vaterstadt Hamburg von einer Katastrophe schrecklichen Ausmaßes heimgesucht, die Handel und Schiffahrt erst einmal empfindlich lahmlegte. Während zweier Monate wütete in der Stadt – und das nicht zum ersten Mal – die Cholera. Diesmal starben in sechs Wochen mehr als 8000 Menschen und 18 000 erkrankten schwer. Verzweiflung und Panik hielten Hamburg wochenlang im Würgegriff. Über die Vorgeschichte der Epidemie, die genauen Umstände ihrer Entstehung, über das Unvermögen des Senats, die Gefahr rechtzeitig zu erkennen und angemessene Vorsorge- und Hilfsmaßnahmen zu ergreifen, und über das grauenvolle Wüten der Krankheit hat der englische Historiker Richard J. Evans ein fulminantes Buch geschrieben. Es ist zugleich eine kritische Sozialgeschichte Hamburgs im 19. Jahrhundert. »Die Epidemie«, schreibt Evans darin, »gilt in Hamburgs Mythologie als Wendepunkt der Stadtgeschichte.«

Für Hamburgs Seefahrt und Seehandel schienen die Folgen der Epidemie von 1892 anfänglich einem Todesstoß gleichzukommen. Der Schiffsverkehr wurde eingestellt. Die Vereinigten Staaten verboten den Hamburger Schiffen das Einlaufen in ihre Häfen. Im voraus bezahlte Passagen mußten erstattet werden. Die Schuld an dieser Misere schoben die Hamburger Kaufleute zuerst den armen, vornehmlich jüdischen Ein- beziehungsweise Auswanderer-Familien aus Rußland und Galizien zu, und auch nichthamburgische Zeitungen sprachen vom »Korruptionsbazillus des Judaismus«. In Wahrheit hatte sich die Stadtverwaltung das Unheil selbst eingebrockt, denn das

Trinkwasser- und Sielsystem war hoffnungslos veraltet. Auf den feudalen Landsitzen der großen Kaufleute vor der Stadt herrschten sanitär einwandfreie Zustände, aber »die im 19. Jahrhundert in Hamburg von den Kaufleuten geschaffene Welt war eine schmutzige Welt ... Ausscheidungen von Mensch und Tier vermengten sich auf Höfen und Straßen mit der Asche aus den Höfen zu einem feinen Staub, der die Kleidung beschmutzte und das Atmen erschwerte«, die Fleete waren mit Müll und Unrat jeder Art bedeckt, es fehlte an Toiletten, und das restlos verschmutzte und vergiftete Wasser der Elbe diente vielen als Wasch- und Trinkwasser. Von überall her drangen Keime in die Leitungen, natürlich konnten sich nur reiche Bürger den Kauf von frischem Quellwasser leisten. Spätere Erkenntnisse ergaben, daß die Cholera von jenen Gebieten ihren Ausgang nahm, in denen das ungereinigte Elbwasser direkt in die Wasserleitungen floß.

Nach langer bürokratischer Prozedur und vierzehntägiger Quarantäne – das verlangte Amerika aus Furcht vor Epidemien – verließen die Emigranten die Hamburger Auswandererhallen und gingen an Bord der Schiffe, die sie in die Neue Welt brachten. Mit den 1910 errichteten Hallen auf der Veddel hatte Hamburg auf energische Fürsprache Albert Ballins endlich menschenwürdige Bedingungen geschaffen. Ballins Leitspruch »Mein Feld ist die Welt« prangt über dem Eingang.

Die Lage für Menschen und Wirtschaft schien hoffnungslos. Hamburg befand sich in Quarantäne. Bremen und Lübeck taten – mit Sorgfalt und Erfolg – alles, um die Epidemie von sich fernzuhalten, erließen Ein- und Ausfuhrverbote und strengste hygienische Kontrollvorschriften. Bremen konnte sich die Seuche erstaunlich leicht vom Leibe halten, wovon seine Schiffahrt profitierte. Wie sehr die Stadtväter mit ihren Präventivmaßnahmen allerdings in dunkeln tappten, wieviel Glück und Zufall bei der erfolgreichen Abwehr der Seuche mitspielten, lassen die »Lübecker Blätter« erkennen, die für die Katastrophe ausgerechnet die neueste technische Errungenschaft verantwortlich machten, die in den besseren Hamburger Häusern inzwischen selbstverständlich geworden war: »Grundsätzlich fort mit den Wasserclosets, je eher, desto besser!« Erst die Mithilfe Robert Kochs, des aus Berlin herbeigeeilten Entdeckers des Cholera-Erregers, vermochte allmählich die medizinische Seite des Problems unter Kontrolle zu bringen. Gründliche Renovierungen des Trinkwassersystems wurden endlich und umfassend in Angriff genommen.

Die Hapag aber erwies sich als ebenso flexibel wie erfinderisch. Ballin verlegte die Abfertigung seiner Schiffe zunächst nach England, später nach Wilhelmshaven und – was die auswandernden »Zwischendecker« anbetraf – nach Stettin. Er richtete eine neue Linie Genua-New York ein und ließ nach dem Abflauen der Epidemie nahe dem Freihafen riesige Auswandererhallen mit modernsten hygienischen Anlagen errichten. Es gelang, die Hapag vor dem Schlimmsten zu bewahren, und erstaunlich rasch hat die Reederei die schweren finanziellen Einbußen wettmachen können. Bis zum Ersten Weltkrieg übertraf die Tonnage der Hapag-Schiffe die Tonnage des einst soviel mächtigeren Bremer Konkurrenten um fast ein Drittel.

Ballin wußte sich wie kaum ein anderer »hanseatischer« Kaufmann seiner Epoche der Gunst des Kaisers und einer persönlichen Beziehung zu ihm zu versichern. Dazu hatte nicht zuletzt der von ihm 1902 erzielte und vom Kaiser sehr bewunderte »faire Ausgleich« mit seinem größten Konkurrenten auf den Weltmeeren, dem Amerikaner John Pierpont Morgan, beigetragen. Darüber hinaus liebte der Kaiser die Seefahrt und deren »hanseatische« Giganten. So traf man sich bei vielen offiziellen nautischen Anlässen. »Mißmut, Torheit und Hochmut haben bis in die letzten Tages des Krieges die Beziehungen

Als Kaiser Wilhelm II. im Jahre 1912 im Hafen von Hamburg den neuen Dampfer »Imperator« aus der Taufe hebt, feiert der in Hamburg lebende märkische Dichter Richard Dehmel das Ereignis mit einer Hymne, die auch Albert Ballin gilt und in der es verehrungsvoll heißt: »Der Kaiser neigt sich vor dem jüdischen Mann, der dieses Völkerfriedenswerk ersann, es neigen sich die Herren Offiziere.« Nur hörten bald weder Kaiser noch Offiziere auf die klugen Ratschläge Ballins.

Wilhelms II. zu Albert Ballin als das Ergebnis einer aufdringlichen Geschäftspolitik Ballins hinzustellen versucht, die bestimmt sei, eigensüchtige Interessen zu fördern. Das Gegenteil ist richtig«, urteilt sein enger Mitarbeiter Peter Franz Stubmann. Wiederholt besuchte Ballin den Monarchen, oft weilte der Kaiser in Ballins Hamburger Privathaus. »Der Sohn des ehemaligen Auswanderer-Agenten ist hoffähig geworden; seine starke Suggestionskraft, sein persönlicher Charme, seine aus natürlicher Begabung stammende, aber desto selbstsicherere Gewandtheit machten auf den leicht empfänglichen Hohenzollern, nun auf der Höhe des Erfolges, Eindruck ... Albert Ballin ist ein ehrlicher Bewunderer Wilhems II. gewesen, was ihn nicht hinderte, allmählich des Kaisers Schwächen zu erkennen. Als das Ende des Krieges herannahte, hat er die Freundschaft mutig, fast als einziger, wenn auch zu spät, mit Offenheit zu lohnen versucht, aber er erreichte nur, mißverstanden zu werden, obwohl er Mitleid im wahrsten Sinne des Wortes für seinen kaiserlichen Freund empfand.«

Anfangs hat der schiffsgläubige Ballin die expansive Flottenpolitik noch gutgeheißen. Mit dem Erkennen der Kriegsgefahr erlosch die Begeisterung, und er begann sich mit vorsichtigen Ratschlägen, aber auch mit deutlichen Worten für den Abbau des Wettrüstens einzusetzen – aber da war es bereits viel zu spät, und der Wirtschaftspolitiker Ballin resignierte: »Ich habe mich bescheiden gelernt, nachdem ich habe erkennen müssen, daß die obwaltenden Verhältnisse und Einflüsse viel stärker sind, als ich es zu sein vermöchte«, schrieb er Maximilian Harden im Dezember 1912. Ballins Hamburger Reeder-Kollegen, etwa sein wohlwollender Förderer Carl Laeisz oder Adolph Woermann, der äußerst erfolgreiche Stratege und Unternehmer der deutschen Afrika-Linien, haben dagegen die Gefahr im Stolz auf die vermeintliche deutsche Stärke nicht kommen sehen. Woermann, der schon 1868 an der Mündung des Kamerunflusses eine Firmenniederlassung gründete, hatte entscheidend daran mitgewirkt, daß Südwestafrika, Togo und Kamerun zu deutschen »Schutzgebieten« wurden. Entschlossen hatte sich der nationalliberale Kaufmann für die deutsche Expansion nach Afrika und den erforderlichen militärischen Begleitschutz eingesetzt, eine Haltung, die mit Ballins diplomatischen Bemühungen um »fairen Ausgleich« nicht korrespondierte. Als Woermanns Alkoholexporte nach Afrika schwindelerregend anstiegen, war das sogar dem Reichstag zuviel, so daß er Bismarck aufforderte, gegen den Handel einzuschreiten: die Ware sei von minderer Qualität und nur dazu geeignet, die Bürger Afrikas in Abhängigkeit zu versetzen.

Woermann, dessen Unternehmungen 2000 Mitarbeiter zählten, gehörte zu den engsten Gesprächspartnern Alfred Freiherr von Tirpitz', und er unterstützte mit ebensoviel patriotischem Jubel wie merkantilem Scharfblick dessen Flottenträume. »King Woermann« nannten ihn Hamburgs Kaufleute bewundernd. Wiederholt wurde ihm der Vorwurf gemacht, sich am Transport deutscher Kolonialtruppen durch überhöhte Preise bereichert zu haben. Ob die Vorwürfe nun berechtigt waren oder nicht: Woermann verstand es, Nationalismus und persönliche Geldvermehrung nahtlos zu verbinden. Um so interessanter ist Ballins Nachruf auf Adolph Woermann, der 1911 im Alter von 64 Jahren starb. Abgesehen davon, daß Nachrufe zur Verklärung neigen, hat Ballin Woermann als kaufmännischen Partner zweifellos geschätzt und vielleicht auch, trotz vieler Meinungsunterschiede, gelegentlich bewundert. In seinem Nachruf nennt er ihn sogar »das Urbild eines Hanseaten«. Er habe »praktischen Patriotismus« bewiesen, sei ein »großer Vaterlandsfreund« gewesen. Als sich sogar die Regierung in Berlin »offiziell« gegen Woermanns Geschäftspraktiken gestellt habe, habe sich Woermann zunehmend verbittert gezeigt, zumal man in der Öffentlichkeit damit begonnen habe, »ihn mit Kot zu bewerfen«. »Das soll uns nicht hindern, dem großen Vaterlandsfreund und tatkräftigen Politiker, dem Hamburgischen Patrioten, dem wahrhaft königlichen Kaufmann und dem größten, opferfreudigsten Privatreeder, den die Hansestädte jemals gesehen haben, den Zoll unserer Anerkennung darzubringen und ihm eine herzliche Dankbarkeit für alle Zeiten zu bewahren. Holt die Flagge auf halbstock, ihr Hanseaten, der größte Hanseat ist tot.«

Zieht man die rhetorische Übersteigerung eines Trauernden ab, bleibt dennoch deutlich, wie uneingeschränkt sich Ballin mit dem Toten identifiziert, denn die »hanseatischen« Attribute, die er Woermann nachrief, galten ebenso für ihn selbst, wenn auch nicht uneingeschränkt. Daß er sich trotz aller Gegensätzlichkeit entschieden hinter einen Mann stellte, den die Öffentlichkeit »mit Kot beworfen hatte«, war wohl zurückzuführen auf eine Mischung aus Solidarität,

Mitgefühl und eigener bitterer Erfahrung. Ballin wußte um die instabile gesellschaftliche Plattform, auf der er selbst stand. Er hatte aufgrund seiner Familiengeschichte ein feines Gespür für Verfolgte und Gedemütigte, was ihm übrigens im Umgang mit seinen Hapag-Auswanderern sehr zugute kam. Ballin wäre, so läßt sich sein Nachruf auf Woermann lesen, vielleicht gerne ein bißchen so wie dieser hünenhaft gewachsene Hamburger gewesen. Dabei war er Woermann an Empfindungsfähigkeit, an politischem Instinkt, an diplomatischer Finesse weit überlegen und in seinen (zweifellos konservativen) Wertvorstellungen ein »eigentlicher Hanseat«, einer mit Augenmaß und Gelassenheit.

Viele Ehrungen, Titel und Ämter hat Ballin ausgeschlagen, weil er wußte, daß mehr Ehre und Ansehen auch mehr Neid und antisemitische Ablehnung provozierte. Er war mit einer Christin verheiratet, aber nicht willens, seine vom Vater ererbte Religion zu verleugnen. Albert Ballin war aufgestiegen in den Kreis der erfolgreichen »Hanseaten«, hatte darüber aber sein feines Gespür für das labile Gleichgewicht der jüdischen Emanzipation gerade auch in Hamburg nicht verloren: »Von verschwindenden Ausnahmen abgesehen«, so beschrieb der Augenzeuge Julius von Eckardt das Verhältnis der Hamburger zur jüdischen Bevölkerung, »standen auch die reichen Juden außerhalb der ›Gesellschaft‹. Sie bildeten, einerlei ob getauft oder nicht getauft, eine Welt für sich, die sich – wie allenthalben – durch geistige Regsamkeit und lebhafte Empfänglichkeit für allgemeine Interessen auszeichnete, rücksichtlich ihrer äußeren Zuschnitte indessen so hamburgisch wie immer möglich erschien.«

Ballin hat sich niemals der Illusion hingegeben, daß alle Hamburger so respektvoll von ihm dachten wie der in Blankenese wohnende Dichter Richard Dehmel, der anläßlich eines Stapellaufes für die Hapag ein Gedicht mit dem Titel »Hafenfeier« schrieb.

»Sieh dort, der schlichte Mann in der Barkasse,
die unscheinbar vom wimmelnden Kai abschwenkt,
der ordnet dir die lärmende Masse.
Ihm dankt im stillen jede Speichergasse.
Ein Schiffsherr ist's, der viele Schiffe lenkt.
...

Unruhe ist's, was sich Beruhigung schafft,
was Freiheit und Gewalt zur Ordnung strafft,
um immer kühneren Flugs die Ruhe zu stören.
Unruhe heißt die Schöpferkraft.
...
Der Kaiser neigt sich vor dem jüdischen Mann,
der dieses Völkerfriedenswerk ersann.
Es neigen sich die Herren Offiziere ...«

Daß Hamburgs Wirtschaft in der zweiten Hälfte des Kaiserreiches einen so glanzvollen Aufstieg erlebte, war natürlich auch vielen anderen tüchtigen Kaufleuten und nicht nur den wenigen Reedern zu verdanken. Der schwunghafte Ausbau zuerst der Handels-, später auch der deutschen Kriegsflotte und die stürmische Industrialisierung in ganz Deutschland sowie die Erfolge der deutschen Außenpolitik hatten nach anfänglichen Schwierigkeiten auch den drei »hanseatischen« Küstenstädten zu neuem Wohlstand verholfen. Aber im Zentrum der neuen Prosperität, die sowohl im Innern Hamburgs wie an vielen neuen, mitunter geradezu schloßähnlichen Landhäusern an Alster und Elbe abzulesen war, stand Ballin – und mit ihm ein Freund und Geschäftspartner, dessen Bedeutung für die Hamburger Wirtschaft nicht geringer war: Max Warburg. Wie Ballin verkörperte dieser legendäre Hamburger Bankier die patriotisch aufgeladenen Wirtschaftsenergien der Epoche, wie Ballin entstammte er einer jüdischen Familie, allerdings gehörte diese schon seit längerer Zeit zu Hamburgs Wirtschaftselite, während Ballin aus bescheidenen Verhältnissen bis an die Spitze gestoßen war.

Die Geschichte der Warburgs, ihrer Bank und ihres Einflusses auf die hamburgische und deutsche Wirtschafts- und Kulturgeschichte ist vielfach beschrieben worden. 1994 erschien die bislang vollständigste, in ihrer empirischen Akribie und anschaulich-spannenden, ja stellenweise brillanten Erzählweise bisher unübertroffene Familienbiographie Ron Chernows, die nicht nur auf nahezu tausend Seiten die filmreife »Odyssee einer Familie«, sondern zugleich eine umfassende Chronik hamburgischer und deutscher Historie entrollt. Mit diesem Buch liegt endlich auch eine in ihrem Material-Reichtum erschöpfende Chronik der deutsch-jüdischen Beziehungen seit dem

19. Jahrhundert vor. Nicht alle Einzelheiten dieses Werkes stießen auf die Zustimmung der heute noch lebenden Warburg-Nachfahren und verantwortlichen Lenker der Bank. So haben sich diese aus Anlaß des zweihundertsten Bankjubiläums im Jahre 1998 denn auch von Eckart Kleßmann eine »offizielle« Darstellung ihrer Geschichte schreiben lassen und damit eine bereits 1976 von Eduard Rosenbaum und Joshua Sherman erstellte Firmengeschichte sorgfältig ergänzt.

Die Warburgs kamen 1773 aus der gleichnamigen westfälischen Stadt, in der ihr 1537 errichtetes und heute noch zu besichtigendes Stammhaus steht, nach Hamburg und eroberten sich hier schnell einen wichtigen Platz im Wirtschaftsgeschehen. Sie selbst haben ihre Herkunft auch auf sephardische Urahnen zurückgeführt, was möglich, aber nicht nachzuweisen ist. Von den fünf Söhnen Moritz M. Warburgs und Charlotte Oppenheims, zu denen noch zwei Schwestern hinzukamen, war Max nach seinem Bruder Aby, der ein bedeutender Gelehrter werden sollte, der älteste. Er übernahm von Aby gegen das berühmt gewordene und sich noch als sehr folgenreich erweisende Versprechen, dem Bruder zeitlebens alle Bücher zu bezahlen, die er wünschte, die Leitung der väterlichen Bank zur Zeit der vermeintlich glücklichen »deutsch-jüdischen Symbiose«. Es war jene Epoche, in der für viele die jahrhundertalte Separation der »eigentlichen und uneigentlichen Hanseaten« – zumindest nach außen hin – der Vergangenheit anzugehören schien. »In dieser Phase der Toleranz und Hoffnung waren Ballin und Max Warburg Musterbeispiele für den raschen Aufstieg, der jüdischen Geschäftsleuten mit einemmal möglich war«, schreibt Ron Chernow und fügt an anderer Stelle hinzu, daß das Handeln Max Warburgs »geprägt (war) von der festen Überzeugung, daß der Fortschritt der Juden verbürgt und unumkehrbar sei«. Während des Kaiserreiches stieg Max Warburg zu einem der bedeutendsten Finanziers Hamburgs und des Deutschen Reiches auf, eine Rolle, die er trotz wechselhafter Firmengeschicke später auch in der Weimarer Republik mit großem Erfolg ausfüllen sollte.

Zwischen dem zehn Jahre älteren Hapag-Chef Ballin und dem Bankier entwickelte sich eine Freund- und Partnerschaft, die Chernow an Hand zahlloser Dokumente bis ins kleinste Detail belegt hat. »Zwanzig Jahre lang«, so schreibt er, »war Max der beste Freund und Schützling dieses Titanen der Weltschiffahrt, und Ballin seinerseits

Das berühmte Photo der fünf Warburg-Brüder Paul, Felix, Max, Fritz und Aby aus dem Jahre 1929 macht deutlich, wer hier gibt und wer nimmt: Die gegen die Brüder (Paul und Felix verdienten ihr Geld in den USA, Max leitete die Hamburger Bank) geöffnete Hand des Gelehrten Aby forderte vor allem Geld für den Unterhalt von Abys legendärer Bibliothek, deren größter Teil 1933 vor den Nationalsozialisten nach London gerettet werden konnte. Aby Warburg mußte das nicht mehr erleben; er starb noch in dem Jahr, als das Photo aufgenommen wurde.

betrachtete die Warburgs neben seiner Frau, einer Christin, und einer Adoptivtochter als zweite Familie.« Vater Moritz Warburg hatte 1897 auf dem Kösterberg in Blankenese ein wunderschönes Grundstück am Elbhang erworben, das einmal der Familie Gottfried Sempers gehört hatte. Darauf ließ er sich von dem neuen Star am Hamburger Architektenhimmel, Martin Haller, dem Erbauer des Hamburger Rathauses, eine prächtige und – was für »Hanseaten« das Wichtigste war – repräsentative Villa im Renaissancestil errichten. Hier empfing nun Max Warburg die Welt. »Bei den Soireen konnten Max und Alice bis zu vier Dutzend Gäste bewirten. Jeden Sommer ließen sie einen Chefkoch und zwei Gehilfen aus einem vorzüglichen Berliner Restaurant kommen, und häufig wurden die Mahlzeiten *al fresco* auf der steingefliesten Terrasse eingenommen. Bei solchen Gelegenheiten stellte Alice in riesigen Bodenvasen Blumenarrangements zusammen, und ein Orchester spielte nach dem Diner zum Tanz im Mondschein auf.« Zudem baute man auf dem weitläufigen Gelände Gemüse an, und für die Kinder gab es frische Milch. »Jeder Liter«, so soll Max gewitzelt haben, »koste ihn soviel wie eine Flasche teuersten Champagners.« Vom geselligen Leben und der bewegten Geschichte des Anwesens, von dem sich heute nur noch ein Teil – mit dem sehr viel bescheideneren, aber um so schöneren alten Landhaus von 1794 – im Familienbesitz befindet, haben mehrere Mitglieder der Familie Warburg anschaulich erzählt.

Aber es gab zwischen den beiden Hamburger Kaufleuten auf mindestens zwei Gebieten ihres Wirkens feine Unterschiede: In ihrer Sichtweise auf das Verhältnis der Juden zu den anderen Deutschen, auch in ihrer Einstellung zum deutschen Patriotismus stimmten sie nicht überein. »Trotz seines Erfolges wußte Ballin, daß die ›sozialen Bestrebungen reicher Juden den Antisemitismus nur schüren‹ würden. Obwohl er vorwiegend in Gesellschaft von Glaubensgenossen verkehrte (was nicht ganz zutraf, M.W.), sah man ihn nur selten in der Synagoge. Zuwendungen an Wohltätigkeitseinrichtungen der jüdischen Gemeinde, von der er sich betont fernhielt, ließ er über Max weiterleiten. Einen Drahtseilakt nach dessen Vorbild versuchte er erst gar nicht. Durch die Verbilligung der Überfahrt nach Amerika trugen die beiden Männer dazu bei, den endlosen Strom europäischer Juden, der vor dem Ersten Weltkrieg in die neue Welt drängte, zu vergrößern«, schreibt Chernow zutreffend.

Die Warburg-Bank war durch die Heirat zweier Brüder nach Amerika inzwischen mit der New Yorker Bank »Kuhn, Loeb & Co.« verbunden. Diese hatte sich im Jahre 1901 auch mit dem Kauf eines größeren Aktienpaketes an der Hapag beteiligt. Die Bank gehörte zu den wichtigsten Finanziers der Reederei. »Neben dieser einträglichen Aufgabe bekam Max durch die Vermittlung Ballins, der ihm Zutritt zum exklusiven, snobistischen und nach außen sorgsam abgeschirmten Kreis der deutschen Großindustrie verschaffte, unvergleichbare Geschäftsbedingungen ... Durch Ballins Vermittlung bekam Max ein Entree ins Allerheiligste, in das bis dahin nur eine Handvoll auserwählter Juden hatte vordringen können ... Ballin brachte Max nicht nur in den Aufsichtsrat der Hapag, sondern bewegte ihn auch dazu, einen Sitz im Führungsgremium von Deutschlands führender Schiffswerft Blohm und Voss zu übernehmen.«

Albert Ballin und Max Warburg: Sie gehörten nun zur Creme der Hamburger Wirtschaft. Beide genossen zumindest den Respekt, im Falle Ballins sogar die relative Freundschaft des Kaisers. Chernow hat nicht ganz recht mit der Bemerkung: »Zwar trafen Ballin und Max während der Kieler Woche mit dem Kaiser zusammen, doch blieben sie von seinem innersten gesellschaftlichen Kreis ausgeschlossen … Obwohl er Ballin mehr als jeden anderen Juden konsultierte, traf er nur sechsmal jährlich mit ihm zusammen: das war für einen Juden bemerkenswert, keineswegs aber Ausdruck völliger Akzeptanz.« Richtig hingegen dürfte die Feststellung sein: »Max' Verbindung zum Kaiser nahm nie auch nur annähernd das Ausmaß von Bleichröders verschlungener Beziehung zu Bismarck an. Immer, wenn er glaubte, den Kaiser endlich von seiner Position überzeugt zu haben, bekehrte der nächste Besucher diesen sogleich zum genauen Gegenteil.«

Ballin blieb bis zuletzt der angeblich gelungenen Integration der Juden gegenüber äußerst vorsichtig, zuweilen sogar pessimistisch. Max Warburg dagegen »hoffte, die Rolle des glühenden Patrioten mit der des aufgeklärten Internationalisten vereinbaren zu können«. Bis zu seinem bitteren Abschied von Deutschland haftete Max Warburg ein geradezu naiv wirkendes Zutrauen zu der Überlebtheit des Antisemitismus an, während Ballin in dieser Frage der sehr viel Weitsichtigere blieb. 1907, als der Kaiser in seinem verhängnisvollen »Daily-Telegraph«-Interview von einer allgemeinen Ablehnung der Engländer durch die Deutschen sprach (eine dümmliche und unzutreffende Bemerkung, die gerade auch bei den England noch immer bewundernden »Hanseaten« Empörung hervorrufen mußte), waren Ballin und Max Warburg so entrüstet, daß sie gemeinsam die Begrenzung der kaiserlichen Vollmachten verlangten. Als es schließlich doch zum Kriegsausbruch kam, teilten sich allerdings die politischen Ansichten der beiden Freunde entschieden: »Max ließ sich von diesem anfänglichen Hochgefühl anstecken und hatte kein Verständnis für den Pessimismus Ballins, der nach einer schlaflosen Nacht alt und sorgenvoll aussah.« Er und seine anderen Freunde, so hat Max Warburg später eingestanden, seien sich ihrer »Sache zu sicher« gewesen, »und zwar so sehr, daß Ballin immer wieder den Kopf über uns schüttelte«.

Was den Arbeitgeber Albert Ballin betraf, so hat ihn sein Biograph Stubmann möglicherweise in allzu schmeichelhaftem Licht erscheinen lassen: »Da man sein soziales Gerechtigkeitsgefühl verkannt hat, ist er in den Arbeitskämpfen im Hamburger Hafen (1897, 1906/7) von der Arbeiterschaft und den politisch linksstehenden Schichten des Volkes falsch und tendenziös beurteilt worden. Er lehnte es ab, jenem Unternehmertyp anzugehören, der in den sozial-politischen Forderungen der Arbeiter und Angestellten etwas Unberechtigtes und Bekämpfenswertes sah.« Am 20. November 1896 war aufgrund der unerträglichen Arbeitsbedingungen und der niedrigen Löhne unter den Hamburger Hafenarbeitern ein Generalstreik ausgebrochen. Das bedeutete auch den Beginn schwerer Konflikte zwischen den Arbeitgebern und der von Bismarck so eisern bekämpften Sozialdemokratie. Die Geschehnisse sind ein deutlicher Fingerzeig auf die sozialen Verteilungskämpfe, die im neuen Jahrhundert bevorstehen sollten.

Eckart Kleßmann hat in seiner »Geschichte der Stadt Hamburg« die damalige politisch zunehmend aufgeheizte Stimmung in Hamburg ausführlich charakterisiert: »Hermann Blohm, der Mitgründer von Blohm und Voss, erklärte, ›die Arbeitgeber repräsentierten das konservative, staatserhaltende Element, die gegenüberstehende Partei sei die Sozialdemokratie. Es gelte, dieser einen vernichtenden Schlag beizubringen. Hierbei könnten die Arbeitgeber die Unterstützung des Senats erwarten und verlangen.‹ Die zur Vermittlung bestellte Senatskommission erkannte nun, ›daß die Arbeitgeber jeglicher Einwirkung im Sinne einer gütlichen Beilegung des Streiks sich schlechthin ablehnend gegenüberstellten.‹ Die Arbeitgeber setzten sich durch. Streikende durften weder das Freihafengelände betreten noch in Gruppen zusammenstehen – vor allem nicht mit Arbeitswilligen –, Haussammlungen zugunsten der Streikenden wurden verboten. Dennoch wurde weitergesammelt, dennoch unterstützten Bäcker und Fleischer die Arbeiter mit unentgeltlichen Lebensmitteln … Der Senat stellte sich auf die Seite der Arbeitgeber und veröffentlichte eine Erklärung, worin die Schuld am Streik einseitig den Arbeitern zugeschoben wurde … Die siegreichen Arbeitgeber gaben alle Schuld ›der internationalen Sozialdemokratie‹, der sie unterstellten, der ganze Streik sei einzig ›eine Machtfrage und keine Frage über Lohn- und

Arbeitsbedingungen gewesen‹; man müsse daher die Arbeitnehmer ›vor dem Terrorismus der Sozialdemokratie schützen‹ ... Wer allerdings den wahren ›Terrorismus‹ praktizierte, wurde alsbald deutlich. Über 500 Arbeiter wurden vor Gericht gestellt und zu Freiheits- und Geldstrafen verurteilt ... Dennoch war nicht alles umsonst gewesen. Eine Senatskommission untersuchte die Arbeitsbedingungen und die Löhne; dabei wurden auch Arbeiter und Gewerkschaftsführer gehört, was ihre Anerkennung als Arbeitervertreter bedeutete ... Hatten die Arbeitgeber gehofft, ihr Sieg würde den Gewerkschaften einen vernichtenden Schlag versetzen, so trat das Gegenteil ein. Die Gewerkschaften erlebten einen Mitgliederzustrom wie nie zuvor.«

Ballin war ein »hanseatischer« Unternehmer seiner Epoche, also mal autoritärer, mal verbindlicher und aufmerksamer Patriarch, der den Erfolg seines Unternehmens über alles stellte und seine Mitarbeiter nach Belieben austauschte. Sein riesiges Unternehmen hat er, wie seine Geschäftspartner und Konkurrenten auch, nach Art eines Königreiches geleitet. Umgeben von einem Troß vorzüglicher, aber ergebener Experten, trotz Dehmels freundlicher Zeilen natürlich weit entfernt vom Heer der Arbeiter, blieb er der unumschränkte »königliche Kaufmann« in einer Epoche, die sich noch schwertat mit sozialen Absicherungen. Auf ihn traf wohl weniger zu, was Arnold Brecht, der Lübecker und spätere amerikanische Politologe (von 1921 bis 1927 Ministerialdirektor im Berliner Reichsministerium des Innern) 1966 in seinen Memoiren mit Blick auf das »hanseatische« Lübeck so ausgedrückt hat: »Sie schwärmten für freien Handel, eine blühende Industrie, eine starke Flotte und für Kolonien. Sozialdemokraten (ein Wort, das man in Lübeck ›Sozi-a-ldemokraten‹ aussprach, mit starker und mißbilligender Trennung zwischen dem i und dem a, wie man auch ›Indianer‹!, nicht ›Indjaner‹ sagte) waren ›Staatsfeinde‹.« Der zum Herr der Meere allein aus eigener Kraft aufgestiegene Ballin war – wie Max Warburg – nur insoweit ein politisch denkender Mann, als es eben Seefahrt und Welthandel verlangten. Auch darin glichen sie ja den übrigen »hanseatischen« Kaufleuten, die die schönen Ideale der Aufklärung längst hinter sich gelassen hatten. Immer wieder kommt einem der Satz Caspar Voghts in den Sinn: »Welch ein Leben ... Wenn wir das leben könnten; wenn nicht Lust, reich zu sein, uns in ein Joch spannte, das Geisteskräfte niederdrückt!«

Eine jener Hamburger Kaufmanns- und Reederdynastien, die ihrem Gemeinwesen immer wieder großzügig unter die Arme griff und ihre soziale Mitverantwortung für das Gemeinwohl ernst nahm, war die Familie Laeisz. Als »erster Mann des 19. Jahrhunderts« wurde Ferdinand Laeisz am 1. Januar 1801 geboren. Nach Lehrjahren – während deren er sich immerhin auch intensiv mit den Werken Schillers befaßte – hatte er 1824 in Hamburg damit begonnen, seidene Zylinderhüte zu produzieren und war damit schnell zu Geld gekommen. »Nachdem ich nun so viel verdient hatte, daß ich mich auf weiter ausschauende Unternehmungen einlassen konnte, machte ich den Versuch, ein eigenes Geschäft über See aufzusetzen, indem ich einen entfernten Verwandten nach Bahia schickte und dortselbst eine Faktorei etablierte, welche teils selbst Hüte, teils die von mir hinausgesandten nebst etlichen Nebenartikeln verkaufte«, schrieb er in seinen 1880 entstandenen »Erinnerungen eines alten Hamburgers« über seine sich bald ausweitenden Im- und Export-Geschäfte. Sein Sohn Carl drängte ihn schließlich zur Gründung einer Reederei, und so gehörten sie zu den Mitbegründern der Hapag. Dann aber kaufte Laeisz eigene Segelschiffe, eine immer größere »FL-Flotte« und ein Versicherungsgeschäft kamen schnell hinzu.

Berühmt geworden ist der Ausruf Carls, den man in der Stadt wegen seiner hamburgischen Ausdrucksweise und geradlinigen Bodenständigkeit gerne »Corl« nannte, an den jungen Hapag-Direktor Ballin: »Laut Paragraph eins unserer Statuten ist der Zweck dieser Gesellschaft der Betrieb von Schiffen – nicht die Verteilung von Dividenden!« Und als Ballin zum Kaiser nach Berlin zitiert wurde, damit er wieder einmal einen Konflikt zwischen der Hapag und dem Norddeutschen Lloyd schlichte, telegraphiert ihm Carl Laeisz: »Menschen, die gleich nachgeben, heißen Kreaturen, und Kreaturen werden verachtet. Nicht nur nach meiner Ansicht, auch aus gewichtigen Gründen empfehle (ich), Hamburgs Standpunkt hartnäckig zu verteidigen.« Ballin ließ es sich nicht zweimal sagen.

Wie der Großvater Laeisz, der bis zum Ende seines Lebens im eigenen Eimsbütteler Teich schwamm und wohltätige Taten liebte, waren auch Sohn Carl und Enkel Carl Ferdinand hochbefähigte Reeder und Geschäftsleute. Der Enkel hielt es sogar mit der Literatur, schätzte besonders Lord Byron und galt überdies als begnadeter Schiffskonstrukteur. Die Familie stiftete auf Wunsch des Großvaters fünfzig Freiwohnungen, unterstützte das Theater, einige Museen, den Zoo und den Botanischen Garten. Sie nahm die Verpflichtung des reichen Kaufmanns sehr ernst und schrieb sich immer wieder mit wohltätigen Spenden in die Stadtgeschichte ein. Mit Mitteln aus der Hinterlassenschaft von Carl Laeisz und Stiftungen seiner Witwe Sophie konnte in den Jahren 1904 bis 1908 Hamburgs Musikhalle gebaut werden. Der Firma hat das alles – ihr Firmengründer Ferdinand starb nach 86 äußerst vital verbrachten Jahren – nicht geschadet. Sie überstand alle Stürme und läßt noch immer ihre Container-Schiffe mit dem roten FL-Zeichen über die Meere fahren – lebendige Spuren einer vorbildlichen »hanseatischen« Unternehmerdynastie und ihrer tüchtigen Nachfahren.

In einem 1912 (in Berlin!) erschienenen »Jahrbuch des Vermögens und Einkommens der Millionäre in den drei Hansestädten Hamburg, Bremen, Lübeck« finden sich nahezu alle bekannten Kaufmannsnamen der drei Hansestädte. Es ist interessant zu verfolgen, welche

Sogar an den Arbeitsbedingungen von heute gemessen nahmen sich die Kontore der Kaufleute in den Hansestädten recht einladend aus.
Das Photo von 1880 zeigt das Kontor Maßmann und Nissen in der Breiten Straße 39 in Lübeck.

davon noch heute eine Rolle spielen (es sind, von großen Ausnahmen abgesehen, erstaunlich wenige). Die detaillierte Aufstellung nach Art einer Rangliste mit genauen Angaben des Vermögens, des jährlichen Einkommens und der Adresse (Einkommens- und Vermögenssteuer waren wegen der damit verbundenen Bürgerrechte noch öffentlich) mag manche Irrtümer enthalten – sie ist dennoch ein aufschlußreicher Gradmesser der finanziellen und sozialen Verhältnisse der damaligen Oberschicht.

In Lübeck wird die Liste von Senator Emil Possehl angeführt, dem alleinigen Inhaber der Firma »L. Possehl und Co.«, die sich auf das Geschäft mit Kohlenerzen, Eisen, Stahl und natürlich auch auf die Reederei konzentrierte. Das Vermögen des Kaufmanns und Senators wird damals mit immerhin zwölf Millionen Mark angegeben. Das bedeutete im Vergleich zu Hamburg zwar eher einen mittleren Rang (in Hamburg beginnt die Tabelle mit einem Vermögen von sechzig, in Bremen von vierzehn Millionen), aber der am 21. Oktober 1810 in Lübeck als Sohn eines Schneiders geborene Ludwig Possehl hatte – wie Ballin – seine Karriere ohne das große Geld im Hintergrund begonnen. Er absolvierte, wie es sich gehörte, eine kaufmännische Lehre, baute nach dem Tode des Vaters 1837 mit einem Partner die Handelsfirma »Frick, Possehl und Co.« auf, stellte sich aber dann schnell auf eigene Füße und gründete die Firma »L. Possehl u. Co«. Er handelte mit Steinkohle und Stahl, kaufte und verkaufte Feilen und Nägel, Messing und Zinkblech, aber ebenso Raps und Hanf, Weizen und Talg. Die Firma explodierte förmlich, der Gründer brachte es bald zu enormem Reichtum. Aber anders als seine Hamburger Kaufmannskollegen zog er das Leben in weitgehender Anonymität und vor allem in äußerster Bescheidenheit vor.

Im Hause Possehl herrschte eiserne Zucht und Ordnung, die auch dem Sohn und Nachfolger Emil harte Jugendjahre bescherte. Der hatte eigentlich viel lieber Offizier werden wollen, nahm am Krieg von 1870/71 gegen Frankreich teil, mußte aber nach dem Tod des Vaters im Alter von gerade 25 Jahren dann doch die Firma übernehmen. Sein Bruder Adolf siedelte 1880 nach Hamburg über, wollte dort für das Unternehmen an den Segnungen des neuen Kohlehafens teilnehmen – und übernahm sich dabei. Allerhand unglückliche Geschäfte, hohe Verluste, mißlungene Spekulationen mit Grundstücken

Lübecks großer Gönner und »Musterhanseat«, der so gerne Berufssoldat geworden wäre: Emil Possehl (3.v.l.) mit Eltern und Geschwistern.

ließen die ernste Bedrohung erkennen, die sich aus den Geschäften Adolf Possehls für das Haus in Lübeck ergab. Die Brüder trennten sich am 12. Mai mit einem »Dissoziationsvertrag«, nicht ohne erhebliche Ausgleichszahlungen des Lübecker Firmenchefs für Adolfs Rentenbezüge. Es folgten noch einige Zwistigkeiten, aber das Haus Possehl war gerettet.

Emil Possehl entsprach in vieler Hinsicht dem Inbegriff des »hanseatischen« Kaufmanns und unterschied sich doch in einem wesentlichen Punkt: An seinem Lübeck hatte er zeitlebens vieles auszusetzen. »Er fand das kleinstädtisch-würdevoll-gemessene Lübeck seiner Tage eng und energielos. Der Mangel an Stürmern und Drängern reizte und empörte ihn. Er schwor, sein Geschäft nach dem Rheinland oder wenigstens nach dem lebendigeren Hamburg zu verlegen und blieb dann doch immer wieder in der Stadt, wenn er die Türme der Marienkirche von den Fenstern seines Hauses in der Beckergrube aus sah«, schreibt Helmuth Niendorf in seiner Firmengeschichte des Hauses Possehl.

Der verhinderte Berufssoldat Emil Possehl muß ein nicht eben leicht zu nehmender Mann gewesen sein. In seinem bescheidenen Comptoir ging es streng und karg zu: »Um 1878 war es im alten Speicherhaus in der Beckergrube noch in einem einzigen Zimmer untergebracht, in dem ›Chefs und Personal‹ zusammen arbeiteten. Das Inventar bestand aus vier schwarzen Pulten, nach der noch um die Jahrhundertwende geltenden Sitte so hoch, daß man bevorzugt stehend an ihnen arbeitete. Ein hochbeiniger Schemel, der meist unter dem Pult stand, wurde nur gelegentlich zum Hinhocken hervorgezogen.« Da Emil Possehl ein Nachkomme versagt blieb, konnte er bis zuletzt, wie er einmal sagte, »immer nur schaffen unter großer Mitwirkung der Herren Abteilungschefs ... Ich muß ausharrren, da gibt es nichts zu wollen. Ich will als hanseatischer Kaufmann das Haus für die Zukunft stabilisieren. Das ist mein Wunsch und das Ziel meines Lebens.«

Possehl ließ sich, wie es sich für einen Kaufmann von Rang gehörte, in die Bürgerschaft wählen und arbeitete in vielen Kommissionen der Stadt mit. Persönlicher Verzicht, arbeitsintensive Askese, Unterwerfung unter die selbstgestellte Aufgabe, das waren nicht untypische Eigenschaften für einen »Hanseaten«, nur hat Possehl sie ernster genommen als viele andere. So hat er denn auch schon rechtzeitig ein sehr detailliertes Testament ausgearbeitet, das nach Versorgung der engsten Angehörigen in der Tat nur das eine große Ziel verfolgte: die Firma auch ohne Nachkommen zu erhalten.

Die Firma Possehl hatte inzwischen Niederlassungen in aller Welt; sie und das Stammhaus in Lübeck galt es zu sichern. So wandelte er sie bereits 1897 in eine Stiftung um, weitere Stiftungen im Ausland kamen hinzu. Er half bei Verschönerungen der Stadt, ermöglichte einen Neubau des Stadttheaters, entwarf nach dem Tode Graf Zeppelins ein neues Luftschiff, stiftete einen Lesesaal, eine Bibliothek, eine Bücherausleihe und einen umfänglichen Saal im »Kaiser-Wilhelm-Volkshaus« für Vorträge und Kunstausstellungen, spendete große Beträge für ein Hallenbad und die Lübecker Kriegsopfer des Ersten Weltkrieges.

Natürlich war auch Emil Possehl weniger Lübecker als deutscher Patriot, um so mehr hat er unter dem Zusammenbruch des Kaiserreiches gelitten. »Ich habe ganz Dein Gefühl der ungeheuren Schande, der Schmach, die über unser Heer und Flotte und damit über das ganze Reich gekommen ist, daß man sich sagen muß, glücklich sind die, die draußen gebettet wurden und die das ganze Elend nicht mehr sehen«, schrieb er einem engen Mitarbeiter nach dem Ende des Krieges. In einem letzten Brief vom 22. Januar 1919 seufzte er: »Ich bin völlig aufgerieben – seelisch durch die Politik. Ich bin völlig gemartert. Die vaterländische Lage packt mich furchtbar, so daß ich erst wieder gesunden muß, ehe ich irgendwelche Konferenzen haben kann.« Zu seiner Beteiligung an Konferenzen aber sollte es nicht mehr kommen: Wenige Tage später, am 4. Februar 1919, ist Emil Possehl in seinem Haus an der Musterbahn gestorben. »Die Teilnahme bei der Todesnachricht war außerordentlich«, berichtete Helmuth Niendorf, »nach einer Trauerfeier im kleinen Kreise im Hause fand eine große Andacht in den Morgenstunden des 8. Februar in der Marienkirche statt … Neben den Angehörigen waren die Mitglieder der Firma, Vertreter aus Handel und Wirtschaft, von ausländischen Konsulaten und namentlich des Senats und der bürgerlichen Deputierten zugegen.«

Ein wahrlich königlicher, besser kaiserlicher Kaufmann wurde zu Grabe getragen, dessen ausführliches Testament sich heute noch wie ein Glaubensbekenntnis liest. Darin heißt es feierlich, »daß die Früchte meines Lebenswerkes meiner geliebten Vaterstadt, der Freien und Hansestadt Lübeck, zugute kommen mögen. Sie sollen beitragen, das alte Ansehen Lübecks im deutschen Vaterland zu festigen und zu erhöhen. Sie sollen dazu dienen, Handel, Schiffahrt, Industrie und Gewerbe Lübecks zu heben, ihnen frische, tüchtige Kräfte zuzuführen und ihnen neue Bahnen zu eröffnen.« Zweck der Stiftung war unter anderem »die Förderung alles Guten und Schönen in Lübeck, die Verschönerung der Stadt Lübeck und ihrer öffentlichen Anlagen, … Unterstützung gemeinnütziger städtischer Unternehmungen, insbesondere soweit dieselben auf Ertüchtigung und Ausbildung der Jugend hinwirken, … Pflege der Kunst und Wissenschaft, … Förderung der Volkswohlfahrt.« Der gemeinnützige Geist früherer Zeiten bewahrte sich auf bewundernswerte Weise in der Hinterlassenschaft dieses Kaufmanns – und die Firma gehört bis heute zu den ganz großen ihres Schlages. Auch das zählt zu den respektgebietenden Aktiva »hanseatischer« Kaufmanns- und Bürgerbilanzen.

Was den Familien Laeisz in Hamburg und Possehl in Lübeck über Generationen gelang, nämlich als Unternehmen zu überdauern, das glückte den Lahusens in Bremen nicht. Zu Beginn des 19. Jahrhunderts war die Familie aus dem Oldenburgischen nach Bremen gezogen, und dort hatten sich ihre Mitglieder durch emsigen Fleiß, geschickte Heiratspolitik und gläubige Strenge von einfachen Händlern zu mächtigen Unternehmern entwickelt. Nach 1890 errichteten sie ein Firmen-Imperium, das sich engagiert auch um die Belange der Mitarbeiter bemühte. Wie Emil Possehl gehörte der 1781 geborene Christoph Friedrich Lahusen zu den bescheidenen Asketen unter den Kaufleuten, die sich mit zähem Fleiß beharrlich nach oben arbeiteten: »Dem lieben Gott danke ich noch jetzt innig dafür, daß ich nie Sinn für den Glanz der Welt, ihren Luxus und Schöntuerei gehabt habe, nie groß und vornehm sein wollte, das Praktische stets ins Auge faßte und mich nie schämte, selbst Hand anzulegen, wo ich nur Gelegenheit dazu fand ... Auch das Kleinste genau überwachen; die Ausgaben möglichst verkleinern; das einfache bürgerliche Leben möglichst pflegen und das großartige scheuen! Das sind wichtige Sachen für den Kaufmann besonders.«

Die Askese des Kaufmanns Christoph Lahusen bezog sich freilich auch auf alles Nicht-Kaufmännische. Kunst hielt dieser wackere Unternehmer »für bloßen, mehr oder weniger überflüssigen Zierat«. So hielten es wohl auch seine Nachkommen. Sie bauten die eigene Reederei aus, betrieben höchst erfolgreich den Häutehandel, errichteten eine stattliche Brauerei. Später erweiterte der Sohn Christian die Aktivitäten bis nach Argentinien und Uruguay, investierte dort in eine Schafzucht und erwarb wenig später im böhmischen Neudeck gleich die passende Wollwäscherei und in Delmenhorst eine Wollverarbeitungsfabrik dazu. Unter Mitwirkung mehrerer Gründungsmitglieder – darunter auch des Kaufmanns Caspar Gottlieb Kuhlenkampff, der in der »Millionärsliste« von 1912 mit einem Vermögen von elf Millionen Mark angegeben wird und dessen Familie einmal ein berühmter Entertainer entstammen sollte – wurde 1883 die »Bremer Woll-Kämmerei« gegründet, aus der der Nordwolle-Konzern hervorging. Das Unternehmen war für seine Wohltätigkeitseinrichtungen bekannt und wurde nach streng puritanisch-kirchlichen Gesichtspunkten geleitet. Geholfen hat es ihm freilich zuletzt nichts: Die Nach-

Noch lebt man im Bremer Hause Lahusen auf großem Fuße. Christoph Friedrich Lahusen, der gottesfürchtige Asket und Kaufmann, der alles Künstlerische für überflüssigen Zierat hielt, führte sein Unternehmen zu Ruhm und Ehre – seine hier so adrett gekleideten Nachfahren dagegen ließen es nach seinem Tode in den Konkurs taumeln.

folger Christoph Lahusens ließen die Firma in den zwanziger und dreißiger Jahren unseres Jahrhunderts in den Konkurs taumeln, da sich ihr Lebensstil von dem ihres Ahnen inzwischen weit entfernt hatte. Wieder einmal hatten es die Erben der Gründungsväter an Vor- und Weitsicht, an »hanseatischer« Disziplin, an Bescheidenheit und Augenmaß fehlen lassen.

Der Zusammenbruch des Lahusen-Imperiums ließ nicht nur Bremen erzittern. Die Konkursabwicklung zog sich fast so lange hin wie bei den Godeffroys in Hamburg, doch wies sie einen markanten Unterschied auf: Nach mehreren Prozessen zwischen 1931 und 1933 landeten die beiden verantwortlichen »hanseatischen« Kaufleute Heinz und G. Carl Lahusen für mehrere Jahre im Gefängnis. Die Details vom Aufstieg und Fall dieser Dynastie und ihrer Unternehmungen hat Dietmar von Reeken 1996 in einer vorzüglich bebilderten Studie mit weit ausholenden Betrachtungen und wissenschaftlicher Sorgfalt ausgebreitet.

Was übrigens die erwähnte »Rangliste« der »hanseatischen« Millionäre angeht, so tauchen die Lahusens darin nicht auf. An der Spitze aller »Superreichen« rangiert jener Nachkomme der Godeffroy-Konkurrenten, dessen Salpeterwerke alle anderen Unternehmungen der Familie überflügelten: Henry Brahrens Sloman. Mit sechzig Millionen Mark Vermögen und einem jährlichen Einkommen von drei Millionen Mark liegt er weit vor allen anderen Kaufleuten. Erst in der unteren Hälfte der Hamburger Unternehmer finden sich die beiden, wie Percy Ernst Schramm sie genannt hätte, »uneigentlichen Hanseaten« Albert Ballin und Max Warburg, deren Vermögen mit fünf Millionen Mark angegeben wird, wobei freilich hinzugefügt werden muß, daß auch Max Warburgs Brüder Aby und Fritz mit gleichen Beträgen aufgeführt werden und der amerikanische Teil der Brüder fehlt. Unter all diesen Hamburger Millionären war Albert Ballin derjenige, dessen Einkünfte einmal bei nahezu Null gelegen hatten. Nun, im Jahre 1912, wird sein jährliches Einkommen als Direktor mit einer halben Million Mark angegeben.

XIV. Froh am heimischen Herd

Von alten Visionen und neuem Kaffee

Am Dienstag, dem 26. Oktober 1897, hatte die Freie und Hansestadt Hamburg wieder einmal einen großen Tag. Auf allen öffentlichen Gebäuden flatterten die Fahnen. Die Schulen blieben geschlossen. Unter dem Geläut der Kirchenglocken feierten Bürgermeister Johannes Versmann, viele Hunderte von Ehrengästen, Angehörige der führenden Familien, Hamburgs höchste Politiker und Wirtschaftskapitäne, nicht zuletzt die Mitglieder der Vereinigung »Frauen und Jungfrauen Hamburgs«, ein – so der Bürgermeister – »häusliches Fest des Hamburgischen Gemeinwesens«. Buntbestickte Diplomatenfräcke und Uniformen, Amtstrachten und »Damen im schönen Kranz« beherrschten das Bild. Die Ratsherren erschienen in der bei solchen Anlässen obligatorischen prächtigen Kostümierung. Thomas Mann erzählt im »Zauberberg« von »dieser ernsten, ja frommen Bürgertracht eines verschollenen Jahrhunderts … mit dem schwarzen und mehr als knielangen, talarartigen Überrock, der, vorne offen, am Rande und Saume eine breite Pelzverbrämung zeigte. Aus weiten, hochgepufften und bordierten Oberärmeln kamen engere Unterärmel von schlichtem Tuch hervor, und Spitzenmanschetten bedeckten die Hände bis zu den Knöcheln.« Hans Castorps Großvater erscheint, »die schlanken Greisenbeine staken in schwarzseidenen Strümpfen, die Füße in Schuhen mit silbernen Schnallen. Um den Hals aber lag ihm die breite, gestärkte und vielfach gefältelte Tellerkrause …«

An jenem Dienstag im Oktober 1897 konnte nach mehr als sechsundvierzigjähriger Planungsphase, 55 Jahre nach dem Großen Brand, elf Jahre nach der Grundsteinlegung endlich Hamburgs neues Rathaus seiner Bestimmung übergeben werden. Auf 4000 in den sumpfigen Boden getriebenen Pfählen hatte eine Gruppe der besten Hamburger Architekten und Baufirmen für mehr als elf Millionen Goldmark ein mehr als hundert Meter langes und mit einem ebenso hohen Turm versehenes Gebäude aus Granit und Sandstein errichtet. Jahrzehntelang hatten sich Senat und Bürgerschaft mit Provisorien behelfen müssen. Das alte Rathaus mußte, wie andere Teile der einstigen Altstadt, 1842 gesprengt werden. Seither hatte man zuerst passenderweise in einem Waisenhaus, von 1859 an dann im kurz nach dem Brand fertiggestellten neugotischen Backsteinbau der »Patriotischen Gesellschaft von 1765« getagt (das im Zweiten Weltkrieg ausbrennen sollte).

Bei den Plänen der Verlegung der Innenstadt von der Elbe an die Alster hatte der Rathausbau natürlich eine zentrale Rolle gespielt, doch war der Stadtkasse immer wieder das Geld ausgegangen, und so konnte das Projekt lange nicht realisiert werden. Unmittelbar nach der Zerstörung des alten Rathauses hatten Chateauneuf und (wieder einmal erfolglos) Semper erste Entwürfe für den Neubau vorgelegt. 1854 und 1876 hatte man Wettbewerbe ausgeschrieben, 126 Vorschläge waren eingereicht worden. Nicht ein Hamburger, sondern ein Entwurf aus Frankfurt am Main hatte den Sieg davongetragen. Aber erst ein Entwurf des Jahres 1880 traf nach vierjähriger Diskussion auf die Zustimmung des Rates. Hamburgs herausragende Architektenbüros hatten sich – unter Zuhilfenahme von Ratschlägen aus Berlin – zu einem »Rathausbaumeisterbund« zusammengeschlossen und, wie der Chronist der Hamburger Architektur, Hermann Hipp, meint, »ein Bauwerk von lückenloser Schlüssigkeit« entworfen. Man mag das so sehen. Die Hamburger jedenfalls blickten damals – und blicken bis heute – mit Stolz auf die äußere und innere Pracht ihres (rechtzeitig zu seinem hundertsten Geburtstag 1997 vorzüglich renovierten) Bürgerschlosses, das mit 647 Räumen die Zimmerflucht des Buckingham Palace in London um sechs übersteigt. Der hoch aufragende Turm, der die hehre Inschrift trägt: »Libertatem quam peperere maiores digne studeat servare posteritas« (Die Freiheit, welche die Vorfahren errungen haben, ist es wert, daß sich die Nachwelt darum bemühe, sie zu erhalten.), teilt das Gebäude in zwei gleich große Flügel: einer ist dem »Senatsgehege«, einer den Räumen für die Bürgerschaft vorbehalten.

»Immerhin aber wird dem wahrheitsliebenden Kunstbetrachter etwas beklommen zumute, wenn immer neue Scharen ausländischer

Besucher in Begeisterung geraten angesichts der prunkhaften Inneneinrichtung mit den in ihrem Formenreichtum überladen wirkenden Torgittern aus Schmiedeeisen, mit den Wandbekleidungen aus seltenen Hölzern, die Hamburgs Schiffe aus den entlegensten Ländern herangetragen haben, oder den Intarsien aus Schildpatt und Silber, mit denen die hohen Türen überzogen sind. Nicht wenige Bildungsbeflissene wünschten zu erfahren, um was für einen Stil es sich handele. Dieser doch gewiß legitimen Frage blieben wir beschämt die Antwort schuldig, bis einmal ein älterer Engländer mir das rettende Stichwort zurief, der Bau sei ›late Victorian style‹. Seitdem gehört diese Antwort zum eisernen Bestand der wohlerzogenen Ratsdiener, die in drei Sprachen Besuchern den Bau erläutern«, meinte in den fünfziger Jahren der damalige Hamburger Kultursenator Biermann-Ratjen, der hier sechzehn Jahre lang ein und aus gegangen ist. Man müsse dem Gebäude jedoch zugestehen: »Mit großer Sorgfalt und viel Traditionsgefühl haben die Architekten Bedacht genommen, ein im Kern hamburgisches Gebäude entstehen zu lassen und soweit wie möglich alte Überlieferungen, Gebräuche und historische Erinnerungen in den Bau einzufügen. Wie gut ihnen dies gelungen ist, beweist die neue Ratsstube, in der kein einziger Gegenstand alt ist und doch ein altertümlicher aristokratischer Geist überall zu spüren ist.«

»Hamburgisch«, »historisch«, »altertümlich«, »aristokratisch« – so wollten sich die »Hanseaten« der Stadt repräsentiert sehen. Das war den Architekten auch ohne Zweifel gelungen. »Allein durch sein Vorhandensein macht der gewaltige Bau es jedem Vorübergehenden sinnfällig, daß Hamburg ein Staatswesen eigener Art ist«, lautete das Fazit Biermann-Ratjens. Inzwischen sind sich die Fachleute auch in der Stilfrage einig geworden: der »flämischen Neo-Renaissance« sei der Bau zuzurechnen. Aber auch das Heidelberger Schloß und das Mittelalter lassen grüßen.

Die Rathäuser der beiden anderen »hanseatischen« Städte konnten mit diesem neuem Repräsentations- und Bürgerkoloß, was seine Größe anbelangt, nicht mehr mithalten. Dafür waren sie, da nicht von einem Feuersturm heimgesucht, Jahrhunderte älter und, bei all ihrem Prunk, auch bescheidener. Eine neue Zeit verlangte und ermöglichte nun ein anderes Auftreten. Mochten sich auch hinter dem neuen Gemäuer modernste technische Apparaturen verbergen: Die glückliche Verbindung von neuem Geld und alter Tradition, neuen Ansprüchen und alter Selbstzufriedenheit, Historismus und Eklektizismus verlangte nach auftrumpfender Repräsentation.

Das Bremer Rathaus, auch dieses natürlich ein »Heiligtum bremischen Bürgerstolzes« (Rudolf Alexander Schröder) war zwischen 1405 und 1410 im gotischen Stil erbaut und um 1600 »manieristisch« umgestaltet worden. 1909 bis 1913 wurde es durch ein weiteres Gebäude erweitert, das Rudolf Alexander Schröder würdevoll-großbürgerlich dekorierte. Dieses Vorbild galt es in Hamburg zu übertrumpfen. Das Lübecker Rathaus geht in seinen Fundamenten sogar auf die Zeit um 1230 (die Stadt hatte eben die Reichsfreiheit erlangt) zurück. Seither wurde es immer wieder erweitert und umgebaut, 1594 mit einer Prachttreppe im niederländischen Renaissancestil verschönert. Es teilt sich den Platz auf der höchsten Erhebung der Stadt mit der danebenliegenden Marienkirche.

Auf einem der Portale der 600 Jahre alten »Oberen Halle« des Bremer Rathauses findet sich eine Ermahnung an die Ratsherren.

»Bist Du erwählt zum Leiter der Stadt, zwölf Regeln Dir merke:
Einig mache das Volk, das gemeinsame Beste erstrebe,
Gib den Erfahrnen Gewalt, treu wahre der Stadt ihre Güter,
Stetig wachse ihre Macht, doch den Nachbarn halte zum Freunde,
Schütze das Recht, und gleich sei es den Armen und Reichen,
Gute Gesetze erhalte, den schlechten verschließe die Tore,
Ehre den Herrn und die Sprüche weiser Männer bewahre.
Beide Theile höret.«

Das Lübecker Rathaus zeigt dagegen im Ratssaal ein Rokoko-Gemälde mit einer Darstellung der Staatstugenden, die von der Weisheit des Rates künden. Was den beiden wirklich alten Zeugen hansischer und »hanseatischer« Geschichte fehlt, ist naturgemäß ein »Kaisersaal«, wie ihn Hamburg hat. Diese alles andere als stadtrepublikanisch-»hanseatische« Bezeichnung verdankt sich dem Umstand, daß Wilhelm II. dem (zu diesem Zeitpunkt noch unvollendeten!) Gebäude anläßlich der Eröffnung des »Kaiser-Wilhelm-Kanals« (heute: Nord-Ostsee-Kanal) im Juni 1895 einen feierlichen Besuch abstattete, bei dem die Herren des Senats den Monarchen in ihrer »Uniform« – schwarzer

Rock mit Weste, steife weiße Halskrause, Kniehose und Schnallenschuhe – auf dem Rathausplatz begrüßten und mit dem »Kaisersaal« ehrten. Für die abendlichen Festlichkeiten auf der Binnenalster ließen sie außerdem zu Ehren des Kaisers für mehr als eine halbe Million Mark eine aufwendige, kunstvoll beleuchtete Insel mit Zelten und Pavillons errichten. Deren bedurfte es um so mehr, als es während des gesamten Besuches in Strömen regnete. Der Begeisterung des Besuchers tat das keinerlei Abbruch. Seine Liebe zu den Hamburgern war nach diesen und anderen Gastgeschenken heftig entflammt. Natürlich wurde auch bei dieser Gelegenheit der neuen Kriegsflotte gedacht, die »erzgepanzerte Macht, die versammelt auf dem Kieler Hafen ist«.

Zur Ehre der Hamburger muß aber auch gesagt werden, daß einer der vielen mit theatralischen Bildern aus Hamburgs Geschichte bemalten Räume, der »Saal der Republiken« (im Turm, also in der Mitte des Gebäudes), auf die Stadtrepubliken von Athen und Rom, Amsterdam und Venedig verweist. In diesem Rathaus feierte sich am Ausgang des Jahrhunderts eine Stadt, die ihre eigene Stärke und Unabhängigkeit ebenso schwärmerisch ausstellte, wie sie ihre Zugehörigkeit zum Deutschen Reich geradezu lustvoll betonte, wovon nicht zuletzt eine Statuen-Galerie an der Frontseite kündet: zwanzig deutsche Kaiser von Karl dem Großen bis zu Franz II. sind dort in den Nischen zwischen den Fenstern aufgereiht.

Obwohl das Hamburger Rathaus das Werk mehrerer Architekten war, verbindet sich mit ihm nur noch der Name des Hamburgers Martin Haller, der mit mehr als 500 Bauten (von denen nur noch knapp siebzig erhalten sind) wie vor ihm nur noch Christian Frederik Hansen und Alexis de Chateauneuf, nach ihm nur noch Fritz Schumacher das Bild der Stadt bis heute geprägt hat. Namhafte Architekten wie Gottfried Semper hat er mit seinen zahlreichen phantasievollen Entwürfen aus dem Felde schlagen können. Wenn der Auftrag zum Bau des neuen Rathauses auch einer Gruppe von Baumeistern übertragen wurde, so war Martin Haller doch ihr inspirierender Kopf. Aber auch überall dort, wo Hamburg noch immer am schönsten ist, hatte meist Martin Haller die Hand im Spiel. Und nirgends lassen sich Ideale und Träume, Selbsteinschätzung und Selbststilisierung von Hamburgs »hanseatischer« Oberschicht der Kaiserzeit besser ablesen als an seinen Bauten: Dieser Architekt erfüllte die Ansprüche der feinsten Kreise, und das tat er mit weltläufiger Bravour – was manche seiner monumentalen Werke freilich nicht davor bewahrte, nach kurzer Lebenszeit der Spitzhacke zum Opfer zu fallen.

Martin Haller, der 1861 in einem Brief an seinen Vater geschrieben hatte: »Mein Specialfach ist Privat- und Luxusarchitektur. Das entspricht meinem Charakter, meinem Geschmack«, verkörperte ein kurzes, aber folgenreiches Kapitel schönster Symbiose zwischen dem jüdischen und dem nicht-jüdischen Hamburg. Schon äußerlich glich der sorgfältig gepflegte, feingliedrige Herr einem »Hanseaten« aus dem Bilderbuch. Sein Großvater, ein Kaufmann aus Halle an der Saale, war im 18. Jahrhundert nach Hamburg gekommen und hatte es zu einigem Vermögen gebracht. Sein Vater, der Jurist Nicolaus Ferdinand Haller, der den Sohn früh protegierte, war bereits zum Senator und Bürgermeister aufgestiegen.

Sohn Martin besuchte die Gelehrtenschule des Johanneums, studierte in Potsdam, Berlin und Paris und ließ sich 1861 wieder in Hamburg nieder, wo er bald der erfolgreichste und gesuchteste Baumeister der Stadt wurde. Er war ein begnadeter Zeichner und ein leidenschaftlicher Bewunderer der italienischen Hoch-Renaissance, sog an der Berliner Bauakademie den Geist Schinkels auf, sah sich auf eingehenden Reisen in München und Dresden, Prag und Wien, Holland und Belgien, England, Frankreich und Italien um und sammelte bei bedeutenden Architekten seiner Zeit praktische Erfahrungen. Früh beteiligte er sich an großen Wettbewerben. Als der junge Mann von 26 Jahren wieder in Hamburg eintraf – Chateauneuf war 1853 gestorben –, wurde er schnell zum Liebling der betuchten Hamburger Bauherren. »Diese waren zwar fast niemals Kunstkenner«, hielt er später in seinen Erinnerungen fest, »sondern in der Regel Geschäftsleute, deren Schwerpunkt meistens die Börse in der doppelten Bedeutung dieses Wortes war. Sie bauten zur Befriedigung ihres Wohn- und Geschäftsbedürfnisses, auch manchmal ihrer persönlichen Eitelkeit.« Haller baute ihnen prachtvolle Villen und »Palazzi« im Stil der Neo-Renaissance, paßte sich geschmeidig den oft ausgefallenen Wünschen seiner Auftraggeber an, entwarf ihnen kühne, technisch moderne, aber nach außen traditionsbewußte und – was das Wichtigste war – repräsentative Kontorhäuser von noblem Charakter und vorzüglicher Qualität. Als typisches Merkmal seiner reichen Auftraggeber hob Haller hervor, »daß bei ihnen der Geldpunkt eine Hauptrolle spielt, und zwar ohne daß ihre finanzielle Lage ihnen Anlaß zur Einschränkung bietet«, gleichzeitig aber bereitete ihm die »Pfeffersack-Mentalität« auch erhebliche Schwierigkeiten. »Das geflügelte Wort: ›Machen Sie's billig‹, womit der alte J. Jaffé, mir die Backen streichelnd, jeden meiner Besuche einzuleiten pflegte, könnte auch fast allen übrigen in den Mund gelegt werden. Jeden beherrschte die Angst, ich könne sie ruinieren.«

Hallers Bank- und Kulturpaläste wie die Dresdener Bank (1899), die Commerzbank (1872–1911), die Deutsche Bank (1898), das Bankhaus Warburg (1913), das Stadttheater (1873), die Musikhalle (1908), seine Kontorhäuser (Dovenhof 1885, Zippelhaus 1896, Hapag-Zentrale 1903, Laeiszhof 1898, Slomanhaus 1809) und vor allem die zahllosen Villen am Alsterufer verbanden die klassizistische Anmut Christian Frederik Hansens, die mediterrane Phantasie- und Märchenlust Chateauneufs mit der feudalistischen Prachtgebärde der Neo-Renaissance und dem Bedürfnis nach historisierenden Zitaten auf das glücklichste. Sie verliehen der Hamburger Kaufmannswelt jenen schönen Schein von Kultur und Wohlleben, den einzulösen sich die Hausherren vor allem durch üppige Gastfreundlichkeit bemühten. Dabei bedurfte es dann auch, wie schon im 18. Jahrhundert, der gelegentlichen Gesellschaft artiger Künstler, denn die aufwendig geschmückten Festsäle in Hallers Villen eigneten sich vorzüglich für eine von den Adelsschlössern der Umgebung oder den Residenzen von Paris und London inspirierte bürgerliche Hofhaltung mit maßvollen mimischen oder musikalischen Einlagen. Dabei verhielten sich die Bauherren nicht anders als ihresgleichen in Paris, Wien oder Frankfurt: Die soziale Rolle des Bürgertums im Kaiserreich war, wie Michael Stürmer es nannte, »ein gemeineuropäisches Element, ... der Typus entstand aus dem Gegensatz von Öffentlichkeit und Privatheit. Er bedeutete, Privatheit mit Innerlichkeit und Empfindsamkeit zu umkleiden, mit Pathos und Metaphysik, aber auch mit Dienstpersonal und sichtbarem Luxus ... Die große Tafel schuf den gemeinsamen Bezug. Sie durfte bei feierlichem Anlaß im großen Privathaus nicht anders aussehen als im Hotel oberster Preisklasse.«

Was die »hanseatischen« Patrizier in jenen Jahren anderen Städten voraushatten, war ihre lange großbürgerlich-republikanisch-merkantile Tradition. Sie hatten sich immer gut aufs Feiern großer Familienfeste und – siehe Voght oder Godeffroy – die bourgeoise Zurschaustellung verstanden. Die neuen Paläste, die ihnen Haller errichtete, knüpften doch nur nahtlos an all die früheren Elbschlösser eines Christian Frederik Hansen oder Franz Gustav Forsmann (Jenischhaus) an, die freilich nur einer kleinen Minderheit von Reedern und Kaufleuten vorbehalten blieben. Nun aber hatte sich der Reichtum überall ausgebreitet, die »Hanseaten« konnten mit dem rapide steigenden Luxus anderer Metropolen kaum noch mithalten.

Martin Haller, der Grandseigneur der Hamburger Architektur, verschaffte ihnen allen nun für den edlen Wettstreit den nötigen Rahmen. Der einst in der von Haller erbauten Villa des Ehepaares Budge installierte Spiegelsaal (er wurde nach dem Zweiten Weltkrieg in das »Museum für Kunst und Gewerbe« transplantiert) gehört zu den prunkvollsten Innenräumen jener Zeit. Äußerer kultureller Glanz und die Nüchternheit des Erwerbslebens waren jedoch Gegensätze, die zu vertuschen immer schwieriger wurde. »Kaufleute, Richter, Anwälte« waren, so hat es der prominente Jurist und Kunstliebhaber Gustav Schiefler in seiner »Hamburgischen Kulturgeschichte« zwischen 1890 und 1920 festgehalten, »durch die Gedanken an Beruf und Geschäft so in Anspruch genommen und am Tagesschluß durch die Arbeit so abgespannt, daß sie für ernsthafte geistige Beschäftigung, selbst für ernsthaft zu nehmenden geistigen Genuß sich nicht mehr aufgelegt fühlten – es sei denn, daß ihre Liebe für diese Dinge groß genug war, um in ihnen eine Erholung zu erblicken … So ist es begreiflich, daß Männer, welche auf eine Vertiefung der Bildung und Förderung deutschen Kulturlebens hinarbeiteten, einen schweren Stand hatten. Man begegnete ihnen als ›unpraktischen‹ Männern mit einer lächerlichen Überhebung.«

Fritz Schumacher, der spätere Oberbaumeister Hamburgs, hat einmal zu den Hallerschen Bürgerpalästen geäußert: »Es dürfte in Deutschland wenige Privathäuser geben, die den Apparat der modernen Lebenskultur so vollkommen entwickelt haben wie die vornehmen neueren Wohnhäuser, die in einem Kranz schöner Gärten besonders um die Alster herum liegen.« Katharina Baark bringt in ihrem 1991 erschienenen vorzüglichen Büchlein »Hamburger Häuser erzählen Geschichten« die vollkommene Symbiose zwischen Haller und

Die Kassenhalle der von Martin Haller errichteten Dresdner Bank in Hamburg ist ein schönes Beispiel für die Eleganz und die Präsentation selbstverständlichen Reichtums, die die Bauten Hallers ausstrahlen.

seinen Auftraggebern auf den Punkt: »Die Bauherren ... und die darin lebenden Familien gehörten zu jenen Kaufleuten und Bildungsbürgern, die im eigentlichen Sinne Träger der hanseatischen Kultur und Politik waren – also bis zum Ende des Ersten Weltkriegs und der Revolution von 1918 den faktischen, dann doch mit Macht und letztlich Herrschaft ausgestatteten Alleininhabern der Stadtrepublik. Dafür sorgte die 1859 beschlossene Verfassung, die die politischen Mitwirkungsrechte auf einen kleinen Bruchteil der Gesamteinwohnerschaft beschränkte, auf die ›Bürger‹ im engeren Sinne – ungefähr 10 Prozent der männlichen Bevölkerung.« Sie bevorzugten die Stadtteile Harvestehude, Winterhude oder Blankenese, während sich in den Mietskasernen von Barmbek oder Sankt Pauli, in den geduckten Wohnterrassen für Arbeiterfamilien oder in den Gängevierteln und am Großneumarkt die Menschen auf engstem Raum drängten. Im vornehmen Harvestehude verfügte bereits die Hälfte der Bewohner über ein Bad. Im Hafengebiet waren es gerade zwei Prozent.

Man muß die tatsächliche Kluft zwischen demokratisch-republikanischem Anspruch und elitärer Abgrenzung auch im Blick haben, wenn man sich dem so bürgerstolzen Hamburger Rathaus nähert. Hier träumt ein selbstbewußtes, verschwenderisch auftrumpfendes Bürgertum vom königlichen Märchenschloß und feiert sich mit patriotischem Stolz.

An den Entwürfen für das Hamburger Rathaus, dessen Gestaltung er einmal als die wichtigste Aufgabe seines Lebens bezeichnete, hat Martin Haller schon seit seinem achtzehnten Lebensjahr gearbeitet. Immer wieder hat er neue Pläne vorgelegt. Wer heute all die malerisch und architektonisch exzellent ausgefeilten Studienblätter betrachtet, wird feststellen, daß einige von ihnen überzeugender ausfielen als die spätere Realisierung, weil sie weniger angestrengt »bürgerlich« als (ehrlicherweise) klassisch-patriarchalisch anmuten. Um die Entwürfe von 1869 und 1876, die – noch ganz im Geist Schinkels – Rathaus und Börse durch zwei »klassizistische« Flügel mit Hofarkaden für Geschäfte verbinden sollten, ist es besonders schade. Die durch zahllose Änderungswünsche der Baukommission beeinflußte endgültige Form des Rathauses, das Haller in enger Abstimmung mit dem Rathausbaumeisterbund vollendete – Haller hatte sich, um den Bau »tunlichst gegen unverdiente Angriffe in Schutz nehmen zu können«,

1885 in die Bürgerschaft wählen lassen –, befriedigte zwar vollauf die Ansprüche an üppige Verzierung, monumentale Wucht und »hanseatische« Selbstdarstellung. Ob aber diesem »wichtigsten Bauwerk Hamburgs im 19. Jahrhundert« (David Klemm) nicht die strengere und weniger »tümliche« Handschrift des jüngeren Martin Haller besser zu Gesicht gestanden hätte, mag jeder für sich entscheiden.

Haller selbst hat ein sehr bescheidenes, untertreibendes Resümee seines architektonischen Wirkens für Hamburg gezogen: Alles, was er geschaffen habe, sei »doch nichts anderes als eine mehr oder weniger geschickte Anwendung altbekannter Motive oder erlernter Formen. Das Verdienst besteht also nicht in der genialen Erfindung oder in der glücklichen Entdeckung neuer Kunstformen und Ideen, sondern in der praktischen, geschmackvollen Anpassung alter an neue Aufgaben. Was ich schuf, ist ein Produkt des Takts und des Gedächtnisses, hie und da in die Sprache einer malerischen Zeichnung gekleidet.« Über Geschmack läßt sich gut streiten, aber unter Hallers Bauten gibt es viele, denen man davon einen hohen Anteil zuschreiben muß. Vielleicht wirkt das Hamburger Rathaus so eklektizistisch, weil zu viele

Der Hamburger »Rathausbaumeisterbund« berät sich: links am Tisch sitzend Martin Haller, der elegante Architekt eines eleganten Hamburg.

Köche den Brei verdorben haben. Haller allein hätte es vielleicht überzeugender aussehen lassen.

Martin Haller, der konservativ gestimmte »hanseatische« Aristokrat, der die individualistischen Sehnsüchte des Hamburger Großbürgertums vor dem Ersten Weltkrieg so souverän befriedigt hat, versah sein eigenes, 1891 fertiggestelltes Haus mit einer Inschrift.

»Mir erbaut ich dies Haus ...
Klein und behaglich baut ich's, doch anständig,
Niemandem schädlich, ganz nach meinem Geschmack,
ganz aus eigenem Geld,
Um nach rastloser Arbeit den Abend
im Kreise der Meinen
Froh am heimischen Herd
Musen und Künstlern zu weihn.«

Die Gründung des Deutschen Reiches hat er wie die meisten Menschen seiner Epoche heftig begrüßt. Seine Zeit als größter Architekt Hamburgs war da schon abgelaufen. Den Zusammenbruch des

Die Hamburger bringen ihrem Rathaus aus dem 19. Jahrhundert, das mehreren Stilrichtungen huldigt, Zuneigung entgegen. Dabei gab es unter Martin Hallers Plänen schönere Entwürfe, deren Realisierung sich harmonischer in die von Chateauneuf gestaltete Stadtlandschaft eingefügt hätte – was auch für den abgebildeten Entwurf gilt.

Kaiserreiches mußte er, der sich schon mit Ausbruch des Ersten Weltkrieges aus dem Beruf zurückzog, noch erleben. Im Alter von neunzig Jahren ist er – wenige Wochen nach seiner Frau, mit der er sechzig Jahre verheiratet war – am 25. Oktober 1925 in Hamburg gestorben.

Der Architektur der Freien und Hansestadt Hamburg haftet, trotz ihrer unbezweifelten Schönheiten, nicht gerade das Signum bahnbrechender Originalität an. Traditionalismus, Nützlichkeitsdenken, Anpassung an bewunderte Vorbilder (England!) und ein in Jahrhunderten ausgeprägter Repräsentationswille haben dafür ein reizvolles Weichbild entstehen lassen, das in den schönsten Stadtteilen von »klassischer« Harmonie und vornehmer Rücksichtnahme auf die Landschaft zwischen den drei Flüssen Elbe, Alster und Aue bestimmt ist. Eingefleischte Hamburger hingegen halten dies für ein nicht ganz berechtigtes Vorurteil und haben auch gleich ein Gegenbeispiel zur Hand: die architektonische Hinterlassenschaft des nach Martin Haller einflußreichsten Baumeisters der Stadt, Fritz Schumacher, der von 1909 an als Oberbaudirektor in der Stadt wirkte und mit seinen Backsteinbauten einen zwar auch nicht unbedingt kühnen, aber doch äußerst eigenwilligen und nicht allein am Geschmack des Kaufmannstums orientierten Baustil populär machte.

Das Hamburg der ersten Hälfte des 20. Jahrhunderts verrät gerade auch in den häufigen Nachahmungen seine architektonische Handschrift. »Wer in Hamburg vor dem Kriege (gemeint ist der Erste Weltkrieg, M.W.) versucht hat, städtebaulichen Erkenntnissen zum Durchbruch zu verhelfen, muß mit Beschämung gestehen, daß die Vertreter des Bürgertums den Forderungen, die im Interesse der Allgemeinheit erhoben werden müssen, nur zu oft ablehnend gegenüberstanden. Die Partei der Grundeigentümer regierte, der Makler hatte eine unnatürliche Macht im öffentlichen Leben: Die Ausschlachtung des Bodens hatte den gesetzeskräftigen Bebauungsplänen, durch die fast die ganze Zukunft Hamburgs festgelegt war, den Stempel aufgedrückt; alle Reformgedanken des Wohnungswesens scheiterten an bodenpolitischen Zwängen«, schrieb der 1933 seines Amtes enthobene Fritz Schumacher in seinen Erinnerungen. Das waren andere Töne als Hallers emphatisches Bekenntnis zur Privat- und Luxusarchitektur.

Der bis heute in Hamburg wegen seiner unverwechselbaren Bauten zu Recht verehrte Fritz Schumacher kam jedoch nicht von der Elbe, sondern aus der »hanseatischen« Schwesterstadt Bremen, wo er am 4. November 1869 als »Sproß eines alten, ins 14. Jahrhundert zurückreichenden Geschlechts« geboren wurde. Er hat diese Herkunft genauer definiert: »In ihr … liefen alle Adern der Kultur zusammen, die sich in *dem* Teil des Patriziertums der Hansestadt herausgebildet hat, der nicht die Handelsentwicklung der Vaterstadt zu seiner Aufgabe gemacht hatte, sondern die geistige Seite der Entwicklung: Alle meine Vorfahren waren Juristen, Theologen, Männer der Wissenschaft, die im Rat oder Schulwesen eine Rolle gespielt haben; schon aus dem Jahre 1604 hing ein Bürgermeisterwappen unseres Stammes in den Fenstern des Bremer Rathauses. Zu dieser geistigen Kultur war durch künstlerisch hochstehende Frauen – meine Urgroßmutter war eine der ersten deutschen Frauen, die sich zum Studium der Malerei aus den Banden der Häuslichkeit emanzipierten – ein künstlerischer Einschlag gekommen.« Der Großvater, ein enger Freund des patriotischen »Hanseaten« Johann Smidt, war Bremens letzter lebenslänglicher Bürgermeister gewesen. Der Vater hatte lange Zeit zwischen seinen künstlerischen Neigungen und der Jurisprudenz geschwankt und war schließlich, nach dem Studium in Göttingen, Syndikus der Bremer Handelskammer geworden, »in näherer Berührung mit H.H. Meier, dem Mann, dessen Unternehmungsgeist durch Jahrzehnte der Entwicklung Bremens den Stempel aufgedrückt hat«. Die Mutter war »eine Waise, die das schwere Leben des unbemittelten elternlosen Kindes in fremden Häusern gekostet hatte«.

Der hochbegabte Sohn Fritz besuchte die Universität in München, wo er sich auf den Spuren des Bremers Eduard Beurmann von den Kellnerinnen, vom Café Luitpold, vom Fasching und von der reichhaltigen Kunstszene begeistern ließ. 1899 wird er als Lehrer an die Universität Dresden berufen, wird Mitglied beim Deutschen Werkbund und erhält erste Bauaufträge. Als er 1909 als Oberbaudirektor nach Hamburg berufen wird, empfindet er die Rückkehr zu den »Hanseaten« als äußerst angenehm. Eine seiner ersten Hamburger Bekanntschaften ist ein Kaufmann, der in seinem genüßlichen Appetit auf alles Kulturelle aus der Gesellschaft herausragt. »Es war … ein Kaufmann großen Stils, der sich aber ganz in einer philosophischdichterischen Welt bewegte. Die entlegensten Gedichte von Rückert oder Keller wußte er auswendig, über alles regierte Lichtenberg, mit dem er ganz zu leben schien. Da er bei seinen Gedankengängen alle Zwischenglieder, die ihm selber selbstverständlich waren, ausließ, stand er in dem Ruf, unverständliche Gespräche zu führen; für denjenigen aber, der ein paarmal seine Art begriffen hatte, erschloß sich der ganze Reiz eines allem Idealen nachpürschenden Wesens« – unwillkürlich denkt man an Figuren aus den »Buddenbrooks« (etwa an den Lope-de-Vega-Verehrer und Makler Siegismund Gosch), zumal »diese Geisteshaltung« des Hamburger Kaufmanns sich, wie Schumacher schreibt, auch noch »mit einem ins Künstlerische gesteigerten Weinverständnis verband«.

Von den Einladungen in vornehme Bürgerhäuser berichtet Schumacher anschaulich: »Bei den privaten Diners der Hamburger war es unmöglich, neben dem Delektieren nicht auch gleich satt zu werden. Sie trugen den Charakter spätrömischer Üppigkeit. Was mir dabei weit mehr als die Delikatessen und die unwahrscheinlich guten Weine imponierte, war die vollendete Kultur der Tafel. In den Häusern, in denen man in puncto Kunst kaum bis zu Gabriel Max und Defregger vorgedrungen war, sah man gedeckte Tische von vollendetem Geschmack, und da in den reichen Hamburger Häusern vom Typus ›Martin Haller‹ ein weißer Speisesaal selbstverständlich war, schloß sich das Ganze zu einer einheitlichen Gesamtwirkung zusammen. Solch festlicher Eindruck erhielt nun eine unerhörte Steigerung, wenn sich die Gesellschaft in einem jener Häuser an der Elbchaussee abspielte, von deren Terrassen man zwischen alten Buchen und Eichen hindurch tief unten den Strom vorbeifluten sieht … Ganz besonders schön erlebte man das auf dem ›Kösterberg‹, dem Sommersitz der Familie Warburg. Wenn hier im Naturtheater aufgeführt war, die junge Welt im bunten Maslenskostüm sich zwischen die Gäste auf blumenumsäumter Wiese mischte, … konnte man glauben, zu träumen.«

Doch Schumacher hatte ganz andere Visionen als Haller. Er verkörperte eine neue, sich ihrer sozialen Verantwortung bewußtere Architektur- und Städteplaner-Generation. Den radikalen Neuerern, die insbesondere in Berlin von sich reden machten, war der gemessene Bremer nicht fortschrittlich genug, wogegen er den konservativen

Fritz Schumacher: weit über die Grenzen Hamburgs hinaus anerkannter Baudirektor, Künstler und Fachmann für Backsteinarchitektur.

Hamburger Bauherren immer etwas suspekt blieb. Er stellte sich in Hamburg »auf die Aufgabe im hanseatischen Norden ein, folgte aber nur in Ausnahmefällen den dortigen Prinzipien eines gemäßigten Historismus, dem Symmetrieachsen, Giebel, Erker, Türme und andere Motive sowie hohe Dächer das Gepräge gaben. Er wandte sich den Baumaterialien Backstein und Klinker zu, die in Hamburg Tradition hatten«, urteilte der frühere Hamburger Denkmalpfleger Manfred F. Fischer.

Schumacher entwarf Verwaltungs- und Behördenbauten, viele in ihrer traditionalistischen »hanseatischen« Sachlichkeit meisterlich gelungene Schulen und Brücken, Siedlungen und Häuserzeilen. 1920 wechselte er als Stadtbaumeister nach Köln, aber der Ausflug endete in einem »architektonischen Hexensabbat«, da der Kölner Bürgermeister Konrad Adenauer »alles nur von seiner Kölner Seite sah«. Schon drei Jahre später kehrte Schumacher »körperlich erschöpft« nach Hamburg zurück. Nun, in seiner zweiten Hamburger Periode, entwickelte er, mit erweiterten Kompetenzen als Stadtplaner versehen,

»eine städtebauliche Gesamtheit, die heute zu den wichtigsten architektonischen Aktivseiten der Stadt gehört«, schwärmt Fischer. Mit seinen vorbildlichen Siedlungsbauten, seinem düsteren Krematorium von Ohlsdorf, seinen funktionalen Schulbauten, aber auch mit seinen technischen Bauten und seinen stadtplanerischen Eingriffen gab er Hamburg ein bauliches Gesicht, das Geschichte und Gegenwart, traditionelles Bauen und modernste Strömungen auf eine unverwechselbare Weise vereint. Nicht auftrumpfende Machtgebärden, sondern soziale Verantwortung und ausgleichende Bescheidenheit haben seine Arbeiten geprägt.

Hamburg hat unter Schumachers Mitwirkung das patriarchalische Erbe bewahrt, aber es zugleich behutsam in das neue Jahrhundert zu überführen gewußt, was sich bis heute an seinen formvollendeten Backstein-Gebäuden nachvollziehen läßt. Er hat eine spezifisch hamburgische Formen- und Materialsprache (Backstein) eigenwillig weiterentwickelt, die vielen als typisch »hanseatisch« gilt und noch

Der harmonische Bau des Johanneums gehört zu Fritz Schumachers gelungensten Schöpfungen. Der bescheidene, sozial denkende Bremer in Hamburg hat die Stadt mit seinen unverwechselbaren Backsteingebäuden so nachdrücklich geprägt wie der aristokratisch-klassische Martin Haller mit seinen feudalen Wohnpalästen.

immer viele Nachahmer findet – keineswegs zum Nachteil des modernen Stadtbildes. Mit seinen zahlreichen Schriften versuchte er sich »selber Rechenschaft über verwickelte Fragen meines Berufes zu geben, aber hauptsächlich mußten sie meine Absichten auf dem Gebiet des Backsteinbaus, des Wohnungswesens, des Städtebaus, der Landesplanung, der Kunstpflege, der Bodenpolitik oder der Denkmalpflege untermauern«. Sie seien, so hat er es genannt, »getarnte Kampfschriften« für ein der Vergangenheit und der Zukunft gleichermaßen verpflichtetes Bauen in einer Stadt geworden, »die ich in all ihrem Gemisch von Sprödigkeit und Zuverlässigkeit, von Seltsamkeit und Großartigkeit liebgewonnen hatte«. Die Zerstörung der Stadt und eines Teils seiner Werke hat er während des Zweiten Weltkrieges, nun bereits im unfreiwilligen Ruhestand, miterleben müssen. Am 5. November 1947 ist er gestorben.

Größere Antipoden als Martin Haller und Fritz Schumacher sind kaum denkbar. In dem sehr »hanseatischen« Bemühen um einen eigenen, geschichtsbewußten architektonischen Sonderweg ihrer Stadt stehen sie sich jedoch näher als auf den ersten Blick erkennbar. Hamburg, Bremen und Lübeck waren einst, wie andere nördliche Hansestädte auch, ein Hort der Backstein-Architektur. Schließlich mußte Naturstein von weit her in die sumpfigen Marschlande an der Küste transportiert werden. Hatte sich aber nach dem Großen Brand in Hamburg 1842 die Chance ergeben, das Stadtbild auf gänzlich neuer Grundlage, mit erweiterten technischen und finanziellen Möglichkeiten veränderten praktischen und ästhetischen Anforderungen anzupassen, so bemühten sich Bremen und Lübeck um so nachhaltiger darum, ihren mittelalterlichen Charakter – jedenfalls in ihren Zentren – soweit wie möglich zu erhalten.

Bremen hatte 1852 einen Rahmenplan für die Integration neuer Vorstädte mit dem lokal-typischen »Bremer Haus« entwickelt. 1888 hatte die Stadt unter großen Opfern auf dem Gebiet von Bremerhaven einen Freihafen (heute »Europahafen«), 1891 einen neuen Holz- und Fabrikhafen und 1906 einen Überseehafen errichtet. Das Stadtinnere mit seinen Prachtbauten am Markt und seinen verschnörkelten Giebelfassaden verriet indes noch immer die malerische Enge vergangener Zeiten. Daß zu Beginn des neuen Jahrhunderts dennoch einige neue, nicht unbedingt »moderne«, sondern spielerisch-traditionali-

Die strenge Reihung des typischen »Bremer Hauses« in der Mathildenstraße. Bis heute erfreut sich bei den Bremern diese traditionelle, an englische und holländische Straßenzüge erinnernde Randbebauung größter Beliebtheit. Solchen Häuserzeilen verdankt die Stadt den zurückhaltenden, aber dennoch einladenden Charakter ihrer alten Wohnviertel.

stische Zeichen gesetzt werden konnten, verdankte die Stadt an der Weser weniger den Architekten als – wieder einmal – einem Kaufmann, einem der größten und originellsten, die die alten Hansestädte je in ihren Mauern beherbergt haben: Ludwig Roselius, der am 2. Juni 1874 in Bremen geboren wurde, war der findige Unternehmer und Schöpfer so bekannter Produkte wie Kaffee HAG (Kaffee-Handels AG) und »Kaba, der Plantagentrank«, und er war Bremens großer Mäzen, der sich mit der unter seiner Anleitung umgestalteten Böttcherstraße ein höchst ungewöhnliches Denkmal setzte.

Der künstlerisch begabte Sohn eines Kaufmanns hat zunächst eine Lehre in einer Kaffeerösterei absolviert. 1894 trat er in die väterliche Firma für Kaffeehandel, Kolonialwaren und Schiffsproviant ein und führte das Unternehmen mit Zweigniederlassungen in Hamburg, London, Wien und Amsterdam und eigenen Plantagen in Übersee schnell zu großer Blüte. Als der Vater 1902 – angeblich an den

Folgen allzu häufiger Kaffeeproben – einem Gehirnschlag erlag, konzentrierte sich der Sohn auf die Entwicklung eines Koffein-Entzugsverfahrens. Nachdem er es gefunden und seine Methode als Patent angemeldet hatte, gründete er am 21. Juni 1906 die Firma Kaffee-HAG, der ein Welterfolg beschieden sein sollte.

Roselius, der von sprühendem Temperament und strotzendem Optimismus war und von vielerlei unternehmerischen und künstlerischen Energien angetrieben wurde, war mit der Gründung dieses Welterfolgs durchaus nicht ausgelastet. Auch seine künstlerischen Neigungen wollten befriedigt sein. So kaufte und renovierte er 1904 ein baufälliges altes Haus in der Böttcherstraße Nr. 6, kaufte, weil ihm die Sache Spaß bereitet hatte, wenig später weitere fünf Häuser daneben und ruhte nicht, bis ihm die Stadt 1923 endlich auch die gegenüberliegende Straßenseite langfristig verpachtete. Er ließ die Häuser abreißen und verpaßte der Straße ein neuartiges, unverwechselbares Gesicht, wobei es sein Anliegen war, alte Bautraditionen lebendig zu halten. Ausschließlich Bremer Architekten wurden damit beauftragt, in lockerer Anlehnung an die früheren Bauten neue Schöpfungen entstehen zu lassen. Roselius' Vorliebe und besondere Bewunderung galt dabei dem aus Hörde in Westfalen stammenden Bernhard Hoetger, einem seit 1910 in der Darmstädter Künstlerkolonie, seit 1914 in Worpswede wirkenden Bildhauer und seiner Idee vom baulichen Ge-

Ludwig Roselius, »hanseatisches« Urgestein aus Bremen, ein Mann von sprühendem Temperament, kühnen Visionen – und widersprüchlichen Überzeugungen.

samtkunstwerk, einer Einheit von Kunst, Handwerk und Architektur. Roselius hatte 1907 den gesamten künstlerischen Nachlaß von Paula Modersohn-Becker erworben, für den er nun von Hoetger ein Paula-Modersohn-Becker-Haus in der Böttcherstraße errichten ließ, das 1927 eingeweiht wurde und unverkennbar spät-expressionistische Elemente enthält. Die Häuser auf der gegenüberliegenden Straßenseite entstanden nach Plänen der Architekten Alfred Runge und Eduard Scotland im alten bremischen Stil, die auf der rechten Seite sollten der freien Gestaltung obliegen. Das Schmuckstück der Straße ist das von Hoetger für Roselius errichtete phantastisch-träumerische »Haus Atlantis«, dessen innerer Treppenaufgang einem geheimnisvollen Meeresstrudel gleicht. Alfred Faust, ein enger Mitarbeiter von Roselius, erinnerte sich später an die für »Hanseaten« revolutionäre Bauweise, die in Hamburg und sicherlich ebenso in Lübeck undenkbar gewesen wäre: »Hoetger baute, wie ein Bildhauer modelliert: er knetete die Wände, Treppen, Tore, Brunnen, Kuppeln, Schornsteine unter tätiger Mitwirkung seiner Bauhandwerker. Keinerlei Reißbrettzeichnungen lagen vor. Hoetger ›gebar‹ den Bau an der Baustelle aus dem Hirn und dem Auge. Gefiel ihm eine Wand oder Nische nicht, riß er sie wieder ein und fing von neuem an. Zum erstenmal empfanden sie künstlerisches Schaffen *ab ovo;* zum erstenmal fühlten sie sich nicht als Handlanger, sondern als Mitschöpfer.«

Was dann daraus wurde, läßt sich mit Fausts Worten am besten sagen: »Hoetger unterwirft sich keinem Stil. Bewegung ist seine einzige Stilform. Sucht man krampfhaft nach einem ›Stil‹, so muß man mischen: ein Mixtum compositum von Troglodytenhöhle über Samarkand, südlichen Barock, romantischen und Jugendstil zum modernen Fabrikbau der Werkbundperiode … Die Böttcherstraße war das ideale ›Steckenpferd‹ eines eigenwilligen hanseatischen bremischen Kaufmanns, der sich in die Rolle eines Bauherrn des Mittelalters versetzte und sich zur Freude, aber auch seiner Stadt zum Gewinn, unter begeisterter Mitwirkung einer Gilde genialischer Künstler, die er alle als Freunde behandelte, sein Geld mäzenatenhaft verbaute oder zur tätigen Künstlerhilfe verwendete und verschwendete. Worpswede verdankt ihm seine Ausstellungsbauten und einen Teil der Sammlungen, derentwegen die Besucher die sympathische Künstlerkolonie wie einen Wallfahrtsort aufsuchen.« Dieser ganz und gar unkonventionelle Kaufmann »war eine überragende Ausnahmeerscheinung, war ein Mensch, so vielseitig, so barock, so ungehemmt und auch so widerspruchsvoll wie die Böttcherstraße selbst.«

Roselius war ein politisch zwischen ganz rechts und ganz links fröhlich herumvagabundierender Träumer: »Er konnte reformierend, sozialdemokratisch, feudal und faschistisch denken, so wie seine Kunst sich allen jeweiligen Richtungen anpaßte«, hat sein Freund Heinrich Vogeler gesagt. Nach einer zufälligen Begegnung mit Hitler schrieb er 1922 in blinder Schwärmerei: »Der hehre Schwung seiner Seele, die Reinheit seines Gefühls für die deutsche Sache wird zur Erhabenheit«, und derselbe Mann prophezeite 1928: »Wir stehen an der Schwelle einer neuen Zeit und vor der Gründung der Vereinigten Staaten von Europa. Mit Pulver und Blei können wir ebensowenig einen Erfolg hereinholen wie die anderen. Wer Augen hat, zu sehen, weiß, daß die Zeiten der alten Nationalitätenstaaten mit ihren Absperrungen, mögen sie uns noch so schön gedünkt haben, ein für allemal vorüber sind. Wir sind die ersten Menschen einer neuen Zeit.« Roselius sollte in den braunen Zeiten noch zwischen vielerlei Mühlsteine geraten, sein Freund Hoetger im nationalsozialistischen Deutschland als »Kulturbolschewist« verdammt werden. Bremens und aller »Hanseaten« wohl originellster, nicht nur in künstlerischen Dingen alles andere als pfeffersäckischer Unternehmer, der nordische Exzentriker und heimliche Stadtarchitekt, mittlerweile auch bulgarischer Generalkonsul, starb am 15. Mai 1943 in Berlin an den Folgen eines Unfalls.

Roselius' beinahe schrullenhafte Visionen, seine verblüffenden Talente für jede Form von Eigen- und Produktwerbung, sein geradezu besessenes Eintreten für unkonventionelle Künstler, aber auch seine teilweise haarsträubenden politischen Verirrungen (zu denen nicht der Antisemitismus gehörte) bieten viel Anlaß zur kritischen Aufrechnung. Er selbst liebte Übertreibungen (»Wäre das Deutsche Reich so geführt worden wie die Kaffee HAG, dann hätte Deutschland den Krieg nicht verloren«, meinte er nach dem Ende des Kaiserreiches.) und überhaupt alles Extreme. Damit aber durchbrach er, teils mit Fortune, teils mit blamabler Widerlegung der eigenen Standpunkte, alle gängigen Raster »hanseatischer« Kaufleute. In Bremen ist er zu Recht unvergessen. Was jedoch einmal als beschwingter Auf-

Die Bremer Böttcherstraße mit dem Robinson-Crusoe-Haus: backsteinerne Hinterlassenschaft des Kaffee-HAG-Unternehmers Roselius.

bruch in ein neues Zeitalter begonnen hatte, endete in einer ebenso illusionären wie verblassenden nordischen Märchenseligkeit: Wenn sich täglich um ein Viertel nach zwölf Uhr die Blicke der Schaulustigen verklärt auf die hölzernen Figuren der Atlantikfahrer im »Haus des Glockenspiels« richten, feiert »hanseatischer« Kitsch Triumphe. Vom bürgerlich-republikanischen Sonderweg bis zur idyllischen Verklärung war es ein weiter Weg – in Bremen endete er mit dem »Haus des Glockenspiels« in tümelnder Nostalgie.

XV. **Aufrechten Mutes**

Von den Schatten besserer Tage

Mit ihrer Anbindung an den Norddeutschen Bund und, wenig später, an das in Versailles besiegelte Reich hatten die »Hanseaten« ein gut Teil ihrer Selbständigkeit verspielt, dafür aber ein wirtschaftliches Wachstum und einen nationalen Furor entwickelt, wie sie ihn in ihrer Geschichte noch nicht erlebt hatten. Des marinebegeisterten Kaisers Glanz strahlte gerade auch an den deutschen Küsten hell und verführerisch. Das Ende der Träume vom »hanseatischen« Sonderweg wog dagegen leicht. Hamburg, Bremen und Lübeck entfalteten sich ja auch bald prächtig. Zwar war den Kaufleuten in den ständig an Einfluß gewinnenden Sozialdemokraten ein unbequemer Gegner erwachsen, der schon das bevorstehende Ende ihrer unumschränkten Herrschaft ankündigte. Aber die rasanten Erfolge der Wirtschaft, das erstarkende Selbstbewußtsein einer breiter gewordenen Bürgerschicht sowie Deutschlands außenpolitische Kraftanstrengungen beim Griff nach der Weltmacht hatten schließlich dazu geführt, daß der Begriff des »Hanseaten« als Äquivalent zum preußischen und ostelbischen Junker empfunden wurde.

Stolz, im dunklen Blazer mit goldenen Knöpfen, weißen Hosen und einer Prinz-Heinrich-Mütze auf dem Haupt, stand der »hanseatische« Kaufmann oder Senator auf seiner Yacht, wenn die Kieler Woche rief. Blitzend und ungemein englisch-korrekt waren die schicken Uniformen der Mitglieder in den vornehmen Segel- und Ruderclubs. Und was man sonst noch an edler Garderobe besaß, das konnten die Damen und Herren auf den eleganten Einladungen in Hallers Prachtbauten an der Alster oder in den weißen Palästen an der Elbe nun öfter zur Schau tragen als je zuvor. Daß im Kontor des Verlegers Otto Meißner ein junger Autor namens Karl Marx einen Vertrag über »Das Kapital. Kritik der politischen Ökonomie« unterschrieben hatte, das einmal die halbe Welt entzünden sollte, interessierte die »Hanseaten« sowenig wie alles andere, was mit so abstrusen Dingen wie Theorie, Philosophie und gesellschaftlicher Veränderung in Beziehung stand. Noch immer hatte keine der »hanseatischen« Städte eine Universität, denn die meinten die Kaufleute nicht zu brauchen. Ihr Feld war ja von jeher und von Kindesbeinen an die Praxis in den heimischen oder fernen Kontoren.

In Bremen betätigten sich mit dem aus Heidelberg zugezogenen Gastwirt und Gewerkschaftsredakteur Friedrich Ebert (er gehörte, bevor er in den sozialdemokratischen Parteivorstand nach Berlin berufen wurde, von 1900 bis 1905 der Bremer Bürgerschaft an) und dem im Alter von zwanzig Jahren aus Berlin eingewanderten Tischlergesellen Wilhelm Pieck zwei SPD-Aktivisten, die an den immer heftiger werdenden Unruhen maßgeblich beteiligt waren und später noch einmal deutsche Geschichte schreiben sollten – der eine in der Weimarer Republik, der andere in der »Deutschen Demokratischen« Republik. In Lübeck wie in Bremen hatten die Sozialdemokraten nach der Aufhebung der Sozialistengesetze bereits den einen, in Hamburg sogar alle drei Sitze für den Reichstag gewonnen. 1901 haben die Sozialdemokraten in Lübeck sogar ihren Parteitag abgehalten. Dort schaffte man zwar 1902 das Bürgergeld endlich ab, beschränkte aber, um Schlimmerem vorzubeugen, das Wahlrecht auf jene, die in fünf Jahren mindestens 1200 Mark versteuerten. 1905 beschloß der Senat dann ein Zweiklassenwahlrecht: In der ersten Klasse durften 105 Abgeordnete gewählt werden, wobei die Wähler in den drei Jahren zuvor mindestens 2000 Mark versteuert haben mußten. In der zweiten Klasse durften alle anderen Bürger gerade fünfzehn Abgeordnete wählen.

In Hamburg haben bei der Reichstagswahl von 1903 die Sozialdemokraten 62 Prozent aller Stimmen auf sich vereinigt, und 1906 fand der erste politische Generalstreik mit schweren Zusammenstößen statt. Auch hier wurde flugs ein Zweiklassenwahlrecht installiert, das die Sozialdemokraten jedenfalls vorläufig noch von der Macht fernhielt. Wo immer sich eine Gelegenheit bot, den Einfluß der alten Eliten zu erhalten, ergriffen die »Hanseaten« sie beim Schopfe – all die neuen Lehren von Gleichheit und Mitbestimmungsrechten der in Wahrheit Entrechteten schienen ihnen – darin echte Partner Bismarcks – des Teufels. Nicht Theorie, sondern Realität bestimmte den ebenso harten wie genießerisch-geselligen Alltag der Kaufleute, und der bestand darin, Geld zu verdienen und neue Weltmärkte zu erobern.

Eine herausragende Lübecker Persönlichkeit, in deren tapferem und nicht zuletzt äußerst diplomatischem Lebenswerk sich noch einmal die »Hanseaten«-Herrlichkeit ausprägte, die aber auch deren Niedergang bis zur bitteren Neige miterleben mußte, war der hochgelehrte, in seinem Auftreten beeindruckend souveräne Jurist und Bürgermeister Ferdinand Fehling. Er entstammte einer Familie, die vor und nach ihm mehrere erstrangige Köpfe hervorgebracht hat und deren Verbindungen auch in die Nachbarstadt Hamburg reichten.

Ursprünglich – vermutlich im 16. Jahrhundert – aus Westfalen eingewandert, gehörten die Fehlings zu den erfolgreichen Kaufleuten Lübecks. Einer von ihnen, Johannes Fehling, hatte 1826 eine Tochter des jüdischen Hamburger Bankiers und Partners von Salomon Heine, Jakob Amschel Oppenheimer, geheiratet, eine Jugendfreundin des jüdisch-deutschen Patrioten Gabriel Riesser. Deren Schwester war die Frau des Hamburger Bürgermeisters Ferdinand Haller, also die Mutter des Baumeisters Martin Haller. Zu den Söhnen Johannes Fehlings und Anna Emilie Oppenheimers gehörten ein Senator, ein Präses der Lübecker Handelskammer und eben der Bürgermeister Ferdinand Fehling, der am 22. Mai 1872 die Tochter des Dichters Geibel heiratete. Zu den Kindern aus dieser Ehe zählten der angesehene Historiker Ferdinand Fehling, der eine Tochter Max Plancks heiratete, und Jürgen Fehling, der einer der bedeutendsten Regisseure des deutschsprachigen Theaters werden sollte. Auch für viele andere führende »Hanseaten« ließen sich solcherlei gesellschaftskonforme Querverbindungen aufzeigen – wobei sich ja nicht nur bei den Fehlings, sondern gerade auch in Hamburger Kaufmannskreisen vielfach jüdische »hanseatische« Familien mit nicht-jüdischen »hanseatischen« Familien mischten, was später (und bis heute) freilich gerne vergessen wurde. Was immer das »Hanseatische« wirklich sein mag – ohne den jüdischen Anteil wäre es unvollkommen beschrieben.

Emil Ferdinand Fehling wurde am 3. August 1847 in Lübeck geboren, studierte in Heidelberg, Leipzig und Göttingen Jurisprudenz und ließ sich nach dem Staatsexamen als Anwalt in Lübeck nieder. Er war der Inbegriff eines hochkultivierten Bürgers aus guten Kreisen:

Der Jurist und Bürgermeister Emil Ferdinand Fehling mit seiner Frau, der Tochter Emanuel Geibels.

ein glanzvoller Jurist, ein an allen öffentlichen Dingen lebhaft teilnehmender Politiker, ein musisch interessierter Mann von hoher Kultur und Menschlichkeit. »Mein Geigenlehrer Wilhelm Pape, Bruder des genialen Louis Pape, lehrte mich Haydn, Mozart, Beethoven lieben, verstehen und spielen«, aber die kompositorischen Bemühungen Fehlings gelangten – ähnlich wie die seines reimenden Vorgängers Overbeck – über »ein kleines Nachtmusikstück für Geige und Klavier, das ich ›Sehnsucht nach Niendorf‹ taufte«, nicht hinaus.

In seinen Lebenserinnerungen hat der Bürgermeister 1929 liebevoll und anschaulich von der »hanseaten«-typischen Einrichtung des »Kindertages« in seinem Elternhaus erzählt. Diese Schilderung ist ein weiterer Beleg dafür, wie treffend das Leben im Hause Buddenbrook die Lübecker Verhältnisse charakterisierte, obgleich es bei den Fehlings sehr viel sparsamer zuging: »Von Jahr zu Jahr ward der große Ausziehtisch – das prächtige Mahagonistück, ein Geschenk der hamburgischen Großeltern, steht jetzt in meiner Bücherei – zu großer

Länge ausgezogen. Schließlich wurde er an beiden Enden noch mit einem Anstecker versehen. Man versammelte sich um halb fünf Uhr. Mit dem Glockenschlage halb fünf setzten wir uns zu Tische. Vater saß an der Mitte der Tafel, Mütterchen ihm gegenüber. Rechts von Vater reihten sich die Verheirateten an, und zwar so, daß Vater die jüngste der Ehefrauen neben sich hatte. Die Gatten saßen nebeneinander. Links von Vater saßen die Unverheirateten, Kinder und Enkel ... Das Essen war einfach bürgerlich, aber musterhaft bereitet. Je zwei Ehepaare mußten sich mit einer Flasche Bordeaux begnügen. Neue Flaschen wurden nicht aufgesetzt. Nur die Geburtstage der Eltern und derjenige meiner ältesten Schwester Adele Behn (1. Oktober) wurden durch einen eingeschalteten (»grünen«) Gemüsegang und einige Flaschen Roederer, *carte blanche*, ausgezeichnet. Ich als jüngster Haussohn oder nach Vaters Ausruf eines der Enkelkinder sprach das Tischgebet:

Was wir hier haben,
sind Gottes Gaben;
drum sei Gott Dank
für Speis und Trank. Amen.«

Die Tafelfreuden ziehen sich lange hin, »im Sommer bestimmte die Zeit der Torsperre die Zeit des Aufbruches«. »Der anfangs 14 Teilnehmer zählende Kindertag hatte sich 1881, als wir den letzten Weihnachtsabend bei den Eltern feierten, zu der Zahl von 58 Personen und Persönchen ausgewachsen.« Nach der Hochzeit mit »Mariechen« Geibel, »deren Fest meine Eltern im Behnschen Hause gaben«, zog das junge Paar in die Königstraße 696, wo der Vater für ein angemessenes Haus gesorgt hatte: »Lange Jahre war es von ›der alten Marty‹ (Frau Konsul Marty, Großmutter von Heinrich und Thomas Mann) bewohnt.«

Der Jurist Fehling wird 1884 in die Bürgerschaft gewählt, wo er »die radikale Linke bekämpfte, ohne mich jedoch auf eine bestimmte politische Parteirichtung festzulegen. Das Parteiwesen aus der Bürgerschaft so lange als möglich fernzuhalten war mein ernstes Bestreben.« Der junge Abgeordnete macht schnell politische Karriere: »Schon 1902 erhielt ich den Vorsitz in mehreren Behörden: in der Verwaltungsbehörde für städtische Gemeindeanstalten, in der Zentralarmendeputation (später Stiftungsbehörde), in der Justizkommission. Auch im Kirchenrat habe ich während des Zeitraums von 1905 bis 1910 um so lieber mitgearbeitet, als ich seinerzeit an der Ausarbeitung der Kirchenverfassung und der Umgestaltung der Kirchengemeindeordnung mich fleißig beteiligt hatte und der erste Vorsitzende der neu geschaffenen Synode gewesen war.« Als Johann Georg Eschenburg – der Großvater des Politologen – Bürgermeister wird, entsendet die Bürgerschaft Fehling als stellvertretenden Bevollmächtigten Lübecks nach Berlin. »Die Berliner Tätigkeit bedeutete für mich eine völlige Wandlung in meiner Senatsstellung. Mein Debüt war die Mission zur Hochzeit des Kronprinzen. Die prunkvolle Feier, die sich auf sechs Tage erstreckte und bei der die Abgesandten der drei Senate (für Bremen kam Senator Dr. Marcus, für Hamburg Senator Dr. Lappenberg) Gäste des Kaisers waren, wurde für mich auch insofern bedeutungsvoll, als ich nun, in die Hofgesellschaft eingeführt, mit einem Schlage viele Persönlichkeiten kennenlernte, die man kennen mußte, um bei praktischen Anlässen gleich an die richtige Tür klopfen zu können.«

Der traditionelle Mummenschanz des Lübecker Senats vor dem Rathaus läßt eher an »finsteres« Mittelalter als an den Beginn des 20. Jahrhunderts denken.

In Berlin wohnten die Vertreter der drei Hansestädte »damals noch fast sämtlich in dem behaglichen Hotel Royal Ecke der Linden und der Wilhelmstraße. Hamburg hatte die besten Zimmer im ersten Stock, Bremen und Lübeck begnügten sich mit zwei kleineren, aber höchst gemütlichen Zimmern in der zweiten Etage. Im Dachgeschoß war von Hamburg auch eine kleine Handbibliothek zur Benutzung der Hanseaten aufgestellt. Das Haus, in dessen angenehmem Restaurant sich oft mit den Hanseaten andere Diplomaten, auch Berliner Minister und andere hohe Beamte, vereinigten, hatte nur einen Fehler: im ganzen Hotel gab es nur ein Badezimmer.« Doch während Fehlings Aufenthalt in Berlin geht die »hanseatische« Ehe endgültig in die Brüche: »Die Senate von Hamburg und Bremen ... kündigten die Übereinkunft der Senate betreffend die gemeinschaftliche Vertretung in Berlin auf. Nach meiner Ansicht haben sie sich damit eines nicht geringen Teiles ihres Einflusses begeben ... Beim Reiche existiert die Hanse als solche heute nicht mehr. Es gibt nur noch Vertreter der einzelnen ›Länder‹. Und der Abstand gegen früher ist um so augenfälliger gemacht worden, als Hamburg zugleich, vornehmlich wohl, um sich mehr Sitze in den Ausschüssen zu sichern, in überraschender Weise von dem geschichtlich Gewordenen abrückend den Anspruch erhoben und leicht durchgesetzt hat, in der Reihe der deutschen Länder anders, nämlich nach Maßgabe der Bevölkerungsziffer, gesetzt zu werden.«

»Beim Reiche« habe »die Hanse als solche« nicht mehr existiert – galt das inzwischen nicht auch schon für die Trias der »Hanseaten«? Wenn Fehling von ihrer mangelnden Stärkung sprach, war das diplomatisch-lokalpatriotisch untertrieben, denn in Wahrheit war das »hanseatische« Bündnis bereits nur noch ein Schatten besserer Tage. »Vielleicht auch war ... bei dieser wortreich entwickelten hanseatischen Ideologie zuviel Wunschdenken im Spiel«, meinte Gerhard Ahrens mit Blick auf den Ruf einiger weniger, die – wie Alfred Lichtwark – immer wieder ein engeres Zusammenrücken der drei Städte forderten, »die einander so nahe liegen und so fern stehen«. Die Tätigkeit des Diplomaten Fehling in Berlin mußte sich nun ganz auf übergeordnete und höchst profane Vorhaben wie »Steuerreform und Wehrvorlage« konzentrieren. Zudem befaßte er sich mit historischen und aktuellen Fragen der Lübecker Verfassung – die partikularen

Eine Karikatur von 1905 auf den neuen Hamburger Verfassungsentwurf: der Senat als rückwärts reitender Erlkönig, der sein Verfassungskind im Arm hält und von einem Sensenmann verfolgt wird.

Interessen der »hanseatischen« Städte und die generellen deutschen Fragen hatten die Gemeinsamkeiten der »Hanseaten« in den Hintergrund gedrängt. Über allem aber stand nun das Reich – das »Hanseatische« begann sich darin aufzulösen.

Bei einem Besuch Wilhelms II. in Lübeck begegnete Fehling dem Kaiser zum ersten Mal persönlich. Dieser hatte »bei meinem Schwager Behn im Nachbarhause Wohnung genommen«. Fehling verhehlt nicht seine Genugtuung darüber, vom Kaiser angesprochen, von ihm »mit einem Gruße an den Senat beauftragt zu werden«. Als er 1917, im Alter von siebzig Jahren, zum Bürgermeister Lübecks gewählt wird, empfängt ihn der Kaiser und behält ihn »fast eine Stunde allein für sich«. Man wüßte gerne, was dabei gesprochen wurde, aber Fehling hat in die Niederschriften von diesem Gespräch »niemandem Einblick gewährt; sie waren nicht für die Allgemeinheit bestimmt und sollen auch nicht der Öffentlichkeit übergeben werden«.

Fehling hat, ganz aristokratischer deutscher Politiker, den Kaiser hochgeschätzt. Seine Äußerungen über ihn bleiben jedoch in seinen Erinnerungen merkwürdig spärlich. Kritische Fragen, skeptische Nachdenklichkeit, Einwände gegen Bismarcks oder des Kaisers Politik kommen darin ebensowenig vor wie politische Reflexionen überhaupt. Dieser Lübecker Bürgermeister setzte alles daran, seiner Stadt als juristischer Sachwalter ergebungsvoll und immer korrekt zu dienen. Nur einmal, als er von des Kaisers Abdankung erfährt, läßt er einen Hauch innerer Bewegung erkennen, die er freilich hinter knappen Worten versteckt: Er habe sofort »namens des versammelten Senates telegraphisch dem Kaiser für die während seiner ganzen Regierungszeit unserer freien Stadt erwiesene Huld gedankt«. Dieser hatte ihm »auch noch aus dem Felde einen freundlichen Gruß gesandt«. Emil Ferdinand Fehling war ein Bürgermeister nach deutschem Geschmack, kein listenreicher »hanseatischer« Talleyrand wie Bremens Johann Smidt, eher schon ein »hanseatischer« Preuße.

Nach dem Ende des Kaiserreiches wurde Fehling noch einmal für ein Jahr an die Spitze des Lübecker Senats berufen. In seinen Erinnerungen geht er auf die Nachkriegsjahre, in denen er ein letztes Mal seine ganze Behutsamkeit und Menschlichkeit ausspielte, leider nicht mehr ein. Dabei würde man gern von ihm Genaueres über seine Rolle unter den veränderten Umständen erfahren. Gerhard Ahrens wies zu Recht darauf hin, daß es zu den großen Leistungen Fehlings gehört habe, »daß in Lübeck nach 1918 – als einzigem deutschen Bundesstaat – kein gewaltsamer Umsturz stattgefunden hat. Seinem feinen Gespür für das politisch Durchsetzbare war es vor allem zu danken, daß der Übergang zu parlamentarisch-demokratischen Verhältnissen unblutig vollzogen worden ist«. Dabei war Lübeck nach den Kieler Matrosen-Aufständen vom November 1918 gegen einen letzten sinnlosen Flottenangriff als erste deutsche Stadt von der Revolution erfaßt worden. Ein Soldatenrat hatte auch hier die Macht für sich reklamiert und erklärt, es müsse endlich »mit den korrupten Zuständen und der Militärdiktatur von gestern gründlichst aufgeräumt werden«. Doch setzten sich in Lübeck schnell die Sozialdemokraten durch, und die wollten keine Revolution, sondern endlich Frieden und Demokratie.

In Hamburg hat im November 1918 der Arbeiter- und Soldatenrat den Senat vorübergehend abgesetzt und fünf Monate lang regiert. In Bremen konnte erst eine Besetzung der Stadt durch Truppen aus Berlin die Räterepublik beenden. Die bald folgenden Wahlen in den »hanseatischen« Städten, die nun auf neuen Wahlrechtsgrundlagen abgehalten wurden, zeigten an, daß die Macht der Patrizier nach dem Zusammenbruch des Kaiserreiches, das sie so uneingeschränkt begrüßt hatten, nicht mehr die alte war. Von nun an sollten, unterbrochen nur von der erbarmungslosen Verfolgung während der zwölf Jahre des »Dritten Reiches«, vor allem Sozialdemokraten in Hamburg, Bremen und Lübeck die Politik prägen.

Wie Fehling in Lübeck, so stand in den Anfängen der Weimarer Republik auch in Bremen ein außerordentlich befähigter Jurist an der Spitze, freilich einer mit einer noch individuelleren Note: Theodor Spitta, den sein späterer Nachfolger Wilhelm Kaisen als »eine der markantesten Erscheinungen im alten Bremer Senat« bezeichnet hat und der »den Lebensstil und die Geisteshaltung des hanseatischen Bürgertums am Ausgang des vorigen und Beginn dieses Jahrhunderts« noch einmal elegant zur Schau gestellt hat. Doch dieser 1873 geborene, bescheiden und zurückhaltend lebende Bremer, der von 1911 bis 1956 – mit Unterbrechung in der Hitler-Zeit – dem Bremer Senat angehörte und erst im Alter von neunzig Jahren daranging, seine höchst lesenswerten und sympathischen Memoiren zu schreiben, gehörte schon einer neuen Politiker-Generation an, die der alten »hanseatischen« Patriziermacht bereits nüchterner und distanzierter gegenüberstand, obgleich er selbst noch ihrer Mitte entstammte.

Im Vergleich zu Fehling, des Kaisers getreuem Lübecker Eckart, hatte Spitta (ein enger Freund meines Großonkels Anton Kippenberg und nach dem Ersten Weltkrieg auch der Worpsweder Künstlerszene) eine weltläufigere, weniger konventionelle Perspektive, die immer wieder vergnügte Ausflüge in Kunst und Kultur zuließ und die auf dem – für »hanseatische« Kaufleute des Kaiserreiches nicht selbstverständlichen – politischen Credo beruhte: »Diejenige Regierung ist die beste, die den Bürger am wenigsten zu bevormunden trachtet.« Spitta zählte zu den Nationalliberalen, war eher konservativ und doch sehr aufgeschlossen gegenüber allem Neuen. Vor allem war er ein echter Demokrat. Die heutige Bremer Verfassung trägt seine Handschrift, bei den Herrenchiemseer Grundgesetz-Beratungen war er dabei, und bis heute gilt Spitta als Glücksfall eines Bürgermeisters: untadelig in seiner Distanz zum »Dritten Reich«, beseelt von Bremens Vergangenheit und Gegenwart bis zu seinem Tode im Alter von 96 Jahren.

In seinen Erinnerungen schildert Spitta, in welch strenger Ritualisierung die (lebenslängliche) Wahl in den Senat einer »hanseatischen« Stadt wie Bremen noch im Kaiserreich vor sich ging, zumal dabei ein Brauch eine Rolle spielt, der bis heute den Bremern vertraut ist: »Sobald die Bürgerschaft meine Wahl vorgenommen hatte, wurde ich durch einen, noch mit Pferden bespannten Senatswagen von der Börse nach meiner Wohnung in der Kirchbachstraße 117 gefahren. Neben dem Kutscher saß ein Ratsdiener in der amtlichen rot-weißen Tracht. Gleichzeitig erschienen in meinem Hause rotbefrackte Senatsdiener mit Ratskellerwein und den großen Senatskringeln. Damit wurden die zahlreichen Besucher, die den neuen Ratsherrn beglückwünschten ... bewirtet ... Am Abend war in dem jetzt nicht mehr vorhandenen Museumsgebäude am Domshof, Ecke Schüsselkorb, das sogenannte ›Isen‹. Es war ein einfaches Essen, bei dem es immer nur Küken-Ragout gab, dazu Rhein- und Moselwein sowie gewaltige Mengen Zigarren (Zigaretten waren damals noch nicht ›gesellschaftsfähig‹). Geladen waren nach alter Sitte grundsätzlich ›die Bürger der Stadt‹ ... Ich habe als Bürgerschaftsmitglied regelmäßig das ›Isen‹ meiner Vorgänger mitgemacht und immer den Wirt des Museums bewundert, daß er diesen – vorher nicht zu berechnenden – Anforderungen mit seiner Küche gewachsen war.«

Das »Isen« bedeutete die Verpflichtung des neu gewählten Senators, während dieses Abends sich nacheinander an sämtlichen Tischen niederzulassen, sich dort eine kurze Ansprache anzuhören und auf diese zu erwidern. Am Ende des Abends erhielt jeder Gast ein Etui mit Zigarren. »Woher das geschilderte Brauchtum des Isens kommt, insbesondere das Recht, wenn nicht die Pflicht, am Schluß einiges von den Gaben der Tafel mitzunehmen, ist strittig. Mir leuchtet am meisten die Erklärung ein, die mein Großvater, Bürgermeister Dr. Arnold Duckwitz – 1841 in den Senat gewählt – vertreten hat. Er meinte, das Wort ›Isen‹ komme vom Aufschlagen des Eises auf dem Stadtgraben der Festung Bremen. In den Jahrhunderten, in denen Bremen Festung war – also vom Mittelalter bis zum Anfang des 19. Jahrhunderts –, mußte im Winter dafür gesorgt werden, daß der Bremen umgebende Stadtgraben immer offen war ... Sobald Gefahr war, daß der Stadtgraben zufror, zog der Ratsherr Bürger heran, die Isen, d. h. den Stadtgraben offenhalten mußten. Die Arbeit war Bürgerpflicht. Die beauftragten Bürger bekamen für ihre Arbeit keine Bezahlung. Der Ratsherr pflegte sie aber aus den minderbemittelten Schichten der Bevölkerung zu nehmen und nach ihrer Arbeit in seinem Hause zu bewirten. Dabei war es üblich, daß die so bewirteten Bürger von den

Speisen und Getränken nach Hause mitnahmen, was sie nicht bewältigen können, vielleicht auch sonst einiges, was im Speiseraum der Ratsherren nicht niet- und nagelfest war ... So ist das Wort ›Isen‹ von der Bewirtung nach dem Aufeisen des Stadtgrabens auf die Bewirtung nach einer Senatswahl übertragen worden ... Die Einstandspflichten des neuen Senators waren mit dem ›Isen‹ natürlich noch längst nicht beendet. In den folgenden Tagen mußte er jedem einzelnen Bürgerschaftsmitglied einen privaten ›Abschiedsbesuch‹ abstatten, bei dem Portwein und Madeira flossen ... (einige Bürgerschaftsmitglieder ließen sich verleugnen, um mir die Dauer der Rundfahrt zu verkürzen).« Bis zum politischen Sturm von 1848 mußte das neue Ratsmitglied noch einen jahrhundertealten Eid in niederdeutscher Sprache sprechen, der mit den Worten begann: »Ick will een recht Rathmann syn, un will recht richten, den Riken als den Armen, den Armen als den Riken, nich nah Frundschup oder Mageschup, noch nah Gunste, Gifffte oder Gaben, sondern nah Rechte ... « Noch heute wird übrigens in Bremen alljährlich an einen alten Brauch erinnert: An jedem 6. Januar wird die alte »Eiswette« gefeiert. Als die Weser noch nicht begradigt war, war es für Handel und Schiffahrt von großer Bedeutung, ob sie im Winter zufror oder nicht. Darüber wurde alljährlich gewettet und, seit den zwanziger Jahren des 19. Jahrhunderts, anschließend ausgiebig gefeiert. Das »Eiswettessen« ist noch immer eine ehrwürdige Bremer Tradition – die zugefrorene Weser allerdings eine Seltenheit.

Nun aber stand der Erste Weltkrieg bevor. Voller Stolz hatte der Hamburger Senat an dessen Beginn – im Einvernehmen mit den hohen Senaten von Lübeck und Bremen und in Übereinstimmung mit der Bürgerschaft – im September 1915 ein »Hanseatenkreuz« gestiftet und erklärt: »An dem gewaltigen Kampfe, den das deutsche Vaterland seit einem Jahre gegen eine Welt von Feinden zu bestehen hat, haben die Söhne der Hansestädte würdig der Ahnen ruhmvollen Anteil.« Das »Ehrenzeichen« wurde schlichtweg jedem am Krieg teilnehmenden Hanseaten ausgehändigt, ausnahmsweise auch »solchen Offizieren des Heeres und der Flotte, denen eine Anzahl Hamburger unterstellt ist und Angehörigen von Truppenteilen, die im Kampfe Hamburgern Hilfe geleistet haben«. Wie für die Bremer und Lübecker Soldaten galt auch für die nicht »hanseatischen« Ausgezeichneten:

»Das Hanseatenkreuz ist nach dem Tode des Inhabers nicht zurückzugeben.«

Nach dem großen patriotischen Aufbruch und der unerschütterlichen Siegesgewißheit in ganz Deutschland wurden sich aber auch die »Hanseaten« zunehmend der heraufziehenden Katastrophe bewußt. Das 1. Hanseatische Infanterieregiment Bremen und das 1. Hanseatische Reserveregiment hatten an der Marneschlacht teilgenommen, über die beunruhigende Nachrichten zu hören waren. »Im Herbst 1918«, so berichtet Theodor Spitta, »wurden die deutschen Ministerien und Senate streng vertraulich davon unterrichtet, daß die oberste Heeresleitung – Hindenburg und Ludendorff – keine Möglichkeiten mehr sahen, den Krieg im Westen siegreich zu beenden. Donandt (Bremens damaliger Bürgermeister, M. W.) erklärte in einer Senatssitzung am 3. Januar 1919: ›Schwere Zeiten liegen hinter uns, schwerere liegen vor uns. Steuer- und führerlos treiben wir auf reißender Flut einer dunklen Zukunft entgegen. Was wird am Ende der Fahrt von unserm stolzen Reich, dem Lebenswerk Bismarcks, des zu früh Gekommenen oder zu früh Gegangenen, Unvergänglichen, dann noch übrig sein …?‹ Danach fügte Donandt jedoch hinzu: ›Aufrechten Mutes müssen wir dem entsagen, was gewesen ist und in dieser Form niemals wiederkehrt. Auf den Trümmern der Vergangenheit wollen wir, solange uns noch Zeit gegeben ist, vorbereiten und beginnen das Werk der Zukunft.‹«

Nicht alle waren bereit und in der Lage, aus den verheerenden Nachrichten noch Mut für einen neuen Anfang zu schöpfen. Schon am 19. März 1917 schrieb Albert Ballin an seinen Freund Ernst Francke: »Von der Hamburg-Amerika-Linie wird nach dem mit Sicherheit zu erwartenden Eintritt in den Krieg nicht viel nachbleiben. Was das für mich bedeutet, der ich fast 30 Jahre lang an diesem Werk gebaut habe, brauche ich Ihnen nicht zu sagen … Die russischen Ereignisse lassen doch erkennen, daß die große Katastrophe des Krieges ihrem Ende entgegengeht.« Und am 13. Mai aus Bad Kissingen: »Wie wahnsinnig dumm ist dieses Leben schon in normalen Zeiten, wie ganz unerträglich wird es aber in diesem menschenmordenden Krieg.«

Am 4. September wird Ballin ein letztes Mal beim Kaiser vorgelassen und übergibt ihm ein Memorandum, in dem er noch einmal

Vorschläge für eine Friedenslösung unterbreitet: »Wir haben große Trümpfe in der Hand«, aber auch: »Die innere Modernisierung des Reiches muß möglichst vollzogen sein, ehe man Verhandlungen beginnt, sonst erscheint sie von den Gegnern erzwungen und gefährdet die Dynastie. Was zugestanden werden muß, werde früh, ehrlich und öffentlich gewährt. Mit Schieberkünsten sind große Geschäfte nicht zu erreichen. Mit technischen Kniffen und Unehrlichkeiten kann man Welttragödien nicht zum Abschluß bringen.« Ob der Kaiser das Memorandum überhaupt entgegennahm, ist nicht bekannt. Schließlich gab es ja noch immer Hoffnungen auf das Wunder eines Endsieges. Noch zu Beginn des Jahres 1918 schrieb in den »Lübeckischen Blättern« deren Chefredakteur Professor Heinz Mahn: »Das Entschei-

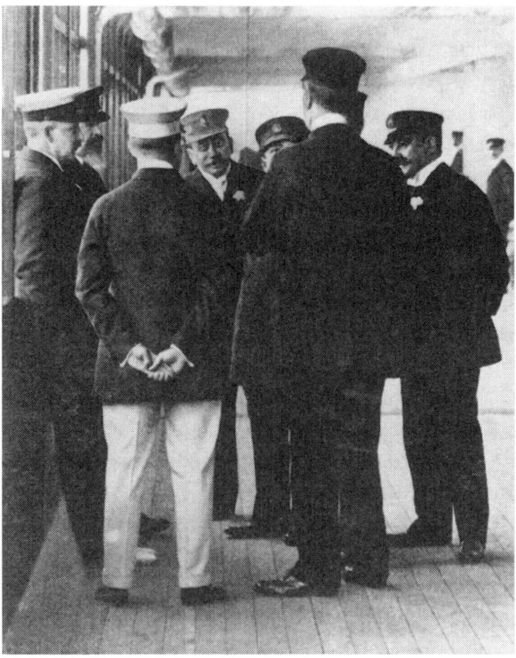

Lenker von Imperien im Gespräch: Kaiser Wilhelm II. (in weißer Hose), der Reeder Albert Ballin (dem Betrachter zugewandt) und der Bankier Max Warburg (am rechten Bildrand).

dungsjahr 1918 ist im Marsch, das Jahr, das uns den endgültigen Sieg über unsere Feinde bringen soll ... Als Hanseaten wünschen wir von den Unterhändlern, ... daß sie sich deutschen Stolzes und des weiteren Verständnisses für die Zukunftsmöglichkeiten bewußt bleiben, die auf ihnen als den Vertretern eines *siegreichen* Volkes lasten ... Wir stehen zu Hindenburg, die eiserne Ruhe und unbeirrbare Siegesgewißheit dieses unvergleichlichen Mannes sollte jedem Gliede unseres Volkes, nicht zuletzt den Diplomaten, Vorbild sein.« Auch wenn der Begriff »Hanseaten« hier noch einmal auftaucht – zu melden hatten sie nicht viel.

Als bereits die Schatten der Revolution über Hamburg fallen, ruft am 8. November 1918 Ballin den Verwaltungsrat des »Vereins Hamburger Rheeder« zusammen, um über eine Zusammenkunft mit dem Arbeiter- und Soldatenrat zu beratschlagen. Nach der Sitzung, so hat sein Mitarbeiter und Biograph Peter Franz Stubmann berichtet, »in der fünften Nachmittagsstunde dieses 8. Novembers, ging Ballin allein nach Hause«. Stubmann habe noch mit ihm wegen einer für den nächsten Tag anberaumten Sitzung telefoniert. »Irgendein unbekanntes Ereignis – anscheinend die Ansage des Besuchs aufständischer Soldaten und die Besorgnis, verhaftet zu werden – hatte sein Nervensystem aufgewühlt. Er griff – offenbar halb bewußt – zu mehreren Beruhigungsmitteln, unter ihnen – wie später berichtet wurde – auch zu einigen Tabletten Sublimat, deren Wirkung den Zusammenbruch beschleunigte.« Mit großen Schmerzen und schweren Magenblutungen wurde er eine Stunde später in eine Klinik gefahren, aber »jede Hilfe kam zu spät. Noch vor Mitternacht verlor er nach schmerzerfüllten Stunden das Bewußtsein; am Sonnabend, 9. November gegen 13 1/4 Uhr, starb er, an jenem Tage, an dem der deutsche Kaiser seinem Land den Rücken wendete, war sein klügster Freund in eine andere Welt hinübergegangen.«

Die Zerschlagung der Hapag, die Auslieferung ihrer Flotte an die Siegermächte, »die Zerstörung von fünfzehn Millionen Bruttoregistertons Schiffsraum« hat Ballin nicht mehr erleben müssen. Ob er sich absichtlich oder unabsichtlich das Leben nahm – die Frage ist oft erörtert worden. Die Indizien sprechen für die erstere Version. Die Hapag konnte sich – Nachfolger Ballins wurde der spätere Reichskanzler Wilhelm Cuno – allmählich wieder erholen. 1923 wurde ein

Doppelschraubenturbinendampfer auf den Namen »Albert Ballin« getauft. Zwölf Jahre später, im Herbst 1935, löschten die Nazis den Namen und tauschten ihn gegen »Hansa« aus. Das Schiff lief am Ende des Zweiten Weltkrieges auf eine Mine in der Ostsee und sank. 1953 haben es die Sowjets geborgen und als Truppentransporter unter dem Namen »Sowjezki Sojus« wieder in Dienst gestellt. Zwölf Jahre lang konnte sich Ballins Lebenswerk, die Hapag, noch aus eigener Kraft am Leben halten, bis sie am 25. März 1930 mit ihrem größten Konkurrenten, dem Norddeutschen Lloyd aus Bremen, zu einer Union vereinigt werden mußte, denn die Weltwirtschaftskrise von 1929 hatte beiden Großreedereien die Luft zum freien Atmen genommen.

Seinen Freund Ballin sollte Max Warburg noch um mehr als ein halbes Jahrhundert überleben. In seiner Gedenkrede hat er zusammengefaßt, was er an Ballin so bewundert hat. Viele der Attribute scheinen wie aus einem Baukasten des mustergültigen »Hanseaten« entnommen: »Albert Ballin war eine Kraftnatur. Kraftvoll war in ihm der Wille und kraftvoll und groß sein durchdringender Verstand, und warm und stark schlug das Herz. Ein genialer Kaufmann, begabt mit einer nahezu seherischen Kraft und großer Phantasie ... Zu seiner seltenen Persönlichkeit gehörte auch das Dämonische, Rücksichtslose, wenn es sich um die Verfolgung seines Zieles handelte ... Obgleich ein harter Kämpfer, begnügte er sich oft mit einem Kompromiß und konnte freundlich mit den Worten gegen die sein, die er gerade bekämpft hatte ... Die Zeiten des wirtschaftlichen Aufschwungs der letzten dreißig Jahre kann man sich in Deutschland ohne Albert Ballin nicht vorstellen ...« Das war natürlich eine Idealisierung. Aber wahr – und »hanseatisch« – war daran dennoch vieles.

Max Warburg, einer der wichtigsten Finanziers des Reiches und damit auch des Krieges, hatte unter den dramatischen, katastrophalen Ereignissen des Kriegsendes nicht weniger zu leiden als sein Freund Ballin. »Als das Deutsche Reich zu Grabe geleitet wurde, gehörte Max zu den Sargträgern«, schreibt Ron Chernow. »Deutschlands Juden sahen die Abdankung des Kaisers mit gemischten Gefühlen. Obwohl man sie nie uneingeschränkt anerkannt hatte, waren sie in gewisser Weise Hätschelkinder des Kaiserreiches gewesen. Auf der anderen Seite hatte der Krieg ihre Hoffnungen auf große Gewinne zerschlagen und gezeigt, daß die Christen ihnen nur bedingt glaubten ... Im

Rückblick ist klar, daß der Zusammenbruch ein Gift freisetze, an dem die Juden schließlich zugrunde gingen.«

Max Warburg, der übrigens nie an einen Selbstmord seines Freundes Ballin glaubte, gehörte zu den deutschen Verhandlungspartnern in Versailles, obgleich er die Delegation der Privatbankiers nicht selbst anführte, sondern diese Aufgabe seinem diplomatisch brillanten Juniorpartner Carl Melchior überließ. Das Ergebnis von Versailles übertraf jedoch seine schlimmsten Befürchtungen. Als er nach vier Monaten in seine Bank zurückkehrte, befand sich Hamburg in einem chaotischen Zustand. Die Suche nach den Sündenböcken hatte begonnen, und diese waren wieder einmal in den Juden schnell ausgemacht. Dennoch verlor Max Warburg seinen Optimismus nicht, wozu die Verwandtschaft, insbesondere die Hilfe seiner amerikanischen Brüder entscheidend beitrug. Doch es war nur eine kurze Galgenfrist, die ihm für den Wiederaufbau seiner Bank in Deutschland gewährt war: Dreizehn Jahre später sollte er seinen unbezähmbaren Optimismus und seinen bedingungslosen Einsatz für die neue Republik bitter bereuen. Und dazu trugen nicht allein die von ihm allzulange unterschätzten Nationalsozialisten bei, sondern auch viele Freunde und altvertraute Geschäftspartner – gerade unter den »Hanseaten«.

XVI. Auf goldenen Wolken

Von Aufbrüchen und Affären

Daß die »hanseatische« Geschichte jahrhundertelang vor allem eine Geschichte der »Pfeffersäcke«, ihrer Macht und ihres Geldes war, daß deren materialistische Interessen weitgehend die Richtung bestimmten, in die sich Hamburg, Bremen und Lübeck entwickelten, wird längst nicht mehr als Vorurteil abgetan. Die damit einhergehenden kritischen, spöttischen oder traurigen Vorbehalte gegen eine allzu selbstzufriedene Kaufmannsgesellschaft, die dem geistigen und/oder künstlerischen Menschen die Luft zum Atmen nimmt, sofern er sich nicht als anpassungsfähiger, geselliger Unterhalter anbietet, sind so alt wie die »hanseatischen« Städte selbst. Zahllos sind die Namen derer, die, erzürnt oder enttäuscht, die Städte an Elbe, Weser und Trave früh verlassen haben, weil sie sich in der dominanten Bürgergesellschaft ihrer Stadt nicht entfalten konnten, weil sie sich wegen ihrer mangelnden Bereitschaft oder Fähigkeit zu einem »ordentlichen« Beruf hier nicht mehr »zu Hause« fühlten und daher dem Lockruf anderer Städte (oder deren Potentaten) folgten. Große Künstler, die es nach ihrer Abwanderung zu Erfolg und Ruhm gebracht haben, dienen als legendäre Beispiele dafür, daß man in den drei Hansestädten eben nie ein Herz für genialische Sonderlinge gehabt hat.

Vielleicht machen wir es uns aber mit diesem tradierten Vorurteil auch allzuleicht. Gab es nicht immer wieder auch Künstler, die ihre »hanseatische« Umgebung zwar gelegentlich gescholten, sich dann aber doch zum Ausharren entschlossen haben – einfach deswegen, weil es sich in ihren schönen Städten neben den geschmähten »Pfeffersäcken« eben doch ganz gut leben ließ? Schließlich nahmen Gemeinnützigkeit, Verantwortungsgefühl gegenüber Notleidenden, pflichtbewußter Bürgersinn gerade unter erfolgreichen »Hanseaten« immer einen hohen Rang ein. Über die Fülle der Wohltaten, die einzelne »hanseatische« Kaufleute oder begüterte Stadtobere durch selbstlose Opfer ihren Mitbürgern angedeihen ließen, könnte man ebensoviel erzählen wie über den Dauerkonflikt zwischen Kommerz und Musen. Verglichen mit anderen Städten in Deutschland konnte sich die Opfer- und Spendenbereitschaft der »Hanseaten« immer sehen lassen. Sie trug in besonderem Maße zum Wohl und Gedeihen ihrer Stadtstaaten bei und begründete eine respektable Tradition, die bis heute anhält.

Ein Beispiel, das gerne herangezogen wird, wenn die Rede wieder einmal auf die Musenfeindlichkeit Hamburgs kommt, ist der Abschied von Johannes Brahms, dem zweifellos größten musikalischen Talent, das Hamburg hervorgebracht hat. Brahms verließ die Stadt, als er dreißig Jahre alt war. Ein Ruf der Wiener Singakademie hatte ihn erreicht. Aber hatte seine »Flucht« wirklich an den Hamburgern gelegen? Brahms, der im engen Hamburger Gängeviertel geboren wurde, fühlte sich an Elbe und Alster durchaus wohl, und als er begann, in Hamburg Konzerte zu geben, blieb der Erfolg keineswegs aus. Sein erstes Klavierkonzert, das den Leipzigern arg mißfiel, wurde vom Hamburger Publikum bejubelt. Brahms komponierte in Hamburg einige seiner bereits meisterlichen Jugendwerke. Aber bei der Neubesetzung der Dirigentenstelle der Philharmonischen Gesellschaft berücksichtigte man ihn nicht, gewährte ihm nicht die existentielle Sicherheit, deren er so dringend bedurfte. »Verhielt sich«, fragt Eckart Kleßmann, »Hamburg undankbar gegenüber seinem genialen Sohn? Brahms und seine Freunde haben es später so gesehen und ausgesprochen, und die Nachwelt hat es ihnen geglaubt. Die Forschungen Kurt Hofmanns legten anderes an den Tag: Brahms, als Dirigent zeitlebens glücklos, hatte nie erkennen lassen, daß ihm der Sinn nach diesem Posten stand, der übrigens das Amt des Dirigenten mit dem des Direktors verband, und das hierfür erforderliche Organisationstalent lag Brahms noch weit weniger. Und da er selber mehrfach schriftlich und mündlich seine Abneigung bekundet hatte, kam auch bei der zweiten Ausschreibung 1867 niemand auf die Idee, Brahms zu berufen … Hamburg verhielt sich nicht undankbar. Die Stadt verlieh Brahms 1889 die Ehrenbürgerwürde, worauf Brahms an Bürgermeister Carl Petersen telegraphierte, die Ehrung sei ›das Schönste, was mir von Menschen kommen kann‹.« Da waren beispielsweise Salzburg, München oder Mannheim mit Mozart abweisender, um nicht zu sagen banausischer umgegangen.

Der Künstler und seine Stadt, das ist eben sehr oft eine alles andere als harmonische Beziehung. Für Handelsstädte gilt das ganz besonders, denn Künstler von Rang erzählen nun einmal weniger vom harmonischen Einklang als vom kreativen Widerspruch und unbequemen Wahrheiten. Anton Kippenberg hat in seinen »Geschichten aus einer alten Hansestadt« in bezug auf Bremen festgestellt: »Auf geistigem und künstlerischem Gebiet hat die Stadt ... schöpferische Kräfte nur wenige hervorgebracht; auch in Zeiten, da sie reich und mächtig war, hat kein perikleisches Zeitalter ihr geblüht. Es ist natürlich, daß die Stadt, die in fast unaufhörlichen Kämpfen sich bewähren und alle Sorge ihren Lebenselementen Handel und Schiffahrt zuwenden mußte, den geistigen Gütern nur geringe Pflege schenken konnte, daß sie die Gelehrten nur gelten ließ, insofern sie, wie Juristen und Ärzte, dem Staat praktischen Nutzen brachten.« Für die größte unter den »hanseatischen« Städten, für Hamburg, gilt das gewiß weit weniger. Hier haben doch immer wieder zahlreiche heimische und zugereiste Künstler und Gelehrte gewirkt, unter ihnen gelegentlich auch solche von überragendem Format. Und Lübeck hat, vor allem mit seiner Musiktradition, aber ebenso mit einigen illustren Autorennamen, künstlerische Zeichen gesetzt – wenn sie weniger für als gegen die Stadt gerichtet waren, macht das ihre Bedeutung nicht geringer.

Kaum ein Künstler hat die Absage an seine Vaterstadt, an seine bürgerlich-»hanseatische« Vergangenheit so auf die Spitze getrieben wie der Zeichner und Maler, Kunsthandwerker und eigenwillige Denker Heinrich Vogeler aus Bremen. Für ihn, der am 12. Dezember 1872 als Sohn eines Eisenwarengroßhändlers in beste bremische Verhältnisse hineingeboren wurde, schien der Lebensweg nach »hanseatischer« Art und Weise vorgezeichnet: Der Knabe wurde auf die Handelsschule geschickt, eine Karriere als Kaufmann schien den Eltern selbstverständlich. Doch es kam anders, denn bereits die Lehre in einer Bremer Handelsfirma jagte dem jungen Mann »vor Zahlen, Addieren und Subtrahieren ein wirkliches Angstgefühl« ein. Nichts wie raus aus der nüchternen Kaufmannswelt war sein beharrlich verfolgtes Ziel. Der Wunsch nach Befreiung und Ausbruch, nach Wandel und Erneuerung, wurde zur Obsession. Das Studium an der Kunstakademie von Düsseldorf – gegen den Wunsch des Vaters – sowie die mangelnde Neigung der drei anderen Vogeler-Söhne, die Firma des Vaters zu übernehmen, beschleunigte das Ende des Vogeler-Unternehmens. Das erwies sich auf andere Weise als segensreich, denn der Verkauf der Firma nach dem Tode des Vaters bot dem in die Kunst verliebten »grünen Heinrich« die materielle Starthilfe für ein sorgenfreies Künstlerleben.

Als sich der junge, hochbegabte Zeichner und Maler 1895 den bereits seit sechs Jahren in Worpswede arbeitenden (nicht-bremischen) Malern Fritz Mackensen, Otto Modersohn und Hans am Ende anschloß, hatte es ihm nicht nur die verträumte Moor-, Birken-, und Heidelandschaft, sondern gerade auch deren zivilisationsmüde Innerlichkeit angetan. Auch andere junge Künstler(innen) wie Paula Becker, Clara Westhoff, Karl Krummacher und Walter Bertelsmann waren dem Traumreich und seiner verführerischen Magie gefolgt. Die von den älteren Worpsweder Künstlern in schwermütig-stimmungsvollen Bildern beschworene Einheit von Seele und Natur, Geheimnis und Wahrheit, Vision und Wirklichkeit mußte auf die sensible und unruhige Seele des jungen Mannes äußerst anziehend wirken. In ihr war aller erdenschwerer Materialismus, war die Strenge der »hanseatischen« Handelswelt überwunden. Mit leidenschaftlicher Energie warf er sich auf seinen neuen Lebens- und Arbeitsraum, mietete sich zuerst bei der Witwe eines Dorfpolizisten, dann in einer verfallenen Villa ein und schuf sich – ganz nach Art der »Aussteiger« späterer Jahrzehnte – ein eigenes, nicht »entfremdetes«, existentielles und künstlerisches Paradies. Mit den elterlichen Geldmitteln erwarb er dann jene strohgedeckte Kate, die es unter dem Namen »Barkenhoff« (Barke, niederdeutsch Birke) zu einiger Berühmtheit bringen sollte. Mit einigen Malerkollegen kaufte er in Berlin eine gebrauchte Druckerpresse, die im Barkenhoff aufgestellt wurde. Durch die gemeinsame Arbeit, vor allem aber dank Vogelers gewinnender Energie und Phantasie wurde das Haus schnell zum Zentrum der Künstlerkolonie.

Der Barkenhoff war mehr als eine bloße Wohn- und Arbeitsstätte, sondern Ausdruck eines Lebensgefühls, einer ästhetischen Utopie, ein »Gesamtkunstwerk«, eine märchenhafte Insel alles Schönen. Siegfried Dresler schreibt in seiner materialreichen Vogeler-Monografie (aus der, sofern nichts anderes angegeben, die im folgenden wiedergege-

Der Rat Lübecks ließ sich sein Tafelsilber von einem Bremer Künstler entwerfen: Heinrich Vogeler.

benen Zitate stammen): »Der ganze Barkenhoff fügte sich in ästhetische Regeln; Garten, Architektur, Inneneinrichtung, die Kunst und das Leben Vogelers sollten hier miteinander verbunden werden. Die Inszenierung seines Lebens bezog auch Martha Schröder (Vogelers Frau, M.W.) ein. Für sie entwarf Vogeler Kleider und Schmuck, die in das Ambiente des Barkenhoff paßten, und machte sie so zum Teil seiner Traumwelt, zu einer Kunstfigur. Auch er selbst paßte sich in diese Inselwelt ein, kleidete sich biedermeierlich mit Stehkragen, Zylinder und Schoßrock und demonstrierte damit, daß er in einer anderen, besseren Welt für sie lebte.«

Zwar reiste der von ständiger Unruhe bedrängte Kaufmannssohn häufig umher, besuchte Ausstellungen in Dresden und München, lernte auf einer Italienreise Rilke kennen, dessen Gedichtbände er illustrierte und den er schließlich 1900 nach Worpswede zog. Doch im Zentrum seines jungen Lebens stand nun der Barkenhoff. Mit seiner Frau, einer Lehrerstochter aus Worpswede, bezauberte er die Künstlergemeinde. »Man traf sich zu sonntäglichen Teerunden im weißen Saal oder im Garten des Barkenhoff, führte Gespräche über Kunst, Literatur und Musik oder feierte gemeinsam Feste. Man führte kleine Theaterstücke auf, in denen Heinrich Vogeler und Martha oft die Hauptrollen spielten ... Zu diesem Kreis stießen immer wieder bekannte Persönlichkeiten des kulturellen Lebens: so besuchten die Brüder Carl und Gerhart Hauptmann, Richard Dehmel, Max Reinhardt, Alfred Walter Heymel, René Schickele, Thomas Mann und Georg Kuhlenkampff den Barkenhoff.«

Vogelers künstlerische Arbeiten, Zeichnungen und Illustrationen, Ölbilder und Radierungen fanden das helle Entzücken des Bremer Bürgertums, und so übertrug ihm – auf Empfehlung Gustav Paulis, damals Direktor der Bremer Kunsthalle – der Senat 1904 den Auftrag, die »Güldenkammer« des alten Bremer Rathauses mit kostbaren Intarsien und Dekorationen auszustatten. Der Künstler Vogeler war nach seinem geglückten Ausbruch aus seiner »Welt von gestern« auf dem Zenit seines Ruhms angelangt. In seiner anmutigen Bild- und Zeichenwelt, die damals allerdings nie ganz den kunsthandwerklichen Bezug des wohlerzogenen »Hanseaten« verleugnen wollte, verschlangen sich die Vorbilder Botticelli und Dante Gabriel Rossetti, präraffaelitische und Jugendstilelemente, Kinderträume und Harmonieseligkeit zu einer allseits bejubelten und höchst verwendungsfähigen Einheit der Form und der Ideen von Natur und Leben. Die Symbiose zwischen Bürgerwelt und Künstlertum schien dem jungen Mann aus gutem Bremer Haus restlos geglückt. Vogeler wurde Mitbegründer des Deutschen Werkbundes und erhielt 1910 auf der Brüsseler Weltausstellung eine Auszeichnung.

Aber in dem Künstler pulsierte das Blut der revolutionären Erneuerung, und er begann das Erreichte wieder zu zerstören. Vogelers seelische Stabilität begann zu wanken. Seine bisherige Existenzform wurde ihm fragwürdig. Er betrachtete nun seine Werke mit Mißtrauen, kritisierte voller Selbstzweifel ihre Weltferne und schönheitstrunkene Genügsamkeit. Das Barkenhoff-Idyll zerbricht schließlich an den zunehmenden Egoismen der Bewohner, Vogelers Ehe an zunehmender Entfremdung. Während einer Reise nach England kommt es zu einem nachhaltigen Schockerlebnis: »In Glasgow sah ich mir ... die Elendsviertel an. So etwas Erschütterndes habe ich noch nicht gesehen.« Es folgt die zweite Flucht: Er suchte jetzt nach neuen, monumentaleren Bildwelten und mußte (in einem von Dresler zitierten Brief an Richard Heymel, der sich im Deutschen Literaturarchiv in Marbach befindet) konstatieren, »daß ich meinen persönlichen Ausdruck noch nicht gefunden habe, weiß ich, daß ich maßlos ringe um den Ausdruck, weiß niemand als ich ...«

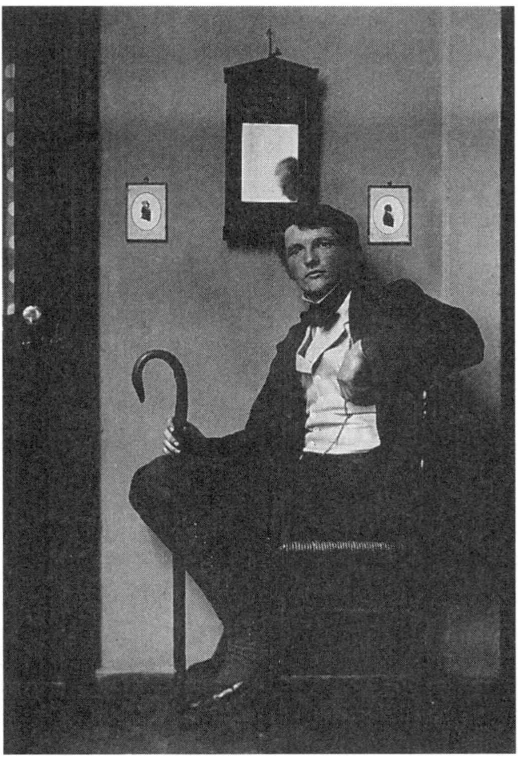

Noch um 1900 kleidete sich Vogeler, Resident im künstlichen Paradies seines Barkenhoff in Worpswede, wie ein verträumter Dandy.

»Ich trug eine tiefe Sehnsucht in mir, das Leben neu zu beginnen, mit neuen Menschen, mit einfachen Menschen, die in enger Verbindung mit der Natur in Arbeit ihr Leben gestalten«, heißt es in dem Buch »Werden. Erinnerungen mit Lebenszeugnissen aus den Jahren 1923–1942«. Vogeler zieht für einige Zeit nach Berlin, unterbrochen von gelegentlichen Reisen auf den zunehmend unter wirtschaftlichen Schwierigkeiten leidenden Barkenhoff, und meldet sich bei Kriegsausbruch wie all die anderen, nach einem anderen Leben dürstenden Künstler seiner Zeit freiwillig zu den »Oldenburger Dragonern«. Nach einem Einsatz in den Karpaten wird er zum Unteroffizier befördert und soll nun, in sicherem Abstand zur Front, das Kriegsgeschehen künstlerisch begleiten. Seine Empörung gegen das Morden wächst und steigert sich zum Ekel. Er schickt – ähnlich wie der Dichter Klabund aus Davos, der seinen offenen Brief 1917 in der »Neuen Zürcher Zeitung« veröffentlichte – einen Brief an den Kaiser, in dem er diesen zum Frieden auffordert. Er legt ihm ein »Märchen vom lieben Gott« bei, in dem er von einem hingerichteten Friedenskämpfer erzählt. Am Ende des Krieges wird er auf dem Barkenhoff verhaftet und in die Bremer Irrenanstalt eingeliefert, wo er zwei Monate zubringen muß (Klabund wurde für kurze Zeit in einem bayrischen Gefängnis inhaftiert). Der Weg aus »hanseatischer« Bürgerlichkeit in die Welt des schönen Scheins und der aus dem schönen Schein in die häßliche Wirklichkeit führt nun zu immer abrupteren Sprüngen – und wird am Ende eines langen Tages Reise in die Nacht.

In der Endphase des Krieges ist der idyllische Barkenhoff zu einem Hort sozialistischer Revolutionäre geworden. Vogeler sucht die Nähe zu Kommunisten, tritt dann doch der SPD bei – und wendet sich bald wieder von ihr ab. Über dem Bremer Rathaus weht jetzt die rote Fahne. Die Barkenhoff-Gemeinde steht mit der kurzlebigen Bremer Räterepublik in enger Verbindung, aber Vogeler läßt sich nicht wirklich integrieren: »Mich werden Sie nie auf irgendeiner Barrikade finden, da ich für den Menschenfrieden eintrete«, schreibt er an seinen Mäzen und Freund Ludwig Roselius, der ihm weiterhin die Treue hält. Als am 4. Februar 1919 Noskes Freikorpstruppen Bremen befreien, wird unter vielen anderen auch Vogeler steckbrieflich gesucht. Er flieht nach Villingen, wird dort denunziert und erst einmal festgenommen, allerdings schnell wieder entlassen. »Die Erfahrungen mit der Staatsgewalt ließen Vogeler nicht resignieren. Auch wenn die Rätebewegung zerschlagen war, die von ihm erhoffte neue Gesellschaft war deshalb nicht unerreichbar geworden. Nun mußte es darum gehen, durch die *Tat* zu beweisen, daß eine neue Ordnung möglich war. Vogeler wollte allen demonstrieren, wie eine menschlichere Welt aussehen könnte. Auf dem Barkenhoff sollte eine herrschaftsfreie, selbstverwaltete Räterepublik im kleineren Maßstab entstehen, eine sozialistische Insel im kapitalistischen Meer ... Der Märchenhof war versunken, und Vogeler hatte das Ufer seiner neuen Insel erreicht: die Kommune Barkenhoff.«

Besucht man heute das bei schönem Wetter von Bremern und Touristen aus aller Welt überfüllte Worpswede, dann zeigt sich der Barkenhoff so märchen- und schönheitssüchtig wie einst im Mai. Liebe- und kunstvoll hat man das einstige Anwesen des Vogeler-Kreises restauriert, malerisch liegt die eigenwillige Schöpfung des berühmten Sohnes der Hansestadt in behutsam gepflegter Landschaft. Nichts erinnert mehr daran, daß der Barkenhoff eben nicht nur ein Paradies talentierter und innovativer Künstler gewesen ist, sondern ebenso eine »Brutstätte« sozialer Utopie und ein unruhiger Ort deutscher Geschichte. Die mäzenatischen Bürger von Bremen und Worpswede haben ihren einst bejubelten und noch immer hoch verehrten Genius bildnerischer Liebenswürdigkeit fürsorglich in ihre »hanseatische« Welt von gestern zurückgeholt. Dem Bürgersohn Vogeler hat man seinen Ausbruch in die Kunst mitnichten verübelt, zumal seine Werke ja nie ganz der »Gebrauchsfähigkeit« entbehrten. In seinen Bildwelten der frühen Jahre konnte man es sich ja auch höchst bequem machen. Der weniger um die Schönheit als um die Sorgen und Nöte der Entrechteten und Verarmten, Ungehörten und Machtlosen bemühte Revolutionär der zweiten und dritten Phase bleibt für die meisten Besucher Worpswedes unsichtbar, und man wollte sich lange nicht daran erinnert fühlen.

Nach dem Ende des Ersten Weltkrieges war Vogeler für immer ein anderer geworden. Mit neuen Freunden – und Frauen – wollte er den Barkenhoff in ein Mekka sozialer Gleichberechtigung und radikalen Konsumverzichts verwandeln. »Auf seinen Vortragsreisen begeisterte Vogeler die meist aus der Jugendbewegung stammende Zuhörerschaft mit seinen Siedlungsplänen. Tausende seiner Zuhörer kamen auf den Barkenhoff, arbeiteten eine Zeitlang mit und zogen dann weiter. So auch der Arzt Friedrich Wolf (der Schriftsteller und Vater des DDR-Geheimdienstchefs Markus Wolf, M.W.), der 1921 mit seiner Familie nach Worpswede kam, oder Martin Buber.« Aus dem schönheitstrunkenen Jugendstilpark, den Vogeler in nimmermüder Arbeit angelegt hatte, wurde ein Nutz- und Gemüsegarten. »Man kompostierte die Hausabfälle, baute Brunnen und Berieselungsanlagen und konnte dank dieser ökologischen Methoden den Ertrag auf den zehn Morgen Garten- und vier Morgen Ackerland von 1920 bis 1921 verdoppeln ... Die Haupterwerbsquelle des Barkenhoff war die Landwirtschaft ... Daneben trug aber auch die Metallwerkstatt ... zur Finanzierung der Kommune bei. Sie führte Aufträge für Bremer Firmen aus und fertigte Werkzeuge und Gebrauchsgegenstände für den Barkenhoff. Nach Entwürfen Vogelers entstanden kunstgewerbliche Metallobjekte für den Verkauf.«

Vogeler trat alle Rechte an seinen vor 1918 entstandenen Werken an seine Frau Martha ab, die nun mit ihren Kindern eine alte Kate, das »Haus im Schluh«, bewohnte. »Es gab nur eins für mich, alle Kräfte in physischer Arbeit aufzubrauchen, und so stand ich den ganzen Tag mit entblößtem Oberkörper im sonnigen Acker und schwang die

1939 erinnert nichts mehr an Worpswede: ein um viele Illusionen ärmerer Heinrich Vogeler mit seinem Sohn Jan in Moskau.

sechszinkige schwere Eisenhacke«, schrieb Vogeler später. Aber die Einnahmen reichten bald nicht mehr für das Notwendigste. Gelegentlich sprang Ludwig Roselius mit dem Kauf von einigen Vogeler-Werken ein, Spenden-Aufrufe blieben weitgehend ohne Resonanz. Das Anwesen verkam. Die Inflations- und Wirtschaftskrise tat ihren Teil und der ständige Streit unter den Bewohnern den Rest: »Schon Ende 1922 existierte die Arbeitsschule Barkenhoff nur noch auf dem Papier.«

1925 reiste Vogeler schließlich nach Moskau, wo er sich an den Vorbereitungen eines Kongresses der »Roten Hilfe« beteiligte. »Noch vor seiner Abreise nach Rußland war Vogeler neben vielen anderen Prominenten wie Albert Einstein, Heinrich Mann, Ernst Rowohlt, Max Pechstein, Ernst Toller und Bruno Taut Mitglied in der neugegründeten ›Gesellschaft der Freunde des neuen Rußland‹ ... Vogeler kam in der Hoffnung nach Rußland, dort den Aufbau einer menschlicheren Gesellschaft zu erleben, und mit der Bereitschaft, gestaltend daran mitzuwirken.« Wieder in Worpswede, lehnte er das Angebot seines Gönners Roselius ab, in Bremen ein Atelier zu beziehen: »In den goldenen Käfig des bürgerlichen Kunstgeschäftes wollte er nicht zurückkehren.« Immer wieder zog es ihn jetzt nach Rußland, dem Hort der so verheißungsvollen Weltrevolution. Nach der Scheidung von seiner ersten Frau heiratete er Sonja, die Tochter eines polnischen Kommunisten. 1929 wurde er aus der KPD ausgeschlossen, ebenso aus dem Vorstand der »Roten Hilfe«. Er saß nun endgültig zwischen allen Stühlen. Mit dem Beginn des »Dritten Reiches« wurden er und seine neue Familie zu Bürgern der Sowjetunion.

Doch der Aufbrüche waren noch nicht genug: 1941 wurde auch diese Ehe geschieden. Vogeler, der nun Flugblätter und Rundfunkansprachen gegen das nationalsozialistische Deutschland verfaßte, konnte in Moskau noch einmal seine neuesten Bilder ausstellen – es sind flache, oft geradezu linkisch wirkende Agitprop-Arbeiten. »Unendlich schwer ist so ein Leben eines Kommunisten in dieser schweren Zeit, die die Kraft eines jeden nötig hat, und der nun außerhalb zu leben gezwungen ist in einem Dorfidyll«, schreibt der wegen des deutschen Einmarsches in Rußland in Richtung Osten Vertriebene im Oktober 1941 an den kommunistischen Schriftsteller Erich Weinert. Ein gutes halbes Jahr später stirbt Heinrich Vogeler vergessen, verarmt und verschuldet in einem Krankenhaus des Kolchos »Budjonny« bei Choroschewskoje.

Von der Hansestadt Bremen und dem nahen Landschaftsidyll hatte der Weg dieses »hanseatischen« Ahasver in ein entlegenes Karpatendorf geführt, wo sein ruheloses, jedoch zutiefst von Menschlichkeit und Idealismus, aber auch von realitätsfernen Hoffnungen bestimmtes Leben unter traurigen Umständen erlosch. Seine Flucht aus bürgerlichen Traditionen und Zwängen war ein Aufbruch in die Katastrophe, zu der er sich zuletzt alle Alternativen verbaut hatte – aus einem zu radikalen Anspruch an sich selbst und an seine Mitwelt. Seine schon früh von Selbstzweifeln getrübten Bestrebungen um künstlerische Vollkommenheit brachen sich nicht nur an seinen erkenntnistheoretischen und sozialen Erschütterungen, sondern auch an seinen eigenen künstlerischen Maßstäben. Wie kaum ein anderer hat er seine wechselnden Identitäten durchlitten und jede Form von »hanseatischer« Bodenhaftung verabscheut. Er suchte immer das vollkommene Glück und hat es doch nirgendwo gefunden. Seine in Moskauer Archiven entdeckten Tagebücher harren noch der genauen Auswertung – sie könnten zu den bewegendsten autobiografischen Künstler-Zeugnissen des 20. Jahrhunderts zählen.

Zu Vogelers Förderern hatte zu Beginn des Jahrhunderts auch der Bremer Kunsthallen-Direktor Gustav Pauli gehört. Den dritten Sohn eines Bremer Juristen und Bürgermeisters hatte es aus »hanseatischer« Bürgersphäre ebenfalls in das Reich der Kunst und in das der Wissenschaft gezogen. Er brachte es dabei zu einem herausragenden Experten und weithin angesehenen Direktor. Von 1900 bis zum Jahr des Kriegsausbruchs 1914 leitete er die Bremer Kunsthalle, erweiterte ihre Sammlungen äußerst sachkundig und setzte sich nicht nur für Vogeler, sondern ganz besonders auch für Paula Becker und den Worpsweder Kreis ein.

Die Karriere des eleganten, in seiner stolz zur Schau getragenen Würde und Strenge geradezu einem Bilderbuch-»Hanseaten« gleichenden Patriziersohnes verlief so ganz anders als die des von ihm so geschätzten Malers: Als aristokratischer Mittelpunkt der »besseren« Bremer Kreise, als ausgewiesener Wissenschaftspublizist und Museumsexperte vermochte er für seine Bewunderer und Schützlinge geradezu mustergültig jene Balance zwischen akkurater bürgerlicher

Solidität und künstlerisch-geistigen Interessen zu halten, die ihn nicht in Konflikt mit den eisernen »hanseatischen« Regeln des Zusammenlebens brachte. Wie Hamburgs legendärer Kunsthallen-Direktor Alfred Lichtwark, wie Hamburgs erster Direktor des Museums für Kunst und Gewerbe, Justus Brinckmann (der in Zusammenarbeit mit der »Patriotischen Gesellschaft von 1765« eine beispielhafte Sammlung europäischen Kunsthandwerks zusammentrug und in dem von ihm mitbegründeten Museum den Lebensstil des »hanseatischen« Bürgertums mit kostbarem Inventar dokumentierte), wie Lübecks berühmter Direktor des Museums für Kunst und Kulturgeschichte, Carl Georg Heise, so wußte auch Pauli seine Liebe zu alter und neuer Kunst, seine organisatorische und wirtschaftliche Geschicklichkeit ganz den Vorlieben des »hanseatischen« Bürgertums unterzuordnen. Sein Ruf drang bald weit über Bremen hinaus, und so nahm es nicht wunder, daß ihn 1914 das Angebot erreichte, an die im Vergleich mit Bremen größere Hamburger Kunsthalle zu wechseln (wo Carl Georg Heise nach dem Ende des Zweiten Weltkrieges sein Nachfolger wurde). In Hamburg, Bremen und Lübeck berief man auf führende Posten immer am liebsten »Hanseaten«.

Gustav Pauli, der in seinen 1936 erschienenen »Erinnerungen aus sieben Jahrzehnten« ein detailliertes Bild seiner Bremer Jahre und der sich anschließenden beiden Jahrzehnte in Hamburg entwarf, hat den Worpsweder Kreis schon früh in das Bewußtsein der deutschen Kunstszene gehoben. Da er, ähnlich wie Vogeler, aus einem begüterten Elternhaus stammte, galt er, wie Bernd W. Seiler schreibt, »bei seinen Kollegen wegen seiner Reisemöglichkeiten schlicht als reich«. Pauli vermochte die zahlungskräftigen Mitbürger seiner vornehmen Umgebung für seine – und damit ja auch ihre – Sache der Kunst zu begeistern. »Allerdings scheint ihm, sieht man auf seine Reise- und Repräsentationstätigkeit, die eigene Rolle dabei kaum weniger wichtig gewesen zu sein als die Sache selbst. Andauernd war er unterwegs, Verbindungen anknüpfend, eingeladen, delegiert, was freilich keinen Unterschied machte, da er ohnehin fast alle seine Reisen selbst bezahlte. Insofern ist der Geldpunkt für seine Bedeutung als Kunstbotschafter nicht zu unterschätzen.«

Pauli hat in frühen Jahren eine schwere Lungenerkrankung glücklich überwunden, was ihn erst mit Verspätung für einen Beruf tauglich machte. »Wollte er Sicherheit haben, auch für seine verzögerte Berufslaufbahn, so mußte er heiraten, eine Frau mit Geld, versteht sich, eine Frau aus besten Verhältnissen.« Bernd W. Seiler hat die Umstände dieser Verheiratung und die nicht gerade unter einem günstigen Stern stehende nachfolgende Ehe in einem Buch beschrieben, das sich mit Pauli nur am Rande befaßt, weil es darin vor allem um die Darlegung von Umständen geht, die eine ungewöhnliche Frau und ein ungewöhnliches Buch betreffen. »Es begann in Lesmona. Auf den Spuren einer Bremer Liebesgeschichte« beleuchtet eingehend den Hintergrund einer Bremer »Affäre«, die einen sehr »hanseatischen« Konflikt zwischen Neigung und Pflicht, Leidenschaft und Bürgerstrenge sichtbar macht und deren Anlaß längst ein »hanseatischer« Klassiker geworden ist.

Im Herbst 1951, dreizehn Jahre nach dem Tod ihres Mannes, übergab Magda Pauli, Bremerin aus bestem Hause, dem Hamburger Notar und frisch gekürten Kultursenator Hans Harder Biermann-Ratjen, der einen Teil seiner Kindheit bei seinem Adoptivvater, dem einflußreichen Bremer Zigarrengroßhändler und Kunstsammler Leopold Biermann, in Bremen verbracht hatte, ein sorgfältig verschnürtes Bündel Briefe. Es waren Dokumente von der Hand eines jungen Mädchens aus der Zeit der Jahrhundertwende. Carlotta Magdalena Melchers (Seiler hat ihre ebenso verschränkte wie exzentrische, sehr »hanseatische« Familiengeschichte in seinem Buch gewissenhaft ausgebreitet) erzählt darin auf äußerst farbige und temperamentvolle, nicht zuletzt auch »natürlich«-literarische Art und Weise einer inzwischen verstorbenen Freundin von ihrer unerfüllten Liebe zu einem Londoner Cousin. Die in diesen Briefen höchst anschaulich und bewegend artikulierten Seelennöte eines heiteren, aber mit seinen Empfindungen an Konvention und Erwartungen scheiternden jungen Mädchens, das, der Vernunft, aber nicht dem Gefühl folgend, schließlich Hals über Kopf einen Heiratsantrag des zehn Jahre älteren Kunsthistorikers Dr. Retberg annimmt, berührten Biermann-Ratjen so sehr, daß er der Absenderin eine Veröffentlichung unter Pseudonym vorschlug.

In der Tat lasen sich die Briefe wie ein kleiner, anmutiger Roman über eine sehr authentische »hanseatische« Wirklichkeit und die unerfüllten Träume einer hochintelligenten, vitalen »höheren Tochter« –

Der Bremer »Hanseat« und Kunsthistoriker Gustav Pauli mit seiner Frau Magda 1929. Zu diesem Zeitpunkt leitete er bereits die Hamburger Kunsthalle, während Magda Pauli sich ihren Erinnerungen an einen zärtlicheren Verehrer hingab.

allerdings werfen sie auch ein kaltes Licht auf eben diesen Dr. Retberg, hinter dem sich (in den Briefen finden sich mancherlei Anspielungen auf bremische Personen und Verhältnisse) niemand anderes verbirgt als der Kunsthistoriker Gustav Pauli. Die Autorin schreibt dazu später in einem Brief an Thomas Mann: »Mein Mann war ein wahrhaft edler Mensch, aber sein Temperament war kühl. Er hatte einen starken Trieb zu anderen Frauen, aber nie eine große Liebe. Er starb im Kummer über das Hitler-System 1938 in München, er brachte weder den Wunsch noch die Kraft auf, nach einer Operation genesen zu wollen ...« (Man hatte den Direktor der Hamburger Kunsthalle 1933 in den Ruhestand geschickt, freilich wegen der bereits überschrittenen Altersgrenze). Biermann-Ratjen übergab die Briefe damals seinem

Magda Pauli aus Bremen mit der kleinen Marel Voigt als »lebendes Bild« für die »Goldene Wolke«. Der jungen Magda verdankt die Stadt eine der schönsten und traurigsten Liebesgeschichten, die sogar Thomas Manns Entzücken hervorrief, weil er sich an Toni Buddenbrook erinnert fühlte.

Freund, dem Verleger Christian Wegner, und wenig später erschienen die Briefe unter dem Titel »Sommer in Lesmona« als Buch. Bis heute hat es seinen melancholischen Zauber bewahrt, bis heute ist es noch als rororo-Bändchen lieferbar, auch das Fernsehen hat sich mit einer sehr erfolgreichen Serie des Stoffes mit Katja Riemann in der Hauptrolle angenommen.

»Unter allen Städten der Hanse«, schrieb Biermann-Ratjen 1951 in seinem Nachwort, hat Bremen sich die festeste und echteste Lebensform zu schaffen gewußt, die dort noch weit stärker in das gegenwärtige Leben hineinwirkt als im erstorbenen Lübeck Thomas Manns oder im großstädtisch überwucherten Hamburg. Fremde Besucher Bremens bemerken freilich davon kaum etwas, denn die holländisch sauberen, fast nur von Einzelhäusern gesäumten Straßen, die zurückhaltend einfachen Fassaden verraten wenig davon, welch ein reiches und verfeinertes Dasein sich im Innern dieser anspruchsvollen, gemütlich-lässigen und verhalten-stolzen Bürgerwelt abspielt oder doch gestern noch abspielte. Diese Welt hat kaum noch Schilderer gefunden, aber das siebzehnjährige Mädchen von 1893, die echte Tochter des großen Handelshauses, ist voll von ihrem Geist, ihrer Großzügigkeit und Beschränktheit, ihren Schwächen, Konventionen und Schönheiten ... Es handelt sich um die Herzensergüsse eines Mädchens, freilich eines mit großer natürlicher Darstellungskraft, scharfem Blick und treffendem Witz begabten Mädchens.« Biermann-Ratjen sandte damals das Buch an den verehrten Briefpartner Thomas Mann ins ferne Kalifornien, und der bedankte sich mit einem langen Brief überschwenglich: »... ein liebes, schönes Geschenk haben Sie mir gemacht mit den ›Mädchenbriefen‹ – auch dem Verleger, Herrn Christian Wegner, ... habe ich schon mein Entzücken ausgedrückt, ... an mehreren Abenden habe ich es mit zunehmender Rührung von Anfang bis zu Ende gelesen, und als ich dann zu Ihrem Nachwort kam, war ich ganz bereit, Ihrem Gefühl zuzustimmen, daß hier dem Leben

»Villa Lesmona«, der Schauplatz von Magdas unerfüllter Liebe.

in aller Unschuld ein echtes und rechtes, ergreifendes Kunstwerk entsprungen ist.«

»Lesmona«, die klassizistische Villa am Rande Bremens, war 1882 in den Besitz der Familie Melchers übergegangen, aber schon 1815, in einer Zeit, so Seiler, »da wohlhabende Bürger im Umland der Städte mit der Errichtung von Sommerhäusern begannen, so wie es ihnen der Adel mit seinen Lust-, Wasser- und Jagdschlössern jahrhundertelang vorgemacht hatte«, von einem Bremer Kaufmann erbaut werden. Magda Paulis Eltern- und Stadthaus dagegen stand – steht heute noch – an der Contrescarpe, Bremens vornehmster Wohnstraße, hinter deren Fassaden das »hanseatische« Bürgertum eine im Vergleich zu Hamburg zurückhaltendere, aber darum nicht weniger glanzvolle Rolle gespielt hat. Ich selbst hatte noch oft das Vergnügen, die bis zuletzt äußerst formulierfreudige und (trotz schwerer Schicksalsschläge – ihre drei Söhne starben früh) mit köstlichem Humor gesegnete Magda Pauli von alten Zeiten erzählen zu hören, insbesondere auch vom geselligen, bildungsgeschwängerten Leben in ihrem und Gustav Paulis Bremer Haus. Dort lebte man auf einer »goldenen Wolke« (so nannte sie ihre Erinnerungen an die Bremer Gesellschaft dieser Zeit). Dichter wie Rudolf Alexander Schröder (der als Innenarchitekt manche Schiffe des Norddeutschen Lloyd ausgestattet hat), Rudolf Borchardt, Julius Meier-Graefe und Eduard von Keyserling, Harry Graf Kessler und Alfred Heymel fanden sich ein und sorgten für kluge Gespräche. Wie in anderen Häusern der »hanseatischen« Oberschicht feierte man sich mit Vorliebe selbst.

Der 1878 geborene Rudolf Alexander Schröder war ein begabter Meister des edlen Wortes, ein in München ausgebildeter Innenarchitekt von erlesenem Geschmack, geistreicher Mittelpunkt kultivierter Salons. Er stand zudem fest auf dem Boden evangelisch-kirchlicher Tradition und empfand sich ganz und gar als »Hanseat«. »Mein Kindheitshaus stand auf dem seit alters her freien Boden einer auf ihre Überlieferungen und ihr Herkommen stolzen Hansestadt. Luft und Kunde von den Welten ›über See‹ wehte von überall herein und hindurch, nicht nur für den, der wie ich Kaufmannssohn war und damit zu dem Stande gehörte, der innerhalb einer zugleich kleinen und engen und äußerst weiträumigen und weitblickenden Welt nur seinesgleichen über sich wußte.« Schöner und knapper läßt sich das bremische Selbstgefühl nicht auf den Begriff bringen. »Daß wir Hanseaten auch innerhalb des neuen Bismarckschen Reiches etwas Besonderes ›für uns‹ seien, daß wir in die neue Ordnung gehörten und ihr mit allen Kräften förderlich angehörten und doch auch wieder durch ein gewisses Abseits- und Außerhalbstehen, ein Stück im übrigen versunkenen Mittelalters innerhalb des Neuen darstellten, ward schon dem Knaben durch zwei Umstände nahegebracht … Wer ›ins Reich‹ verreisen wollte, mußte sich am Bahnhof vor den Zollbeamten ausweisen, wer etwa ›ins Hannöversche‹ oder ins ›Oldenburgische‹ sommers aufs Land zog, hatte jedesmal eine peinliche Untersuchung seines Umzugsgutes zu gewärtigen.« Die wohlhabende Familie Schröder selbst besaß neben ihrer Stadtresidenz einen wunderschönen »Eekenhof« in Lesum, dorthin ist Schröder auch nach seiner Bremer Zeit immer wieder gerne zurückgekommen.

»O Hügel, den der Kirchturm überragt,
Aus groben Brocken väterweis gefügt,
O schilfen Dach, darunter mir's behagt,
Da ich mich gerne lebenslang begnügt,
Die Heimkehr kennend, die den Flug nicht trügt,
Der Schwalbe gleich, die jährlich unverzagt
Ins alte Nest die dunkle Schwinge wagt …«

heißt es in seinem Gedicht »Die Heimkehr«, das er in der Handschrift noch »Lesum« genannt hatte: Schröders Verse klingen stets, als wären sie schon ein Jahrhundert früher entstanden.

Mit seinem Cousin, dem gleichaltrigen Alfred Walter Heymel, verband den jungen Schröder die Begeisterung für alles Musische. Schon als Schüler verfolgten beide die Idee, eine literarische Zeitschrift zu gründen, und als Studenten in München entwarfen und gründeten sie schließlich jene »Insel«, die auch für den anderen Bremer Kaufmannssohn, Heinrich Vogeler, für kurze Zeit ein Lebens- und Arbeitsmittelpunkt wurde. Heymel verfügte durch Erbschaft über große Geldmittel. Dabei lag seine Herkunft im dunkeln: Seine Mutter war bei seiner Geburt bereits verwitwet, der Name seines Vaters ist unbekannt. Doch ein überaus begüterter Bremer Großkaufmann, Konsul Adolph Heymel, hat ihn adoptiert. Nach dessen Tod stand ihm ein beträchtliches Vermögen zur Verfügung, und er machte von dieser »hanseatischen« Mitgift durch seinen großzügigen Lebensstil, seine Vorliebe für erlesenes Ambiente, aber auch durch seine literarisch-künstlerischen Pläne reichlich Gebrauch. Sein Adoptivvater kannte die Welt und die Menschen (vor allem die »hanseatischer« Kaufleute) und hat dem jungen Mann ernste Ermahnungen auf den Weg gegeben: »Was Du Dir nicht nimmst, gibt dir keiner, die Menschen sind niederträchtig. Sieh zu, daß du sie abhängig von dir machst, dann können sie dich nur noch hassen und beneiden, aber nicht mehr schaden, … laß dich nicht verblüffen, zieh dich gut an und sei höflich.«

An derlei Lebensregeln, die die Welt der Kontore verrieten, scheint sich Heymel gern gehalten zu haben. Näheres darüber erzählt Otto Julius Bierbaum in seinem verschlüsselten Roman »Prinz Kuckuck«, in dem das lockere Treiben des ziemlich selbstherrlichen Bremers aus besseren Kreisen im »leuchtenden« München und anderswo mit viel vergnüglicher Bosheit und denunziatorischer Freude am Klatsch beschrieben wird. Aber ohne Heymel hätte es die »Insel« und auch den gleichnamigen Verlag nicht gegeben. Diese eleganteste Visitenkarte Bremens, die der Bremer Anton Kippenberg in Leipzig noch zu großen Triumphen führen sollte und die gleichermaßen von den Bremern Schröder und Vogeler mitgeprägt wurde, hat die deutsche Zeitungs-, Buchhandels-, Kunst- und Kulturgeschichte nachhaltig beeinflußt. Auch der Bremer Ernst Rowohlt empfing hier seine ersten Anstöße.

Schröder und Heymel blieben vom entfesselten Nationalismus mit Beginn des Ersten Weltkrieges nicht verschont. Beide haben es an chauvinistischen Gesängen nicht fehlen lassen. »Mein oft aufdringliches Kriegsgeschrei ist von zwei starken Wünschen und Erkenntnissen verursacht«, schrieb der gelegentliche Lyriker und Lebemann Heymel schon am 6. März 1911 an Gustav Pauli, »einmal möchte ich gewaltsam den gordischen Knoten meiner Lebensverstrickungen und Verwirrungen mit dem Schwerte lösen, aber noch viel heftiger als dieser egoistische Grund läßt mich meine altruistische Liebe zum deutschen Vaterlande einen Krieg wünschen.« Der exzellente Herrenreiter hielt sich einen vornehmen Reitstall und gewann zahlreiche Turniere, was Schröder über ihn später schreiben ließ: »Gewiß schien Heymel zu dem Amte des Dichters nicht im eigentlichen Sinne vorbestimmt.

Ihm waren die Schauplätze, auf denen das Leben, tätig oder leidend, sich selber darstellt, vertrauter und angemessener als der geistige Ort, von dem aus die Betrachtung sich seiner für ihre abgeleiteten Zwecke bemächtigt.« Aber er mußte, wie Schröder sagte, »sterben, als eben der Dichter in ihm sich zu freiem Flug anschickte« – da hatte der Freund, den auch eine enge Freundschaft mit Hugo von Hofmannsthal verband, seinen gewaltigen Reichtum bereits durch kühne Fehlspekulationen verspielt. Gleich zu Beginn des Krieges hat ihn auf dem Felde eine tödliche Krankheit ereilt, und als er am 26. November 1914 an Tuberkulose starb, legte man ihm das Eiserne Kreuz aufs Totenbett. Er wurde in Berlin begraben. Später wurden seine sterblichen Überreste nach Bremen überführt.

Auch Schröder, der andere Dichter kaufmännischer Herkunft, hat zu Beginn des Krieges mit chauvinistischen Oden und Gesängen wie »Heilig Vaterland« die allgemeine Kriegsbegeisterung geteilt. Sein schwärmerischer Nationalismus relativierte jedoch oft seine literarische Begabung ebenso wie jene »freiere, wesentlich auf innerlich erlebtes und praktisch bestätigtes Christentum gestellte Haltung, der mein Elternhaus huldigte«. Die »Atmosphäre ›erweichter‹ Bekenntnisformen«, in der er aufgewachsen war, habe sich, so hat Schröder im »Sonntagsblatt« vom 20. Dezember 1964 zu Protokoll gegeben, »bis gegen mein vierzigstes Jahr zunehmend verflüchtigt«. Dafür stand er heiter und unter sorgfältiger Vermeidung riskanter politischer Bekenntnisse in der Weimarer Republik stets auf der sicheren Seite. Er brillierte auf allen Feldern des literarischen Traditionalismus, befaßte sich mit Homer und Horaz, fertigte ästhetisierende, melodische Übersetzungen an, schrieb Balladen, Elegien und kundige Essays. Er durfte als Dichter über den goldenen Wolken der brutalen Realität auch nach der Machtübernahme durch die Nationalsozialisten erst einmal ungestört arbeiten. 1937 erschien sein Gedichtzyklus »Die Ballade vom Wandersmann«, die er immerhin als vorsichtige Kritik am neuen Ungeist verstand.

»Gebt mir nur den Bissen Brot
Der ich hier verweile;
Denn er ist die letzte Not,
Die ich mit Euch teile ...«

Aber das Aufbäumen gegen die Umstände blieb sanft und elegant-maßvoll. Seine freundlichen Kontakte zu »braunen« Literaten wie Hans Grimm oder Börries von Münchhausen brach er nicht ab. Er ließ sich nun im bayrischen Voralpenland nieder, wo er sich in die Landschaftsmalerei flüchtete und 1935 zufrieden an einen Freund schrieb: »Das Land hier ist zauberhaft, die Menschen sind reizend, zutunlich und bescheiden. Wir werden's nach menschlicher Voraussicht hier gut haben.«

Nun, ganz so gut ging es ihm dann bald nicht mehr, obwohl er im wahrsten Sinne des Wortes weit vom Schuß lebte. Zweifellos gehörte er zu den Anständigen im Lande, und doch finden sich in seinen 1937 veröffentlichten Erinnerungen an sein Bremer Elternhaus so schreckliche Zeilen wie diese: »Juden gab es überhaupt keine; denn noch über das Jahr 48 hinaus hatte die Verordnung zu Recht (!) bestanden, daß kein Jude innerhalb bremischer Stadtmauern nächtigen dürfe.« Die vorausschauende Ausgrenzung jüdischer Bewohner, die der legendäre Bremer Bürgermeister Smidt einst betrieben hatte, hatte auch in solchen fröhlich-behaglichen Jugenderinnerungen ihren Platz gefunden. Aber unter den mehr oder weniger angepaßten Dichtern deutscher Innerlichkeit blieb Rudolf Alexander Schröder, der auch mit Vertretern der Bekennenden Kirche Kontakt hielt, denn doch stets der vornehme »Hanseat«. Nach dem Ende des Naziterrors stieg er zu einem hochgeehrten Dichter der Bundesrepublik auf. Und wieder bewog ihn 1950 sein Patriotismus zu einem wohltönenden vaterländischen Gesang, dessen Text er dem ersten Bundespräsidenten Theodor Heuss als Nationalhymne andiente.

»Land des Glaubens, deutsches Land,
Land der Väter und der Erben,
Uns im Leben und im Sterben,
Haus und Herberg, Trost und Pfand,
Sei den Toten zum Gedächtnis
Den Lebendgen zum Vermächtnis,

Freudiger der Welt bekannt,
Land des Glaubens, deutsches Land ...«

lautete die erste der drei Strophen, über die er an Heuss schrieb: »Ich möchte Ihnen sagen dürfen, daß mein erster Eindruck der gewesen ist: das Gedicht steht.« Heuss war von dem Text angetan, aber es kam dann glücklicherweise doch nicht zu dieser bundesrepublikanischen Nationalhymne aus Bremen.

Weniger unbeschadet als der Bremer Dichter Rudolf Alexander Schröder hat der für Lübeck und Hamburg gleichermaßen wichtige Carl Georg Heise die Nazizeit überstanden. Auch Heise, 1890 in Hamburg geboren, war der Sohn eines Kaufmanns. Nach fünfjähriger Assistentenzeit an der Hamburger Kunsthalle wurde er im Jahr 1920 an das Lübecker Museum für Kunst und Kulturgeschichte berufen. Er hat über die Jahre dort später etwas melancholisch gesagt, sie seien die »wohl schönste und fruchtbarste Zeit meines Berufslebens« gewesen, »getragen und gefördert von besten Kräften des Bürgertums der alten Hansestadt«. Dabei sei er allerdings wegen seines »leidenschaftlichen und in der Form oft jugendlich unbedachten Eintretens für die damalige moderne Kunst viel angefeindet« worden.

Das behagliche, bürger- und kirchenfromme Lübeck war, so hat Russalka Nikolov in einer Würdigung Heises betont, noch »am Ende des 19. Jahrhunderts keine den Künstlern gegenüber aufgeschlossene Stadt ... Die Maler und Bildhauer, die in dieser Periode in Lübeck lebten, hatten unter der Mißachtung des ganzen Künstlertums durch die Bevölkerung zu leiden.« Otto Grautoff, der Lübecker Freund Thomas Manns, empörte sich 1908 darüber, daß die Stadt ihren damals und bis heute für die Kunstsammlungen Lübecks bedeutendsten Kunstmäzen, Dr. Max Linde, sogar »wegen seiner Kunstliebhabereien als geistig unzurechnungsfähig« verdächtigt habe. Dabei waren Lindes Sammlungen französischer und deutscher Impressionisten in ganz Deutschland berühmt. Linde war es auch, der Edvard Munch für Deutschland entdeckte, das, wie Carl Georg Heise gesagt hat, »großartigste Denkmal der Lübecker Zeit«. Das Bild »Die Kinder des Dr. Linde« ist eine der schönsten Spuren einer für Lübeck einmaligen Beziehung zwischen Künstler und Mäzen.

Als Heise nach Lübeck kam, hielt er sich anfangs mit Äußerungen zur zeitgenössischen Kunst noch vorsichtig zurück, doch traf er immerhin mit der zwei Jahre zuvor von einigen finanzkräftigen Bürgern in Lübeck gegründeten Overbeck-Gesellschaft auf hilfreiche Gesin-

Lübecks bedeutendster, aber von seinen Zeitgenossen nicht unbedingt geschätzter Kunstsammler: der Augenarzt Max Linde in einem Porträt von Max Liebermann.

nungsfreunde. Diplomatisch stellte er sich erst einmal mit einem Vortrag »Über Sinn und Wert alter Kunst im Spiegel unserer Tage« in der Stadt an der Trave vor. Doch hinter der harmlosen Formulierung verbarg sich ein explosiver Anlaß: Wegen der wirtschaftlichen Probleme in den Jahren der jungen Republik wurde in der Stadt gerade über ein in Aussicht stehendes lukratives Geschäft diskutiert, das wieder einmal die alten Gegensätze zwischen Kunst und Kommerz unter den »Hanseaten« aufwühlte. Ein verlockendes Angebot aus Amerika für den kostbaren spätmittelalterlichen Altar Memlings im Lübecker Dom sorgte für Erregung. Für Heise bedeutete das Angebot einen tödlichen Anschlag auf die Kultur: »Ein Volk will für Brot seine Kunst verkaufen. Niemand wagt es, daran zu erinnern, daß nicht immer das Leben der Güter höchstes war und daß kein Volk je aufstehen wird, das für die geistigen Werte seines Landes kein Opfer zu bringen bereit ist, das Geist zu Geld macht.« Es gelang ihm und den Kunstfreunden der Stadt schließlich, das Angebot abzuweisen, aber der unbequeme Mahner hatte damit vehement auf sich aufmerksam gemacht.

Nun begann Heise, sich mit radikaler Neugierde für alles Neue in der Kunst und – mit feinem Gespür für den Lübecker Traditionalismus – für kühne Neuerwerbungen vor allem expressionistischer Maler einzusetzen. Über die Grenzen Lübecks hinaus machte bald eine »Nordische Woche« von sich reden, eine Veranstaltung, die zwar vor allem der wirtschaftlichen und kulturellen Neubelebung des deutsch-skandinavischen Verhältnisses dienen sollte, die aber Heise auch die erwünschte Gelegenheit bot, den künstlerischen Horizont der Lübecker durch aufsehenerregende Ankäufe und Exponate zu erweitern. »Etwas wie das Erwachen alten hanseatischen Geistes schien selbst die Männer der Politik und Wirtschaft zu erfassen«, meinte der Lokal-Chronist Abram Enns später. Das herausragendste Ereignis der Veranstaltung war eine Ausstellung der religiösen Bilder Emil Noldes in der Katharinenkirche. »Die Ausstellung war Stadtgespräch, überall

Eines der berühmtesten Bilder Lübecks: »Die Kinder des Dr. Linde«, das Edvard Munch 1903 malte.

bis in die Familien bildeten sich gegnerische Parteien ... Bisher war man gewohnt gewesen, Kunst als einen lebensfernen Bereich zu erleben, hier wurde das religiöse Gewissen aufgerufen.« Heise hatte bei Eröffnung der Ausstellung die Besucher emphatisch dazu aufgerufen, gemeinsam »Ein feste Burg ist unser Gott« zu singen. Es war aber nicht nur das religiöse Gewissen, das Heise – der sich in seiner Jugend mit dem Gedanken trug, Geistlicher zu werden – aufgerüttelt hatte. Er hatte den Lübeckern damit auch das Tor zur Moderne aufgestoßen, bereicherte die Sammlung mit Werken von Schmidt-Rottluff, Barlach und Masereel und sorgte für manche produktive Unruhe in der Stadt.

Zu seinen zahlreichen, vielfach verstörenden Ausstellungs- und Museumsaktivitäten gehörte aber auch der früh verfolgte Plan, Kunst und Bürgertum auf repräsentative Weise zu vereinen: die Einrichtung einer Gemäldegalerie in eben jenem Hause, das einst Dorothea Schlözer mit ihrem Mann, dem Bürgermeister Rodde, bewohnt hatte – das Behnhaus in der Königstraße. Anläßlich der 700-Jahr-Feier Lübecks zeigte Heise in diesem klassizistischen Wohnhaus, das er förmlich in letzter Minute vor dem Verkauf an eine Bank gerettet und zu einem prachtvollen Ausstellungsort bürgerlicher Wohnkultur und kostbarer Gemälde umgestaltet hatte, mehr als 600 Bilder des Lübecker Malers Friedrich Overbeck und seines Kreises: »Nicht die Ehrenrettung des Nazarenertums, sondern möglichst eine objektive Vergegenwärtigung der geistigen Bewegung, deren sonderbar unsichere Anfänge ebensowenig verwischt werden dürfen wie ihre Entwicklung ins kraftlos Süßliche«, schwebte ihm dabei vor. Das Behnhaus habe sich, so berichtete Abram Enns, »selten oder kaum ein zweites Mal so sehr von seiner besten Seite präsentiert. Daß es in den nächsten Jahren immer mehr zum Gegenstand des Streites um seine Eignung als Galerie und seine Aufgabe überhaupt wurde, warf manchen Schatten auf die mit der Ausstellung ›Overbeck und sein Kreis‹ vollbrachte Leistung.« Dennoch ist dieses sehenswerte Bürgerhaus aus Lübecks großer Zeit bis heute ein wunderschöner Ort für Bilder und Ausstellungen geblieben. Es versammelt einige der prachtvollsten Werke aus Heises Sammlertätigkeit für die Stadt.

Zu Heises für Lübeck so segensreichen Tätigkeiten während seiner Jahre an der Trave gehörten neben der Rettung des Behnhauses und dem Aufbau seiner Sammlungen die Errichtung eines Ausstellungshauses der Overbeck-Gesellschaft in dessen Garten, die umfangreiche Ergänzung der Kunstschätze des Sankt-Annen-Museums, die Einrichtung einer Kunstsammlung in der Katharinenkirche, unzählige Ausstellungen, die massive Begeisterung von Lübecks Bürgern für Erwerbungen und Leihgaben und, nicht zuletzt, die Tatsache, daß er Ernst Barlach für die Ausschmückung der leeren Nischen an der Fassade der Katharinenkirche gewinnen konnte. Das alles hat ihn nach der Machtübernahme der Nationalsozialisten nicht davor bewahren können, sein Amt abgeben zu müssen. In einem Schreiben verschiedener Organisationen der Stadt an den Senat forderten die Unterzeichner (ein »Kampfbund deutscher Architekten und Ingenieure«, eine »Wirtschaftliche Vereinigung deutscher Architekten«, eine »Vereinigung Lübecker bildender Künstler«) am 1. Juni seine umgehende Entlassung: »Dr. Carl Heise ist nach unserer Ansicht Halbjude ... Mit Entsetzen wird man sich der Ausstellung von Noldes religiösen Bildern in der Katharinenkirche erinnern ... Dr. Heise hat sich in seinen sonstigen Ausstellungen moderner Kunst als Schädling für die deutsche Kunst erwiesen ... Fernerhin können wir nicht an der Tatsache vorübergehen, daß Dr. Heises Person so stark von üblen Gerüchten umwittert ist, daß die Allgemeinheit das stärkste Interesse daran hat, Dr. Heise baldigst aus Lübeck verschwinden zu sehen. Diese Gerüchte sind so allgemein bekannt, daß es sich erübrigt, hier darauf näher einzugehen.« (Die »Gerüchte« bezogen sich auf den Vorwurf der Homosexualität des mit der Tochter eines Lübecker Bürgermeisters verheirateten Museumsdirektors.) Obwohl sich die Gemeinnützige Gesellschaft bis zuletzt vehement hinter Heise stellte, wurde er am 27. September 1933 seines Amtes enthoben. »Hierfür waren«, so heißt es im Kündigungsschreiben, »keine politischen Gründe maßgebend, sondern lediglich sein lebhaftes Eintreten für umstrittene neuere deutsche Kunst.«

Der Entlassene überstand den Krieg in Berlin als Lektor eines Kunstverlages. Als ihn 1945 der neue Lübecker Oberbürgermeister Emil Helms, ein Bekannter Heises aus alten Tagen, bat, wieder die Leitung des Museums zu übernehmen, kam das Ersuchen zu spät: »Ich (bin) zum Direktor der Hamburger Kunsthalle berufen worden«, schreibt ihm Heise, »werde mir aber erlauben, von Hamburg aus, so bald wie irgend möglich, einmal zu Ihnen zu kommen, um einige

Fragen der Lübecker Kunstpflege mit Ihnen zu besprechen, die mir weiterhin sehr am Herzen liegen.«

Das neuerwachte Kulturbewußtsein der »Hanseaten« feierte nirgendwo so stürmische Triumphe wie in der nun endgültig zur modernen Weltstadt aufgerückten Freien und Hansestadt Hamburg. Nach dem Ende des Kaiserreiches, nach dem Zusammenbruch der alten festgefügten Patrizierordnung hatte Hamburg den Charakter einer modernen weltoffenen Großstadt angenommen, in der die sozialen Gegensätze nun fruchtbringender aufeinanderprallten als in den früheren, von ständischer Verkrustung und ungleichen Bürgerrechten eingeengten Epochen. Das kulturelle Klima profitierte davon am meisten. Edith Oppens hat mit ihrem Urteil gewiß recht: »Die Hamburger waren nach dem Kriegselend und trotz knapper Lebensmittel und Kältepein im Winter kulturlüsterner als je.«

Nach dem Kriegsende kam es jedoch zu einem Vorfall, der ein bezeichnendes Licht auf die eingeschränkte, allenfalls punktuelle Bereitschaft der Hamburger zu revolutionären Umtrieben wirft. Der Sülzefabrikant Heil, der angeblich verfaulte Tierkadaver verarbeitet hatte, wurde von einer empörten Menge ergriffen, zum Rathausmarkt gebracht und in die Alster geworfen. Er entging knapp dem Tod. Seine Prokuristin sollte am Kaiser-Wilhelm-Denkmal aufgehängt werden und entging gerade noch der Lynchjustiz. Die aufgebrachte Meute drohte auch dem Direktor der Blindenanstalt, G.H. Merle, der seinen Leuten angeblich verschimmeltes Brot gegeben und sie körperlich gezüchtigt haben sollte. Edith Oppens berichtet: »Der Volkszorn gegen die vermeintlichen Sünder steigerte sich zu Straßenkämpfen und wilden Schießereien vor dem Rathaus. Aus einer Bahrenfelder Kaserne mußten auf Geheiß des SPD-Politikers Lampe die bei der Arbeiterschaft verhaßten Zeitfreiwilligen anrücken. Sie wurden mit Schüssen begrüßt, eingekreist und ins Fleet geworfen … Zwei junge Bahrenfelder rannten um ihr Leben in Richtung Hauptbahnhof. Dort war alles ruhig, und die beiden konnten im Alsterdampfer nach Hause fahren. Am Rathausmarkt brodelte ein Hexenkessel, aber schon in der Entfernung von nur zwei Kilometern hatten die Passanten keine Ahnung von dem, was dort vor sich ging.«

Im März 1919 übergaben die revolutionären Arbeiter- und Soldatenräte die Macht wieder an die Hamburger Bürgerschaft. Überall in

Deutschland hatte die neue Republik nun erst einmal mit wirtschaftlicher Not und krassem, sozialem Elend zu kämpfen.

»Unser Brot ist ohne Weizen
Unsre Wurst ist ohne Fett.
Von Papier sind unsre Kleider,
Ohne Laken unser Bett.
Rundstück wollen wir und Butter,
Eisbein zu dem Sauerkraut.
Unsres Daseins Jammerhülle
Werde wieder aufgebaut.«

Der Vers aus der »Hamburger Woche« blieb vorerst ein frommer Wunsch. Es dauerte noch lange, bis sich die Butter wieder zum Rundstück (das Hamburger Brötchen), das Eisbein wieder zum Sauerkraut gesellte. Im Juni 1919 trugen mehr als tausend Kinder Transparente mit der Aufschrift »Wir haben seit sechs Jahren kein Ei mehr bekommen« durch die Straßen. Der nachfolgende Winter wurde für viele Familien wegen Mangel an Heizmaterialien und anhaltender Lebensmittelknappheit zur Folter. Gerade in dieser Zeit offenbarte sich aber, daß der Hunger vieler Hamburger im starken Maße auch ein Hunger nach Kultur war, und dieser Hunger setzte das alte Vorurteil gegen die allzu materiell gesinnten »Hanseaten« endgültig sichtbar außer Kraft.

Endlich traten nun auch in Hamburg mit den jungen Malern und Malerinnen der »Hamburger Sezession« einige aufsehenerregende Talente ans Licht, die so etwas wie einen eigenständigen, gegenüber den Künstlern in Worpswede freilich etwas zahmeren Stil propagierten. Pauli kam bei einer ihrer Ausstellungen im Jahre 1927 noch einmal auf das alte Dilemma zu sprechen: »Nicht an den Talenten mangelt es, wenn Hamburg im Reigen der deutschen Kunststädte noch nicht den ihm gebührenden Rang einnimmt; es liegt vielmehr an den Daseinsbedingungen, die den Talenten in Hamburg gewährt werden«, und am 30. März 1928 klagte die Zeitung »Der Abend«: »Das Großbürgertum Hamburgs, für das diese Künstler produzieren, tut seine Pflicht ihnen gegenüber nicht.« Doch die Künstler der »Sezession« ließen sich dadurch nicht entmutigen. Maler(innen) wie Anita Rée, Nachfahrin einer sephardischen Familie, Rosa Schapire, Karl Kluth, Kurt Löwengard schufen sehr eigenwillige, mal spät-impressionistische, mal vergnügt dadaeske Bilder von sanfter Verträumtheit und großstädtischer (neuer) Sachlichkeit. Wenn auch der Chronist des »Hamburger Anzeigers« nach einem »Dadaistenabend« am 19. Februar 1924 empört berichtete: »Nach halbstündigem Anhören des trottelhaften Aberwitzes verließ ich als erster die Stätte der idiotischen Tobsucht«, so war das Hamburger Kunstklima jetzt doch von einer weniger »hanseatisch«-steifen Zurückhaltung gekennzeichnet als je zuvor. Die im Curio-Haus in den Jahren 1927 bis 1931 unter Anleitung des Schriftstellers und Malers Hans Leip gefeierten Künstlerfeste mit so einladenden Titeln wie »Die silbergrüne Dschunke«, »Das Mondhaus zu Bimbelim«, »Ball der Meere«, »Die Gauklerschaukel«, »Die Brücke Tuledu« verwandelten die »kühle« Stadt in einen brodelnden Musentempel, der auch eingefleischten »Hanseaten« zunehmend das Vergessen der irdischen Sorgen erleichterte. Hans Henny Jahnn hat über diese Feste gesagt: »Es wurde mit einigem Hochmut und Selbstbewußtsein mancherlei in Szene gesetzt, damit die Freie und Hansestadt einmal aus erster Hand erführe, daß Leute am Werk waren, die noch etwas anderes verstanden als Gewinnprozente zu berechnen.« Jahnn, nach Edith Oppens »das seltsamste Gewächs, das jemals der Hamburger Erde entsprossen ist«, fand zwar nur sehr bedingt die Zustimmung der Hamburger Kritiker – das »Hamburger Fremdenblatt«, führende Zeitung der Stadt, störte sich an »seiner oft kaum erträglichen Schwüle« – sammelte in jenen Jahren einen Kreis von Gleichgesinnten um sich, dessen »Ugrino«-Bewegung der Stadt einen für Hamburg bisher kaum vorstellbaren idealistischen Schwung verlieh.

Auch das Theaterleben jener Zeit verriet den Geist einer anderen, die Stadt verwandelnden Epoche: Seit 1918 zogen Erich Ziegels privat finanzierte Hamburger Kammerspiele, anfänglich nahe der Reeperbahn, später im Besenbinderhof, Neugierde und Bewunderung nicht nur der »Hanseaten« auf sich. Eine neue Form spät-expressionistischer, avantgardistischer und – bei bescheidensten technischen Mitteln – immer aufregender Bühnenkunst, die jungen Schauspielern wie Fritz Kortner, Ernst Fritz Fürbringer und Gustaf Gründgens den Beginn großer Karrieren ermöglichte, nahm hier ihren Anfang. Aufsehenerregende Stücke wie Georg Kaisers »Gas« oder Barlachs »Die echten Sedemunds« wurden hier zum ersten Mal aufgeführt. Zwar

Das Gemälde des Hamburger »Malerpoeten« Otto Tetjus Tügel zeigt die Kommission des Hamburger Künstlerfestes um 1922. Mit am Tisch Hans Leip (links, aufrecht) und Friedrich Adler (links unten), den die Nazis 1942 nach Auschwitz deportierten.

entfuhr nach der Aufführung des Stückes »Vatermord« von Arnoldt Bronnen einem Kritiker der Stoßseufzer: »Das war Raserei, was von der Bühne ausging«, aber dafür war nach der umtosten ersten Aufführung von Schnitzlers »Reigen« kaum noch eine Karte für die nächsten Abende zu bekommen. Die Theater beteiligten sich lust- und phantasievoll an den Hamburger Künstlerfesten. Für eines davon schrieb Gustaf Gründgens einen frechen Liedtext (auch ein deutliches Selbstporträt), das sich die »Hanseaten« auf erfrischende Weise vornahm und das er (vertont von Ernst Roter) zum Jubel des Publikums auch selbst vortrug.

»Der siebente Krater

Ein grünkariertes Pony hüpft im Takt
der Jazzband über laute Treppenstufen;
ein Övelgönner Backfisch tanzt kompakt
mit amourösem Schenkel zwischen seinen Hufen.

Ich ziehe jubelnd durch die Kostbarkeiten,
der schlackse Ladenschwengel wird zum Gott!
Ich möchte jede nackte Frau entkleiden!
Ich liebe alle zwischen Step und Trott!

Ich aale mich der *Barmaid* in die Arme,
ich spiele Senatoren an dem Bart,
ich blühe auf in nie geahntem Charme,
ich trete heut' mit Nurmi an den Start.

Das sind die Brücken, die ich zu den Menschen finde.
Sie nehmen sich die tollsten Masken vor,
drapieren sich mit parfümierter Sünde
und schmelzen Lästerliches sich ins Ohr.

Und sind nie mehr sie selbst als gerade heute,
wo sie sich hinter ihrem lauten Tand
so sicher fühlen. Ach, Ihr Leute!
Ich liebe Euch, Ihr seid erkannt.

Ihr seid ja gar nicht Professoren
und Käsehandler und Barbier,
heut' habt Ihr Euern Pfusch verloren
und seid dieselben A … r wie wir.

Wie die Erkenntnis mich beflügelt!
Für heute nacht gehöre ich Euch ganz,
schon morgen seid Ihr wieder aufgebügelt,
und auch ich selbst bin für Distanz.

Doch heute wachs' ich rosenrot gen Himmel,
die blonden Sterne küssen lüstern mich,
ich sehe selig weiße Schimmel …
(denn weiße Mause reimt sich nicht.)«

»Wir waren alle noch halbe Kinder, als wir uns in Hamburg zusammenfanden, um mein Stück ›Anja und Esther‹ aufzuführen«, berichtet Klaus Mann in seiner Autobiographie »Der Wendepunkt«. »Gründgens war der vielseitige Star der Hamburger Kammerspiele, die sich unter der Direktion von Erich Ziegel zu einer literarischen Bühne ersten Ranges entwickelt hatten ... Ganz Hamburg stand unter seinem Zauber.« »Wir«, das waren neben Klaus und Erika Mann Pamela Wedekind, Hans Otto (den die Nationalsozialisten wegen seines Bekenntnisses zum Kommunismus umbrachten) und Erika Manns späterer Ehemann Gustaf Gründgens. »Ich hatte es gut in Hamburg. Die Tage mit Erika, Pamela, Gustaf und einer bunten Auswahl von neuen Freunden, die Abende im Theater, die Nächte in den Kaschemmen und Matrosen-Dancings von St. Pauli, alles war danach angetan, mich restlos glücklich zu machen.« Das Glück der Freundschaft verwandelte sich, nachdem Erika Mann und Gründgens geheiratet hatten, in Verwandtschaft – und bald danach in Haß. Klaus Manns Exilroman »Mephisto« wurde zur Abrechnung mit dem Starschauspieler und Intendanten des »Dritten Reiches«.

Endlich, nach jahrzehntelangen, vergeblichen Bemühungen hatten sich in Hamburg nun auch die Befürworter einer Universität durchgesetzt. Führende Kaufleute der Stadt und die Bürgerschaft hatten die Gründung einer Universität bis dahin stets mit dem Argument abgelehnt, dafür fehle es an Geld. In Wahrheit stand dahinter die Ansicht, ein »hanseatischer« Kaufmann bedürfe nicht der theoretischen Unterweisung, sondern praktischer Erfahrung. Besser als jede akademische Ausbildung sei daher eine möglichst harte Lehre im Ausland. Es war eine Maxime, der man eine gewisse Berechtigung nicht absprechen konnte, sofern man dabei allein den wirtschaftlichen Erfolg im Visier hatte.

Vor dem Ersten Weltkrieg hatten die Hamburger aber immerhin ein sogenanntes Kolonialinstitut errichtet, an dem die nötigen Grundkenntnisse des Welthandels und der Verwaltung gelehrt wurden. Daraus hatten vermögende Kaufleute – unter ihnen Max Warburg – zuletzt doch noch die Errichtung eine Universität entwickelt, was einen Sprecher der »Gesellschaft Hamburger Juristen« zu den sperrigen Worten beflügelte: »Das Geistesleben unserer Vaterstadt, auch das unserer besten geselligen Kreise (!), bedarf einer Veridealisierung durch diese wissenschaftliche Zentrale, wenn es nicht Gefahr laufen soll, durch die unausgesetzte Richtung auf den Erwerb zu verflachen.« Edith Oppens verweist darauf, daß bei den Universitätsplanungen »häufig der Wunsch nach einer hanseatischen Note ausgesprochen worden« sei, aber: »Was hieß hier hanseatisch? In erster Linie verstand man darunter die Wissenschaft vom Ausland, in geographischer, juristischer, wirtschaftlicher und sprachlicher Hinsicht« – ein Merkmal, das ja nicht unbedingt den »Hanseaten« vorbehalten war. 1919 berief man aus Berlin neben anderen erstrangigen Gelehrten den Philosophen Ernst Cassirer an die junge Hamburger Universität. Er wurde zehn Jahre später Rektor – und damit erster jüdischer Rektor einer deutschen Universität.

»Die deutsche Revolution hatte in Bremen begonnen, war auf Hamburg übergegangen, und dort konnte man tatsächlich den frischen Luftzug spüren, der eingegangen war«, hat Toni Cassirer seiner Ehefrau berichtet. »Diesem Luftzug hatte auch die neue Universität ihr Leben zu verdanken, und bis zum Einzug des Nationalsozialismus – sogar weit darüber hinaus – hat Hamburg stärkere Abwehrkräfte gezeigt als die übrigen Universitäten.« Ein freundliches Kompliment für Hamburg, das allerdings durchaus nicht immer und überall ausreichend Abwehrkräfte zeigte. Jedenfalls berichtet Toni Cassirer auch davon, daß sie vor ihrem Umzug nach Hamburg im Oktober 1919 eine Warnung des Hamburger Psychologen William Stern erhalten habe, »daß sich in der Hamburger Universität ein kompakter rechter Studentenblock gebildet hätte, der unter anderem Flugblätter verteilte, die zum Boykott jüdischer Autoren aufforderten«, ein, wie sie bemerkt, »bisher in Deutschland nicht übliches Verhalten«.

Kaum in Hamburg angekommen, müssen die Cassirers denn auch schon die Gründe von Sterns Warnungen am eigenen Leibe verspüren: »An der Universität ereignete sich anfangs wenig oder fast gar nichts, was beunruhigend hätte wirken können; aber um so deutlicher konnte man ihn (den Antisemitismus, M.W.) auf der Straße, in den Schulen, in der Nachbarschaft entdecken, ohne erst nach ihm zu suchen. Unsere Kinder, die im Berliner Westen niemals unter Antisemitismus zu leiden gehabt hatten, waren sehr betroffen über diese neuen Erfahrungen. Georg hatte es besonders schlecht, da die einzige

Schule, die seinem bisherigen Schulplan entsprach, allgemein als antisemitisch bekannt war. Anne wurde auf ihrem Schulweg durch Zurufe aus den Nachbarhäusern belästigt, und ich selbst stand im ersten Hamburger Sommer zum erstenmal einem antisemitischen Angriff gegenüber.« Die Cassirers waren in eine vornehme Gegend an einem Kanal der Alster gezogen, der von eleganten Villen mit gepflegten Gärten gesäumt wird. Als Toni Cassirer einmal gemeinsam mit ihrem sechsundsiebzigjährigen Vater lesend im Garten saß und ein lärmendes Kind im Garten gegenüber ihre Konzentration störte, bat sie es schließlich »sehr freundlich, entweder den ganzen Lärm ganz zu lassen oder aber in einem anderen Teil des Gartens zu spielen«, worauf der Vater des Kindes erschien und über den Kanal rief: »Glauben Sie denn, daß Sie uns nicht stören?« Auf die erstaunte Frage: »Wodurch?« antwortete dieser: »Durch Ihren puren Anblick – Sie gehören ja alle nach Palästina.« Die vornehmen »Hanseaten« an der Alster begannen, ihre Vornehmheit dem deutschen Zeitgeist zu opfern – und das vor Hitlers Machtübernahme.

Ganz nahe dem Hause der Cassirers wohnte Aby, der älteste der Warburg-Brüder, der schon in jungen Jahren seinem Bruder Max den Anspruch auf die Leitung der Bank abgetreten und sich auf die Geisteswissenschaften verlegt hatte. Im Alter von dreizehn Jahren hatte er dafür von diesem die Zusage verlangt, zeitlebens alle Bücherwünsche von der Bank finanziert zu bekommen – es wurde ein teurer Pakt, denn Aby Warburg war ein geradezu besessener Sammler und Leser wissenschaftlicher Literatur aus der ganzen Welt. Sein Leben, seine Arbeit, seine Bibliothek sind oft beschrieben worden. Schon 1911 umfaßte sie mehr als 15 000 Bände und bedurfte einiger Forschungsassistenten und eines Bibliothekars. Dieser, der Österreicher Fritz Saxl, wurde um so wichtiger, als der zutiefst patriotisch gesinnte, gegen sein Judentum beinahe feindlich eingestellte Aby Warburg ähnlich wie Albert Ballin gegen Ende des Ersten Weltkrieges einen schweren psychischen Zusammenbruch erlitt, der ihn für fünf Jahre in eine Klinik an den Bodensee verbannte.

»Die Entdeckung der Bibliothek Warburg glich der Entdeckung einer Fundgrube, in der Ernst einen Schatz nach dem anderen zutage förderte«, erzählt Toni Cassirer. Wie der Philosoph Ernst Cassirer, so zählten bald auch der Kunsthistoriker Erwin Panofsky, Warburgs

Mitarbeiter Fritz Saxl und Gertrud Bing zu einem großen Kreis Gelehrter, der für einige Jahre Hamburg in den Mittelpunkt der europäischen Kultur- und Kunstforschung rückte. 1925 war neben Aby Warburgs Privathaus an der Heilwigstraße von dem Schumacher-Schüler Gerhard Langmaack ein neues, mit modernster Technik ausgestattetes Gebäude für seine Kulturwissenschaftliche Bibliothek entstanden, die wie ein selbständiges Universitätsinstitut der Forschung und der Lehre diente, aber auch für die interessierte Öffentlichkeit zugänglich war und die intellektuellen Spitzen der Stadt regelmäßig zu Vorträgen und Versammlungen vereinte. Nach seiner Rückkehr aus der Klinik lebte, forschte und publizierte Aby Warburg hier bis zu seinem Tode im Jahr 1929 über Fragen der Kultur in Antike und Gegenwart, der Ikonographie und religiöser Mythen. Der wissenschaftliche Standard, die hochmoderne Technik dieser öffentlichen Bibliothek mit ihrem ellipsenförmigen, holzgetäfelten Lese- und Versammlungssaal, ihrer Ausstrahlung auf Wissenschaftler aus aller Welt, bedeuteten gerade für die »Hanseaten« etwas bis dahin nie Dagewesenes.

Eindrucksvoll ist die Liste der Gäste und Besucher aus aller Welt, die Warburg täglich gewissenhaft vervollständigen ließ. Sie verzeichnet die herausragenden Geister der Zeit von Carl Jacob Burckhardt bis zu Albert Einstein. Ausgerechnet das einmal als so »pfeffersäckisch« verrufene Hamburg entwickelte sich in den zwanziger Jahren plötzlich zu einer akademischen Metropole von Weltrang. So wiesen, trotz aller Schatten von Hunger und Inflation, sozialer Konfrontationen und explosiver politischer Gegensätze, die Zeichen der Zeit darauf, daß nicht mehr nur die Interessen einer fast ausschließlich auf das materielle Wohlergehen konzentrierten Kaufmannschaft die Freie und Hansestadt repräsentierten, sondern ebenso eine verwandelte soziale beziehungsweise politische und eine erstarkte geistige Elite. »Hamburgs zwanziger Jahre waren eine Epoche der heilsamen Unruhe, des Aufbruchs, der Auseinandersetzung mit der Vergangenheit, der Hoffnung auf eine würdige Zukunft für die Menschheit«, resümierte Edith Oppens; und Ron Chernow konstatierte mit Blick auf Aby Warburg, Hamburgs Symbolgestalt für eine neue geistige Dimension: »Er trat gerade rechtzeitig ab, bevor die Barbarei die Stelle seiner geliebten deutschen Kultur einnahm. Im Jahr nach seinem Tode vertrieben die Nazis das Bauhaus aus Weimar und lehnten schon bald darauf die Beiträge einer ganzen Generation jüdischer Gelehrter zur Kultur ab. Am Ende hatte Aby Warburg seinen Kampf gegen die Kräfte der Unvernunft gewonnen – Deutschland den seinen betrüblicherweise nicht.« Schon 1932 stellte die NSDAP die stärkste Fraktion in der Hamburger Bürgerschaft!

Hamburg, Bremen und Lübeck waren aus der Asche des Kaiserreiches mit neuer Zuversicht, neuem Glanz und bisher nicht dagewesener geistiger Lebendigkeit hervorgegangen – aber wie hatte sich das auf das alte »hanseatische« Bewußtsein, seine traditionsreiche, stolze und unverwechselbare Eigengesetzlichkeit ausgewirkt? Vor den »Hanseaten« lag nun ein dunkler historischer Abschnitt, der all die schönen »hanseatischen« Priviliegien und Tugenden vor ihre schwerste Probe stellen sollte.

XVII. Verraten und verkauft

Von schönen Legenden und schrecklichen Tagen

»Es wäre manches besser in der Welt,
würd' jeder nur die Wahrheit sagen.
Doch ist's die Lüge, die die Macht erhält
der Großen, die der Völker Schicksal tragen.
In alle Völker säen sie den Haß.
Sie wollen ihre Einheit spalten
und hetzen ohne Unterlaß,
das Gleichgewicht der Völker zu erhalten.«

Der diese Zeilen – »mit 1400 Leidensgenossen, die mit wenigen Ausnahmen nichts weiter getan hatten als ihre Pflicht, in einer Fabrikhalle in Neumünster wie Schafe in einen Stall eingepfercht« – im Mai 1945 inmitten von Gefangenen »auf einen kleinen Zettel« schrieb, hat sich als einen »Hanseaten reinsten Wassers« empfunden. Sein Name: Carl Vincent Krogmann. Sein Beruf: Außenhandelskaufmann. Sein politisches Amt: Bürgermeister der Stadt Hamburg von 1933 bis 1945.

Die Herkunft Krogmanns unterschied sich in nichts von der seiner Kaufmannsfreunde. Ein Urahne hatte an der Elbe einen Holzhandel begründet, der die französische Besatzungszeit jedoch nicht überstand. Einer seiner Enkel hatte mit einem Partner das Handelshaus »Wachsmuth und Krogmann« begründet. Er hatte es zu Erfolg geführt und eine Reederei hinzugefügt. Bei seinem Tode hinterließ er den Erben ein weltweites Imperium und ein beträchtliches Vermögen. Das hatte er während des amerikanischen Bürgerkrieges angesammelt: »... als die Nordstaaten die Häfen der Südstaaten blockierten und die englische Textilindustrie aus Mangel an Baumwolle schwer zu kämpfen hatte, charterte er von Mexiko aus ein Dutzend

Schiffe, belud sie mit Baumwolle und durchbrach die Blockade. Als die ersten Schiffe England erreichten, soll die Begeisterung so groß gewesen sein, daß die Kirchenglocken geläutet wurden.« Sein Sohn Richard Krogmann – »mit unvermeidlichem Zylinder und brennendroter Nase« – spielte, so der Hamburger Bankier Enno von Marcard, »eine überragende Rolle bei allem, was mit Wasser zu tun hatte, vom Hamburger Ruderclub bis hin zu den Alsterpiraten«. Er erhielt für seine Verdienste um die Fortführung des Unternehmens den Ehrendoktortitel und wurde bereits im frühen Alter Seniorchef der Firma. »Er erwarb sich in seiner Heimatstadt«, so der Sohn und spätere Bürgermeister, »eine allgemeine Hochachtung und war einer der letzten jener königlichen Kaufleute, die einer vergangenen Epoche ihren Stempel aufgedrückt haben.« Carl Vincent, dem Wassersport von Kindheit an ebenfalls leidenschaftlich zugetan, trat, wie es sich gehörte, in die Fußstapfen des Vaters. Er sollte den Namen der Familie noch um einige Grade bekannter machen – allerdings nicht durch seine Tätigkeit als »Reeder und Überseekaufmann« (was er als Beruf angab).

Im Sommer 1896 hatten sich die Krogmanns ein Mitte der sechziger Jahre des letzten Jahrhunderts gebautes, turmbewehrtes Haus an der Außenalster gekauft, dort, wo man unter seinesgleichen war. »Wir nannten es dem Namen der Straße entsprechend ›Bellevue‹, und es trug den Namen zu Recht. Mehr als die Hälfte meines Lebens habe ich dort gewohnt, bis das Haus Ende Juli 1943 mit dem größten Teil meiner Vaterstadt Opfer des Terrorangriffs wurde.«

»Bellevue – die Welt von damals« hat Carl Vincent Krogmann auch eines seiner beiden autobiographischen Bücher genannt. Es beschreibt sein Aufwachsen in bequemen Verhältnissen, die Zeit des Ersten Weltkriegs, die Lehrzeiten in England, Frankreich und im väterlichen Kontor, einen längeren Aufenthalt als Angestellter eines Geschäftsfreundes in Argentinien, anschließende Reisen nach Nord-, Mittel- und Südamerika, wo er den einträglichen Salpeter-Handel studiert, und schließlich das zufriedene Wirken in der Hamburger Firma. »So fesseln diese Erinnerungen von der ersten bis zur letzten Seite durch die bunte Fülle erlebten und erschauten Lebens der Welt von damals«, verkündet der Klappentext des ohne Zeitangabe in den sechziger Jahren in Hamburg veröffentlichten Buches. Der Autor wird als

»früherer Bürgermeister der Freien und Hansestadt Hamburg« vorgestellt. Seine Amtszeit wird nicht genannt.

Eine großformatige und reichbebilderte Festschrift, die sich der vornehme und traditionsbewußte »Norddeutsche Regatta-Verein«, der die Elite der Hamburger Segler-Gesellschaft vereint, zum einhundertfünfundzwanzigsten Geburtstag 1993 gönnte, eröffnete der Autor mit folgendem Zitat: »›Es ist seltsam‹, wunderte sich Carl Vincent Krogmann, NRV-Mitglied seit 1904 und Bürgermeister, im nachhinein, ›daß sich in Hamburg die Wettsegelei so stark entwickeln konnte‹, schließlich sei die Elbe früher sehr schmal gewesen und die Schiffe den Strömungen der Gezeiten ausgesetzt.« Es schließen sich Betrachtungen über Hamburg und seine Geschichte zu Wasser an, akkurat mit Daten und Jahreszahlen belegt. In welchen Jahren der segeltüchtige Bürgermeister allerdings seines Amtes gewaltet hatte, erfahren die Leser auch hier nicht. Berechtigterweise enthält das opulente Buch eine Tabelle der im Zweiten Weltkrieg gefallenen Clubmitglieder, eine Tabelle der jüdischen Mitglieder, die Opfer des Holocaust wurden oder in die Flucht getrieben wurden, sucht man dagegen vergeblich. Nirgendwo finden sie Erwähnung in einem Text, der sich unbekümmert »unpolitisch«, nautisch-historisch gibt, wiederholt aber des »Regierenden Bürgermeisters« Krogmann gedenkt, etwa wenn dieser nach einem Bremer Sieg bei einer Atlantik-Überquerung »die Dinge wieder zurechtrückt« und die Hamburger tröstet: »Wie man weiß, ist Hamburg stets die Wiege des deutschen Segelsports gewesen«, oder wenn der »Regierende Bürgermeister« Carl Vincent »Pinni« Krogmann beim »Kommodore-Essen« in Uniform ein »Sieg Heil!« auf den Führer ausbringt. Dazu gibt es sogar eine Abbildung.

Ein anderer »Hanseat«, der stets akribisch-korrekt gekleidete Bankier Alwin Münchmeyer, mit Krogmann weitläufig verwandt, machte in seinen von der Tochter aufgezeichneten Erinnerungen keinen Hehl daraus, daß er und seine Familie Carl Vincent Krogmann schon vor 1933 für einen »idealistischen Spinner« hielten: »Und doch: schließlich war und blieb er einer von uns.« Vielleicht schließt das auch Krogmanns Selbsteinschätzung ein: »Ich bin nicht ein Mensch«, hatte dieser stolz getönt, »der sich leicht beeindrucken läßt. Ich war als Hanseat gewohnt, mich immer auf die gleiche Stufe mit meinem Gesprächspartner zu stellen, selbst wenn es der Kaiser, der König von

Das größte der alten Hamburger Kontorhäuser ist der verhältnismäßig spät errichtete Sprinkenhof. Mit ihm wird die Backsteinarchitektur noch einmal einem neuen Höhepunkt zugeführt. Wie das schiffsähnliche Chilehaus wurde das Gebäude von Fritz Höger (teilweise in Zusammenarbeit mit Hans und Oskar Gerson) zwischen 1927 und – Höger stand mit den Nazis auf gutem Fuß – 1943 erbaut. Die Fassade des Mittelblocks wirkt wie von einem Fischernetz überzogen.

England oder eine andere hochgestellte Persönlichkeit war. Daher trat ich auch Hitler ganz unvoreingenommen gegenüber.« »Hanseat« und Hakenkreuz – das waren keine Widersprüche.

Freilich machten es ihm viele Hamburger, darunter nicht wenige aus den sogenannten besseren Kreisen, alles andere als schwer, während der Zeit des braunen Terrors seines Amtes zu walten. Kaum zum Bürgermeister ernannt, erreichten Krogmann die Ergebenheitsadressen einflußreicher Hamburger. Der Dichter Hans Leip, dessen Verse aus der Zeit des Ersten Weltkrieges über seine beiden Freundinnen Lili und Marleen bald zu einer Nationalhymne der Soldaten werden sollten – Norbert Schulze komponierte dazu eine martialische Marschmusik, und erst sehr viel später hat er das Lied mit einer zweiten Plattenaufnahme in die Schlagerseligkeit der fünfziger Jahre getaucht –, schrieb schon am 12. März 1933 an seinen neuen Bürgermeister: »Ich atme mit auf in dem rauschenden Zug einer neuen Zeit. Der Geist, der aus ihren Worten spricht, ist lebendig und aufrecht ... Es scheint mir wahrhaft hansischer Geist zu sein.« So konnte man es auch sehen. Fritz Höger, der Erbauer des berühmten Chilehauses, scheinbar ein Architekt der Moderne, schrieb am 4. Mai 1933 an Krogmann: »Schwere Wahnsinnspest lag auf unserem Volke – 14 lange Jahre. Vergiftet war die deutsche Volkesseele ... so loderte am großen Frühlingsmorgen 1933 ein gewaltiges Feuer zum Himmelsdom. Aus der Ruhe erhob sich als geläutertes Gebilde ein Riesenbauwerk – gezimmert vom Größten aller Baumeister, gezimmert aus lauter Eichengebälk – und das Bauwerk war verwandt dem Himmelsdom.« Und der feinsinnige Buchhändler Kurt Saucke beeilte sich, am 11. Mai 1933 dem neuen Bürgermeister »auftragsgemäß ... eine Liste der hauptsächlichsten jüdischen Verleger« zuzusenden, immerhin mit der nebulösen Einschränkung, »daß die Zugehörigkeit der Inhaber dieser Verlage zur jüdischen Rasse nicht ausschließlich für die Verlagstätigkeit jeweils maßgeblich ist.« (Die Briefe finden sich im Nachlaß Krogmann, Hamburger Staatsarchiv.)

Es waren nicht nur die Krogmanns, die so fühlten wie Carl Vincents Ehefrau Emerentia. Die aus einer Alt-Hamburger Hugenottenfamilie stammende frischgebackene Bürgermeistersgattin hatte am ersten Tag des »Dritten Reiches« ihrem Tagebuch anvertraut: »Wir sind ganz gehoben und selig wandeln wir umher wie im schönen unglaubhaften Traum. Hitler ist Reichskanzler! Es ist wahr! Marxismus lebe wohl! Kommunismus lebe wohl! Parlament lebe wohl! Jud lebe wohl! – Jetzt kommt Deutschland.« Noch am 21. Juli 1942 schrieb sie an eine Hamburger Freundin, die sich bei ihr über die »hassenswerte Zeit« beklagt hatte: »Glauben Sie, daß je ein *weicher* Mann etwas geleistet habe?« Der Jude, auch wenn sich darunter »ganz famose Menschen« befinden könnten, bleibe immer der Feind! Man dürfe nicht »von den wenigen anständigen Juden auf die ganze Rasse schließen«.

Die Juden seien es gewesen, die »die Russen und Polen« gegen Deutschland »infiziert« hätten. Mit diesem böswilligen Unsinn stand Emerentia Krogmann in Hamburg und in Deutschland durchaus nicht allein da, aus dem Munde einer französischstämmigen »Hanseatin« klingt er jedoch besonders beschämend.

»Es wäre manches besser in der Welt, würd' jeder nur die Wahrheit sagen« – der von den Siegern internierte Amateurpoet wußte sich im Besitz eines guten Gewissens. Das hat ihn auch später nie verlassen. In seinem zweiten Buch, das 1976 erschien und aus dem die zitierten Reime stammen, richtet er sich an die Generation der Enkel und erzählt ihnen, wie es sich wirklich verhielt: »Hitler ist gescheitert an seiner Liebe zum englischen Volk. Er hat es bis zu seinem Tode nicht glauben wollen, daß England lieber Europa dem Bolschewismus ausliefern würde, als einen Gleichmächtigen neben sich zu dulden ... Die Jugend muß wissen, daß der 2. Weltkrieg von Roosevelt und seinen Freunden, deren Namen man kennt, bereits im Januar 1933 beschlossen war. Der Krieg konnte von Deutschland nicht verhindert werden. Es sei denn, es hätte auf seine Freiheit verzichtet.« Nach Distanzierun-

Hitlers und Speers Pläne für ein »arisches New York« blieben glücklicherweise unausgeführt. Die Realisierung des Gauhaus-Entwurfs fiel dem Zweiten Weltkrieg zum Opfer.

gen der Kollegen Krogmanns sucht man vergeblich, vermutlich hatten sie die Vergangenheit längst vergessen und verdrängt.

Carl Vincent Krogmann konnte sich übrigens nach dem Ende des »Dritten Reiches« wieder ungestört seinen Geschäften als »hanseatischer« Kaufmann hingeben (auch der erst 1969 verstorbene Hamburger »Gauleiter« Kaufmann mußte nie eine Strafe absitzen) und hat bis zuletzt von seinem Kontor aus regelmäßig Neujahrsbotschaften einschlägigen politischen Inhalts an seine Freunde versandt. Als er am 10. März 1978 in Hamburg starb, hieß es im Nachruf des Freundeskreises: »C.V. Krogmann, aus einer alteingesessenen Kaufmannsfamilie stammend, wurde 1933, ohne Parteimitglied zu sein (er trat 1933 sofort in die NSDAP ein, M.W.), einstimmig zum Bürgermeister berufen. Seine Charakterfestigkeit und Integrität sind niemals in Frage gestellt worden.« Das dürfte weitgehend zugetroffen haben. »Einstimmig« waren die Beschlüsse der neuen Machthaber ja stets, und das,

»Hanseaten« in ungewohnter Verkleidung: Der neu gewählte Hamburger Senat stellt sich am 8. März 1933 den Photographen. Der Regierende Bürgermeister Krogmann, »ehrenwerter Kaufmann«, seit langem begeisterter Barde des Nationalsozialismus, fühlt sich in seinen Schaftstiefeln schon sichtlich wohl.

Krogmann und der »Führer« beim Plausch während einer Elbefahrt im Jahre 1935.

was seine Freunde und Kollegen unter Integrität verstanden, nahmen sie ja auch für sich selbst in Anspruch.

Es ändert nichts an der Verstrickung des »hanseatischen« Hitler-Gefolgsmanns in die Unmenschlichkeit, wenn man seine Bedeutung etwas relativiert: Carl Vincent Krogmann war ein ergebener und eitler Vasall, aber keine Figur der Führung. Seine Abhängigkeit von dem ihm übergeordneten Hamburger Gauleiter Kaufmann (der aus Krefeld stammte) und die Belanglosigkeit seiner »Ehrenämter« degradierten ihn zum »regierten Bürgermeister«, was der Volksmund in Anspielung auf seine tatkräftige Ehefrau zu der Formulierung steigerte: »Seine Emerenz, der regierte Bürgermeister«. Nach dem Krieg scheute Krogmann sich nicht, dergleichen als Entlastungsgrund anzuführen.

Als der angesehene, äußerst korrekte und wohl auch wegen seiner (halb-)jüdischen Abstammung als Krogmanns Nachfolger ins Bürgermeisteramt berufene Kaufmann Rudolf Petersen den britischen Besatzungstruppen 1945 erklärte, der Nationalsozialismus sei »in Hamburg im Vergleich zum übrigen Reich relativ wenig eingedrungen«, soll er bei Hamburgs traditionellen Handelspartnern auf einiges Verständnis gestoßen sein. Bei dem Versuch einer Ehrenrettung für einen Juristen ergänzte er wenig später, es sei »Tatsache, daß Hamburg nicht in dem Maße von den Verbrechen und Maßlosigkeiten des Nationalsozialismus betroffen worden ist wie fast alle übrigen Teile des deutschen Reiches«. Damit war eine Legende geboren, der noch ein langes Leben beschieden sein sollte. Sie hat sich unter den »Hanseaten« bis heute gehalten, trotz aller gegenteiligen Erkenntnisse. Carl Vincent Krogmann, der seiner Stadt über die gesamte Zeit des »Dritten Reiches« als treuer Vasall Hitlers gedient hatte, wußte 1948 auch die Gründe für diese »hanseatische« Zurückhaltung zu nennen: »In Hamburg hat das bürgerliche Element immer gemäßigt und gebremst, hier war alles vernünftiger als anderswo.« Noch in einem Gedenkbuch des Hamburger Senats von 1965 und sogar noch in einer Dokumentation der Landeszentrale für politische Bildung von 1978 heißt es über Hamburgs Anteil an der Massenvernichtung von Regimegegnern lapidar: »Die Abfertigungen waren vergleichsweise erträglich, ja im Vergleich zu anderen Orten human« (zitiert nach Werner Skrentny in einer von der GAL-Fraktion 1985 herausgegebenen Broschüre über die NS-Zeit in Hamburg, die sich auf einen Satz des damaligen Hamburger Bürgermeisters Klaus von Dohnanyi beruft: »Es ist Zeit für die ganze Wahrheit.«).

Über jeder Beschäftigung mit »hanseatischer« Regionalgeschichte der Nazizeit sollte die selbstquälerische Überlegung stehen, die Inge Marßolek und René Ott an den Anfang ihres gewissenhaften Buches »Bremen im Dritten Reich« gesetzt haben: »Soll aber Geschichtsschreibung über das, was in Deutschland zwischen 1933 und 1945 geschehen ist, überhaupt einen politisch-pädagogischen Wert haben, so muß dieser in erster Linie in der Frage bestehen …: Wie hätte ich durch mein Verhalten Mitschuld vermeiden und das Aufkommen beziehungsweise Weiterbestehen eines solchen Regimes verhindern können?«

Viele, aber nicht alle »Hanseaten«, die unheilvoll in die Geschehnisse zwischen 1933 und 1945 verwickelt waren, sind dieser Frage ausgewichen. Carl Vincent Krogmann stellt mit seinem stoischen Beharren auf der Richtigkeit seines und des nationalsozialistischen Weges gewiß eine Ausnahme dar, denn ähnlich kritik- und schamlos hat kein anderer prominenter »Hanseat« seine Mitwirkung bis zuletzt selbstgefällig zur Schau gestellt und noch dazu versucht, der nachfolgenden Generation gegenüber die »Werte« von damals in ein günstiges Licht zu rücken. Andere zogen sich lieber mit nichtssagenden oder gar launigen Impressionen aus der Affäre, etwa der Bankier Enno von Marcard, der sich in seinen Erinnerungen zu allerlei nur auf den ersten Blick harmlos erscheinenden Formulierungen hinreißen ließ. Von Marcard hat in der Nazizeit kaum eine Rolle gespielt, profitierte aber 1936, als er von seinem jüdischen Partner Delmonte, der einer alten Sephardenfamilie entstammte, die Geschäftsanteile des gemeinsamen Bankhauses übernahm und der Bank seinen eigenen Namen gab. Bei Kriegsausbruch wurde er eingezogen. Nach dem Krieg rechtfertigte er sich, die Nazis hätten erst 1935 damit begonnen, »ihre Zähne zu zeigen«. Bei den Olympischen Spielen 1936 – »Es war selbstverständlich, daß man zu diesem Ereignis in Berlin erschien« – habe »die Begeisterung kaum Grenzen gekannt, auch die der Ausländer nicht.« Die Beobachtung mag nicht falsch sein, doch vermißt man einen selbstkritischen Kommentar. Dagegen offenbart sich eine gehörige Portion Eitelkeit und Arroganz, als von Marcard auf den Einmarsch Hitlers in Wien zu sprechen kommt, den er miterlebte: »Der Jubel der Österreicher, auch wenn sie es nach dem Kriege partout nicht wahrhaben wollten, stellte alles in den Schatten, was ich je in Deutschland erlebt hatte. Sie waren völlig außer Rand und Band … Hitler wohnte nach dem Einmarsch in Wien im Hotel Imperial, ich auf der anderen Seite des Rings im Hotel Bristol.« Beinahe wäre angeblich dem noblen Herrn die Reise nach Wien zum Verhängnis geworden: »Weil ich dem Direktor einer der großen Gesellschaften sagte: ›Sie werden noch Linderung erfahren‹, hätte ich um Haaresbreite Unannehmlichkeiten bekommen.« Aber kaum wieder zu Hause, »lief das Leben beschaulich dahin«. Ebenso beschaulich liest sich von Marcards Buch: kleine Affären mit jungen Damen, liebevolle Beschreibungen der eigenen Autos und belanglose Kriegsanekdoten wechseln sich ab. Erregung läßt der Autor lediglich bei einer Italienreise erkennen, als die Rede auf die Vorliebe der Bewohner von Ischia kommt, Singvögel abzuschießen: »Diese Knallerei verdarb uns die Freude an der herrlichen Insel, und es ist ein Unglück, daß es nicht gelingt, diesen Vogelmord in Italien einzudämmen.« Zum Mord an den Juden und Regimegegnern dagegen findet sich kein Wort in dieser armseligen Bilanz eines selbstgefällig-»hanseatischen« Bankierslebens: »Wie glücklich ich bin, wenn ich am Ballindamm entlangfahre und das wunderschöne weiße Haus mit der blau-gelben Fahne sehe, das meinen Namen trägt, vermag ich mit Worten nicht auszusprechen.« Von Marcard steht mit dieser Selbstzufriedenheit weiß Gott nicht allein da: Augen schließen und sich in die Brust werfen – diese Art von »Hanseaten«-Stolz hat Schlimmes angerichtet.

Um vieles selbstkritischer hat ein anderer Bankier von »hanseatischem« Geldadel versucht, seiner Erinnerungen Herr zu werden. Der stets wie nach dem Muster englischer Herrenjournale gekleidete Alwin Münchmeyer stand seiner Tochter Stefanie von Viereck in vielen Gesprächen Rede und Antwort, die sie in einem ungewöhnlichen Buch dokumentierte. Vorsichtig versucht die Tochter ein Porträt ihres Vaters zu entwerfen. Ihr beharrliches Nachfragen begründet sie unter anderem mit den Worten: »Die Hamburger retten ihre Anständigkeit mühelos über die Nazizeit hinweg. Der Vater mit ihnen. Jetzt kehrt er mit der Tochter in das Dritte Reich zurück. Er weicht nicht aus. Das ist mutig, denn der Mann, dem sie dort begegnen, ist kein Held. Doch wer will sich anmaßen, darüber heute zu urteilen?«

Auch Alwin Münchmeyers »Hanseaten«-Karriere vor 1933 war ganz nach dem bekannten Muster verlaufen: »Mein Vater war ein achtbarer Kaufmann.« 1908 geboren, hatte er die Firma Münchmeyer und Co. in der dritten Generation geführt. »Wir ›machten‹ damals in Kaffee und anderen Überseeprodukten, wie es in Hamburg hieß. Wir ›machten‹ jedoch auch schon seit Jahrzehnten Geld … Personal hatten wir reichlich. Kutscher und Gärtner, Silberputzer, Fensterputzer und Waschfrauen machten uns das Leben leicht und angenehm.« Nach den sonnigen Kindheitsjahren im Kaiserreich macht der Knabe am 6. November zum ersten Mal mit den revoltierenden Soldatenräten Bekanntschaft, die ihm heillose Angst einjagen und ihn bei der Großmutter Schutz suchen lassen. Sie waren »eindeutige Gegner und hießen bei uns zu Hause ›die schrecklichen Kerls‹ … Zwar kannten wir in Hamburg schon so etwas wie eine Demokratie, denn unsere Bürgerschaft wählten wir schon lange. Selbst mein Großvater hatte ihr im vergangenen Jahrhundert für ein paar Jahre angehört. Aber bisher hatte es doch zumindest ein Klassenwahlrecht gegeben, das unsere sozialen Vorrechte sicherte. Seit wir denken konnten, waren Kaufmannschaft und politische Führung in Hamburg identisch … Wir fürchteten auch um unser Geld.«

Ein »Hanseat« wie aus dem Bilderbuch: der Hamburger Bankier Alwin Münchmeyer.

Doch das Haus Münchmeyer überstand die Revolution. Der Sohn trat in die Firma des Vater ein. »Jahrelang beobachtete ich ihn sehr genau, um die Spielregeln, die in unserer Welt eine unverrückbare Gültigkeit besaßen, von ihm zu lernen. Und die Regeln waren kompliziert, denn sie bestanden fast nur aus ungeschriebenen Gesetzen. Fremde konnten diese Gesetze nie ganz durchschauen ... So durfte ich beispielsweise in der Schule schummeln, allerdings nur, wenn ich mich nicht erwischen ließ.« Der Junior verkehrte im Hamburger Ruderclub, denn: »Wer als Hanseat und Kaufmann etwas auf sich hielt, gehörte ›dem Club‹ an.« Das Geschäftliche und das Sportliche, das Gesellige und die Etikette bestimmten das Leben: »Die Weltereignisse und die Wirren von Weimar spielten sich nur am Rande meines

Gesichtsfeldes ab. Ich kann mich nicht daran erinnern, daß wir je über Politik diskutiert haben ... Die geistige Blüte der Weimarer Zeit ging spurlos an uns vorüber ... So gab es auch nach der Schule niemanden, der mir den Weg zu den Dichtern und Denkern hätte weisen können.« Möglicherweise war das ein Glück, denn sein Kollege Krogmann hatte bei seiner Lektüre einen rechten Fehlgriff getan: »Durch Houston Stewart Chamberlain lernte ich die beiden großen Geistesheroen Goethe und Kant lieben und verehren. Sie hatten mein Leben bereichert und entscheidend beeinflußt. Viele dieser idealen Gedanken fand ich in der nationalsozialistischen Weltanschauung wieder ...«

Münchmeyer sollte ein »richtiger« Kerl werden. Aus diesem Grund besucht er eine Fahr- und Reitschule. Aber »den letzten Schliff erhielt ein hanseatischer Kaufmannssohn traditionell im Ausland. Wer sich hinreichend in fremden Ländern getummelt hatte, galt weit mehr als einer, der an der Universität Diplom und Doktortitel erwarb.« Der Vater schickt ihn 1928 nach England, dann nach Antwerpen, schließlich nach New York, Buenos Aires, Montevideo und Rio de Janeiro, von wo er am 13. April 1933 nach Nazi-Deutschland zurückkehrt: »Ich kam in ein Land, in dem ich zunächst vieles nicht verstand.«

Immer wieder stößt man in »hanseatischen« Lebensläufen auf den seltsamen Widerspruch von Weltgewandtheit und politischer Ahnungslosigkeit. Das mag auf den ersten Blick verwundern, da doch Welthandel und Weltreisen und der Umgang mit Kaufleuten anderer Nationen ohne politische Kenntnisse kaum möglich waren. Der »königliche« Kaufmann rühmte sich gerne seiner Autonomie als Weltbürger und sah dabei verächtlich auf den Kleinhändler herab, über den die regionale Politik bestimmte, während er in der großen weiten Welt zu Hause war. Doch ist es gerade die von Autoren wie Percy Ernst Schramm oder den Betroffenen selbst immer wieder verklärte »heile« und unantastbare Sphäre der Großbürger- oder Kaufmannswelt, die so viele ihrer Repräsentanten immun gegen politische Bedrohung und erst recht gegen moralische Bedenken machte: gesellschaftlich blieb man unter sich, grenzte sich »nach unten« hin jovial und selbstzufrieden ab und maß seine Umgebung am Grad ihrer Anpassung an die verinnerlichten Normen und Formen – und am Geld. So ließ sich gut über Einzelheiten und Unbequemlichkeiten der Politik und der

Politiker hinwegsehen. Die Hamburger Großkaufleute kümmerten sich um die ökonomische Grundlage allen Seins, nicht um Fragen von Moral und Ethik. So war es denn auch nur konsequent, daß sie sich lange gegen eine Universität wehrten: Allein die wirtschaftliche Praxis zählte, alles andere war Sache der »Eierköpfe«, und die störten das empfindliche Gleichgewicht.

So haben selbst Kaufleute wie Alwin Münchmeyer die Bücherverbrennungen als »alberne Freudenfeuerwerke« empfunden – von dem, was da verbrannt wurde, hatten sie ja kaum jemals gehört. »Die sogenannte entartete Kunst war uns ohnehin fremd. Beckmann, Kokoschka und andere kannten wir kaum, und was wir von den modernen Künstlern kannten, mochten wir nicht leiden.« In dieser (Un-) Geisteswelt bedurfte es nicht einmal des ausgeprägten Antisemitismus, um die Unterdrückung und schließlich das Verschwinden der jüdischen Geschäftspartner und -freunde von einst zu akzeptieren: »Die Warburgs gingen, die Grünebaums gingen, die Salomons und die Rappolts gingen. Und wir gaben uns noch immer mit der fatalen Formel ›auf Zeit‹ zufrieden ... wir wollten saubere Luft. Und obwohl es sich vor unseren Augen verdunkelte, taten wir lange so, als gebe es den Schmutz allenfalls anderswo. Wir gewöhnten uns an die Halbfinsternis.«

In der Weimarer Republik hatte man sich an den ewig argumentierenden Linksintellektuellen oder an der »Quasselbude« des Reichstages gestört. Nun erwies sich die eigene Sprachlosigkeit, die Unfähigkeit zur Menschlichkeit gegen Andersdenkende als katastrophal: »Die Juden waren zu stolz, um zu klagen, und wir wußten nicht, wie wir uns verhalten sollten. Hätten wir uns entschuldigen sollen, obwohl wir uns für Hitler und seine Politik nicht verantwortlich fühlten? Hätten wir Beileid bekunden sollen, obwohl wir nichts unternahmen, um der Diskriminierung Einhalt zu gebieten?« Zur Sprachlosigkeit kam die anerzogene Kälte: »Gefühlsäußerungen waren nicht unsere Sache. Man nickte wohlgefällig und wandte sich wieder den Geschäften zu.« Man muß der kritischen Tochter dafür danken, daß sie ihren Vater in seinen letzten Lebensjahren zu so dezidiertem Nachdenken und – für ihn selbst so wichtig wie für den Leser – zum Sprechen gebracht hat. Es dürfte das erste Mal im Leben dieses so mustergültigen »hanseatischen« Kaufmanns gewesen sein, seine und seiner Familie

Überwindung verdient Respekt. Als Münchmeyers Bank später in den Abgrund stürzte und den Sohn beinahe mitriß, stellte dieser mit eiserner Konsequenz sein Leben auf neue Grundlagen und setzte sich kritisch und nachdenklich mit den Defiziten seiner Vorfahren auseinander.

Ob Alwin Münchmeyer 1943 wirklich, wie er berichtet, als fünfunddreißigjähriger Familienvater nur deswegen noch Soldat wurde, weil er »einfach nur unterzutauchen« hoffte, bleibe dahingestellt. »So begann meine Verdrängung der Geschehnisse im Dritten Reich zu einer Zeit, in der die schlimmsten Verbrechen begangen wurden ... Von den Todeslagern kannte ich damals dem Namen nach nur Auschwitz. Von Mord und Gaskammern wußte ich nichts. Ich sprach mich frei von Schuld, bevor das Wissen mich einholte.« Daß man in Deutschland, wenn man wollte, durchaus Näheres über die Konzentrationslager in Erfahrung bringen konnte – dafür gibt es genügend Beispiele. Am Stadtrand von Hamburg lag schließlich ein Konzentrationslager der schlimmsten Sorte. Bis in die heile Welt der Münchmeyers drang das Grauen allerdings nicht vor: »In unserem persönlichen Leben hatte es keine Pannen gegeben. Wir waren in einem neuen BMW an die See und in die Berge gereist, hatten nach Birgits Geburt (Birgit Breuel, M.W.) eine größere Wohnung in der Goernestraße 35 bezogen, unsere Kinder getauft und Familienfeste gefeiert.«

Das »Wir«, von dem Alwin Münchmeyer zu seiner Tochter mit Vorliebe spricht, bezieht sich freilich am wenigsten auf Frau und Kinder. Es bezieht sich auf eine Kaste, eine Gemeinschaft von Brüdern in Geld und Geist, und die Fäden ihrer Netze hielten selbst unter Soldaten. Münchmeyer erwies sich auch in seiner kurzen Zeit beim Militär als Glückskind, dem Verwundung und Schlimmeres erspart geblieben sind. Als alles vorbei war, konnte er sich bald wieder daranmachen, sein Leben als »hanseatischer« Kaufmann zu restaurieren. Der Erfolg hat ihn dabei lange begleitet. Als seine Bank später durch die Fehler anderer von einem Sturm hinweggefegt wurde, hatte er sich längst daraus zurückgezogen. »Für meine Nachkommen liegt das Leben nun nicht mehr bereit wie ein Maßanzug«, zog er das Fazit.

»Die Warburgs gingen, die Grünebaums gingen, die Salomons und die Rappolts gingen.« Während die Juden sich unter Zurücklassung fast ihres gesamten Besitzes ins Ausland zu retten suchten, spielte sich im Zusammenklang zwischen NSDAP und Hamburger Kaufleuten ein Kapitel ab, das endgültig den Bankrott der alten »hanseatischen Ideale« von Respekt und Anstand unter Handelsherren markierte: die »Arisierung«. Auch Alwin Münchmeyers Vater hatte sich damals ein schmackhaftes Stück vom Arisierungskuchen abgeschnitten, indem er gemeinsam mit einigen »hanseatischen« Geschäftsfreunden ein Geschäftshaus der emigrationswilligen Familie Rappolt zum staatlich garantierten Vorzugspreis erwarb. »Die Geschichte der Arisierungen ist, soweit ich weiß, noch nicht ausführlich beschrieben worden«, merkt Münchmeyer 1988 im Gespräch mit der Tochter an (oder hat sie es ihm in die Feder diktiert?). Vielleicht hat diese Bemerkung Frank Bajohr dazu angeregt, das traurige Kapitel gründlich aufzuarbeiten und diese Lücke zu füllen. In seiner umfangreichen Dissertation, die weit über Hamburg hinaus Aufsehen erregte, hat er mit der nüchternen Sehweise des nachgeborenen Forschers die Stationen und das Ausmaß dieses widerwärtigsten Abschnitts ehrbarer »hanseatischer« Kaufmannsgeschichte aufgedeckt, weswegen ich mich hier auf wenige Hinweise beschränken möchte. In Hamburg verursachte das Buch nachhaltige Verstörung, vor allem die jüngere Generation wußte über die brutalen Formen der Aneignung jüdischen Eigentums so gut wie nichts, da die Väter wenig oder nichts darüber erzählten. Von den Älteren dürften es nicht viele gelesen haben.

Carl Vincent Krogmann, der »regierte Bürgermeister«, blies damals als einer der ersten zur Jagd auf die Juden und das »auf einem Niveau, das selbst von den primitivsten Antisemiten unter den Hamburger Nationalsozialisten nicht unterschritten wurde«. Bajohr fand aber ebenso heraus, daß sich »fast niemand aus der älteren Kaufmannsgeneration zugunsten der verfolgten Juden engagierte ... Zu den Ausnahmen gehörte Cornelius Freiherr von Berenberg-Goßler, Jahrgang 1876, der sich für seine zahlreichen ›jüdischen‹ Freunde ohne Rücksichtnahme auf die eigene Person einsetzte.« Bajohr bezieht sich auch auf das Buch von Stefanie von Viereck: »Für das Verhalten der meisten Kaufleute galt das selbstkritische Fazit des Bankiers Alwin Münchmeyer: ›Wir taten nichts und dachten uns nichts dabei.‹«

Besonders aufschlußreich ist das Kapitel »Judenpolitik in komparativer Perspektive: Hamburg und München im Vergleich«, aus dem hervorgeht, wie wenig »die Hansestadt eine Insel der Humanität im Meer antisemitischer Barbarei bildete … Von einer ›verspäteten‹ oder gar rücksichtsvollen Anwendung antijüdischer Reichsgesetze konnte in Hamburg keine Rede sein.« Der Rechtsradikalismus habe, allen von den »Hanseaten« in der Nachkriegszeit geförderten Legenden zum Trotz, »in der politischen Kultur der bayrischen Landeshauptstadt, die vom katholisch-konservativen und sozialdemokratischen Milieu geprägt wurde, niemals eine dominierende Position eingenommen.« In der Endphase der Weimarer Republik waren ja auch in der »Hauptstadt der Bewegung« die Wahlergebnisse der NSDAP nicht nur hinter dem Reichsdurchschnitt, sondern auch hinter den NSDAP-Stimmenanteilen in Hamburg zurückgeblieben. »Nicht der katholische Süden, sondern der protestantische Norden und Osten gehörte 1932/1933 zu den Hochburgen der NSDAP.«

Die von Bajohr angeführten Beispiele brutaler »Arisierung« im Einklang von Behörden und »Erwerbern« sind endlos. In den meisten Fällen habe es sich schlichtweg um »krasse Formen der Bereicherung« gehandelt. Die bekanntesten Namen der Hamburger Wirtschaft tauchen dabei auf, auch der Bielefelder und Hamburger Unternehmer Rudolf August Oetker, der mit Grundstückskäufen aus dieser sprudelnden Quelle »seinen Privatbesitz an der Bellevue abrunden wollte«. Hamburgs Rechtsanwälte beteiligten sich an der Jagd nach dem jüdischen Besitz, sie »nutzten ihre besondere Stellung im Rahmen der Kaufverhandlungen zum eigenen Vorteil aus, indem sie sich selbst zum Eigentümer der zur ›Arisierung‹ anstehenden Betriebe machten oder Teilhaberschaften erwarben«. Die Aktionen stützten sich auf die Erlasse der Reichsregierung, ließen aber nicht im mindesten eine besondere »hanseatische« Kaufmannsehre erkennen. Zehntausende Hamburger bereicherten sich am Eigentum ihrer etwa 17000 jüdischen Mitbürger. »Von Februar 1941 bis zum April 1945 verging in Hamburg kaum ein Tag, an dem nicht jüdisches Eigentum öffentlich angeboten und versteigert wurde.« Allein das von Bajohr am Ende seines Buches abgedruckte »Verzeichnis jüdischer Unternehmen, die 1938/39 ›arisiert‹ oder liquidiert wurden«, umfaßt 625 Firmen.

Weniger Beachtung als Bajohrs Forschungen fand eine umfangreiche Publikation der »Hamburger Stiftung für Sozialgeschichte des 20. Jahrhunderts«, die 1971 unter dem Titel »Kein abgeschlossenes

Kapitel: Hamburg im ›Dritten Reich‹« als Buch erschien. Der darin abgedruckte umfangreiche Aufsatz von Karl Heinz Roth »Ökonomie und politische Macht: Die ›Firma Hamburg‹ 1930–1945« stellt alle bisher erschienenen Arbeiten über die Vernetzung nationalsozialistischer Willkür mit »hanseatischen« Kaufleuten sowohl in ihrer Empörung als auch durch die sorgfältig belegte Sachkenntnis in den Schatten. Roth zeigt auf, wie früh schon »Kaufmannsindustrielle« aus Hamburg, aber ebenso aus Harburg und Altona – die Städte wurden 1937 mit der Hansestadt zu »Groß-Hamburg« vereint – »begannen, mit der NS-Bewegung zu liebäugeln (Arnold Mergell in Harburg und Philipp F. Reemtsma in Altona).« Und so kannten sie, wie andere Gruppierungen auch, nach Hitlers Machtübernahme kein Halten mehr: »Ob Schiffahrtsgesellschaften oder die Detaillistenkammer, ob die neu gegründete Bolivar-Goethe-Gesellschaft oder der Internationale Sammlerverein von 1908, der Volksbund für Aufstieg und Freiheit, das Hamburger Handwerk oder die Philharmonische Gesellschaft, sie alle buhlten um die Gunst des Kanzlers« (Werner Johe).

Entscheidender Köder für die Unterstützung von seiten der Wirtschaft war die Verheißung von Rüstungsaufträgen als Ersatz für den Außenhandel. Die Rüstungswirtschaft habe schon unmittelbar nach Beginn der NS-Herrschaft zu einem »wilden Aufrüstungswettlauf« geführt, wobei die Hamburger Kaufleute über einen prominenten Gönner und Steigbügelhalter verfügten: Hermann Göring. Dieser »war nicht erst seit seiner zweiten Eheschließung mit der Hamburgerin und ›alten Kämpferin‹ Emmy Sonnemann, an der im April 1935 auch die Krogmanns teilgenommen hatten, mit der Hansestadt und ihren führenden Köpfen freundschaftlich verbunden. Sein pompöser Lebenswandel wurde seit 1933 durch den Zigarettenkonzern der Gebrüder Reemtsma alimentiert.« In seinen Erinnerungen schreibt Carl Vincent Krogmann: »Die während der Hochzeit mit seiner Frau geschlossene Freundschaft hat sich später für Hamburg sehr günstig ausgewirkt«, und an anderer Stelle fügt er hinzu: »In der langen Geschichte meiner Vaterstadt ist wohl noch nie ein Mann mit größerem Recht Ehrenbürger geworden als der preußische Ministerpräsident Hermann Göring.« Diese Zeilen verfaßte er 1967!!

Nachdem aus den Zusammenschlüssen mit den Nachbargemeinden das neue »Groß-Hamburg« gebildet worden war, wurde die Hamburger Wirtschaft durch eine verlockende Perspektive Hitlers gefügig gemacht: »Während der Paladin Göring der Regionalelite half, ihr wirtschaftspolitisches Überbrückungskonzept im Rahmen des Vierjahresplans voranzutreiben, stand Hitler ihr im Bestreben bei, sich in utopischer Vorwegnahme ihrer Langzeitstrategie die Insignien der führenden europäischen Welthandelsmetropole zurechtzuschneidern.« Die Pläne sahen eine gigantische Hängebrücke über den Hafen, ein 250 Meter hohes »Gauhochhaus«, ein achtzig Meter hohes »Kraft-durch-Freude-Hotel«, eine Kongreßhalle sowie Kolossalbauten entlang der Elbe vor. Hamburg sollte eine Art »arisches Manhattan« werden, die City durch dieses Utopia wieder näher an die Elbe herangeführt werden. Die gespenstischen Entwürfe sind bekannt, aber glücklicherweise konnte nichts davon realisiert werden.

Mit Kriegsbeginn dehnten sich die »Arisierungs«-Geschäfte der Kaufleute auch auf die besetzten Länder aus. »Seit Mitte April 1939 zirkulierten in Hamburger Wirtschaftskreisen Listen mit attraktiven ›Arisierungs‹-Objekten in Böhmen und Mähren, und mehrere Kaufleute und Seehafenindustrielle avisierten der Industrie- und Handelskammer ihre Übernahmeinteressen.« Das »Generalgouvernement« zog die hamburgischen Kaufleute besonders an: »Im Bezirk Lublin, dem Zielort eines ›Hamburger Plans‹ vom Herbst 1939 zur Gründung eines ›Judenreservats‹ und der späteren Einsatzregion des Hamburger Polizeireservebataillons 101, waren seit April 1940 zur ›Ernteerfassung‹ vier Hamburger und zwei Bremer Großhandelsunternehmen eingesetzt ... In den besetzten und ausgeplünderten Territorien Osteuropas gewann die ›Firma Hamburg‹ endgültig den Charakter einer verschworenen Gemeinschaft.« »Hanseatische« Kaufleute als Speerspitze der mörderischen Unterdrückung – so weit war es mit dem Idealen des »königlichen Kaufmanns« gekommen. Freilich hatten schon seit 1930 »Hamburgische Kaufleute ... in norddeutschen Elite-Zirkeln der NS-Bewegung als Vordenker und finanzielle Mentoren gewirkt«.

Bis heute hält sich die Ansicht, Hitler habe sich in Hamburg wegen dessen distanzierter Haltung so gut wie nicht sehen lassen, er habe Berlin und München eben vorgezogen, obgleich doch das Gegenteil längst nachzulesen ist. Schon Carl Vincent Krogmann hat über die einzelnen Besuche seines »Führers« stolz berichtet. Werner Johe hat 1996 jeden Besuch Hitlers dokumentiert und kommt zu dem Ergebnis: »Keine Stadt hat Hitler so oft besucht wie Hamburg – läßt man einmal Berlin, München und Nürnberg außer acht, die sich durch ihre besondere Stellung als Reichshauptstadt bzw. Parteivororte dem Vergleich entziehen. 33mal hielt sich Hitler in den 15 Jahren von 1925 bis 1939 in der ›kühlen‹ Hansestadt auf ... Die Bevölkerung Hamburgs empfing ihn, seine engsten Vertrauten und seine Gäste mit einer Begeisterung, von der Leute, die solche Auftritte Hitlers öfter miterlebten, behaupteten, sie übertreffe den in anderen Städten üblichen Jubel in der Intensität der Gefühle um ein Beträchtliches.« Schon im September 1931 hatten die Räume des Restaurants Sagebiel nicht ausgereicht, um die Zuhörer einer Hitler-Rede aufzunehmen. Zusätzlich mußten von der NSDAP der Conventgarten und ein Gesellschaftshaus gemietet werden, und dennoch fanden Tausende keinen Einlaß mehr. Wenige Tage später wurden die Stimmen der Bürgerschaftswahl zusammengezählt: Ein Viertel aller abgegebenen Stimmen entfiel auf die NSDAP, die nur drei Abgeordnete weniger stellte als die SPD. Ein Jahr später war die NSDAP bereits die stärkste Fraktion in der Bürgerschaft. Für die Machtübernahme hatten die Hamburger die Weichen rechtzeitig gestellt.

Eines der grausamsten Nazi-Verbrechen verbindet seit Christopher Brownings Buch »Ganz normale Männer« auf besonders bedrückende Weise mit Hamburg: der Einsatz des Hamburger Polizeibataillons 101 hinter der Ostfront. Die Bezeichnung erweckt den Eindruck, es habe sich dabei »nur« um eine Einheit von Berufspolizisten gehandelt. Das Bataillon, das regelmäßig und in unvorstellbarem Ausmaß deportierte und massenhaft mordete, bestand aber aus Reservisten, aus Angehörigen der verschiedensten Berufsgruppen. Angestellte und Beamte bildeten das größte Kontingent, selbständige Kaufleute machten etwa sieben Prozent aus. Was sie getan haben, wie sie es getan haben und warum sie es getan haben ist bis heute unfaßbar. Daniel Goldhagen nennt solche und andere Polizeibataillone völlig zu Recht »mobile Völkermordkohorten«. Über die beteiligten Täter wissen wir allerdings wenig. Vieles deutet darauf hin, daß es sich dabei zum geringsten Teil um Hamburger handelte, wie Doris Fürstenberg am Beispiel eines Mittäters (»Die Zeit« vom 15. Januar 1998) aufgezeigt hat. Das Polizeibataillon 101 in irgendeiner Weise als »hanseatisch« oder auch nur als hamburgisch zu bezeichnen wäre ungerechtfertigt, doch liegt darin keine Entlastung, denn die Verbrechen wurden im Namen Hamburgs verübt. In den »hanseatischen« Schwesterstädten Bremen und Lübeck verlief die Entwicklung nicht grundsätzlich anders: Das Versagen des (Groß-)Bürgertums und der wirtschaftlichen Machteliten bot ja in ganz Deutschland ein breites Fundament, auf dem sich der nationalsozialistische Furor weitgehend ungehemmt seinen Weg bahnen konnte.

Das Autarkiestreben der neuen Machthaber kam Bremens Welthandel und Schiffbau in gleicher Weise wie dem Hamburgs entgegen, und auch in Bremen vermochte die Aussicht auf ausreichende Kompensation durch Rüstungsaufträge die Gemüter ebensoschnell zu besänftigen wie überall, wo materielle Vorteile lockten. In den ersten Jahren des Ersten Weltkriegs hatte die Bremer Werftindustrie zu den Gewinnern gehört. Nach Jahren herber Rückschläge, sozialpolitischer Spannungen und großer Exportverluste lockten nun erneut Einnahmen durch Rüstungsaufträge. »Es verwundert daher nicht, daß bereits wenige Tage nach dem Rücktritt des alten Senats führende Persönlichkeiten der bremischen Kaufmannschaft dem kommissarisch eingesetzten NS-Bürgermeister Markert ihre Aufwartung machten und ihm zur Amtsübernahme gratulierten, unter ihnen der Präses der Handelskammer, Gustav Scipio, ihr Vizepräses Wilhelm Biedermann, Ernst Schier, Direktor der Baumwollbörse, Alfred Hölling, Direktor der Dresdener Bank, und Ludwig Roselius, Inhaber von Kaffee HAG ... Die bremischen Kaufleute glaubten, durch die Besetzung entscheidender senatorischer Stellen in der neuen Regierung mit Männern aus ihren Reihen den gewohnten Einfluß auf die politischen Geschicke der Handelsstadt zu behalten« (Marßolek/Ott). Überall das gleiche Bild: Die sich traditionell so republikanisch-demokratisch gebende, in Wahrheit aber patriarchalische »hanseatische« Machtelite war nun einmal käuflich – und hat damit, gemessen an den einstigen Idealen, den letzten Rest ihrer »hanseatischen« Gesinnung verschleudert.

Die neuen Programme zur Beseitigung der Arbeitslosigkeit – Bau der Autobahn zwischen Bremen und Hamburg, Weser-Kanalisierung –, die kurzfristige Belebung von Im- und Export schienen den Bremern höchst verheißungsvoll. Ganz besonders träumte man von einer Rückeroberung der durch den »Schmachvertrag« von Versailles verlorenen Kolonien, denn Bremens Kaufmannschaft, durch die Arbeiter-Aufstände von 1918/19 in besonderem Maße in Mitleidenschaft gezogen, hatte sich mit der Niederlage nie abgefunden. In einer großen Wirtschaftsausstellung von 1938, »Bremen – Schlüssel zur Welt«, gab es auch eine »Kolonialschau«, die unmißverständlich anzeigte, wohin unter den neuen Vorzeichen die Reise gehen sollte.

In Bremen wird ebenso wie in Hamburg gerne darauf verwiesen, daß viele führende Kaufleute zur NSDAP Distanz gewahrt hätten. Inge Marßolek und René Ott machen dafür unter anderem den »ständischen Dünkel« verantwortlich, »mit dem die ›gute Gesellschaft‹ Bremens auf die ›Proleten‹ der NSDAP herabblickte. Die Haltung war von einer Gegnerschaft oder Opposition weit entfernt. Es entsprach vielmehr dem Kalkül des hanseatischen Kaufmanns, sich mit den jeweiligen politischen Herren zu arrangieren, solange seine wirtschaftlichen Interessen nicht angetastet oder ernstlich beeinträchtigt wurden.« Wenn es dann aber an anderer Stelle heißt: »Das bremische Großbürgertum blieb – obwohl es sich mit dem System arrangierte – doch reserviert und skeptisch«, so ist das eine verharmlosende Floskel. Gerade die unselige Mischung von Anpassung und Dünkel hat das Verhängnis befördert.

In Bremen und Lübeck konnte sich die »Arisierung« ebenso austoben wie in Hamburg. Allerdings fehlt für diese beiden Städte eine so gründliche Untersuchung, wie Frank Bajohr sie für Hamburg geleistet hat. Ron Chernow berichtet davon, mit welchen Mitteln Friedrich Flick das Hochofenwerk Lübeck an sich riß, das sich mehrheitlich im Besitz jüdischer Firmen befand, darunter auch der Warburg-Bank (es war das einzige größere Industrieunternehmen, an dem diese beteiligt war). »Terror war ein unerläßlicher Bestandteil der Arisierungskampagne, da die Nationalsozialisten anfangs befürchteten, die offene Beschlagnahmung jüdischen Eigentums könne im Ausland zu Gegenmaßnahmen, unter anderem zur Einziehung deutscher Vermögenswerte führen. Also wurden die Eigentümer so lange psychisch unter Druck gesetzt, bis sie bereit waren, zu verkaufen.« Der mit den Warburgs verwandte Rudolf Hahn gab während der Nürnberger Prozesse zu Protokoll: »Uns drohte Verhaftung und Einweisung in ein Konzentrationslager.« 1938 erwarb Flick »mit fünfzigprozentigem

Notverkaufsnachlaß« die im Besitz der Familie Hahn und der Firma M.M. Warburg befindlichen Anteile des Hochofenwerks, die übrigen Anteile gingen an die Firma Mannesmann.

Als letzter Betrieb jüdischer Inhaber wurde am 13. August 1938 die »Norddeutsche Bürstenindustrie Albert Asch u. Co.« gewaltsam arisiert. Der Inhaber, Förderer des Lübecker Kunstlebens und der »Gemeinnützigen Gesellschaft«, hatte sich bereits 1935 in der Untersuchungshaft das Leben genommen.

Hat es »hanseatischen« Widerstand im engeren Sinne in nennenswertem Umfang gegeben? Studien dazu liegen vor, sind aber bei weitem nicht erschöpfend. Deutlich wird jedoch eines: Die Hauptlast eines nur anfangs noch offenen, bald infolge des Regimeterrors versteckten Widerstands trugen, abgesehen von den am meisten gefährdeten Juden, die »unteren« Schichten: Arbeiter und Kleinbürger. Für diejenigen, die sich selbst und mit Stolz so gerne die »Hanseaten« nannten, mußten andere die Kohlen der Selbstachtung aus dem Feuer holen – dem selbstgefälligen Hinweis der »Hanseaten« auf die eigenen Ruhmestaten stand das nach 1945 nicht im Wege.

Auch in Lübeck lockten Rüstungsaufträge die wirtschaftlichen »Eliten«. Seit 1934 hatten sich in Lübeck Rüstungsfabriken angesiedelt, denn der Standort galt, wie Gerhard Meyer in der »Lübeckischen Geschichte« anmerkt, als »relativ günstig, weit entfernt von möglichen Feindmächten, auch von Bombenflugzeugen zunächst noch kaum erreichbar. Günstig war die Möglichkeit, schnell und sicher Erze und andere Rohstoffe aus Skandinavien heranzuschaffen.« Lübeck hatte in den letzten Jahren der Weimarer Republik unter der Wirtschaftskrise besonders zu leiden. Die Zahl der Arbeitslosen war zuletzt auf mehr als 20 000 gestiegen. Lohnkürzungen und Kurzarbeit trugen dazu bei, massive, solidarische Protestaktionen zu befördern. Im Februar 1933 kam es zu einem Generalstreik, den Gewerkschaften und Kommunisten unterstützten. »Das Lübecker Proletariat hat drohend seine Faust emporgereckt. Es hat die Probe der Einigkeit und Geschlossenheit glänzend bestanden«, hieß es danach im »Lübecker Volksboten« – doch das traf nicht zu. Die Lübecker Sozialdemokraten, die noch auf die anstehenden Reichstagswahlen hofften, hatten dafür gesorgt, daß es bei einem einstündigen Warnstreik blieb, und die Lübecker KPD befand sich nach der Berliner »Reichstagsbrandverordnung« vom 28. Februar bereits am Ende ihrer Möglichkeiten. Wie in anderen Städten Deutschlands brachten sie Hausdurchsuchungen und Verhaftungen schnell um jeden Einfluß.

Lübeck hatte am 1. April 1937 seine Eigenständigkeit als »Freie Hansestadt« eingebüßt und war an Preußen gefallen. »Von Bemühungen um die Erhaltung des Restes an Eigenständigkeit« sei, so Gerhard Meyer, »nichts bekannt«. Lübeck ergab sich gewissermaßen mit fliegenden Fahnen. Wie überall sonst warfen sich, um das eigene Überleben zu sichern, die einflußreichsten Kreise der Stadt den neuen Machthabern an den Hals. Sogar die hehre, aus dem Geist der Aufklärung erwachsene »Gemeinnützige Gesellschaft« öffnete sich dem Nationalsozialismus »schnell und in besonders starkem Maße … Auch hier wurde das Führerprinzip eingeführt und in der neuen Satzung festgelegt, daß nationalsozialistisch Unzuverlässige und ›Nichtarier‹ nicht Mitglieder sein könnten« (Meyer).

Für Lübeck ist für diese Zeit ein Mann zu nennen, dessen Zivilcourage aus dem mutigen Heer der Opponenten herausragt: Von Anfang an hatte der sozialdemokratische Reichstagsabgeordnete Julius Leber erklärt, sich dem Terror nicht beugen zu wollen. Aus Biesheim im Elsaß stammend, wirkte er vor der Machtergreifung von 1921 bis 1933 als Chefredakteur des sozialdemokratischen »Lübecker Volksboten«. Am 27. Oktober 1932 hatte er in seiner Zeitung Hitler noch als »Mode von vorgestern« und als »nette alte Reliquie« eingeschätzt. 1933 entging der Mann, den Joachim Fest als »eine der charismatischsten und tatenentschlossensten Figuren des deutschen Widerstands« bezeichnet hat, nur knapp einem Mordanschlag. Danach wurde er zu einer Gefängnisstrafe wegen der Vorkommnisse auf einer Kundgebung »gegen die faschistischen Methoden der Lübecker Justiz« verurteilt und anschließend in den Konzentrationslagern Esterwege und Sachsenhausen interniert. 1937 wieder auf freiem Fuß, schlug er sich als Mitinhaber einer Kohlenhandlung in Berlin durch und machte sein Versprechen, nicht nachzugeben, wahr: Er knüpfte immer engere Kontakte zum christlich-konservativ dominierten Kreisauer Kreis um Graf von Moltke und war unmittelbar an den Vorbereitungen des Staatsstreichs vom 20. Juli 1944 beteiligt. Nach dessen Scheitern wurde er am 5. Januar 1945 in Berlin-Plötzensee hingerichtet. Sein enger Mitarbeiter, der Lübecker Journalist und Bürgerschaftsabgeordnete, Sozialdemokrat und entschiedene Kommunismus-Gegner Fritz Solmitz (ein früher Weggenosse Willy Brandts), wurde am 11. März 1933 verhaftet und im KZ Hamburg-Fuhlsbüttel besonders grausam mißhandelt. Er starb dort vermutlich durch Selbstmord. Seiner Ehefrau wurde es nicht gestattet, vom Leichnam ihres Mannes mehr als den Kopf zu sehen.

In Lübeck hat sich während der Nazijahre auch auf kirchlicher Seite Widerstand gegen die neue Obrigkeit entfaltet. Gerhard Meyer zählt zu der »Opposition aus Pfarrern und Gemeindemitgliedern« den »streitbaren Pastor Wilhelm Jannasch, der sich zu Niemöllers Dahlemer Richtung hielt«, und »neun Pastoren der Bekennenden Kirche, von denen besonders der Dompastor Erwin Schmidt hervortrat«. Doch überwog am Ende die Resignation und die Bereitschaft zum Kompromiß mit der evangelischen Reichskirche. Der evangelische Pastor Karl Friedrich Stellbrink und die katholischen Kapläne Johannes Prassek, Hermann Lange und Eduard Müller waren dazu nicht bereit und wurden wegen der Verbreitung von Predigttexten des Bischofs von Münster, Graf von Galen, am 10. November 1943 in Hamburg hingerichtet. Das Urteil sei auf einen «rechtlich höchst fragwürdigen Prozeß« gefolgt, merkt Gerhard Meyer an – ist das eine angemessene Formulierung für das Vorgehen der verbrecherischen NS-Justiz?

In Bremen und Hamburg konnte sich der kommunistische Widerstand trotz der aussichtslosen Lage etwas länger halten. Es bedurfte des Aufgebots von 200 SA-Männern, um im Mai 1933 den im Jahre 1899 in Blumenthal bei Bremen geborenen Arbeiterführer Leo Drabent festzunehmen. Er wurde gefoltert, aber 1934 noch einmal auf freien Fuß gesetzt. Zehn Jahre später wurde er erneut verhaftet und am 20. November 1944 durch das Fallbeil hingerichtet. Theo Winter, ein 1902 in Bremen geborener Modelltischler, wurde wegen illegaler Tätigkeit für die KPD von der Gestapo festgenommen. Danach konnte er sich jedoch in die Sowjetunion retten. Im Oktober 1943 ließ er sich per Flugzeug in Polen absetzen, um sich von dort aus nach Berlin durchzuschlagen. Er wurde erwischt und starb 1944 in der Berliner Gestapo-Zentrale einen grausamen Tod.

Die Hamburger Verhältnisse hat Ludwig Eiber eingehend untersucht. Was er herausfand, ist widersprüchlich: »Zwar setzte sich das beträchtliche antifaschistische Potential der Arbeiterschaft nicht wirksam in politische Widerstandsaktivitäten um, aber läßt dies den Umkehrschluß zu, die Arbeiter seien integriert und dem Regime gegenüber loyal gewesen?« Seit dem berüchtigten »Altonaer Blutsonntag« vom 7. Juli 1932, bei dem SA-Truppen, von der Polizei geschützt, in wilden Schießereien mit KPD-Anhängern ein Massaker angerichtet hatten, war das Klima zwischen kommunistischen und sozialdemokratischen Arbeitern einerseits und der NSDAP andererseits in Altona und Hamburg aufs äußerste gereizt. Kaum hatten die Nazis die Macht übernommen, wurden zahllose KPD-Funktionäre verhaftet und ihre Organisationen überall im Land zerschlagen. Die Gefängnisse waren schnell mit vermeintlich oder tatsächlich politisch Organisierten überfüllt. Sondergerichte verhängten »am laufenden Band« Todesurteile. »In Hamburg und … Altona sind zwischen 1933 und 1944 im Untersuchungsgefängnis Hamburg-Stadt, im Altonaer Gefängnis und im Konzentrationslager Neuengamme mindestens 475 von Justiz oder Wehrmacht zum Tode Verurteilte hingerichtet worden … Die kommunistische Gefahr wurde von der NS-Propaganda derart beschworen, daß große Teile der Bevölkerung und insbesondere der Kirchen in der NSDAP so etwas wie ein ›antibolschewistisches Bollwerk‹ sahen. Nicht zuletzt diese weitverbreitete antikommunistische Grundhaltung führte dazu, daß die Hinrichtungen der Jahre 1933 bis 1937, die in der Mehrzahl an Kommunisten vollstreckt wurden, nur wenig Empörung oder gar Widerstand provozierten« (Andreas Seeger in »Hamburg im 3. Reich«).

Der aus einfachsten Arbeiter-Verhältnissen stammende KPD-Schriftsteller Willi Bredel hat in seinem weniger der literarischen als der dokumentarischen Qualitäten wegen lesenswerten Roman »Die Prüfung« (man sollte sich die Authentizität und aufrechte Gesinnung seines Frühwerks nicht durch den Blick auf Bredels spätere Rolle in der DDR Ulbrichts verstellen lassen) die grausigen Einzelheiten der Haft in Hamburg-Fuhlsbüttel akribisch aufgezeichnet. Ebenso eindringlich aber hat ein Mann vom roten Widerstand gegen das Terrorregime erzählt, der alles andere als im Verdacht steht, nicht die Lehren aus den Verbrechen des Stalinismus für sich selbst gezogen zu haben: Der Hafenarbeiter Tönnies Hellmann hat 1998 in seinem unter Mithilfe von Friedrich Dönhoff und Jasper Barenberg entstandenen

Lebensbericht den abenteuerlichen Leidensweg eines Hamburger Widerstandskämpfers in allen Einzelheiten beschrieben, diesem Buch aber den wahrlich »hanseatisch«-bescheidenen Titel gegeben: »Ich war bestimmt kein Held«. Marion Gräfin Dönhoff, die mit Hellmann jahrelang einen offenherzigen Briefwechsel führte und seinen Fall publik machte, betonte in einem dieser Briefe: »Ich freue mich immer zu sehen, wie viele Gedanken und Empfindungen wir gemeinsam haben.« Hellmann hatte sich, nach Jahren der Haft, des Soldatseins, russischer Gefangenschaft und schließlich intensiver Beschäftigung mit dem Stalinismus in den siebziger Jahren von diesem abgewendet. Andere Hamburger wie der Arbeiterführer Ernst Thälmann und Carl von Ossietzky haben ihre Zivilcourage mit dem Tod bezahlt.

Im Keller der Buchhandlung »Agentur des Rauhen Hauses« traf sich ein »anderes Hamburg«, darunter war allerdings auch der französische Schriftsteller Maurice Sachs, der die verhängnisvolle Rolle eines Spitzels der Gestapo spielte. Der schon früh gegen das NS-Regime rebellierende Juniorchef der »Agentur«, Reinhold Meyer, hatte erst 1938 sein Abitur gemacht. Eine Buchhandelslehre schloß sich an, während der er sich als Student der Germanistik einschrieb. Er versammelte Gleichgesinnte um sich, traf sich mit ihnen zu Diskussionen und gemeinsamen Lesungen und hatte Verbindung zu Traute Lawrenz, der Freundin Hans Scholls. In München war im Oktober 1943 auch der Hamburger Chemiestudent Hans Leipelt wegen seiner Verbindung zur »Weißen Rose« festgenommen worden. Bei der systematischen Ausforschung seiner Beziehungen stieß man auch auf Meyer. Er wurde am 19. Dezember 1943 verhaftet unter der Beschuldigung, an einer verräterischen Unternehmung teilgenommen zu haben. Meyer kam in eine Einzelzelle des Zuchthauses Fuhlsbüttel, später in das KZ Neuengamme, wo ein weiterer Buchhändler, Felix Jud, interniert war. Auch er gehörte zum Kreise Meyers und war den Nazis ein Dorn im Auge, seit er unmittelbar nach der Machtübernahme sein Schaufenster mit nur einem einzigen Titel geschmückt hatte: Das Buch hieß »Schöne Tage mit braunen Menschen« und handelte harmlos von fernen Welten …

Reinhold Meyer starb in Neuengamme an Diphtherie – ohne jede ärztliche Hilfe. »Seid nun Gott befohlen«, beschloß er seinen letzten Brief an die Eltern und die Schwester, »ER hält uns alle in seiner Hand.

Bleibt gesund und behaltet guten Mut, wenn es auch manchmal über die Kräfte zu gehen scheint. Wir müssen stärker sein als die Not.«

Hans Leipelt wurde am 29. Januar in München-Stadelheim hingerichtet. Seine Mutter war wenige Wochen vorher im Polizeigefängnis Fuhlsbüttel gestorben. Die Medizinstudentinnen Margaretha Rothe und Friederike Geussenheiner, beide Mitglieder des Meyer-Kreises, kamen im Gefängnis beziehungsweise im KZ um.

Mit einem Widerstand gegen Hitler, der diese Bezeichnung auch verdient, waren in Hamburg nicht viele Namen verbunden, wenngleich es auch in Hamburg, Bremen und Lübeck bewunderungswürdige Beispiele von persönlichem Mut, diskreter Obstruktion und integrer Fürsorge für Verfolgte gegeben hat. Aber gemessen an Städten wie Berlin oder München war die Zahl und die persönliche Courage dieser Art von Helden doch eher gering. Der Wunsch nach Unauffälligkeit, Verführung durch geschäftliche Vorteile und Verteidigung des persönlichen Wohlergehens ließen die »Hanseaten« allzu großen und beherzten Wagemut eher vermeiden. Was von den Kaufleuten selbst gerne als besonderes Kennzeichen herausgestellt wird – »Understatement«, »Geradlinigkeit«, Zuverlässigkeit und Sachlichkeit –, zeigte im »Dritten Reich« dennoch seine grausige Kehrseite: Wegschauen statt humanes Engagement, Sichfügen in die Zeitläufte, geduldiges Warten auf bessere Zeiten waren die opportunistischen Gebote der Stunde. Vor allem Patrizierfamilien zogen die stumme Tatenlosigkeit dem waghalsigen Aufbegehren gegen die Unmenschlichkeit vor.

Immerhin gedenkt man in Hamburg noch mit einigem Stolz der »Swing-Jugend«. Hinter diesem kessen Begriff standen Töchter und Söhne aus »hanseatischen« Kreisen, die in anglophiler Gewandung vornehmlich im Alsterpavillon oder im Café Heinze an der Reeperbahn verbotene Tanzmusik spielten oder hörten. Viele von ihnen bezahlten dieses mutige Vergnügen mit der Einlieferung in das KZ Neuengamme, wenn auch meist nur für kurze Zeit. Die »Swing-Jugend« zeigte eine respektlose Aufsässigkeit, die mit dem Begriff »Widerstand« zu bezeichnen doch wohl etwas zu hoch gegriffen wäre.

Widerstand, das war im allgemeinen nicht Sache der »Hanseaten«, schließlich galt es, das seit Generationen angehäufte Kapital auch unter den neuen Umständen möglichst ungeschmälert in die Zukunft zu retten. Man muß sich gewiß vor Verallgemeinerungen hüten, doch hört man allzu selten von solchen Helden des Alltags unter den stolzen Kaufleuten, die eben nicht bereit waren, ihre Existenz – ihre Unternehmen – aufs Spiel zu setzen. Freilich sollte man leichtfertige Beschuldigungen vermeiden und bedenken, daß es unmöglich ist, sich in die Lage von damals zu versetzen. Und dennoch wünscht man, es hätte gerade bei den »hanseatischen« Eliten mehr Beispiele entschlossenen Widerstands gegeben. Diejenigen, die eine Ausnahme bildeten, sind heute oft vergessen. Soweit sie alten Kaufmannsfamilien entstammten, hatten sie sich aus ihrem Milieu ja auch längst abgesetzt, waren ihren eigenen, nicht-kaufmännischen Weg alleine gegangen.

Joachim Maass war einer dieser Abweichler. Als Sohn eines wohlhabenden Exportkaufmanns 1901 in Hamburg geboren, emigrierte der Journalist und Schriftsteller im Alter von 38 Jahren ohne unmittelbare »rassische« oder politische Notwendigkeit in die USA, einfach nur »aus freien Stücken. Allerdings hatte ich zwingende Motive. Erstens wünschte ich, das Los meiner jüdischen Freunde zu teilen, das war eine Sache des menschlichen Anstands. Zweitens wünschte ich, mich der spukhaften Verkommenheit und Verlogenheit zu entziehen, die das Leben und leider auch das Wesen der deutschen Nation immer giftiger durchschwärzten; das war eine Sache demonstrativer Abkehr und Trennung und, zugegeben, auch eine Sache des seelischen Selbstschutzes«, hat er später gesagt. Der Preis für die Rettung seiner Seele war hoch: Flucht, eine äußerst mühselige Existenz unter Emigranten, verurteilt zu Wirkungslosigkeit, Armut und häufiger Verzweiflung. »Ich verstand mich nicht mehr mit meinem eigenen Volk – man schwieg, man schwieg zu allem.«

Der begeisterte Hamburger aus gutbürgerlichem Hause hatte mit Abscheu das Wegschauen seiner Umgebung registriert und daraus seine Konsequenzen gezogen. Er hat sich später nicht als Held gesehen: »Ich bin nur aus dem Kotregen der Zeit davongerannt, bis ich in diese Einsamkeit kam, die kalt und sauber ist«, schrieb er aus dem amerikanischen Exil. Nach dem Krieg kehrte er noch einmal für kurze Zeit nach Hamburg zurück, doch das einstige Zugehörigkeitsgefühl wollte sich nicht mehr einstellen. Die Hamburger hatten ihn ein zweites Mal enttäuscht: »Nirgends und bei niemandem fand ich auch nur einen Nachhall des Entsetzens, des Zornes, Hasses oder Widerwillens, kurz aller Reaktionen vor, die das unsägliche Treiben der Naziprominenz und ihrer nur allzu willigen, emsigen Handlangerhorden doch in jeder gesunden und stolzen Seele hätten hinterlassen müssen.« So kehrte er nach New York zurück, wo er vereinsamt und verarmt 1972 starb. Der Autor des Werkes »Die unwiederbringliche Zeit«, einer der schönsten Hamburger Familienromane, der an den verehrten Freund Thomas Mann erinnert, ist in seiner Heimatstadt fast ganz vergessen. Eine Gedenktafel für diese Ausnahme unter den aufrechten »Hanseaten« gibt es nicht.

Auch der Hamburger Patriziersohn John Rittmeister, ein hochgebildeter Facharzt für Nervenkrankheiten, gehörte zu den wenigen »hanseatischen« Helden der Menschlichkeit. Er war ein unermüdlicher Helfer der jüdischen Hamburger, versteckte sie vor ihren Häschern und tat, was in seinen Kräften stand, für die Bedrohten, damit sie der Todesgefahr entkamen. Herkunft und Karriere entsprachen dem Standard bester »hanseatischer« Familien. Rittmeister hatte, wie es sich für seine Kreise gehörte, die Welt gründlich kennengelernt und hätte es leichter als andere gehabt, in politischer Anonymität die Hitler-Jahre zu überstehen. Doch um die Weihnachtszeit 1941/42 kam er, mehr durch Zufall, mit Harro Schulze-Boysen in Verbindung, dessen kompromißlose Gegnerschaft zum Krieg und zu Hitler Widerstandsgeschichte geschrieben hat. Im September 1942 wurde Rittmeister verhaftet und in verschiedene Berliner Gefängnisse gesperrt. Von Anfang an mußte er mit dem Todesurteil rechnen, dennoch hat er selbst in qualvollsten Verhören seine Überzeugungen nicht verraten. Noch in den dunkelsten Stunden der Haft befaßte er sich mit wissenschaftlichen Arbeiten. Nach der endgültigen Verurteilung zum Tode schrieb er in seinem Abschiedsbrief an den Bruder Wolfgang: »Mein Leben ist abgeschlossen«, und seine Wünsche galten nur noch seiner Familie. An seine Frau schrieb er am selben Tag: »Ich habe ja nichts weiter auszustehen, aber Du, Du mögest die Kraft vom Schicksal erhalten, weiter die schwere Zeit durchzustehen und Dich bereit zu halten für weitere und sicher große, Deiner Berufung, Deinem Sinn, Deiner Kraft angemessene Aufgaben.« Was immer »hanseatische« Tugenden einmal waren – in »Hanseaten« wie John Rittmeister verkörperten sie sich auf bewunderungswürdige Weise. Nur wenige außerhalb seines engsten Freundeskreises haben bis heute auf dieses Vorbild aufmerksam gemacht.

Es gab sie also doch gelegentlich, diese »hanseatischen« Ausnahme-Helden jenseits der Mitläufer und Angepaßten. Aber ihre Namen sind kaum bekannt. Lebendig sind in der Geschichte der Stadt dagegen noch immer die Namen solcher »hanseatischer« Patriarchen, die keinen Augenblick zögerten, sich dem barbarischen Regime flexibel und mit nachhaltigem materiellem Erfolg anzupassen. Es sind manche bis heute sehr einflußreiche Unternehmer darunter.

Wer heute der Geschichte der Opfer des Nationalsozialismus nachgeht, ist immer wieder davon beeindruckt, wie detailliert und selbstkritisch die Deutschen seit 1945 versucht haben, ihre Schuld »aufzuarbeiten«. Es mögen noch immer nicht alle Sünden der braunen Vergangenheit ans Licht getreten sein – den Vorwurf mangelnder Bemühung, sie gewissenhaft und schonungslos auszuleuchten, kann man den Deutschen aber gewiß nicht mehr machen. Das alles reicht

»Deutschland muß leben, und wenn wir sterben müssen« steht auf dem steinernen Monument des Infanterieregiments Nr. 76, das in Wahrheit bereits auf den Marsch in die Katastrophe hinweist. Ein Verein sorgt bis heute dafür, daß das peinliche Denkmal am Dammtorbahnhof regelmäßig von Farbklecksen gesäubert wird. Beim Ausbruch des Kosovo-Krieges erhielten übrigens sämtliche Helme über Nacht einen rot-grünen Anstrich.

in Anbetracht der ungeheuren Schuld nicht aus, wird niemals ausreichen, doch gemessen an der Aufklärung der stalinistischen Verbrechen kann sich die kritische Bilanz wahrlich sehen lassen. Die Zahl der wissenschaftlichen, dokumentarischen, auto- und biographischen Publikationen ist inzwischen unübersehbar geworden. Nach der ersten Welle der Aufarbeitungen, für die Eugen Kogons «SS-Staat« bis heute Maßstäbe gesetzt hat, brachte die »Epochenwende« von 1968 einen zweiten großen Schub an exakten Recherchen. Was immer »deutsche Gründlichkeit« bedeuten mag – die historische »Aufarbeitung« der zwölf NS-Jahre, ihre Vor- und Nachgeschichte verdient dieses Prädikat uneingeschränkt. Aber all diese Anstrengungen bleiben unvollständig, wenn die Ergebnisse nicht ausreichend »popularisiert« werden und das allgemeine Bewußtsein nicht erreichen. Mit dem Historiker-Streit, der Goldhagen-Debatte, den Diskussionen um das geplante Berliner Holocaust-Denkmal und zuletzt mit den von Martin Walser in seinen zynischen und kryptischen Erklärungen provozierten Forderungen nach einem »Schlußstrich«, nach Vergessen und Wegschauen in Erwartung einer wiedererstarkten, »selbstbewußten« Berliner Republik, brachen manche längst für überwunden gehaltene Konflikte erneut auf. Zu groß und zu schwer ist das Ausmaß an Unmenschlichkeit, das uns die größte Katastrophe unserer Geschichte beschert hat, als daß wir in jene »Normalität« entlassen werden könnten, nach der sich vor allem jene so sehnen, die sich selbst gegenüber nie ehrlich sein wollten.

Der Anteil Hamburgs, Bremens und Lübecks an den NS-Verbrechen ist inzwischen weitgehend dokumentiert. Auf Unwissenheit kann sich niemand mehr berufen. Aber die Kraft »hanseatischen« Verdrängens und Vergessens, die sich bis zur Verleugnung und der endlosen Suche nach Entlastungsgründen steigern kann, erweist sich noch oft als »mentales Bollwerk« gegen den unvoreingenommenen Blick in den Spiegel. Die Wunde wird noch lange nicht geschlossen sein. »Deutschland muß leben, und wenn wir sterben müssen«, lautet bis heute die Inschrift über dem von einem Förderverein stets sorgfältig geputzten »Ehrendenkmal« für das Hanseatische Infanterieregiment Nr. 76 am Hamburger Dammtorbahnhof, das 1936 vor zahlreichen Ehrengästen und Senatoren von General Wilhelm Knochenhauer eingeweiht wurde. Seit dem Jahre 1925 hatte der Bund der

Sechsundsiebziger Vereine dieses Denkmal gefordert, erst die Nationalsozialisten haben es ermöglicht. Wer daran heute vorüberschlendert, muß mit stets neuem Entsetzen auf die dem Tod in einem neuen Krieg entgegenmarschierenden Soldaten sehen, auf die seelenlosen Gesichter, die gleichförmigen Stahlhelme und die exakt geschulterten Gewehre. Um das pompöse Denkmal tobten seit 1945 immer wieder erbitterte Auseinandersetzungen. Das von der Stadt später daneben errichtete Mahnmal Alfred Hrdlickas ist wegen eines Streits mit dem Künstler nie fertig geworden – seine Wirkung verblaßt ohnehin gegenüber der steinernen Ausgeburt des Faschismus. Solange dieser Hamburger Schandfleck nicht beseitigt ist, so lange muß alle Zuversicht in eine endgültige »Bewältigung« der Vergangenheit fragwürdig bleiben.

Gemessen an diesem Zeugnis deutschen Ungeistes erscheinen auch alle anderen Mahnmale gegen die Barbarei der NS-Zeit, die in Hamburg, Bremen und Lübeck zu finden sind, vergleichsweise unscheinbar. Gewiß erinnern heute auch viele Straßen und Plätze an mehr oder weniger prominente Opfer von damals. Denkmale, von denen mehr als eine ästhetische Wirkung ausgeht, finden sich dagegen viel zu selten.

Wenn es darum ginge, einem außergewöhnlichen Menschen ein Denkmal zu errichten (und nicht nur einen Platz nach ihm zu benennen), dann wäre vor allem ein Monument für einen Mann angebracht, der für die Städte Lübeck und Hamburg Großartiges geleistet und die alte »hanseatische« Tugend der Fürsorge aufopfernd an den Tag gelegt hat: Dr. Joseph Carlebach. Die Erinnerung an ihn führt uns noch einmal zum traurigen Kapitel der Judenverfolgung zurück. Sein Name ist, insbesondere durch Publikationen aus den letzten Jahren, in Hamburg und Lübeck nicht vergessen.

Joseph Carlebach war, wie seine Tochter, die heute in Tel Aviv lebende Wissenschaftlerin Miriam Gillis-Carlebach schreibt, »der letzte gesetzestreue Oberrabbiner« im »Dritten Reich«. Seine Eltern stammten aus Lübeck, sein Vater war dort Rabbiner. Einer seiner Söhne, Simeon Carlebach, war ein Mitschüler Thomas Manns und wurde von diesem besonders geschätzt. Das achte Kind, der Sohn Joseph, wurde am 30. Januar 1883 in Lübeck geboren. Er besuchte das humanistische Katharineum, wollte zuerst Medizin studieren, ent-

Zwei Jahre vor Hitlers Machtübernahme: Rabbiner Joseph Carlebach aus Lübeck mit seiner vielköpfigen Familie.

schloß sich dann aber zu einem Studium der Physik bei Max Planck in Berlin. Zugleich aber studierte er Kunstgeschichte und Philosophie bei Wilhelm Dilthey und Erich Schmidt. 1905 ging er für einige Zeit an ein Lehrerseminar nach Jerusalem, kehrte jedoch 1907 nach Berlin zurück, um seine Dissertation zu vollenden. Anschließend besuchte er das Berliner Rabbinerseminar. Bei Ausbruch des Ersten Weltkrieges meldete er sich, ganz deutscher Patriot, zum Militär, stieg schnell in den Offiziersrang auf und gründete im besetzten Litauen ein Gymnasium, dem er seinen Namen gab. 1918, während eines Urlaubs in Berlin, heiratete er die noch nicht achtzehnjährige Charlotte Helene Preuss aus Hamburg. 1920 kehrte er mit ihr nach Lübeck zurück. Sein Vater, amtierender Rabbiner, war gestorben, und Joseph Carlebach hatte vor, ihm im Amt nachzufolgen. Da erreichte ihn das Angebot, in Hamburg die Direktion der jüdischen Talmud-Thora-Schule zu übernehmen, deren Bedeutung für die jüdische Gemeinde im Grindel-Gebiet erheblich war (und deren ausladendes Backstein-Gebäude glücklicherweise die Zerstörungen des Zweiten Weltkrieges überstand). Carlebach wurde ein bei Schülern und Eltern gleichermaßen beliebter Schulleiter, zog mit seinen Jüngern begeistert durch Wald und Feld, lehrte sie seine vorzüglichen Schwimmkünste und erwies sich besonders dadurch als fortschrittlicher Pädagoge, daß er für Kinder mit Lernschwierigkeiten neue, wirkungsvolle Programme entwickelte. Aber Ende 1925 gab er die Leitung der Schule wieder ab, um in Altona Oberrabbiner zu werden. Altonas Juden waren, im Vergleich zur Hamburger Grindel-Gegend, sehr viel ärmer. Viele von ihnen waren mittellos aus Polen eingewandert.

Neun Kinder sollte das Ehepaar bekommen. Für die jüngste Tochter, die 1928 geboren wurde, übernahm kein Geringerer als der Reichspräsident von Hindenburg selbst die Patenschaft. In den Altonaer Jahren bewältigte Carlebach neben seiner Rabbiner-Tätigkeit ein gewaltiges wissenschaftliches und publizistisches Pensum zu verschiedensten Fragen des jüdischen Glaubens. Als das »Dritte Reich« kam, war sein Optimismus zunächst ungebrochen, daß die Sache für die Juden vielleicht doch noch gut ausgehen werde. Und selbst als er 1935 nach Palästina reiste – aus Hamburg emigrierte Mitglieder seiner Gemeinde hatten ihn um die Trauung gebeten –, dachte er nicht einen Augenblick lang an Emigration: »Er fühlte, daß er zurückgehen müsse zu einer gefährdeten Gemeinde, auch wenn das ein Zurück in ein unheildrohendes Deutschland bedeutete« (seine Tochter Miriam Gillis-Carlebach). 1936 wurde er als Oberrabbiner nach Hamburg berufen, wo er in der später zerstörten Synagoge am Bornplatz aufrecht und entschlossen seines Amtes waltete. »Mit Würde reagierte Joseph Carlebach auf die gesetzlich eingeführten Schikanen: auf die eingeschränkten Existenzmöglichkeiten, das Abhören seiner Telefongespräche, die Beschlagnahme seiner Bibliothek, den Entzug seines Gehaltes ... Am 25. Oktober setzten die Hamburger Deportationen ein; Oberrabbiner Carlebach setzte einen Fasttag an und bekundete, daß es sein ausgesprochener Wille sei, mit seiner Gemeinde bedingungslos zusammenzubleiben. Am 25. November 1941 bekam auch er den Bescheid, daß er mit seiner Frau, seinen noch in Hamburg verbliebenen vier jüngeren Kindern (die älteren hatte er außer Landes schicken können) und mit etwa 800 Mitgliedern seiner Gemeinde das Todesexil anzutreten habe.« Es war eine Reise ohne Wiederkehr. In dem letzten seiner erhaltenen Briefe schrieb er an eine ferne Verwandte: »Es ist eine Zeit allgemeiner Not. Da darf man nicht an sich denken. Da muß das Herz den Weg finden zu der Not der anderen. Allen noch Unglücklicheren zu helfen, das ist die Bestimmung derer, die selbst ihr Brot mit Tränen essen.«

Die Tochter beschreibt das Ende seines Lebens beziehungsweise ihrer Familie nach den Aussagen von Augenzeugen, die sie später befragt hat: » Oberrabbiner Carlebach stieg in den Zug, am 6. Dezember 1941, als ginge es zu einer Erholungsreise; er strahlte Wärme, Humor, Zuspruch und Gottvertrauen aus, unterstützt durch die tapfere Haltung und die mustergültige Ruhe seiner Frau und ihrer Kinder. Auch in den Wintermonaten im KZ-Lager Jungfernhof bei Riga gab er nichts von seinen Lebensidealen auf. Er sorgte im geheimen für Schulunterricht und Erwachsenenbildung, für Gottesdienst und leuchtende Chanukkalichter für die kleinen Kinder und für würdige Worte eines jeden einzelnen der so vielen Toten ... in die offenen Baracken schlich er sich nachts, von Koje zu Koje sich tastend, um seinen frierenden, Hunger leidenden und gequälten Leidensgenossen seine warmen Trostworte zuzuflüstern.«

Einige Überlebende der weitverzweigten Familie Carlebach aus Lübeck – allein Joseph Carlebach hatte elf Geschwister – leben heute über die Welt verstreut. Auf dem jüdischen Friedhof von Moisling sind manche ihrer Toten begraben. In seiner illustrierten Chronik der Juden in Moisling und Lübeck schreibt Albrecht Schreiber zu einer Abbildung, die einen Ausschnitt des Lübecker Rathauses wiedergibt und einen kauernden Mann mit Kippah zeigt, der ein Wappen mit einem Anker in der Hand hält: »Dieses Zeugnis des in Lübeck besonders ausgeprägten Antisemitismus ist an der Nordfassade des Rathauses zu finden. Das steinerne Monument, das das diskriminierende Vorurteil der Habgier und des Eigennutzes der in der Hansestadt bis zuletzt wenig willkommenen Juden symbolisiert, stammt nicht aus dem ›Dritten Reich‹. Es wurde 1888/89 dort angebracht. In dieser Zeit saßen zwei berühmte Juden im Stadtparlament: Rabbiner Dr. Salomon Carlebach (1845–1919) und Siegfried Seligmann Mühsam (1838–1915), der Vater Erich Mühsams.«

Anders als in Lübeck und vor allem in Hamburg war in Bremen der Anteil der jüdischen Bevölkerung immer verschwindend gering – dafür hatte schon Bürgermeister Johann Smidt gesorgt. Seine Nachfolger taten es ihm nur allzugerne gleich. Etwa 1550 jüdische Bürger wies eine Volkszählung vom 16. Juni 1933 aus, das waren weniger als ein halbes Prozent der Bevölkerung. 52 Geschäfte wurden in Bremen »arisiert«. Wie in anderen deutschen Großstädten erhielten 440 Juden Bremens im Oktober 1941 die Aufforderungen zur »Evakuierung«. Vor der Abreise nach Minsk mußte jeder einzelne von ihnen folgenden Text unterschreiben: »Ich, der unterzeichnete Jude, bestätige hiermit, ein Feind der deutschen Regierung zu sein und als solcher kein Anrecht auf das von mir zurückgelassene Eigentum, auf Möbel, Wertgegenstände, Konten oder Bargeld zu haben. Meine deutsche Staatsbürgerschaft ist hiermit aufgehoben, und ich bin vom 17. November 1941 an staatenlos.« 426 Bremer Juden wurden gemeinsam mit fast 10000 Leidensgenossen am 28. und 29. Juli 1942 in Minsk »liquidiert«.

Werfen wir zuallerletzt einen Blick auf das Schicksal eines wahrhaften »Hanseaten«, auf Max Warburg. Um das geschäftige und gesellige Leben seiner Familie auf dem Kösterberg in Blankenese war es nach 1933 still geworden. Einige Familienmitglieder, darunter der genialische Vetter und Mitbankier Siegmund, retteten sich durch Emigration. Max Warburg war ein entschiedener Gegner der Auswanderung, er drängte die Juden Hamburgs zum Ausharren. »Ungeachtet der Haltung der NSDAP pflegte die deutsche Industrie weiterhin geschäftliche Kontakte mit M.M. Warburg u. Co. Wohl verlor die Bank Mitte der dreißiger Jahre einige größere Kunden, darunter Daimler-Benz und Friedrich Flicks Maxhütte, doch waren dies erstaunliche Ausnahmen. Verblüffend war, daß sie 1935 lediglich vier von zweiundfünfzig Aufsichtsratsmandaten aufgeben mußte, und das bestärkte Max in seiner stets wiederholten Überzeugung, der Antisemitismus sei zwar überall zu spüren, aber unter der wirtschaftlichen Elite Deutschlands alles andere als verbreitet.«

Durch den amerikanischen Teil der Familie stand die Bank anfangs geschützter da als andere jüdische Unternehmen, und Max Warburg notierte in seinen Erinnerungen: »In meiner wachsenden seelischen Not hielt mich das Gefühl aufrecht, daß ich meine Pflichten gegen die Familie, die Firma und meine jüdischen Mitbürger erfüllen müsse.« Rastlos engagierte er sich für die Reste jüdischen Lebens in seiner Stadt, half Auswanderungswilligen bei ihren Fluchtplänen. Aber immer mehr seiner ehemaligen »hanseatischen« Geschäftsfreunde setzten ihm den Stuhl vor die Tür. 1938 wurde auch seine Bank arisiert: Unter Mithilfe Max Warburgs und der amerikanischen Familie wurde sie an den langjährigen Mitarbeiter Rudolf Brinckmann übergeben, der zumindest alles tat, um den Übergang so fair wie möglich zu gestalten. Die Einzelheiten dieser Transaktion blieben nach 1945 noch lange strittig. »Zwei Wege waren es, zwischen denen wir zu wählen hatten«, teilte Max Warburg nach der Übergabe im Mai 1938 seinen zum letzten Mal um ihn versammelten Mitarbeitern mit, »entweder wir gaben das Geschäft auf, traten in Liquidation und leiteten die Kundschaft auf eine andere Bankfirma über, oder aber wir stellten das Werk über die Person, erhielten die Firma, schieden selber aus und übergaben die Leitung unseren Nachfolgern. Wir sind diesen zweiten Weg gegangen; denn wir wollten nicht, daß diese Firma, der unsere Lebensarbeit bis heute gehört hat, zerstört würde. Vor allem aber wollten wir nicht, daß Ihre Gemeinschaft, zu der Sie in jahrzehntelanger Arbeit zusammengewachsen sind, zerfallen sollte … Es ist keine leichte Aufgabe, die diese Herren übernehmen, und sie können sie nur bewältigen, wenn ihnen Sie, unsere Mitarbeiter, mit der gleichen Unermüdlichkeit zur Seite stehen, wie sie uns zuteil geworden ist, die wir stets als das Glück unserer Arbeit empfunden haben und für die wir Ihnen in dieser Stunde noch einmal herzlich danken.«

Ende August 1938 reiste Max Warburg mit seiner Frau nach New York ab, wohin sich sein Sohn Eric bereits gerettet hatte. Die neuen Inhaber der Bank, Dr. Rudolf Brinckmann und Paul Wirtz, unter deren Namen die Bank nun firmieren mußte, brachten sie durch den Krieg. 1970 erhielt sie ihren alten Namen zurück. Max Warburg, der große »hanseatische« Bankier, Patriot und Wohltäter, starb am 26. Dezember 1946 in New York.

Die 50 000 Bände der Bibliothek Aby Warburgs, Hamburgs einstiger Perle der Kulturwissenschaften und Treffpunkt der bedeutendsten Köpfe der Zeit, konnten durch die tatkräftige Vermittlung Eric Warburgs und unter Mithilfe der amerikanischen Familienmitglieder schon 1933 auf zwei Schiffen nach London transportiert werden, wo sie eine neue Bleibe in dem bis heute weltweit geschätzten Warburg-Institut fanden. Einige Hamburger Nutznießer der Bibliothek wie Werner Burmeister, Mitarbeiter des ebenfalls emigrierten Kunstwissenschaftlers Erwin Panofsky, wußten sich sogleich vom »jüdisch gerichteten Fahrwasser der Hamburger geistigen Kreise, in Vollkommenheit ihres geistigen Zentrums, der Bibliothek Warburg«, zu distanzieren und sich auf die frei gewordenen Lehrstühle der Universität zu setzen.

Inzwischen liegt das größte Verbrechen deutscher Geschichte mehr als ein halbes Jahrhundert zurück. Vor manchen schönen Legenden sind die Schleier längst zerrissen, der quälende Prozeß der Versöhnung mit den Opfern – und sich selbst – hat viel Segensreiches bewirkt. Wir Deutsche sind eben gründlich – selbst in Sühne und Aufarbeitung, wenn auch die alten Verdrängungsmechanismen immer wieder an die Oberfläche geraten. Die »Hanseaten« haben ihre jüdischen Mitbürger von einst wieder aufgenommen, woran nicht zuletzt der Hamburger Verleger Axel Springer rühmlichen Anteil hatte. Freilich sind viele von ihnen von einer ehrlichen Bestandsaufnahme ihrer Mitverantwortung an dem, was den Juden angetan wurde, noch weit entfernt. Wer sich in »Hanseatenkreisen« umhört, kann noch heute böse Überraschungen erleben.

Wird es den »Hanseaten« für immer erspart bleiben, zu beweisen, daß sie aus ihrer zu lange verdrängten Mitschuld an einem Jahrhundert-Verbrechen gelernt, daß auch ihre Kaufleute die bequeme Distanzierung von politischen Brandstiftern und das Verharren im unbarmherzigen Egoismus in Zeiten dramatischer Gefahr überwunden haben, daß ihr »Hanseaten«-Stolz – mit Blick auf die braunen Jahre – eine überhebliche Selbsttäuschung darstellt?

XVIII. **Danach**

Vom Fluch und vom Segen eines Mythos

Vor mir liegt eine kürzlich in einer Hamburger Tageszeitung veröffentlichte, ganzseitige Anzeige, deren Überschrift in riesigen Lettern lautet: »Typisch hanseatisch: Fair, offen, transparent!« Für die Dienste einer Telefongesellschaft wird hier mit der gängigen Formel von der Aufrichtigkeit und Zuverlässigkeit geworben, die man den »Hanseaten« vor allem zuschreibt. Leicht ließen sich noch Prädikate wie »ehrlich« und »sachlich«, »distanziert« oder »pragmatisch« hinzufügen, je nach Zuneigung oder (Selbst-) Gefälligkeit. Solche Etiketten, mögen sie noch so unscharf sein, kommen ja nicht von ungefähr: der küstennahe, protestantisch geprägte, seit Jahrhunderten vom Welthandel lebende Norden Deutschlands unterscheidet sich in der Tat von den südlicheren Landesteilen, in denen die Lebensbedingungen aufgrund von klimatischen oder geographischen, religiösen oder ethnischen Unterschieden andere Verhaltensweisen entstehen ließen. Die vielberufene Zuverlässigkeit und Nüchternheit der »Hanseaten« ist das Ergebnis einer alten Seefahrer- und Kaufmannstradition, bei der Verläßlichkeit, Pragmatismus und Augenmaß zum existentiellen Rüstzeug gehörten. Bei Sturm und Wellen, aber auch bei den Geschäften mit Handelspartnern in aller Welt kam es eben weniger auf ausschweifende Phantasie und Erfindungsreichtum als auf das Einhalten verläßlicher Regeln an. Oft ersetzte ein Handschlag oder ein Augenzwinkern alle Verträge, schon die alte Hanse hat auf schriftliche Vereinbarungen verzichtet.

Die »hanseatische« Kaufmannsehre gilt noch immer viel. Auf »hanseatische« Kaufleute könne man sich mehr als auf andere verlassen – diese Einschätzung wird auch außerhalb des »hanseatischen« Hoheitsgebietes geteilt. Diese Auffassung von Kaufmannsehre ging – und geht bis heute – mit einer aus bürgerlich-autonomer Tradition erwachsenen Gemeinschaftsverantwortung einher, auf die Stolz zu empfinden sehr gerechtfertigt ist. Sie gehört zu den großen Verdiensten des »hanseatischen« Handels und Wandels. Kaufleute waren es, die einmal den »hanseatischen« Bund und die Verpflichtung zur gegenseitigen Hilfe ins Leben riefen. Man mag sich noch so sehr über die »Pfeffersäcke« aufregen, verglichen mit dem Treiben des Adels an manchen Fürstenhöfen kann sich die Bilanz ihrer Fürsorge, läßt man ihre Verfehlungen einmal außer acht, wahrlich sehen lassen.

Eine Zeitlang waren die Kaufleute auf »hanseatischem« Boden wirklich der Nabel der Welt, und sie kannten die Welt. Für das Wohlergehen nicht nur ihrer Mitbürger waren (und sind) sie verantwortlich, sondern im hohen Maße auch für das des gesamten Staatswesens. Frei von Standes- und Etikettezwängen schufen sie sich eine Wertordnung, die das Geschäfts- und Gesellschaftsleben ihrer Städte zeitweilig in höchste Regionen erhob. Wo ihr Vorbild Großes und Bewundernswertes hervorbrachte, zeigten die »Hanseaten« von einst zu Recht ihren Stolz darauf. Unter ihrer Sonne gedieh ein Bürgertum, das oft erfolgreicher und zugleich dezenter, tüchtiger und vielleicht auch ein wenig formbewußter war als anderswo. »Stil« und Eleganz, die man den »Hanseaten« gern nachsagt, prägte der Kaufmannsstand – wenngleich der seine Vorbilder und Ideale aus London oder Amsterdam, aus Paris oder der Karibik (die Säulenportale an den Villen!) zu importieren pflegte. Genialische Innovation war nicht Sache der »Hanseaten«, die überließen sie lieber den südlichen Regionen, dafür wurden sie Meister der klugen Nachahmung. Aber vieles blieb eben nur Kopie.

Urteile über geographische, ethnische oder soziale Gruppierungen müssen immer auswechselbare Klischees bleiben. Jeder nimmt sich gern die griffigsten Attribute heraus – und macht es sich mit der Abwehr differenzierterer, nicht in den eigenen Blickwinkel passender Argumente leicht. Man könnte es mit den Worten Gregor von Rezzoris sagen, der über die Hamburger meinte, was sich so ähnlich auch auf die übrigen »Hanseaten« übertragen lassen dürfte: »Mit mimosenhafter Empfindlichkeit wird alles wahrgenommen, was dem Hamburger Mythos nahekommt und ihn in Frage stellen könnte. Es ist der Mythos eines Patriziats der Gesamtbevölkerung. Jeder Hamburger von Hein und Fietje bis zu Klein-Erna ist umflossen von der weltoffenen, weltweiten Aura des kühnen Seefahrer- und Handelsherrentums von Störtebeker bis Ballin, von den braven Guano-Importeuren der Kaiserzeit bis zum Norddeutschen Lloyd der dreißiger Jahre. Selbstverständlich ebenbürtig den gleichfalls seefahrenden Engländern und anerkanntermaßen ebenso hoch entwickelt in Zurückhaltung und Eigendünkel. Ausgestattet also mit allen Eigenschaften der englischen *middle class,* wie sie die britische Epoche des ausgehenden neunzehnten Jahrhunderts in alle Welt, also auch in Bismarcks Reich, getragen hatte.« Die britischen Einflüsse datieren allerdings nicht erst aus dem 19. Jahrhundert, vielmehr haben sich die »Hanseaten« schon immer *das Englische* zum Vorbild genommen, und es steht ihnen ja auch nicht schlecht zu Gesicht. Es gab allerdings eine dunkelbraune Zeit, in der sie diese Zuneigung über Nacht verrieten und verkauften.

»Die« Preußen und Bayern, Westfalen oder Sachsen – das sind geographisch leicht zuzuordnende Begriffe. Zu den »Hanseaten« gehören – nach eigenem unausgesprochenen oder ausgesprochenen Selbstverständnis (siehe Percy Ernst Schramm) – nur ganz bestimmte Bürger und Bürgerinnen der drei »hanseatischen Städte«. Um so unschärfer und beliebiger sind die Kriterien der Abgrenzung. Das »Hanseatische« gleicht einer magischen Wundertüte, aus der sich zu bedienen jedermann freigestellt ist. Was aber in sie hineingehört – darüber zu richten haben sich stets jene vorbehalten, die sich als ihre Elite verstanden. Und das waren nun einmal zuerst die Kaufleute und all jene, die der Handelswelt die Steigbügel hielten: Juristen und Politiker vor allem.

Wie ist es seit dem Ende des »Dritten Reiches«, das die Stadt Lübeck aus dem Verbund der Freien Städte »par ordre du mufti« herauslöste und damit den historischen Bund von einst empfindlich traf, um die alten Tugenden und Kriterien des »Hanseatischen« bestellt? Die politische Macht mußten die Handelskönige endgültig an andere Mandatsträger abgeben. In allen drei Städten regieren Sozialdemokraten, bleibt die politische Mitwirkung der Kaufleute auf das mehr oder weniger unauffällige Walten im Hintergrund beschränkt. Johann Smidts Forderung nach »hanseatischer« Zurückhaltung, Gelassenheit, zielorientierter Klugheit, Bescheidenheit, Nüchternheit und Pragmatismus ist nicht mehr nur an sie gerichtet, sondern ebenso auf alle anderen Städte und Bewohner des Nordens übertragbar. Das »Hanseatische« ist zum inflationären und beliebigen Kennwort geworden, mit dem sich zu schmücken wohlfeil (und heikel!) geworden ist.

Als einen der letzten »Hanseaten« alten Schlages aus einer untergegangenen Zeit konnte man noch Hamburgs ersten Bürgermeister der Nachkriegszeit, Rudolf Petersen, bezeichnen. In ihm, wie vor ihm in seinem Bruder, dem Bürgermeister Carl Petersen, vereinigte sich noch einmal all das, was den »hanseatischen« Patriarchen ausmachte: kaufmännisches Geschick und nüchterner Weitblick, Zugehörigkeit zum alten großbürgerlichen »Stadtadel«, Welterfahrung, Mitgliedschaft in den wichtigen, äußerst konservativen Clubs – aber auch ein nicht unerheblicher Schuß von Antisemitismus. Im Alter von 66 Jahren von den Engländern zum Bürgermeister ernannt, konnte »dieser souveräne Dilettant«, so hat ihn Hamburgs erster Kultursenator Biermann-Ratjen genannt, »eine Art haben, sich zurückzulehnen und ein Bein übers andere zu schlagen, die den höchsten englischen General ... zu höflicheren Formen veranlaßte«. Er war ein Mann schneller Entscheidungen und ein durch und durch konservativer Pragmatiker ersten Ranges. »Seichter Optimismus« passe nicht zu einem Hamburger Kaufmann und Bürgermeister, meinte er, und so machte er sich nach der deutschen Katastrophe mit Energie und Geduld an den Aufbau eines neuen Hamburg.

Doch der neue Anfang war verbunden mit einer Lebenslüge: Er hatte bei seinen früheren antisemitischen Empfindungen und sogar während der Jahre des »Dritten Reiches« verdrängt, daß ihn eine jüdische Mutter geboren hatte und daß er damit ja gerade die besondere hamburgische Symbiose zwischen jüdischen und nicht-jüdischen Familien unter den »Hanseaten« repräsentierte. Auch der Schuldanteil seiner »Hanseaten« am zwölfjährigen Terror schien ihm unerheblich. In Hamburg sei der Nationalsozialismus »im Vergleich zum übrigen Reich relativ wenig eingedrungen«. Das sagte ein Mann, der sich während des »Dritten Reiches« unauffällig am Rande der Stadt aufhalten und dort mit eingeschränkter Kraft seinen Geschäften als Kaufmann nachgehen mußte! Nicht allzuweit von seinem Wohnort befand sich eines der grausamsten Konzentrationslager auf deutschem Boden, in dem mehr als 100 000 Häftlinge eingepfercht, in dem mehr als 50 000 Menschen getötet wurden. Karsten Plog nannte (in einem Aufsatz für die »Frankfurter Rundschau« vom 25. Oktober 1981) Neuengamme »eines der eklatantesten Beispiele der Nachkriegszeit für Vergessen und Verdrängen«.

Man muß Plogs Formulierung wohl auf den gesamten Umgang der »hanseatischen« Städte mit den Verbrechen des »Dritten Reiches« übertragen: Erst spät begann eine neue Generation damit, die Fundamente dieses Verdrängungsprozesses gewissenhaft freizulegen. So fair, transparent und offen, wie es die schönen Legenden (auch die des Bürgermeisters Petersen) wahrhaben wollen, waren gerade die führenden »Hanseaten« eben doch nicht. Am wenigsten – wir wiesen schon darauf hin – zeichneten sie sich dadurch aus, daß sie ihre Kaufmannstugenden unter Gefahr für Leib und Leben (und das Einkommen) durch mutiges mitmenschliches Handeln unter Beweis stellten. Es sind eben nicht »hanseatische«, sondern vor allem preußische Namen, die sich mit dem Widerstand gegen Hitler und mit der Sorge um Deutschland verbinden. Wolf Jobst Siedler hat (in dem Aufsatz »Was ist des Deutschen Hauptstadt?«, »Frankfurter Allgemeine Zeitung« vom 20. Juni 1998) daran erinnert, daß »unter den Namen der nach dem 20. Juli Hingerichteten kaum eine jener Familien fehlte, die für Preußens große Tradition gestanden hatten. Es waren preußische Adlige von den Grafen v. Hardenberg, v. Schulenburg, v. Schwerin, Yorck v. Wartenburg bis zu v. Moltke und norddeutsche Arbeiterführer wie Julius Leber und Leipziger Bürgermeister wie Carl Goerdeler, die den verzweifelten Staatsstreich getragen hatten. Sie endeten fast ausnahmslos am Galgen.« Gemessen an der historischen Leistung solcher Familien nimmt sich die »hanseatische« Erfolgsbilanz peinlich aus. Hier zog man – und zieht gerne noch heute – lieber jenes »feine Schweigen« vor, das Fritz Stern mit »verderblichem Schweigen« gleichsetzt. Der Daueranspruch auf Bewunderung und mildernde Umstände steht den »Hanseaten« nicht mehr gut zu Gesicht.

Die Zeit, da so viele der stolzen »Hanseaten« ihre alten Ideale verrieten und verkauften, liegt mehr als ein halbes Jahrhundert zurück. Neue dominierende, erfolgreiche und gemeinnützige Köpfe haben das »Hanseaten«-Gesicht geprägt und verändert. Aber hat der Mythos inzwischen nicht für immer seine Glaubwürdigkeit verloren? Ist es in unserer »modernen« Zeit nach all den Verstrickungen der Vergangenheit überhaupt noch statthaft, ihn weiterhin mehr oder weniger sorglos zu tradieren? Enthält er nicht immer unausgesprochene Ausgrenzungen, genügend Hinweise auf Anlässe zur Scham, als daß man ihn noch – und gar mit Stolz – verwenden sollte? Hamburger, Bremer, Lübecker, ihre Zugehörigkeit zu allem Norddeutschen in den alten und neuen Bundesländern, ihre Zugehörigkeit zur deutschen Republik und, was das Wichtigste sein dürfte, zur europäischen Staatengemeinschaft, sind das nicht heute ausreichende, weil genauer zu definierende Etikettierungen?

Einem großen Sohn Lübecks hat man sein unbeirrbar-mutiges Verhalten und seine Emigration aus Nazi-Deutschland nicht nur in Lübeck lange nicht verziehen. »Christliche« nordddeutsche Politiker wie Kai-Uwe von Hassel, der seinerzeitige Ministerpräsident Schleswig-Holsteins (inzwischen das »Mutterland« Lübecks), warfen Willy Brandt, der sich seit 1929 in der Lübecker sozialistischen Jugendbewegung engagierte, noch in den frühen sechziger Jahren vor, er habe sich eben nur »gedrückt«: »Ich verleugne nicht meine Volks- und Staatsangehörigkeit persönlicher oder sonstiger Vorteile wegen. Ich kann diese Schicksalsgemeinschaft nicht verlassen, wenn es mir persönlich gefährlich erscheint, um ihr wieder beizutreten, wenn das Risiko vorüber ist.« Das Argument ist in »hanseatischen« Kreisen noch immer lebendig. Brandt hat unmittelbar vor Beginn des »Dritten Reiches« eine Ausbildung als Schiffsmakler begonnen – wenig später war ihm auf einem Fischerboot die Flucht aus seiner Heimatstadt nach Dänemark geglückt. Von dort aus reiste er – nun aus guten Gründen nicht mehr unter seinem Geburtsnamen Frahm – nach Norwegen weiter. Als »eigentlichen Hanseaten« haben den Beinahe-Schiffahrtskaufmann und späteren Bundeskanzler vermutlich nur wenige in Erinnerung. Auch hierin zeigte sich die höchst beliebige Zuordnung des Begriffs.

Das »Hanseatische« war zu Beginn in erster Linie eine Interessensidentität des Seehandels, ein Streben nach Gemeinsamkeit dreier freier Städte. Es beinhaltete auch einen Verhaltenskodex. Es meinte eine Ideologie, die einen Gleichklang der Werte und Ziele anstrebte. Heute haben Hamburger, Bremer oder Lübecker »Hanseaten«, hört man nur genau hin, mehr denn je ihre eigenen Interessen vor Augen, und niemand kann es ihnen verwehren. Wer in den »hanseatischen« Städten lebt, weiß nur zu gut um die Klüfte zwischen ihren Grenzen. Die alte Gemeinschaft war gewiß nie so eng, wie sie Smidt und andere in ihrem »Hanseatischen Magazin« beschworen. Heute besteht sie allenfalls noch auf einigen partiellen strategischen Übereinkünften. Die aber gibt es zu anderen Städten – etwa zu Rostock und Kiel, Hannover oder gar Berlin – nicht weniger. Die Formel von den drei störrischen Stadtrepubliken gegen den Rest des Reiches ist verblichen. Neue Konstellationen haben die »hanseatische« Trias in die Geschichte verbannt. Aber in Erinnerung bleibt, daß ihr patriarchalisches Kaufmannsbündnis, ihre eben doch zuallererst auf wirtschaftlichem Denken und Handeln gegründeten Stadtrepubliken der moralisch-politischen Herausforderung der Nazi-Diktatur nicht standhalten konnten – zumindest nicht mehr als andere Teile Deutschlands.

Inzwischen haben neue Hamburger, Bremer und Lübecker das Gesicht ihrer Städte und darüber hinaus das Gesicht einer neuen, endlich wieder vereinigten deutschen Republik geprägt. Die »hanseatischen« Kaufleute und mit ihnen die gesamte Bevölkerung haben, nicht anders und nicht besser als die anderen Deutschen, auf den Trümmern der Vergangenheit wieder strahlende Städte errichtet. Das konnte nicht zuletzt deswegen geschehen, weil die alten sozialen Muster, also auch die politische Vorherrschaft der »königlichen Kaufleute«, einer demokratisch-republikanischen Gesamtverantwortung gewichen sind – wenn auch nicht freiwillig.

Zu den letzten Bilderbuch-»Hanseaten« zählen auch – neben nicht weniger tüchtigen Kaufleuten als die der Vergangenheit – sozialdemokratische Politiker wie Helmut Schmidt. Mit seiner zu Bundeskanzler-Zeiten besonders gern vorgeführten Prinz-Heinrich-Mütze, seinem mal schroffen, mal sarkastischen, mal provokativen, mal würdevoll-staatstragenden »hanseatisch«-stolzem Auftreten und seiner glänzenden Rhetorik ist er ein beliebtes Aushängeschild geworden, das keine Parteigrenzen kennt. Daß Schmidt nicht Bundespräsident wurde, ist zu bedauern.

Als Hitler an die Macht kam, war Helmut Schmidt vierzehn Jahre alt. In diesem Jahr erfuhr er, daß sein Vater das uneheliche Kind eines jüdischen Bankiers war, und das bedeutete für die ganze Familie zwölf Jahre Angst. Helmut Schmidt selbst wurde Soldat und hat nach dem Kriege viel zum scharfen Blick auf die deutsche und »hanseatische« Vergangenheit beigetragen. »Ich habe während der Nazizeit gewußt, ich bin dagegen, aber ich habe nicht gewußt, wofür ich sein soll«, hat er einmal in einem Interview (gegenüber der »Süddeutschen Zeitung« vom 23. Dezember 1998) gesagt. Wofür er sein wollte und sollte, hat er nach dem Kriege um so genauer gewußt. »Als er schon zehn Jahre lang aus dem Kanzleramt geschieden war, wünschten sich immer noch über 55 Prozent der deutschen ihn und keinen anderen als Regierungschef. Seine Autorität als Pragmatiker, als Krisenmanager, als Marktwirtschaftler, als Wirtschafts-, Finanz- und Sicherheitspolitiker war auch nach dem Verlust der Macht am Rhein ungebrochen ... Unfehlbar ist er nicht, aber imposant« – mit diesen Worten hat ihm Münchens Oberbürgermeister Christian Uhde in einem Porträt (in der »Münchner Abendzeitung« vom 23. Dezember 1998) zum achtzigsten Geburtstag gratuliert. Und doch gibt der »Hanseat« Helmut Schmidt Züge zu erkennen, die mitnichten »hanseatisch«, sondern ganz und gar eigenwillig und unangepaßt sind. Wenn der Hamburger Kultursenator Biermann-Ratjen, zeitweilig Schmidts Kollege im Senat, aus dem Rathaus zurückkam, wußte er manches Mal seufzend sein Befremden über den ebenso temperamentvollen wie ungenierten Mitstreiter zu artikulieren. Der gelernte Notar hatte einen anderen »Hanseaten«-Begriff, in dem Kunst und Kultur die größte Rolle spielten. Wer von beiden war aber der »eigentliche« Hanseat?

Vordergründig »hanseatischer« nahm sich da noch ein politischer Gegner Helmut Schmidts aus: der Bremer Rechtswissenschaftler und Politiker Karl Carstens. In bescheidenen Verhältnissen 1914 geboren, fiel er schon auf dem Bremer »Alten Gymnasium« durch seine ungewöhnliche Lernbereitschaft auf, und er hat es dann auch schnell zum promovierten Bremer Rechtsanwalt gebracht. Er gab sich damit nicht zufrieden, habilitierte sich, geriet in die Politik, wurde ein gefragter Experte für europäisches Recht, schließlich Präsident des Bundestages in der alten Bundesrepublik und 1979 Bundespräsident. Kein anderer Politiker bediente in Habitus, Wortwahl und nüchterner Distanziertheit so sehr den »hanseatischen« Mythos. Konservativ und pflichtbewußt wie der legendäre Bremer Bürgermeister Smidt, vertrat er die alt-bremischen Tugenden unauffälligen Durchsetzungsvermögens. Wie dieser betätigte er sich mit Vorliebe auch »auf dem Felde der Dichtkunst«, liebte das Zitieren und Sammeln von Gedichten. Als Bundespräsident begeisterte er seine Landsleute mit seiner Wanderlust: Mehr als 1500 Kilometer legte er auf deutschem Boden unter den Augen einer wohlgefälligen deutschen Öffentlichkeit in Wanderschuhen zurück. Freilich vereint er auch einige jener anderen Bestandteile »hanseatischen« Selbstverständnisses, die nicht mehr in die Nachkriegszeit paßten. Er hatte sich aus Karrieregründen der NSDAP angedient, das »Hanseatische« mit dem nationalen Wahn vereinigt – auch darin war er ein »Hanseat« seiner Zeit.

Was also ist ein »echter Hanseat«? Repräsentierte nicht Willy Brandt, repräsentierten nicht die Hamburger Widerständler Carl von Ossietzky und Ernst Thälmann, die Lübecker NS-Opfer Joseph Carlebach und Fritz Solmitz oder der während des »Dritten Reiches« nach Verhaftungen als Kleinlandwirt im »inneren Exil« verborgene Bremer Wilhelm Kaisen – um nur einige Namen herauszugreifen – das »eigentliche«, das »wirkliche Hanseatentum«? Ein Hamburger Kaufmann aus feinsten »Hanseatenkreisen«, der lebensfrohe Baron Voght hatte, ganz im Tonfall der Aufklärung, von seinen »hanseatischen« Freunden einst »Herzensfrömmigkeit, Hilfsbereitschaft und Liebe« eingefordert. Auch an solchen Vokabeln muß sich der »Hanseaten«-Begriff, soll er nicht zur beliebigen Floskel verkommen, messen lassen. Als eine Art Adelsprädikat wurde und wird er oft verstanden, doch unter der Last seiner Implikationen haben sich seine Konturen längst in Schall und Rauch aufgelöst. Um es provozierender zu sagen: Es gibt sie wohl gar nicht mehr, die »Hanseaten«. Es erging ihnen wie den Helden in Adalbert von Chamissos »Riesenspielzeug«.

»Die Höhe, wo vor Zeiten die Burg der Riesen stand,
Sie selbst ist nun verfallen, die Stätte wüst und leer,
Und fragst du nach den Riesen, du findest sie nicht mehr.«

Nun ist natürlich ihre Stätte alles andere als verfallen. Aus den Ruinen erblühte zumindest Hamburg schöner als jemals zuvor. Bremen und Lübeck, wo – anders als in Hamburg – durch Bomben gerade die schönsten Teile der Innenstädte schwer in Mitleidenschaft gezogen wurden, haben ihre Kriegswunden mehr oder weniger glücklich auskuriert. Auch Bremen hat nun seine Universität, die freilich den alteingesessenen Bremern lange als obsessive »linke« Kaderschmiede galt. Die Zeiten, da ein junger Kaufmann wie Bernhard Rothfos binnen kürzester Zeit zu einem der größten in Deutschland heranwachsen konnte, sind – auch wenn die Nachkriegszeit noch einmal Rekord-Karrieren ermöglichte – vorüber. Legendär ist heute nicht nur Rothfos' Erfolg als Kaufmann, sondern auch seine Bereitschaft, zu spenden und zu unterstützen, wo immer er dazu die Notwendigkeit sah – und er sah sie oft.

In Sachen Spenden für wohltätige und kulturelle Zwecke sind Hamburgs, Bremens und Lübecks Kaufleute immer noch eine Klasse für sich. Darin haben sie ihr »hanseatisches« Erbe und ihre Verpflichtung gegenüber ihrer Bürgergemeinschaft nie vergessen und verraten. Ihre seit dem Mittelalter geübte Großzügigkeit gegenüber ihren Stadtrepubliken hat sich bis heute bei verantwortungsbewußten und großherzigen Kaufleuten bewahrt. In Lübeck, dessen reichster Kaufmann des Mittelalters, Johann Füchting, der Stadt einen bis heute berühmten Bau für Witwen und Waisen hinterließ, trägt die Possehl-Stiftung ganz im Sinne ihres Gründers den Löwenanteil der Spendentätigkeit. Ob Dom oder Hunderte von sanierten Wohnhäusern, der Füchtingshof, das Heilig-Geist Hospital oder die Lorenzkirche, ob Lübecks berühmte Orgeln in Sankt Jacobi, Sankt Ägidien und Sankt Marien, ob Musikhochschule oder Universitätsbauten – überall in der Stadt stößt man auf die lebendigen Spuren ihrer segensreichen Hilfe.

Bremens traditionsreichste Bürgergründung, die Kunsthalle, erhält Jahr für Jahr noch immer viele Millionen Mark aus Bürgerhand. Sonderausstellungen werden dort ausschließlich privat »gesponsert«. An Leihgaben aus Bremer Bürgerhäusern ist kein Mangel. Das riesige Areal des Bürgerparks wird von Bremer Bürgern jährlich mit vier Millionen Mark bezuschußt. Private Fördervereine unterstützen Kunst und Theater oder die Restauration historischer Stadtteile wie das Schnoor- oder das Ostertorviertel. Bremen empfindet sich mit einigem Stolz als älteste noch existierende Stadtrepublik der Welt, und seine Bürger lassen sich deren Pflege viel kosten. Allerdings sind es meist Banken oder Vereinigungen und weniger Einzelpersonen, denen die Hauptlast der Opferbereitschaft zufällt. Seitdem es der »Standortpolitik« bedarf, um Kapital und Eliten in die Städte zu locken, fällt ihnen das Spenden ganz offensichtlich leichter. Dabei läuft allerdings das einst mit so viel Mut und Optimismus errichtete

Bremerhaven Gefahr, vom Spenden-Kuchen nicht ausreichend abzubekommen. Bremerhaven hat prozentual die meisten Sozialhilfe-Empfänger in Deutschland. Die Werftenkrise und der Rückgang des Fischfangs haben schwere Schäden hinterlassen. Das Land Bremen einschließlich Bremerhaven hält mit einer Arbeitslosenquote von fünfzehn Prozent einen traurigen Rekord. Unübersehbar sind die Spannungen zwischen den beiden bremischen Landesteilen, die sogar schon den Ruf nach getrennten Autokennzeichen laut werden ließen.

Noch bilden Bremen und Bremerhaven aufgrund ihrer »hanseatischen« Tradition ein eigenständiges Bundesland, das kleinste in Deutschland. Aber wie lange noch? Die Anzeichen mehren sich, daß auch dieses »hanseatische« Idyll – wie das Lübecks, das schon längst seiner »hanseatischen« Selbständigkeit verlustig ging – bald der Vergangenheit angehören wird. Die beiden Parteien der Stadt, einst unversöhnliche Kontrahenten, haben sich unter der geschickten Führung des sozialdemokratischen Bürgermeisters Henning Scherf zu einer Art Notgemeinschaft verschworen, um gemeinsam von der geliebten Souveränität und der Eigenverantwortlichkeit zu retten, was zu retten ist. Dabei ist von Johann Smidts Idealen einer »hanseatischen« Zusammengehörigkeit nicht viel mehr als die besonnte Vergangenheit geblieben. Henning Scherf, dem sein gewinnender »hanseatischer« Charme, seine integrierende Kraft und pragmatische Versöhnungsbereitschaft ebenso viel Anerkennung eingebracht haben wie sein tatkräftiges Engagement für die Notleidenden in Nicaragua, könnte einer der letzten souveränen Landesherren der Hansestadt Bremen sein. Dann wäre die Stadt Hamburg ein »hanseatischer« Solitär – mit ebenfalls ungewissen Zukunftsaussichten. Die radikal globalisierende Zukunft schafft sich ihre eigenen, unsentimentalen Gesetze …

Im reichen Hamburg ist die Zahl der großherzigen Stifter und Spender unter den Kaufleuten kaum zu zählen. Unternehmer wie Alfred Töpfer (dem die Stadt die Rettung eines mittelalterlichen Teilstücks verdankt) oder Helmut Greve (der gerade der Universität zwei aufwendige Flügelbauten zu ihrem von einem anderen Bürger, Edmund Siemers, gestifteten Hauptgebäude »schenkte«), Kurt A. Körber (dem die Oper Glorreiches verdankt) oder Werner Otto haben mit ihren Förderungen sozialer und kultureller Einrichtungen Maßstäbe gesetzt, denen sich eine imponierende Flut von Spenden-Organisationen und Einzelstiftern verpflichtet fühlt. Und auch den selbstlosen Stifter gibt es zuweilen noch, der seine Anonymität gewahrt wissen möchte, ganz nach dem Motto: Tu Gutes und sprich nicht darüber. Bürgerliche Mitverantwortung für soziale und kulturelle Belange gehören in Hamburg, Bremen und Lübeck seit einer Zeit zur selbstauferlegten Pflicht, als man Bürgerinitiativen noch nicht kannte. Sie ist das nobelste Stück Tradition aus alten »Hanseaten«-Tagen. Sie allein könnte den alten Mythos am Leben erhalten.

Nur selten sind es noch die alten Kaufmannsdynastien, die in der Wirtschaft den Ton angeben. Besonders die Schiffahrt hat tiefgreifende Veränderungen hinter (und vor) sich. Reedereien sind nach Zypern, auf die Kanalinseln oder auf die Bahamas ausgewandert, Schiffe wurden ausgeflaggt, und der einst so prosperierende Passagierschiffsverkehr gehört ohnehin der Vergangenheit an. Die technische Entwicklung vernichtet Arbeitsplätze, die Häfen, in denen sich einst Tausende von Masten und Schornsteinen drängten, gleichen – jede Hafenrundfahrt beweist es – mehr und mehr menschenleeren Geisterlandschaften. In Hamburg hat der Dienstleistungssektor alle anderen Wirtschaftsbereiche längst überflügelt. Unternehmen für Wirtschafts- und Steuerberatung, Anwaltskanzleien, Werbeagenturen und vor allem (als Folge der britischen Besatzung!) Deutschlands blühendster Medienmarkt haben das Bild vom alles überragenden Seehandel relativiert. Hamburgs einstiger Bürgermeister Klaus von Dohnanyi fürchtet (in einer Betrachtung in der Zeitung »Die Woche« vom 31. Oktober 1997) sogar: »Die große Zukunft des Welthandels droht an Hamburg vorbeizugehen.« Das dürfte übertrieben sein. Aber es stimmt, daß die europäische Integration, die Folgen der wirtschaftlichen Globalisierung und die dringend erforderliche Stärkung der neuen Bundesländer Hamburg in besonderer Weise getroffen haben. Hamburgs größte Arbeitgeber heißen heute »Dasa« und »Debis« (Luft- und Raumfahrt) oder »Otto« (Versandhandel), »Deutsche Lufthansa« oder »Axel Springer Verlag«.

Hamburg ist die Stadt der meisten Millionäre in dieser Republik, 6000 zählt die Statistik. Hamburg verfügt über das höchste Pro-Kopf-Einkommen in Deutschland, man spricht von der »reichsten Region

Europas«. Um so krasser treten – wie zu alten »hanseatischen« Zeiten – die sozialen Unterschiede zutage, wenn auch das innere Stadtbild mit all seinen heller denn je erstrahlenden Fassaden davon wenig verrät. In den reicheren Stadtteilen nimmt in allen drei Städten der Wohlstand zu, in den ärmeren nimmt er ab – Brennstoff für neue soziale Konflikte. Gegenüber der ausländischen Bevölkerung herrscht dennoch ein tolerantes Klima. In den drei Küstenstädten ist man den Umgang mit Menschen aus anderen Nationen länger als anderswo gewohnt. Ein Spaziergang auf dem größtem Friedhof der Welt in Ohlsdorf erinnnert mit seinen Arealen für andere Nationen daran. Der Friedhof, den man nur mit dem Auto oder per Bus durchqueren kann, ist an Sonn- und Feiertagen fast so etwas wie ein Ausflugsziel. Den ebenfalls sehr großen jüdischen Friedhof nebenan, auf dem auch die vielen für Deutschland gefallenen jüdischen Soldaten des Ersten Weltkriegs ruhen, kennen die wenigsten Hamburger.

Von »unsrer Börse Seelen« hatte der poetische Patriot Barthold Heinrich Brockes einst geschwärmt. Seitdem Hamburg die erste Börse in Deutschland errichtet hatte, war diese so etwas wie ein »hanseatisches« Symbol. Inzwischen haben andere Städte und eine neue Technologie der »hanseatischen« Seele die Luft zum Atmen genommen. Ihre Tage sind gezählt.

Als »unserer Börse Seelen« hatte Barthold Heinrich Brockes einst die Hamburger »Handelsschaft« gefeiert. Heute steht es um den Glanz der ältesten und schönsten Börse auf deutschem Boden schlecht. Im Jahre 1558 war sie am Nikolaifleet als noch nicht überdachter Platz entstanden, 1841 wurde der bis heute genutzte Neubau eingeweiht. 1989 haben mehr als 10 000 Kaufleute dem Verfall des schönen Gebäudes durch massive Spenden entgegengewirkt, aber der Siegeszug der Elektronik machte der traditionsreichen Einrichtung das Leben schwer: Büros sind verwaist, Banken schließen ihre Börsenhandelsabteilungen und orientieren sich, ebenso wie Hamburgs Versicherungen, immer mehr am Finanzplatz Frankfurt. Dem Haus droht die Schließung: »Wir müssen uns von der 200 Jahre alten Vorstellung verabschieden, daß die Hamburger Börse noch eine wirtschaftlich reale oder psychologische Funktion hat«, meint ein Hamburger Bankvorstand. Die gemordete Seele von Hamburgs »Hanseaten« steht für den radikalen Rückgang »hanseatischen« Eigenlebens. Hamburgs Börse rangiert (hinter Frankfurt, Düsseldorf und München) nur noch an vierter, Bremens Börse nur noch an achter Stelle. Noch ist Hamburg Deutschlands zweitwichtigster Finanzplatz, aber die Zeichen stehen auf Sturm. Die finanzpolitische Musik spielt im Zeichen des Euro mehr denn je in Frankfurt am Main und die deutsche Politik bald vornehmlich in Berlin. Wo aber Kapital und Macht zusammenströmen, läßt sich die Verschmelzung alter »hanseatischer« Verhaltensformen mit anderen regionalen Eigenheiten beobachten. Dagegen helfen auch keine selbstbewußten Beschwörungen. So wie Historiker von einer *»nach-hansischen«* Geschichte sprechen, leben wir inzwischen in einer *»nach-hanseatischen«* Geschichte, wenn auch der Abschied von liebgewordenen Formeln schwerfällt. Am Beginn eines neuen Jahrtausends sollte man daher das schöne, beliebig dehnbare, nie endgültig zu definierende und daher jedwedem Mißbrauch offenstehende Schlagwort von den »Hanseaten« sanft zur Ruhe betten: es hat seine Schuldigkeit getan. Der Rest ist Nostalgie.

Die für die »hanseatische« Tradition so typischen feudalen Clubs scheinen diese Auffassung zu widerlegen, denn hier scheint auf den ersten Blick die Welt der vornehmen Kaufleute noch in Ordnung. Doch die Zeichen sind trügerisch. Mit den patriarchalischen Kaufleuten von einst hat die bunte Mischung von zumeist nicht mehr selbständigen Mitgliedern nur noch Reste einer verblassenden Etikette gemein. Auch in Hamburg, Bremen und Lübeck wird das städtische Leben längst von einer heterogenen, um traditionsreiche Umgangsweisen wenig bekümmerten, ganz anderen Szene beherrscht, in der es nicht anders zugeht als in München oder Berlin, Frankfurt oder Köln. Das »Hanseatische« mag sich noch in Rudimenten, in Fassaden, in verbliebenen englischen Interieurs, in einigen erheiternden Redewendungen oder den (pseudo)englischen Kleiderordnungen entdekken lassen – wer genau hinsieht, entdeckt allenfalls noch überholtes Festhalten an verblaßten Traditionen. »Hanseatische« Wirklichkeit heute, das ist vor allem (nord)deutsche Normalität.

Und dennoch: Es leben die Ausnahmen! »Hanseatische« Tradition im allerbesten Sinne, höchste ökonomische Kompetenz gepaart mit ideologiefreier sozialer und kultureller Verantwortlichkeit, Opferbereitschaft, Gemeinsinn und aufklärerischem Furor bei persönlicher Bescheidenheit: Welcher Mann verkörpert diese Tugenden imponierender als der Hamburger Unternehmersohn Jan Philipp Reemtsma, Sproß und Erbe einer Familie, die in besonderer Weise die Höhepunkte, aber auch die gefährlichen »hanseatischen« Irrwege anschaulich machte? Alles schien anfänglich darauf hinauszulaufen, daß auch er den Weg seines Vaters, des Zigaretten-Königs Fürchtegott Reemtsma, einschlagen und ein machtbewußter, politisch einflußreicher Unternehmer werden würde. Schon auf dem humanistischen Gymnasium »Christianeum« fiel seine außerordentliche Begabung auf. Als der Vater starb, trat er mit sechsundzwanzig Jahren dessen Erbe an. Anders als seine Vorfahren – eine neue Zeit forderte die Abkehr von der liebgewordenen Bevorzugung praktischer Ausbildung – widmete er sich erst einmal dem Studium der Betriebswirtschaft. Doch dann folgte die große Überraschung: Er veräußerte seine Firmenanteile an die Hamburger Kaffee-Röster-Familie Herz (»Tschibo«). Die erlösten 300 Millionen Mark investierte er in einer eigenen Vermögensanlagefirma.

In kritischer Distanz zur verhängnisvollen Mitschuld an der Finanzierung des »Dritten Reiches« (und wohl auch zum Industrie- und Handelsobjekt seiner Familienfirma) schlug der junge Reemtsma nun einen ganz anderen Weg als den vorbestimmten ein. Sein vordringliches Ziel wurde der Einsatz seines klug vermehrten Vermögens für soziale und kulturelle Zwecke. Geldvermehrung, wissenschaftliches, soziales und mäzenatisches Engagement fügten sich auf so ideale Weise zusammen, wie sie einst der legendäre »Hanseat« Caspar Voght im Sinn gehabt und mit seinen materiellen und geistigen Mitteln vorgelebt hatte. Reemtsma studierte Literaturwissenschaften und förderte großzügig den von ihm hochgeschätzten Autor Arno Schmidt, machte sich einen Namen als Wieland-Forscher, unterstützte couragiert ambitionierte soziale Projekte, verhandelte (freilich ergebnislos) mit der Stadt Hamburg über den Erwerb des umstrittenen Wohnprojekts Hafenstraße, gründete in einem weiträumigen, modernsten technischen Neuerungen angepaßten Gebäude am traditionsreichen Hamburger Mittelweg ein eigenes Forschungsinstitut (darin ein Nachfahre des »Hanseaten« Aby Warburg und seiner »Kulturwissenschaftlichen Bibliothek«), begann mit jungen Wissenschaftlern die Geschichte des Nationalsozialismus und überhaupt die von Terror und Unterdrückung kritisch aufzuarbeiten, erregte mit der von seinem Institut verantworteten Ausstellung über die Mitschuld deutscher Wehrmachtsangehöriger an den Verbrechen des »Dritten Reiches« weltweites Aufsehen (und nachhaltige Empörung, die er gelassen aufnahm), erforschte die Mechanismen von Gewalt und Fremdenfeindlichkeit, schuf eine in ihrer Form wohl einmalige Präsenzbibliothek zu diesen und anderen Fragen, rief die verschiedensten Stiftungen ins Leben, gründete wissenschaftliche Zeitungen und einen Verlag. Er entwickelte sich zu einem beachtlichen Schriftsteller und Publizisten, dessen Beiträge zu den aufwühlenden Debatten der letzten Jahre (Goldhagen-Diskussion, Walser-Bubis-Affäre) eine selbstgefällige Historikerzunft durch ihre Unvoreingenommenheit und Sachlichkeit in den Schatten stellte.

Für diese beeindruckenden, das deutsche Kultur- und Geistesleben stets aufs neue beflügelnden Erfolge mußte er 1996 als Opfer einer spektakulären und grausam brutalen Entführung einen verhängnisvollen Preis entrichten. Daß er dieses Inferno überlebte, ist wohl nur seinem außerordentlichen Intellekt zu verdanken, seiner analytischen Selbstdisziplin. Der Erforscher von Gewalt und Terror in den Händen von Schwerverbrechern: Reemtsmas traumatische Erfahrungen lassen sich in seinem ebenso erschütternden wie bewundernswerten Report »Im Keller« nachlesen. Er bleibe nun für immer »an das traumatisierende Erlebnis psychisch gefesselt«, sagt er darin. Sein jedes unangemessene Aufheben vermeidender Forschungsdrang hat darunter nicht den geringsten Schaden gelitten. Mit »hanseatischem« Understatement hat er nach seiner Befreiung geschrieben: »Ich habe keine relevanten Erkenntnisse mit nach Hause gebracht.« Er habe nur »ungeheures Glück gehabt«. Mit jedem seiner gelehrten Beiträge und seinen Forschungsvorhaben, nicht zuletzt auch mit seiner konsequenten Verweigerung jedweder Form von Publicity beweist der inzwischen zum Professor an der Hamburger Universität ernannte Gelehrte das Gegenteil. Tiefer als er hat kein anderer »eigentlicher Hanseat« in die Abgründe des Lebens und der Seele blicken müssen. Wenn irgend jemand heute noch das Prädikat eines »mythischen Hanseaten« verdient, so ist er es. Durch sein Leben und seine Arbeit – beflügelt durch seine begnadete Intelligenz – hat er allem »Hanseatischen« neue, wohl uneinholbare Maßstäbe gesetzt und damit zur Versöhnung mit einer verhängnisvollen Vergangenheit nachhaltig beigetragen. Die jüngste Diskussion über einige Irrtümer der Wehrmachtsausstellung darf nicht in Frage stellen, daß vor allem er es war, der – so Heribert Prantl in der »Süddeutschen Zeitung« (noch immer eine helle Stimme der Vernunft) – festhielt, »dass Massenerschießungen und Serienhenkerei nicht gelegentliche Exzesse einer da und dort außer Rand und Band geratenen deutschen Soldateska waren, sondern Programm«. Reemtsma hat Richard von Weizsäckers berühmte Rede vom 8. Mai 1985 so ernst wie die wenigsten »Hanseaten« genommen: Erinnern heißt »eines Geschehens so ehrlich und rein zu gedenken, dass es zu einem Teil des Inneren wird.«

Reemtsma selbst wäre wohl der letzte, der sich mit dem Titel eines »Hanseaten« – eines »stolzen« noch dazu – schmücken würde. Und diejenigen, die sich gern mit diesem Attribut zieren, wissen oft nicht, was in seinem Namen einst Segensreiches und Verhängnisvolles geschah. Lassen wir also die »Hanseaten« einfach in den Brunnen der Vergangenheit hinabsinken. Friede ihren Seelen! Der Norden bleibt dennoch oben – zumindest auf der Landkarte.

Danksagung

Freunde und Verwandte aus Hamburg, Bremen und Lübeck, Mitarbeiter(innen) von Staats- und Stadtarchiven haben mich bei meiner Spurensuche unterstützt. Sie verdienten es, einzeln genannt zu werden. Da ich jedoch nicht davon ausgehen will, daß auch meine Bewertungen immer ihre Zustimmung finden, habe ich davon abgesehen. Mein Dank gilt allen gleichermaßen, die mir bei der Arbeit an diesem Buch geholfen haben, ganz besonders aber der Lektorin Ditta Ahmadi.

Bibliographie

Ahrens, Gerhard: *Die Hanseaten und der Reichsgedanke seit dem frühen 19. Jahrhundert*, in: Bremisches Jahrbuch, Bd. 67 (1989).
Anthes, Otto: *Die Stadt der Buddenbrooks*. Leipzig 1925.
Averdieck, Elisa: *Lebenserinnerungen*. Hamburg 1908.
Baark, Katharina: *Hamburger Häuser erzählen Geschichten*. Hamburg 1991.
Baggesen, Jens Immanuel: *Labyrinth oder Reise durch Deutschland in die Schweiz 1789*. Leipzig 1986.
Bajohr, Frank: *Arisierung in Hamburg. Die Verdrängung der jüdischen Unternehmer 1933–1945*. Hamburg 1997.
Berck, Marga: *Sommer in Lesmona*. Reinbek bei Hamburg 1997.
Berkefeld, Henning: *Lübeck in alten und neuen Reisebeschreibungen*. Düsseldorf 1991.
Berlin, Jörg: *Das andere Hamburg. Freiheitliche und demokratische Bestrebungen in der Hansestadt seit dem Spätmittelalter*. Hamburg 1981.
Beurmann, Eduard: *Skizzen aus den Hansestädten*. Hanau 1836.
Bierbaum, Otto Julius: *Prinz Kuckuck*. 3 Bde. München 1906/07.
Biermann-Ratjen, Hans Harder: *Das Hamburger Rathaus. Eine Studie*. Hamburg (Privatdruck) o. J.
Bippen, Wilhelm von: *Johann Smidt. Ein hanseatischer Staatsmann*. Stuttgart und Berlin 1921.
Böhme, Helmut: *Frankfurt und Hamburg*. Frankfurt am Main 1968.
Böker, H. J.: *Die mittelalterliche Backsteinarchitektur Norddeutschlands*. Darmstadt 1988.
Rudolf Borchardt, Alfred Walter Heymel, Rudolf Alexander Schröder. Ausstellungskatalog. Marbach am Neckar 1978.
Böttiger, Karl August: *Georg Heinrich Sieveking. Lebensbild eines Hamburger Kaufmanns aus dem Zeitalter der französischen Revolution*. Berlin 1913.
Boy-Ed, Ida: *Ein königlicher Kaufmann*. Stuttgart und Berlin 1921.
Bräutigam, Walter: *John Rittmeister – Leben und Sterben*. Ebenhausen bei München 1987.
Bredel, Willi: *Die Prüfung. Roman aus dem Konzentrationslager*. Berlin 1946.
ders.: *Die Vitalienbrüder. Ein Störtebeker-Roman*. Schwerin 1962.
Brockes, Barthold Hinrich: *Irdisches Vergnügen in Gott*. Hamburg 1763.
Browning, Christopher: *Ganz normale Männer*. Reinbek bei Hamburg 1993.
Bruhns, Maike (u.a.): *Hier war doch alles nicht so schlimm. Wie die Nazis in Hamburg den Alltag eroberten*. Hamburg 1984.
Bruns, Alken (Hrsg.): *Lübecker Lebensläufe aus neun Jahrhunderten*. Neumünster 1993.
Der große Bürgermeister. Ein Gedenkbuch für Johann Smidt zu dessen 100. Todestag. Mit Beiträgen von Otto Gildemeister, Theodor Spitta u. a. Bremen 1957.

Cassirer, Toni: *Mein Leben mit Ernst Cassirer*. Hildesheim 1981.
Chernow, Ron: *Die Warburgs. Odyssee einer Familie*. Berlin 1994.
Claudius, Matthias: *Sämtliche Werke*. Stuttgart 1954.
Dehmel, Richard: *Gesammelte Werke in drei Bänden*. Berlin 1913.
Dirksen, Victor (Hrsg.): *Ein Jahrhundert Hamburg: 1800–1900*. München 1926.
Ditt, Karl: *Sozialdemokraten im Widerstand. Hamburg in der Anfangsphase des 3. Reiches*. Hamburg 1984
Dresler, Siegfried: *Heinrich Vogeler*. Reinbek bei Hamburg 1996.
Dünzelmann, Anne E.: *Juden in Hastedt. Zur Geschichte jüdischen Lebens in Bremen seit 1782*. Bremen 1995.
Ebbinghaus, Angelika, und Karsten Linne (Hrsg.): *Kein abgeschlossenes Kapitel: Hamburg im »Dritten Reich«*. Hamburg 1997.
Eckardt, Julius von: *Lebenserinnerungen*. Leipzig 1910.
Engelsing, Rolf: *Bremen im Urteil eines Anhängers des Jungen Deutschland. Ein Reisebericht von 1842*, in: Bremisches Jahrbuch, Bd. 48 (1962).
Enns, Abram: *Kunst und Bürgertum. Die kontroversen zwanziger Jahre in Lübeck*. Hamburg 1978.
Erinnerung an Reinhold Meyer. Hamburg 1994.
Eschenburg, Theodor: *Also hören Sie mal zu. Geschichte und Geschichten 1904–1933*. Berlin 1995.
Evans, Richard J.: *Tod in Hamburg. Stadt, Gesellschaft und Politik in den Cholera-Jahren 1830–1910*. Reinbek bei Hamburg 1990.
Fehling, Ferdinand: *Aus meinem Leben. Erinnerungen und Aktenstücke*. Lübeck, Berlin und Leipzig 1929.
Fest, Joachim: *Staatsstreich. Der lange Weg zum 20. Juli*. Berlin 1994.
Finder, Ernst: *Hamburgisches Bürgertum in der Vergangenheit*. Hamburg 1930.
Fischer, Manfred F.: *Fritz Schumacher, Bauten und Planungen in Hamburg. Ein Stadtführer*. Hamburg 1994.
Flügel, Heinrich: *Die deutschen Welthäfen Hamburg und Bremen*. Jena 1914.
Fontane, Theodor: *Gesamtausgabe der erzählenden Schriften in 9 Bänden*. Berlin 1925–1980
Fröhlich, Martin: *Gottfried Semper*. Zürich und München 1991.
Fürstenberg, Carl: *Lebensgeschichte eines deutschen Bankiers 1870–1914*. Hrsg. von seinem Sohn Hans Fürstenberg. Berlin. 1931.
Gabcke, Harry (u.a.): *Bremerhaven in zwei Jahrhunderten*. Bd. 1: *1827–1918*. Bremerhaven 1993.
Galitz, Robert, und Brita Reimers (Hrsg.): *Aby M. Warburg: »Ekstatische Nymphe … trauernder Flußgott.« Portrait eines Gelehrten*. Hamburg 1995.
Geibel, Emanuel: *Neue Gedichte*. Stuttgart 1856.

Gericke, Johann Moritz Heinrich: *Versuch einer allgemeinen Abhandlung vom Patriotismus.* Hamburg 1782.

Gillis-Carlebach, Miriam: *Jüdischer Alltag als humaner Widerstand 1939–1941.* Hamburg 1990.

Giordano, Ralph: *Die Bertinis.* Frankfurt am Main 1985.

Gläbe, Friedrich: *Bremen einst und jetzt. Eine Chronik 780–1970.* Bremen 1971.

Göhler, Christine: *Emanuel Geibel. Ein Lebensbild in Selbstzeugnissen und Berichten seiner Freunde.* Lübeck 1992.

Goldhagen, Daniel Jonah: *Hitlers willige Vollstrecker.* Berlin 1996.

Gorsemann, Sabine (Hrsg.): *Bremen. Entdeckerhandbuch für Stadt und Umland.* Frankfurt am Main 1995.

Gotthelf, Jeremias: *Werke in 20 Bänden.* Hrsg. von Walter Muschg. Basel 1951.

Graßmann, Antjekathrin: *Lübeckische Geschichte.* 2. Aufl., Lübeck 1982.

Grobecker, Kurt: *Hanseatische Lebensregeln.* Hamburg 1985.

Hahn-Godeffroy, Johann Diederich: *Als der Falkenstein noch Teil der Godeffroy'schen Forsten war,* in: Blankenese, Zeitschrift des Blankeneser Bürger-Vereins. Sonderdruck. Hamburg 1984.

Haller, Martin: *Erinnerungen.* Hamburg 1919.

Die Hanse. Lebenswirklichkeit und Mythos. 2 Bde. Hrsg. vom Museum für Hamburgische Geschichte. Hamburg 1989.

Havemann, Julius: *Geschichte der schönen Literatur in Lübeck.* Lübeck 1926.

Hebbel, Friedrich: *Tagebücher 1832–1863.* München 1984.

Hedinger, Bärbel: *Rainvilles Fest. Panorama – Promenade – Tafelfreuden. Ein französischer Lustgarten im dänischen Altona.* Ausstellungskatalog. Hamburg 1994.

Heidenreich, Ulrich: *Der Gründer des Rauhen Hauses: Johann Hinrich Wichern (1808–1881).* Hamburg 1997.

Hellmann, Tönnies: *Ich war bestimmt kein Held.* Reinbek bei Hamburg 1998.

Hertz, Richard: *Das Hamburger Seehandelshaus J. C. Godeffroy und Sohn 1766–1879.* Hamburg 1922.

Herzog, Rudolf: *Hanseaten. Roman der Hamburger Kaufmannswelt.* Stuttgart und Berlin 1909.

Hipp, Hermann: *Freie und Hansestadt Hamburg.* Köln 1989.

Hoffmann, Gabriele: *Das Haus an der Elbchaussee. Die Godeffroys – Aufstieg und Niedergang einer Dynastie.* Hamburg 1998.

Hoffmann, Hans Christian: *Bremen, Bremerhaven und das nördliche Niedersachsen. Von der Unterweser zur Elbe.* Köln 1996.

Hoffmann, Paul Th.: *Die Elbchaussee. Ihre Landsitze, Menschen und Schicksale.* 9. Aufl., Hamburg 1977.

Hornbostel, Wilhelm, und David Klemm (Hrsg.): *Martin Haller. Leben und Werk 1835–1925.* Hamburg 1997.

Humboldt, Wilhelm von: *Tagebuch von seiner Reise nach Norddeutschland im Jahre 1796.* Weimar 1894.
Jaeger, Roland, und Cornelius Steckner: *Zinnober. Kunstszene Hamburg 1919–1933.* Hamburg 1983.
Hans Henny Jahnn: *Werke in acht Bänden.* Jubiläumsausgabe hrsg. von Ulrich Bitz und Uwe Schweikert. Hamburg 1994.
Jahrbuch des Vermögens und Einkommens der Millionäre in den drei Hansestädten Hamburg, Bremen, Lübeck. Hrsg. von R. Martin. Berlin 1912.
Jahrbuch der Wittheit zu Bremen. Bd. 1. Bremen und Hannover 1951.
75 Jahre Hamburg-Amerika-Linie. Bd. 1: *Adolph Godeffroy und seine Nachfolger bis 1886.* Hamburg 1922.
125 Jahre Norddeutsche Affinerie Aktiengesellschaft. Eine Broschüre zum 125jährigen Bestehen der N. A. A. Hamburg 1991.
Jasper, Willi: *Der Bruder. Heinrich Mann – Eine Biographie.* München und Wien 1992.
Jochmann, Werner, und Hans Dieter Loose: *Geschichte der Stadt Hamburg und ihrer Bewohner.* Hamburg 1982.
Johannsen, Werner: *Wer sie waren … wo sie ruhen. Ein Wegweiser zu bemerkenswerten Grabstätten auf dem Friedhof Nienstedten.* Hamburg 1992.
Johe, Werner: *Hitler in Hamburg. Dokumente zu einem besonderen Verhältnis.* Hrsg. von der Forschungsstelle für die Geschichte des Nationalsozialismus in Hamburg (Forum Zeitgeschichte, Bd. 6). Hamburg 1996.
Die Juden in Hamburg 1590 bis 1990. Wissenschaftliche Beiträge der Universität Hamburg zur Ausstellung »Vierhundert Jahre Juden in Hamburg«. Hrsg. von Arno Herzig. Hamburg 1991.
Jürgens, Christian: *Fritz Solmnitz. Kommunalpolitiker, Journalist, Widerstandskämpfer und NS-Verfolgter aus Lübeck.* Lübeck o. J.
Kasten, Hans: *Bremen in der Erzählung.* Bremen 1946.
ders.: *Bremen in der Dichtung.* Bremen 1946.
Kippenberg, Anton: *Geschichten aus einer alten Hansestadt.* Hamburg 1947.
Klein, Diethard H. (Hrsg.): *Bremen. Ein Lesebuch.* Husum 1986.
Kleßmann, Eckart: *Geschichte der Stadt Hamburg.* Hamburg 1994.
ders.: (Hrsg.): *Hamburg. Ein Städte-Lesebuch.* Hamburg 1991.
Kloos, Werner: *Die Bremerin.* Bremen 1965.
ders.: *Gut Bremisch essen und trinken.* Bremen 1966.
Koglin, Michael: *Spaziergänge durch das jüdische Hamburg. Geschichte in Geschichten.* Hamburg 1998.
Kogon, Eugen: *Der SS-Staat.* München 1947.
Kommer, Björn R.: *Wenn sich alte Türen öffnen … Lübecker Wohnkultur und Lebensart im 19. Jahrhundert.* Lübeck 1985.
König, Johann-Günther: *Die streitbaren Bremerinnen.* Bremen 1981.

ders.: *Die feine Bremer Art …* Bremen 1982.
Kopitzsch, Franklin: *Grundzüge einer Sozialgeschichte der Aufklärung in Hamburg und Altona.* 2., ergänzte Aufl., Hamburg 1990.
Kresse, Walter: *Aus der Vergangenheit der Reiherstiegwerft in Hamburg.* Hrsg. von der Deutschen Werft. Hamburg o. J.
Krogmann, Carl Vincent: *Bellevue. Die Welt von damals.* Hamburg o. J.
ders.: *Es ging um Deutschlands Zukunft 1932–1939. Erlebtes täglich diktiert von dem früheren Regierenden Bürgermeister von Hamburg.* 3. Aufl., Landsberg am Lech 1977.
Laeisz, Ferdinand: *Erinnerungen eines alten Hamburgers.* Hamburg 1880.
Loose, Hans-Dieter (Hrsg.): *Gelehrte in Hamburg im 18. und 19. Jahrhundert.* Hamburg 1976.
Kunst und Kultur Lübecks im 19. Jahrhundert. Hrsg. vom Museum für Kunst und Gewerbe der Hansestadt Lübeck. Lübeck 1981.
Kutzer, Horst (Hrsg.): *Lübeck – Ein Lesebuch.* Husum 1993.
Landerer, R.: *Geschichte der Hamburg-Amerika-Packetfahrt.* Hamburg 1897.
Lange, Günther: *Alexis de Chateauneuf. Ein Hamburger Baumeister (1799–1853).* Hamburg 1965.
Leip, Hans: *Begegnung zur Nacht. Geschichten von Häfen und Küsten.* Stuttgart 1938.
ders.: *Der Pfuhl.* München 1923.
Lenz, Siegfried: *Leute von Hamburg. Meine Straße.* Hamburg 1986.
Lindner, Theodor: *Die deutsche Hanse. Ihre Geschichte und Bedeutung.* Leipzig 1901.
Lindtke, Gustav: *Die Stadt der Buddenbrooks. Lübecker Bürgerkultur im 19. Jahrhundert.* 2. Aufl., Lübeck 1988.
Loewenfeld, Kurt: *Englischer Besuch in Hamburg 1798.* Hamburg 1928.
Maass, Joachim: *Zwischen Tag und Traum.* München 1961.
ders.: *Die unwiederbringliche Zeit.* Frankfurt am Main 1985.
Mann, Heinrich: *Eugénie oder Die Bürgerzeit.* Berlin, Krim und Leipzig 1928.
ders.: *Der Untertan.* Berlin 1946.
ders.: *Ein Zeitalter wird besichtigt.* Berlin 1947.
ders.: *Professor Unrat oder das Ende eines Tyrannen.* Hamburg 1959.
Mann, Klaus: *Der Wendepunkt.* Frankfurt am Main 1953.
ders.: *Mephisto. Roman einer Karriere.* München 1982.
Mann Thomas: *Briefe an Otto Grautoff 1894–1901 und Ida Boy-Ed 1903–1928.* Hrsg. von Peter de Mendelssohn. Frankfurt am Main 1975.
Mann Thomas: *Gesammelte Werke in Einzelbänden.* Hrsg. von Peter de Mendelssohn. Frankfurt am Main 1980ff.
Mann-Spoehr, Florence: *White Falcon. The House of Godeffroy and Its Commercial and Scientific Role in the Pacific.* Palo Alto 1963.
Marcard, Enno von: *Ein Bankier in Hamburg. Erinnerungen.* München 1989.

Marssolek, Inge, und René Ott: *Bremen im Dritten Reich: Anpassung – Widerstand – Verfolgung*. Bremen 1986.
Meienberg, Niklaus: *Die Welt als Wille und Wahn. Elemente zur Naturgeschichte eines Clans*. Zürich 1987.
Mendelssohn, Peter de (Hrsg.): *Ida Boy-Ed*. Lübeck 1975.
Meyer, Friedrich Johann L.: *Skizzen zu einem Gemälde von Hamburg*. Hamburg 1801.
Meyer, Hanns: *Das Bremer Gesicht. Ein Wegweiser durch das alte und das neue Bremen*. 2., neuberab. u. erw. Aufl., Bremen 1938.
Moulden, Ken, und Gero von Wilpert (Hrsg.): *Buddenbrook-Handbuch*. Stuttgart 1988.
Mührenberg, Doris: *Meiner geliebten Vaterstadt. 75 Jahre Possehl-Stiftung 1919–1994*. Lübeck 1994.
Müller, Hartmut: *Bremen und Frankreich zur Zeit des Deutschen Bundes 1815–1867* (Veröffentlichungen aus dem Staatsarchiv der Freien Hansestadt Bremen. Hrsg. von Wilhelm Lührs). Bremen 1984.
Nationalsozialismus in Lübeck 1933–1945. Eine Dokumentation zur Ausstellung im Lübecker St. Annen-Museum. Lübeck 1985.
Niendorf, Helmut: *Die Geschichte des Handelshauses Possehl*. Lübeck 1962.
Nikolov, Russalka: *Die Forderung des Tages. Carl Georg Heise in Lübeck 1920–1933*. Lübeck 1990.
Oppens, Edith: *Der Mandrill. Hamburgs zwanziger Jahre*. Hamburg 1969.
Pauli, Gustav: *Erinnerungen aus sieben Jahrzehnten*. Hamburg 1936.
Pini, Udo: *125 Jahre NRV (Norddeutscher Regatta-Verein) 1868–1993*. Hamburg 1993.
Rambach, Johann Jakob: *Versuch einer physischen und medizinischen Beschreibung von Hamburg*. Hamburg 1801.
Reeken, Dietmar von: *Lahusen. Eine Bremer Unternehmer-Dynastie 1816–1933*. Bremen 1996.
Reichel, Peter: *Das Gedächtnis der Stadt Hamburg im Umgang mit seiner nationalsozialistischen Vergangenheit* (Schriftenreihe der Hamburgischen Kulturstiftung). Hamburg 1997.
Reincke, Heinrich: *Hamburgs Geschichte und Alt-Hamburger Leben*. Hamburg o. J.
Rezzori, Gregor von: *Mir auf der Spur*. München 1997.
Rosenbaum, E., und A. J. Shermann: *Das Bankhaus M. M. Warburg und Co. 1798–1938*. Hamburg 1976.
Saß, Friedrich: *Geschichte des Hamburger Brandes*. Hamburg 1843.
Schaaf, Gitta: *Joachim Maass*. Hamburg 1970.
Schiefler, Gustav: *Eine Hamburgische Kulturgeschichte 1890–1920. Betrachtungen eines Zeitgenossen*. Hamburg 1985.
Schmack, Kurt: *J. C. Godeffroy und Sohn. Kaufleute zu Hamburg. Leistung und Schicksal eines Welthandelshauses*. Hamburg 1938.

Schoell-Glass Charlotte: *Caspar Voght. Flottbek in ästhetischer Ansicht.* Hamburg 1990.

Schramm, Percy Ernst: *Hamburg, Deutschland und die Welt.* 2., bearb. Aufl., Hamburg 1952.

ders.: *Neun Generationen. Dreihundert Jahre deutscher »Kulturgeschichte« im Lichte der Schicksale einer Hamburger Bürgerfamilie (1648–1948).* Göttingen 1963.

Schrebel, Karl H.: *Johann Smidt 1773–1973. Laudationes zur Einleitung der Smidt-Sitzungen.* Bremen 1973.

Schreiber, Albrecht: *Zwischen Davidstern und Doppeladler. Illustrierte Chronik der Juden in Moisling und Lübeck.* Lübeck 1992.

Schröder, Rudolf Alexander: *Mein Elternhaus. Dank und Vermächtnis.* Berlin 1937.

Schütt, Ernst Christian: *Die Chronik Hamburgs.* Hamburg 1991.

Schulz, Andreas: *Weltbürger und Geldaristokraten. Hanseatisches Bürgertum im 19. Jahrhundert.* München 1995.

Schulze-Smidt, B.: *Bürgermeister Johann Smidt. Das Lebensbild eines Hanseaten.* Bremen 1914.

Schumacher, Fritz: *Stufen des Lebens. Erinnerungen eines Baumeisters.* Stuttgart und Berlin 1935.

Schwarzwälder, Herbert: *Berühmte Bremer.* München 1972.

ders.: *Geschichte der Freien Hansestadt Bremen.* 2 Bde. Bremen 1975/76.

Seiler, Bernd W.: *Es begann in Lesmona. Auf den Spuren einer Bremer Liebesgeschichte.* Bremen 1993.

Sieveking, Heinrich: *Sieveking, Georg Heinrich. Lebensbild eines Hamburger Kaufmanns aus dem Zeitalter der französischen Revolution.* Berlin 1913.

Sloman, Ricardo (Hrsg.): *Die Slomans. Geschichte einer Hamburger Reeder- und Kaufmannsfamilie …* 2. Aufl., Hamburg 1939.

Smidt, Heinrich: *Hamburger Bilder-Wirklichkeit im Romantischen Gewande.* 3 Bde. Hamburg 1836/37.

Spitta, Theodor: *Aus meinem Leben. Bürger und Bürgermeister in Bremen.* München 1969.

Steinbach, Dietrich (Hrsg.): *Heinrich Mann: »Eugénie oder Die Bürgerzeit«* (Editionen für den Literaturunterricht). Stuttgart 1987.

Stephan, Inge, und Hans-Gerd Winter (Hrsg.): *Hamburg im Zeitalter der Aufklärung.* Hamburg 1989.

Stockhausen, Tilman von: *Die Kulturwissenschaftliche Bibliothek Warburg. Architektur, Einrichtung und Organisation.* Hamburg 1992.

Stoob, Heinrich: *Die Hanse.* Graz 1995.

Stubbe-da Luz, Helmut: *Die Politiker Paul de Chapeaurouge, Rudolf Petersen, Kurt Sieveking.* Hamburg 1990.

Stubmann, Peter Franz: *»Mein Feld ist die Welt.« Albert Ballin. Sein Leben.* Hamburg 1926.

Studemund-Halévy, Michael u. a. (Hrsg.): *Zur Geschichte einer Minderheit. Die Sefarden in Hamburg*. Teil 1. Hamburg 1994.
Stürmer, Michael: *Die Deutschen und ihre Nation. Das ruhelose Reich – Deutschland 1866–1918*. Berlin 1983.
Tecke, Annelise (Hrsg.): *Caspar Voght und sein Hamburger Freundeskreis. Briefe aus einem tätigen Leben*. Bd. 1: *Briefe aus den Jahren 1792 bis 1821 an Magdalena Pauli, geb. Poel*. Hamburg 1959.
Thalenhorst, Carl: *Bremen binnen un buten*. Bremen 1957.
Thode-Hopf, Barbara: *Hamburg. Kleine Geschichte einer großen Stadt*. 2., völlig überarb. Aufl., Hamburg 1989.
Voght, Baron Caspar von: *Lebensgeschichte*. Hamburg 1917.
Vogeler, Heinrich: *Werden. Erinnerungen. Mit Lebenszeugnissen aus den Jahren 1923–1942*. Berlin 1952.
Der Wagen: Ein lübeckisches Jahrbuch. Lübeck 1962; 1988; 1990.
Wallock, Karl-H.: *Die Elbchaussee und Geschichten von Hamburgs schönsten Straßen*. Hamburg 1998.
Washausen, Helmut: *Hamburg und die Kolonialpolitik des Deutschen Reiches 1880–1890*. Hamburg 1968.
Weber, Karl Julius: *Deutschland im Spiegel der Dichtung*. Herrsching 1985.
Wiborg, Susanne: *Wo er steht, ist Hamburg. Unbekannte Geschichten bekannter Hanseaten*. Hamburg 1992.
Wille, Eliza: *Stilleben in bewegter Zeit*. Leipzig 1878.
Witthöft, Hans Jürgen: *Norddeutscher Lloyd*. 3., überarb. Aufl., Hamburg 1997.
Wittmaack, Adolph: *Konsul Möllers Erben*. Der Roman einer Hamburger Familie. Hamburg 1913.
Wohlwill, Adolf: *Die Hamburgischen Bürgermeister Kirchenpauer, Petersen, Versmann*. Hamburg 1903.
ders.: *Neuere Geschichte der Freien Hansestadt Hamburg*. Hamburg 1914.
Wölber, Hans Otto: *St. Nikolai – Wegzeichen Hamburgs*. Hamburg 1989.
Zacharias, Marie: *Familien-, Stadt- und Kindergeschichten*. Hamburg 1954.
»Es ist Zeit für die ganze Wahrheit« (Klaus von Dohnanyi). *Aufarbeitung der NS-Zeit in Hamburg: Die nicht veröffentlichte Senatsbroschüre*. Hrsg. v. der GAL-Fraktion in der Hamburger Bürgerschaft. Hamburg 1985.
Zietz, Heinrich Christian: *Aussichten der Freien Hansestadt Lübeck und ihrer Umgebungen*. Frankfurt am Main 1822.
Zimmermann, Harro (Hrsg.): *Adolph Freiherr Knigge. Neue Studien*. Bremen 1998.
Zimmermann, Mosche: *Hamburgischer Patriotismus und deutscher Nationalismus. Die Emanzipation der Juden in Hamburg 1830–1865*. Hamburg 1979.

Personenregister

Abbildungsnachweis

Archive und Leihgeber

Altonaer Museum in Hamburg, Norddeutsches Landesmuseum: 62, 65, 129, 164, 165, 209, 239, 280
Archiv für Kunst und Geschichte, Berlin: 21, 38, 43, 113, 282
Bildarchiv des Fabrikmuseums Nordwolle Delmenhorst: 305
Bilderberg, Hamburg: 77 (Aufnahme Wolfgang Kunz)
Fockemuseum, Bremen: 37, 123, 183, 184, 192, 214, 325, 326, 329, 362
Gemäldesammlung Konsul Ricardo Siepmann, Hamburg: 200
Hamburger Rathaus: 317
Johann Diederich Hahn-Godeffroy, Hamburg: 203, 205
Historisches Archiv der Hapag-Lloyd AG, Hamburg: 287
Kunsthalle Hamburg, Kupferstichkabinett: 216
Hans Meyer-Veden, Hamburg: 176, 241 (E. A. H. Schitte, Hamburg), 387
Museum für Hamburgische Geschichte: 24, 71, 84, 91, 147, 155, 169, 170, 178, 181, 245, 285, 322, 323, 337, 389
Museum für Kunst und Kulturgeschichte, Lübeck: 33, 35, 98, 99, 101, 103, 104, 252, 259, 260, 266, 269, 276, 299, 333, 335, 351, 370, 371
Possehl-Archiv im Archiv der Hansestadt Lübeck: 301
Staatliche Landesbildstelle Hamburg: 132, 133
Staatsarchiv Hamburg: 73, 135, 211, 318
Staatsbibliothek Hamburg: 55
Studio Wolfgang Neeb, Hamburg 315
Thomas-Mann-Archiv (Keystone AG): 265
Transglobe Agency, Hamburg: 52 (Aufnahme Martin Lüders), 229, 414 (Aufnahme H. Friedrichsmeier), 435 (Aufnahme H. Halaska)
Ullstein Bilderdienst, Berlin: 223, 231, 251
Stefanie von Viereck, Hamburg: 395
Peter und Sibylle Voss-Andreae, Hamburg: 377
Max Warburg Bank, Hamburg: 293, 343
Worpsweder Verlag: 353, 356.

Privatbesitz: 206, 220, 221, 262.

Publikationen

Der große Bürgermeister. Ein Gedenkbuch für Johann Smidt mit einem Geleitwort von Bürgermeister Wilhelm Kaisen, Bremen 1957: 108
Gillis-Carlebach, Miriam, Jedes Kind ist mein Einziges. Lotte Carlebach-Preuss; Antlitz einer Mutter und Rabbiner-Frau, Hamburg 1992: 417
Hamburgensien. Gesammelt, gezeichnet, gedruckt und herausgegeben von Peter Suhr: 17, 39, 142, 143
Hamburgs Vergangenheit und Gegenwart. Eine Sammlung von Ansichten. Herausgegeben von I. C. W. Wendt und C. E. L. Kappelhoff, Hamburg 1896: 46, 57
Ein Jahrhundert Hamburg 1800 bis 1900. Zeitgenössische Bilder und Dokumente gesammelt und herausgegeben von Victor Dirksen, München 1926: 218
Krogmann, Carl Vincent: Es ging um Deutschlands Zukunft 1932–1939. 3. Aufl. Leoni am Starnberger See 1977: 390, 391
Lindner, Theodor: Die deutsche Hanse. Ihre Geschichte und Bedeutung. 2. Aufl. Leipzig 1901: 23, 27
Lindtke, Gustav: Lübeck, Ansichten aus alter Zeit, Honnef am Rhein 1959: 121
Seiler, Bernd W.: Es begann in Lesmona. Auf den Spuren einer Bremer Liebesgeschichte. 3. Aufl. Bremen 1993 (Johann Heinrich Döll Verlag): 135, 361.

Günter de Bruyn

Die Finckensteins

Eine Familie im Dienste Preußens

Günter de Bruyn erzählt von der gräflichen Familie Finckenstein, die eng mit der Historie und Kultur Preußens verbunden ist. Die Finckensteins standen über Jahrhunderte im Zentrum des Geschehens. Sie sind ein Spiegel der Literatur und Gesellschaft, der Wirren und Widersprüche der preußischen Geschichte.

»*Als schriebe Fontane über Kultur und Geschichte Preußens.*« Wolf Jobst Siedler

»*Günter de Bruyn erzählt uns auf seine stille, eindringliche Weise eine faszinierende Familiensaga.*« Arnulf Baring, Die Welt

Berliner Taschenbuch Verlag

Theodor Eschenburg
Also hören Sie mal zu
Geschichte und Geschichten 1904–1933

Ein Chronist des 20. Jahrhunderts. Der Tübinger Politikwissenschaftler blickt in seinen Erinnerungen zurück auf seine Jugend und die Zeit bis zur Machtergreifung Hitlers 1933.

»Solch hintergründige Jahrhundertbilanz konnte nur einem selbstironischen Gentleman gelingen.«
SpiegelReporter

»Ein Buch wie es kaum eins gibt: Große Geschichte in kleinen Begebenheiten, ein Jahrhundert gesehen von einem Mann, der fast so alt ist wie dieses selbst.«
Marion Gräfin Dönhoff

»Freunde geistvoller Plauderei werden dank der literarischen Fähigkeiten des Autors verwöhnt, interessierte historische Laien können die personellen und gedanklichen Kontinuitäten über die Zeitenwenden hinweg bestaunen, und ›richtige‹ Historiker finden mehr als nur Fußnoten zum Scheitern der Weimarer Republik.«
Rheinischer Merkur

Berliner Taschenbuch Verlag

Neil Postman

Die zweite Aufklärung

Vom 18. ins 21. Jahrhundert · Aus dem Amerikanischen von Jochen H. Bußmann

»Die Fortschrittsgläubigkeit hat religiöse Dimensionen angenommen«, meint Neil Postman und demontiert in seinem provokanten Buch den Mythos der neuen Medien.

»Mit der ihm eigenen Mischung aus Naivität und Kreativität ist Postman immer anregend – auch da, wo er zum Widerspruch reizt.« Psychologie Heute

»Gedanken wie diese stehen in bester Tradition der skeptischen Rationalität eines Bertrand Russell, Karl Popper, Albert Einstein.« Süddeutsche Zeitung

»Neil Postman ist schwer zu widersprechen.« Frankfurter Allgemeine Zeitung

Berliner Taschenbuch Verlag